A^tV

Horst Herrmann, Jahrgang 1940, ist Professor für Soziologie an der Universität Münster.

Im Aufbau Taschenbuch Verlag liegen vor: »Luther – Eine Biographie« sowie »Die Heiligen Väter – Päpste und ihre Kinder«. Bei Rütten & Loening erschien von ihm »Das Lexikon der kuriosesten Reliquien«.

Kaum eine Gestalt der römischen Geschichte ist eindeutiger beschrieben worden als Kaiser Nero. Er gilt bis in unsere Tage als verrückter Herrscher, der sich nicht für Politik und sein Reich interessierte. Statt dessen nahm er an Wagenrennen teil, schmiedete schlechte Verse und steckte schließlich eigenhändig seine Hauptstadt in Brand – aus purer Langeweile oder um seine gigantischen Baupläne leichter umsetzen zu können.

Horst Herrmann unternimmt es nun, dieses Zerrbild zu korrigieren. Bei genauerer Prüfung der Quellen zeigt sich ein anderes Bild des römischen Kaisers. Nero war kein Verrückter, der die Christen verfolgte und aus Willkür Menschen töten ließ. Er verstand sich vielmehr als Künstler, der stets versuchte, sich gegen die vielfältigen Einflüsse am Hofe durchzusetzen und den römischen Staat zu reformieren. Daß er am Ende scheiterte, lag vor allem an den konservativen Kräften Roms, denen ein Kaiser, der die Kunst mehr liebte als sein Heer, per se verdächtig war.

Horst Herrmann

NERO

Eine Biographie

Aufbau Taschenbuch Verlag

ISBN 3-7466-1777-4

1. Auflage 2005
© Aufbau Taschenbuch Verlag GmbH, Berlin 2005
Umschlaggestaltung Preuße & Hülpüsch Grafik Design
unter Verwendung eines Fotos von Peter Ustinov als Nero in einer Szene
aus Quo vadis (USA 1951) © MGM/Cinetext Bildarchiv
Druck Ebner & Spiegel, Ulm
Printed in Germany

www.aufbau-taschenbuch.de

Für Wolf Lange

»*Eine Behauptung wirkt stärker als ein Argument, wenigstens bei der Mehrzahl der Menschen: denn das Argument weckt Mißtrauen.*«

(Friedrich Nietzsche,
Menschliches, Allzumenschliches, II, 295)

Inhalt

TEIL I
VERLETZTE KINDHEIT

TEIL II
JUGENDLICHER MUT

Teil III
Abgebrochener Traum

Verletzte Kindheit

1.

GEBURT IM MILIEU

Der Ort, die See

Der 15. Dezember 37.

Heute wird er geboren. In Antium, dem jetzigen Anzio. Die sagenumwobene Siedlung an der thyrrenischen Küste war der letzte Stadtstaat des altitalischen Stammes der Volsker gewesen, der sich den Römern hatte unterwerfen müssen (314 v. u. Z.). Jeder römische Schuljunge kannte den Namen: Die Volsker, im Bergland des südlichen Latium ansässig, waren in einer Seeschlacht unterlegen. Rom hatte den Besiegten für alle Zeit die Seefahrt verboten.

Die Volsker hatten die Vormachtstellung Roms anerkennen müssen. Die Sieger stellen, sprechendes Zeichen, Sporne und Schnäbel *(rostra)* der 338 v. u. Z. bei Antium erbeuteten Schiffe an der nach ihnen benannten Rednertribüne zur Schau. Zu sehen sind die Löcher der Befestigungsdübel noch heute[1]. Das ist Tradition. Das ist Rom.

Zu Land waren die Leute aus Latium, eine frühe verwegene Bande[2], gekommen, als sie einen Platz suchten, an dem sie den Tiber überqueren, den Übergang kontrollieren und zu Besitz gelangen konnten.

Das als geschichtsträchtigste Stätte berühmte *Forum*, zunächst eine sumpfige Niederung, lehnte sich an den 50 Meter hohen kapitolinischen Hügel. Die Tatkräftigen hatten den Platz im 6. Jahrhundert v. u. Z. mit Hilfe eines Kanals trocken gelegt. Den Kanal hießen sie *cloaca maxima*, und so heißt er noch heute. Dann wurden sie seßhaft. Aus dem Forum wurde ein gemeindlicher Marktplatz; Verkaufsbuden *(tabernae)* schossen aus dem Boden.

Stadt auf der Scholle

Hier, am *Forum Romanum*, 154 Meter lang, 52 Meter breit, Versammlungsort der frühen Gemeinde, mittlerweile Mittelpunkt einer »Marmorstadt«[3], schlägt das Herz des Alten Rom. Hier sind monumentale Tempel und öffentliche Prachtbauten errichtet, hier trifft sich die Neugier. Beim Flanieren zwischen den vielen Ehrenstatuen werden Nachrichten ausgetauscht, die aus den Provinzen des Weltreichs eingegangen sind. Fällt in Oberägypten Regen oder bebt in Kleinasien die Erde, probt eine Legion in Spanien den Aufstand oder ändert der König der Parther seine Politik gegenüber Rom, alles gilt als spannend.[4] Griechisch wird fast so häufig wie Latein gesprochen; auch andere Sprachen sind in dem Völkergemisch der Weltstadt zu hören.

Der Komödiendichter Plautus († um 184 v. u. Z.) verbindet seine Schilderung der Römer mit einer kleinen Stadtführung: »Ich zeig euch, wo in der Stadt jedweder Mensch am leichtesten zu finden ist, damit ihr nicht lang laufen müßt, wenn ihr irgendeinen braucht, sei's ein Halunke, sei's ein Biedermann. Wer einen haben will, der falsch geschworen, den schick ich aufs *Comitium*. Wer einen Lügner sucht und Prahlhans, geh in Cloacinas Heiligtum *(cloaca maxima)*. Verschwenderische reiche Ehemänner sind am Börsenplatz zu finden; dort triffst du auch die ausgedienten Huren und das Kupplervolk; am Fischmarkt Leute, die zu Festesschmausereien Leute werben ... Ganz unten auf dem Forum gehen die guten und die reichen Leut spazieren, mitten, beim Kanal, stehen Angeber, Gecken, Verleumder hinterm Teich!«[5]

Im Sommer sind, die es sich leisten können, auf den Straßen zu finden, die aus Rom hinausführen. Alles will der Schwüle und der Fieberluft entfliehen, die auf der Stadt lasten. Zu Sommeraufenthalten werden – das ist bis heute so – die bequem zu erreichenden Orte in den nahen Bergen und an den Küsten gewählt.

Villen am Meer

Unter Augustus, der sich in Antium aufgehalten hatte, als er zum Herrscher ausgerufen wurde, hat sich der Ort, 60 Kilometer südlich von Rom, zu einer Sommerfrische vornehmer Römer entwickelt. Die auf einer weit vorspringenden, felsigen Landspitze erbaute Stadt an der See übertrifft alle anderen. Schon zu Zeiten der Republik, im letzten Jahrhundert vor unserer Zeitrechnung, prangt Antium mit Palästen und Tempeln, die zum Teil ins Meer hinausgebaut sind. Geld ist da. Aus den Palästen Antiums stammen berühmte Kunstwerke: der Borghesische Fechter (Louvre) und der aus einer Villa Neros stammende Apoll von Belvedere (Vatikanische Museen), nach J. J. Winckelmann »das höchste Ideal der Kunst«.

Allerdings galten Land und Küste bei Antium auch als verderblich: Die Kaiser Augustus und Tiberius sollen sich in dieser Gegend ihre Todeskrankheit geholt haben, und Kaiser Caligulas Schiff war hier angeblich von einem großen Schellfisch verfolgt worden, ein Unglückszeichen: Kurz darauf wurde der Tyrann ermordet.[6]

Heute erstrecken sich die Ruinenfelder meilenweit. Aus dem Meer ragen Reste versunkener Pracht; schon im 19. Jahrhundert Ziel deutscher Reisender.[7] Weit und breit finden sich in der Nähe

des Strandes Bruchstücke der kostbarsten, von den Wellen geschliffenen Marmorarten. Am Hafen sind Reste der antiken
Mole zu sehen. Die *Grotta di Nerone*, Überbleibsel großer Bauten, gehörte vermutlich zur kaiserlichen Villa.

»Ich würde mir kein Haus bauen (und es gehört selbst zu
meinem Glücke, kein Hausbesitzer zu sein!). Müßte ich aber,
so würde ich, gleich manchem Römer, es bis ins Meer hinein-
bauen – ich möchte schon mit diesem schönen Ungeheuer einige
Heimlichkeiten gemeinsam haben.« (F. Nietzsche)[8]

Gleich ob Staatsmänner, Feldherren, Großgrundbesitzer, sie besaßen entlang der Küsten ihre Landhäuser *(villae suburbanae)*.
Die Villen waren nicht mehr im überholten Blockstil erbaut,
sondern in modisch aufgelockerter Form, dem Gelände angepaßt, über einen Abhang verteilt. Jede verfügte über eine
Schaufassade und über Terrassen. Von diesen bot sich eine atem-
beraubende Aussicht auf Parks und Tiergehege und vor allem
auf das Meer.

Eine der schönsten Villen von Antium gehört der Kaiserfamilie. Hier ist Gaius Julius Caesar zur Welt gekommen, der
gerade das Reich regiert. Und jetzt, 25 Jahre später, wird hier
ein Junge mit Namen Lucius Domitius geboren. Als Kaiser wird
er den Hafen seiner Geburtsstadt ausbauen lassen. Heute ist der
kreisförmige *Porto di Nerone* versandet.

Warum ich das erzähle? Ich möchte eine Biographie hindurch
das oft völlig fremd anmutende Milieu Roms und der Römer
aufbauen helfen. Wir sollen uns in Neros Zeit und in ihren Räumen so heimisch wie möglich fühlen, als Gäste, nicht als Touristen. Daher verwende ich lateinische Begriffe, gebe Vokabeln
aus der Muttersprache Neros wieder; alle sind erklärt.

Manchen mag mein Erzählen wie die Abfolge bloßer Assoziationen, wie die Reihung verschiedenster Themen erscheinen.
Das ist gewollt. Ich gebe zu bedenken, daß ich ein Leben, ein

Milieu, eine Welt beschreibe und das Leben nun einmal kein systematisch geordnetes Lehrbuch ist. Wir kennen es: Pläne, Ordnungen, Systematiken sind unmöglich, nur große Linien bleiben, falls wir Glück haben.

Das Leben liebt unregelmäßige Verben. Die Beziehungen der handelnden Personen sind verwickelt wie eh und je. Es geht in Liebe und Ehe drunter und drüber, und nicht jeder Wunsch der Leserinnen und Leser, alles müsse eine Ordnung haben, kann erfüllt werden.

Muß ein Mensch eindimensional sein? Hat er vor uns zu liegen wie ein behauener Klotz Marmor, dessen Flächen und Kanten wir abtasten können, um ihn zu kennen? Oder ist Schichtung möglich, unvereinbar Erscheinendes gar? So das rätselhafte, lebenslange Ineinander von Kaiser Nero und dem Kind Lucius Domitius?

Name und Adel

Der Vorname Lucius führt sich auf den Großvater zurück († 27 u. Z.), den Ehemann einer Nichte des Augustus und Testamentsvollstrecker dieses ersten römischen Kaisers. Sein Vater Gnaeus Domitius war damit ein Großneffe des Augustus. Als Kind zeigt er sich in Miniaturtoga auf dem berühmten Relief des augusteischen Friedensaltars aus dem Jahr 13 v. u. Z., einem propagandistischen Denkmal für die Friedensperiode, die Augustus dem Reich beschert hatte und die gefeiert werden mußte *(Ara Pacis Augustae)* [9].

Über diesen Vater stammt Lucius Domitius aus dem seit dem 4. Jahrhundert v. u. Z. bekannten Geschlecht Ahenobarbus (Erzbart). Dessen männliche Mitglieder wurden wegen ihrer Bärte und ihrer kupferfarbenen Haare so genannt. Den famosen Beinamen trugen sie seit dem 5. Jahrhundert. Es fand sich eine passende Gründungslegende: Die Schlacht am Regillussee (496

v. u. Z.) focht den entscheidenden Kampf zwischen Römern und Latinern aus. Die Römer erhielten zeitweise von Jupiters Söhnen, Kastor und Pollux, militärische Hilfe. Lucius Domitius zweifelte jedoch an deren Göttlichkeit, bis sie seinen Bart berührten, dessen Farbe sich schlagartig von Schwarz in Rot verwandelt haben soll.

Die Domitier gelten als geizig und grausam. Sie verfügen über riesige Besitzungen in Italien und in der Provinz Africa. Obwohl das Geschlecht sieben Consuln gestellt hat, der Vater war selbst Consul, rechnet Roms Adelsstolz es noch immer zum zweitrangigen Adel. Es gehört erst relativ kurze Zeit (30 v. u. Z.) zum römischen Patriziertum.

Die altadligen Patrizier, oft blind vor Selbstgefälligkeit, hielten auf sich. Sie ließen nur ihre Familien- und Geschlechterverbände *(gentes)* gelten, die durch die gleiche Abstammung und den Familiennamen zusammengehörten. Sie nannten sich nach der patriarchalischen Familienideologie »Väter« *(patres)*. In ihren Augen gehörten die Plebejer einer vater- und sippenlosen Menge an, eine Schar ohne Ahnen, ohne Namen *(sine gente)*.

Bevor das Recht Roms kodifiziert wurde, lag es in den Händen einer patrizischen Minderheit. Frühe Heiratsordnungen verboten die Ehe zwischen Patriziern und Plebejern. Doch die Zahl der sich auf eine mehrhundertjährige Väterreihe berufenden altadeligen Familien, die auf ihre – von Fall zu Fall durch griechische Gelehrte bereitwillig nachgebesserten und bis in das Reich der Fabel reichenden[10] – Ahnenreihen hielten, kann schon im 1. Jahrhundert v. u. Z. nicht mehr groß gewesen sein. Um so ausgeprägter ist ihr Stolz.

Die alten Römer? Kein Vergleich mit heute. Ich kenne Leute, die von den gegenwärtigen Einwohnern der Stadt nie sagen würden, es seien Römer, um jene alten nicht zu entwürdigen. Daher nennen sie die Heutigen »Italiener aus Rom«.

»Mein Rom? Nicht einmal Nero konnte sich diese Redewen-

dung erlauben. Rom kannst du nicht besitzen, du kannst dazu-
gehören, und nicht einmal das, denn Rom ist wie das Gericht
Kafkas, es läßt dich herein, wenn du kommst, und wieder hinaus, wenn du willst, ohne Trauer, ohne Erinnerung.« (F. Fellini)

Altrömischer Stolz gründet nicht zuletzt auf der Mitgliedschaft
im Senat, wo die Vertreter der Familien, in roten Schuhen mit
Silberschnallen, nach ihrem Rang, ihrer Amtsstufe, ihrem
Dienstalter abgestuft auf Holz sitzen. Der Senat, nach der sich
selbst bestätigenden Legende vom Stadtgründer Romulus eingesetzt, ist der Rat der Ältesten, angeblich auch der Besten, in
der Republik die höchste Regierungsbehörde, ein Staatsrat,
keine Vertretung des Volkes. Die Senatoren müssen nach einem
Edikt des Kaisers Claudius (41–54 u. Z.) vier Generationen freier
Bürger zu Ahnen gehabt haben. Bei Abstimmungen im Senat
zählt nicht die Mehrheit, sondern das Gewicht der Stimmen, der
größere politische Einfluß (auctoritas), das soziale Ansehen
(dignitas) der Abstimmenden. Ein Senator kann im Laufe seiner
Mitgliedschaft zu einem höheren Rang in der Institution aufsteigen. Freilich kann er seine Nobilität auch schmälern oder
einbüßen.[11]

Nero wird in jahrelange Auseinandersetzungen mit diesem
Gremium der Oberschichten und unverdrossen kämpferischen
Hort der bäuerlich-konservativen Tradition hineingezogen werden. Der jugendliche Kaiser paßt den alten Herren so gut wie nie
ins Konzept – und umgekehrt. Modern gesprochen: Die Che-
mie stimmte nicht. Hier die Repräsentanz alter bis vergreister
römischer Sitte, dort ein lebensfrohes Bürschchen, dem die Ex-
travaganzen noch heimgezahlt werden. Nero wird beispielsweise
Senatoren in einem geblümten Unterkleid mit einem Musselin-
tuch um den Hals empfangen[12], eine grobe Verletzung der Sitte
durch einen Twen.

Historisch gesehen, bleibt der Senat Sieger. Seine Einschätzung gerinnt bis in die Gegenwart hinein zum festen Urteil über Nero. Ich versuche, es aufzubrechen.

Der Senat rekrutiert sich – auf Vorschlag der Kontroll- und Sitteninstanz sogenannter Zensoren – aus Männern, die mehr und mehr aus dem Ritterstand (*equites*) kommen. Dieser Reiteradel genoß bestimmte Ehrenrechte: einen goldenen Fingerring, einen schmalen Purpurstreifen an der Toga, einen an der untersten Reihe des Zuschauerraums (*ima cavea*[13]) reservierten Sitzplatz bei Schauspielen.[14]

Viele der 900 Mitglieder des Senats sind also nicht mehr erstklassig, nicht mehr patrizisch. Sie kommen freilich aus den besseren Kreisen. Staat und Volk sind in Rom nicht identisch, wie sie das, alles in allem, in griechischen Demokratien sind. Rom kennt einen Oberbegriff, die *res publica*, die Gesamtheit der öffentlichen Angelegenheiten. Doch bedeutet dies nicht eine Republik im modernen Sinn; *res publica*, das geordnete Staatswesen, kann auch für eine Monarchie stehen.[15] Und da Volk und Staat nicht dasselbe sind, muß die Führung der Staatsgeschäfte nicht vom Volk selbst besorgt werden. Sie kann in anderen Händen liegen.

Es gelingt dem römischen Adel, sich im Gegensatz zum griechischen mit der *res publica* zu identifizieren, seinen Ruhm aus politischer und militärischer Tätigkeit zu ziehen und die anderen Schichten zu integrieren, so daß eine demokratische Herrschaftsform nie zur Debatte steht.[16] Die Idee, Rom hätte durch das Volk regiert werden müssen, hat kein Römer gehabt. Rom blieb ein Adelsstaat. Ihn lenkten bestimmte Familien.

Auf der Angst und dem Ruhebedürfnis ist gut ruhen. Glauben die Bürger, ihr Geld sei in Sicherheit, geben sie gern den Staat hin, das Gemeinwesen, die politische Macht, mit der sie nichts anzufangen wissen. Und andere bieten sich an und greifen zu.

Altadelige, die aufgrund der Erfahrung ihrer Familien wissen, worum es geht, übernehmen – so wenigstens die Theorie – die Staatsgeschäfte. Von den Senatoren, die bis zur Kaiserzeit vor ihrer Berufung einmal das Amt eines Schatzmeisters der Staatskasse (*quaestor*) bekleidet haben müssen, wird nicht wenig verlangt – so die Theorie: Sie sollen ihr Vermögen in Grundbesitz anlegen, keine Seeschiffe besitzen und sich nicht an Spekulationsgeschäften beteiligen. Indem ihr Vermögen den Schwankungen der Konjunktur oder den Gefahren der See entzogen wird, ist das Ansehen der Senatoren gesichert – und zugleich ihre konservative Gesinnung.

Rom bleibt Rom. Bis in die – zum Teil noch heute bekannten – lateinischen Vokabeln und Begriffe hinein ist es landständisch bestimmt: *pecunia*, das Geld, leitet sich her von *pecus* (Vieh), dem frühesten Zahlungsmittel, *solvere*, zahlen, kommt von »das Vieh im Stall lösen«, das Wort *felix*, glücklich, bedeutet fruchtbar, *laetus* heißt fröhlich, fett, und *optimus*, der Beste, wird ohne Skrupel von *opes*, Reichtum, abgeleitet.[17]

Die Übung, Staatsämter nur aus bestimmten Familien zu besetzen, beschränkt die Führung auf eine Oberschicht, in der politische Talente hochgezüchtet werden. Mit etwa 16 Jahren bekommt der Römer eine allgemeine politische Ausbildung und stellt diese unter Beweis (*tirocinium fori*). Entsprechend seiner künftigen Verwendung im Dienst des Staates gilt die Erziehung dem praktischen Leben. Die körperliche Ertüchtigung ist vormilitärischer Art und alles andere als eine Turnübung (Gymnastik). Die geistige Bildung beschränkt sich auf konkret zu verwendende Inhalte, nicht zuletzt auf das bis heute berühmte Recht.

War Lucius Domitius ein Talent? Hatte er das Zeug, ein Kaiser zu sein? Einer, den Rom auf Dauer akzeptieren konnte?

* Seine wahre adlige Herkunft, die zu Hoffnungen berechtigt,

verdankt er nicht dem Vater und dessen plebejischem Adel, sondern seiner Mutter Agrippina, der Tochter des Feldherrn Germanicus und der Agrippina d. Ä. Deren Mutter Julia war die Tochter des Reichsgründers Augustus. Mit diesem sollte ein Thronanwärter schon verwandt sein, wollte er mit Aussicht auf Erfolg Anspruch auf das höchste Amt erheben.

Alles in allem war der Stammbaum des Lucius Domitius nicht besser als der vieler anderer adeliger Sprößlinge. Ohne den Ehrgeiz seiner Mutter wäre aus diesem Jungen nicht einer der bekanntesten Kaiser Roms geworden.

2.
MÜTTERLICHER MACHTWILLE

Kühle Schönheit

Wer sie sah, schwieg.

Agrippina, die Mutter, ist eine der attraktivsten Frauen ihrer Zeit, auch wenn die von ihr erhaltenen Porträts, so auf dem Füllhorn-Cameo im Wiener Kunsthistorischen Museum, kaum unserem gängigen Schönheitsideal entsprechen.

Agrippina hatte ein breites kleines Gesicht mit niedriger Stirn[18], hervorstehenden Wangenknochen, einer langen Nase mit runder Spitze, einem hervortretenden Kinn und schmalen Lippen. Die Oberlippe ragte etwas über die Unterlippe. Zudem besaß Agrippina einen zusätzlichen zweiten Eckzahn in der oberen rechten Kieferhälfte. Die Antike deutete diesen doppelten Eckzahn, je nachdem, ob er in der rechten oder in der linken Kieferhälfte saß, als Zeichen für Glück oder Unglück. Im Fall Agrippinas versprach er Glück.

Was Agrippina, die maskuline Züge trägt, für manche wenig attraktiv erscheinen läßt, ist ihre Größe. Sie ist überdurchschnittlich groß, größer als die meisten Männer in ihrer Umgebung. Auch ihr späterer Ehemann Claudius und ihr Sohn Nero sind kleiner als sie.

War sie nicht als schön zu bezeichnen, so galt sie als intelligent, belesen, wissensdurstig. Äußere Attraktivität war nicht entscheidend. Im Gegenteil. Sie löste Angst aus und zog Gerüchte an.

Agrippina werden Eskapaden vorgeworfen. Eine Frau, die diskreditiert werden soll, wird als sexuelles Monster ausgegeben. Doch Neros Mutter ist eine nüchterne Politikerin, die mit Bettgeschichten nicht viel zu tun hat. Die von Tacitus wie von Sueton wiedergegebenen Gerüchte über die unzähligen Liebhaber Agrippinas sind unglaubwürdig. Es fällt den Autoren selbst schwer, ihre Behauptungen zu belegen.

Allerdings bleibt Agrippina eine unheimliche Persönlichkeit. Sie wirkt auf Männer erschreckend. Denn sie handelt, wie Männer es sich selbst zuschreiben: Sie versteht sich auf Menschen, weil sie während des größten Teiles ihres Lebens von allem und jedem unabhängig blieb. Diese Frau ist stark, stolz, mutig und verfügt über einen eisernen Willen. Gleichzeitig ist sie kalt, berechnend und skrupellos. Diese Kälte soll, so munkelt Rom, der Grund dafür gewesen sein, daß Caligula, der seine Schwester ins Bett gezogen haben soll, für immer abgeschreckt worden war.

Jedoch: Nicht jede Frau ist frigide, weil sie einem Mann nicht zusagt, da sie emanzipiert genug ist, um ihm überlegen zu sein.

Agrippinas Charakter und Handlungsmuster werden, was bisher kaum auffiel, am häufigsten mit Hilfe von Adjektiven umschrieben, die gemeinhin auf sogenannte männliche Haltungen angewandt werden. Ihre Sinne, ihre Gefühle hat die ungewöhnliche Frau in der Gewalt, den Kopf verliert sie nicht. Sie verschwendet ihre Gunst nicht, läßt sich nicht von Leidenschaft hinreißen. Schläft sie mit einem, muß dies von Vorteil sein. Sie weiß, was sie will und wie sie es erreichen kann: Ihren Sohn auf den Thron zu bringen ist ein Plan nach ihrem Geschmack.

Als sie ihr Ziel erreicht, hat sie die Herrschaft dreier Kaiser relativ unbeschadet überstanden. Das ist keineswegs selbstverständlich. Sie mußte Schläge hinnehmen, die sie nicht fraulicher hatten werden lassen. Kaum vierzehn Jahre alt, erfährt sie, daß ihre von Kaiser Tiberius verbannte Mutter sich zu Tode hungerte. Zwei Brüder sterben eines unnatürlichen Todes, und der dritte stellt ihr nach.

Urvater und Stiefelchen

Die Herrschaft dieses Kaisers Caligula (37–41 u. Z.) nimmt immer tyrannischere Züge an. Er gibt sich dem Rest der Welt gegenüber sittenstreng, betrachtet jedoch sein Amt als Quelle immer neuen und gesteigerten Vergnügens für sich, den Gott. Er läßt sich seinen linken, vergoldeten, perlenbestickten Pantoffel küssen,[19] verlangt fußfällige Anbetung *(Proskynese)*, lädt edelste Frauen zu Gastmählern ein und schickt, wenn sie ihm gefallen, ihren abwesenden Männern den Scheidebrief. Er teilt nach »heiligem ägyptischem Ritus« mit seiner Schwester Drusilla das Bett.

Und er lächelt, wenn er die Messer schleift.

Die Zeiten, da dieser Gaius als hübsches Kind der Mittelpunkt eines Soldatenlagers (in Xanten?[20]) gewesen war, sind vorbei. Damals hatte jemand eine Kinderrüstung für ihn gebastelt, ihm Stiefelchen, Schwert, Helm, Lanze geschenkt. Damals stolzierte er auf und ab, sah reizend aus, war jedermanns drolliger Darling.

Dann wurde er, früh verwaist, nur noch herumgestoßen, verlebte eine freudlose Jugend ohne Freunde. Als er Kaiser wird, sieht es nochmals anders aus: »Sobald er daher von Misenum aufbrach, war der ganze Weg, obwohl er im Trauergewand den

Leichenzug des Tiberius begleitete, mit Altären, Opfertieren und brennenden Fackeln gesäumt und eine gedrängte Schar ungemein fröhlicher Menschen strömte ihm entgegen, die ihm alle möglichen Glückwünsche zuriefen und ihn bald ›Stern‹, bald ›Hähnchen‹, bald ›Püppchen‹, bald ›Schoßkind‹ nannten.«[21]

Jetzt ist er aufgeschossen, hager, blaß, hat stechende Augen, ist voller Sommersprossen. Und mittlerweile werden furchterregende Vorkommnisse berichtet: Selbst Patrizier schickt dieser Kaiser, der als Venus, Luna, Isis verkleidet mit grell geschminktem Gesicht, roter Perücke, gestopftem Busen, hohen Absätzen durch seine Paläste tanzt, aus Laune in die Arena – als Gladiatoren, die von den Profis abgeschlachtet werden wie Vieh. Ein Römer wird von germanischen Soldaten, die sich der Kaiser als Leibwache hält, erschlagen, weil er einen üppigen Haarwuchs aufwies – und Caligula ist fast kahl.[22] Andere sterben, weil sie eine Bemerkung, einen Vers über des Kaisers Majestät wagten. Die Liste derer, die im Amphitheater mit Holzschwertern gegen Tiere antreten, ist lang. *Oderint dum metuant* wird Caligulas Lieblingsspruch: »Mögen sie mich hassen, wenn sie mich nur fürchten!«[23]

Macht und Furcht regieren die Völker.

Die glorreichen Zeiten des von 27 v. u. Z. bis 14 u. Z. regierenden Octavian (Augustus) waren vorbei. Dieser hatte durch seinen Meinungsmultiplikator, den Dichter Horaz (65–8 v. u. Z.), seine Zeit als das wiedererstandene Goldene Zeitalter (Hesiod, um 700 v. u. Z.) in wahren Staatsoden[24] feiern lassen. Auch andere Dichter machten mit Wiederauferstehungsversen[25] auf sich aufmerksam; die protegierte Auftragsdichtung florierte lange. Neben Ovid (43 v. u. Z.–18 u. Z.) sind Petronius († 66 u. Z.), ein Freund Neros, und Juvenal († nach 127 u. Z.) zu nennen.

Goldenes Zeitalter? Nicht für alle. Golden war, Propaganda hin oder her, die Epoche nur für diejenigen, die in den Jahrzehnten zuvor schwere Einbußen hatten hinnehmen müssen:

Männer und Väter, denen in ihren Familien die Zügel entglitten waren. Das soll anders werden: Die Ideologie orientiert sich zurück und beschwört die gute, alte Zeit. So werden die frustrierten Patriarchen aufgebaut. Krisengeschüttelte Männer bedürfen des Zuspruchs und der Orientierung für ihr Leben und Handeln. Aus der sogenannten Krise des Mann- und Vaterseins wird eine Nutzkrise, die sich für die eigenen Belange verwerten läßt.

Meine Überzeugung ist es freilich, daß die Frauen die Welt erhalten, während wir Männer sie mit unserer historisch wie aktuell belegten Brutalität in Unordnung bringen.[26]

Um der patriarchalen Dramaturgie willen werden Frauen in der Geschichtsschreibung am liebsten ausgespart. Doch in der Wirklichkeit sind sie nun einmal anzutreffen. Also muß eine Lösung des Problems gefunden werden. Die frauenfeindlichen Ausfälle der Epoche äußern sich in Rechtskonstruktionen zugunsten des Mannes und in besonderen Sprachkonzepten.[27] Beide Konstrukte wollen nicht nur die Patriarchen Roms stärken, sondern auch die immer noch nicht beseitigten Überreste aus einer matriarchalen Epoche tilgen. Immerhin soll keine andere Stadt zu ihrer Gründungszeit tiefer im Mutterrecht verankert gewesen sein als Rom.[28] Das Patriarchat ist nicht auf quasi-natürliche Weise entstanden. Es mußte sich durchsetzen. Das hieß Kampf und nochmals Kampf.

Wer sich als Patriarch fühlte, und wer wäre das unter Altadeligen nicht gewesen, faßte in der Epoche der Wiederaufrichtung der Väterwerte neuen Mut. Die Kulturrevolution des Kaisers, des harten, holzigen Mannes, den sie Augustus nennen, bedeutet eine Konterrevolution des Patriarchats. Jetzt ist männliches Handeln gefragt wie früher. Der Senat, ein Männerbund par excellence, dessen Mitglieder sich nicht ohne Grund als Väter *(patres conscripti)* anreden lassen, faßt sich. Nero wird es zu spüren bekommen.

Der sprichwörtliche Cäsarismus stellte eine Handlungsaufforderung an die als bedroht empfundene Männlichkeit dar. Jetzt sollen, in patriarchaler Apologetik, stabile Handlungsmuster geschaffen werden. Männer und Väter wollen wissen, woran sie sind. Die Frauen, weder waffenfähig noch im Gottesdienst ritusfähig, sind zwar drauf und dran, sich zu befreien. Sie gehören jedoch zurück in die Familie, zu den Kindern, an den Herd. Und die Sexualmoral, vom Mißtrauen gegenüber aller Lust gezeichnet, muß wieder eine Moral von Männern für Männer sein.[29] Das moralische Subjekt Roms ist der Mann, der jedes Zu-sich-selbst-Kommen der Frau zu verhindern sucht.

Ein Beispiel: Gaius Musonius Rufus (25–100 u. Z.). Unter den bedeutenderen Stoikern wird er nur selten genannt. Der mangelnde Bekanntheitsgrad des Musonius liegt weniger daran, daß er ein sogenannter Popularphilosoph war, also nach der Nutzanwendung philosophischer Überlegungen für das alltägliche Leben fragte. Halten wir uns die Zeit Neros und seiner Nachfolger vor Augen, und stellen wir uns einen Mann vor, der lehrt, ein Gewand sei genug, auf zweideutige Reden sei zu verzichten, einen, der sexuelle Zurückhaltung fordert, den Kult um das Essen ablehnt und den Ackerbau als eine Beschäftigung ansieht, die Philosophen angemessen sei: Begreiflich, daß Musonius umstritten war.

Er vertritt die Forderung, daß geheiratet werden müsse. Das ist nicht nur ein Votum für die Ehe, sondern ein Konzept zur Verhäuslichung der Frau, zu der von patriarchalen Werten bestimmten, festen Regeln folgenden, die Väterherrschaft tradierenden Kindererziehung.[30] Begründet wird diese Forderung so schlicht wie heute: Solche Pflichten entsprechen dem Wesen der Frau. Was dieses Wesen der Frau sei und das Wesen des Mannes, bestimmen die Werteväter.

Typisch für patriarchale Umgangsformen: Es wird, unterderhand, als das uralte Recht eines aufrechten Mannes verstanden, seine Frau prügeln zu dürfen, wann immer er nicht mehr aus und ein wußte. Doch während den Frauen wesentliche Rechte verwehrt werden, sind Männer gehalten, Frauen zu achten und in ihrem Beisein unflätige Reden zu unterlassen.[31] Damit bessert sich die Lage der Frauen nicht von Grund auf: Es sind Kavaliere mit Manieren, die Frauen formvollendet behandeln, solange sie wenigstens nicht in Not geraten und ihnen zugleich Rechte vorenthalten.

Kaiser Nero lebt und handelt in vielem anders, als Augustus und seine Puristen es gebilligt hätten. So gesehen ist Nero Abweichler von den patriarchalen Vorgaben, sein Leben Ketzerei. Unmöglich, diesem Kaiser gerecht zu werden, wenn nicht das patriarchale Milieu mitbedacht wird, das seine Zeit geprägt hat. Vielen mag diese Perspektive ungewohnt erscheinen. Doch es ist an der Zeit, ein alternatives Interesse an der Antike zu begründen und sich nicht mehr auf jenes einschränken zu lassen, das fast exklusiv an Schulen gelehrt wird.

Schon jetzt: Die Alternative »bester Kaiser Augustus – übelster Kaiser Nero« ist nicht vorurteilsfrei. Sie hat mit der Realität nichts zu tun..

Augustus? Rom hatte seinen ersten Bürger schon 27 v. u. Z. mit dem in erster Linie sakralen Titel benannt. Seit seiner Reform des Julianischen Kalenders (8 v. u. Z.) wird der sechste Monat *(sextilis)* den Namen des ersten Mannes im Staate tragen, der in diesem Monat sein erstes Konsulat durchgesetzt (43 v. u. Z.), Ägypten eingenommen (30 v. u. Z.) und mehrere Feldherrntriumphe gefeiert hat. Wir nennen diesen Monat noch immer August.

Augustus hatte sich nicht als Kaiser feiern lassen. Eine starke Machtkonzentration in einer Hand galt seit der Vertreibung der frühen Könige als schlimmstes Staatsverbrechen, als das älteste Tabu des römischen Volkes *(populus Romanus)*. Augustus spricht nicht vom Kaisertum, nicht von Diktatur. Er proklamiert

Teil I. 2. Mütterlicher Machtwille

die Wiederbelebung altrömischer Werte in der wiedererrichteten Republik *(res publica restituta)*. Diese Republik hatte nach dem Sturz der Könige Roms an die 500 Jahre bestanden, bis sie sich in endlosen Bürgerkriegen erschöpfte.

Die Initiative für den sich ausbildenden Herrscherkult ergreift der Senat. Da sitzen Hunderte von alt- und neuadeligen Männern, denen das Programm ihres Augustus von Herzen zusagt. Dieser begnügt sich mit dem – propagandistisch zu nutzenden – Titel eines *Princeps*, eines ersten Bürgers. Gewinnt dieser Princeps an Größe, geschieht das nicht zum Schaden des Senats. Rom wartet nach den langen Bürgerkriegen auf einen Mann, der Ordnung schafft. Um so lieber inszenieren die Senatoren, ergebene Söhne ihres Übervaters, für den Princeps den Glanz kaiserlicher Göttlichkeit und bekennen sich freudigen Herzens zu ihrer eigenen Schöpfung.[32] Und über die Grenzen der allgemeinen menschlichen Natur gehen Durchschnittsmenschen nie hinaus.

Nero, der Abweichler, wird keine Chance auf eine eigene Identität als Mensch und als Kaiser bekommen.

Augustus tritt, Abkömmling des vergöttlichten Caesar *(divi filius)*, nicht herrisch, sondern diplomatisch auf. Seine erhöhte, fast schon sakrosankte Autorität hilft ihm dabei; ob sie wirklich von jedermann freiwillig anerkannt wird, wie Lobredner es wissen wollen, bleibt fraglich. Er verbittet sich die Anrede »Herr« *(dominus)* und besteht darauf, daß die Senatoren, seine Pairs, sitzen bleiben, wenn er den Versammlungsraum betritt. Er sieht sich als der Erste unter Gleichen *(primus inter pares)*.

Das Senatsgebäude, die *Curia Julia*, lag auf dem *Comitium*, einem nördlich an das Forum angrenzenden Platz. Die Curia leitete ihren Namen von Gaius Julius Caesar her, der den Bau aus der Republik von Grund auf hatte restaurieren lassen. Der schmale, hohe Saal war ohne Schmuck. An der Stirnseite erhob sich ein Podium für die beiden Consuln und für andere mit hohen Staatsämtern betraute Senatoren. Der höchste Marmorsitz auf dem Podium blieb dem Kaiser vorbehalten. Tiberius war den meisten Sitzungen des Senats ferngeblieben, Caligula hatte sich gern reden – und schimpfen – hören. Nero wird manchen Auftritt in der Curia haben – solange er noch Interesse am Senat zeigt.

Augustus hatte Frieden geschaffen und erhalten *(Pax Augusta, Pax Romana)*. Das patriarchale Errettungsbedürfnis war durch einen Supervater bedient worden, die Patriarchen lehnten sich zurück. Wäre es nach ihnen gegangen, hätte dieser Zustand andauern können. Ob es sich dabei – inmitten eines gesellschaftlich wie kulturell instabilen Milieus – nicht um eine Friedhofsruhe handelte, ist eine andere Frage.

Nero wird es mit der selbstzufriedenen Trägheit der Senatsmehrheit zu tun bekommen. Die Senatoren, im wohlverdienten Ruf der Patriarchen, gehen kleinkrämerisch mit den Staatsinteressen um und machen eine einfache Rechnung auf: Sie sind an nichts anderem interessiert als an der möglichst ungestörten Nutzung ihrer Vermögen. Und ein Kaiser soll den Genuß dieses Geldes garantieren. Schafft er das, ist er ein guter Princeps; macht er keine Anstalten, es den Herren recht zu machen, muß er früher oder später gestürzt werden.

Nero wird versuchen, einen Stein in den Teich zu werfen und eine Kulturwende heraufzuführen. Der Senat, Wortführer einer steinzeitlichen Hegemonie, versteht ihn nicht. Offenbar kann Agrippinas Sohn nicht als ordentlicher Princeps in einem geordneten Gemeinwesen leben. Doch war dieses Staatswesen, als dessen sittliche Exponenten sich die Senatoren verstanden, wirklich ein gesunder, in seinem Wesen geordneter Organismus?

Das Reich erweitert sich: Hatte Rom zu Zeiten des sagenhaften Gründers Romulus 3300 Mitbürger aufgebracht, so ergab eine

Zählung im Todesjahr des Augustus die immense Zahl von 4,9 Millionen römischer Bürger, einschließlich der Frauen und Kinder. Unter Kaiser Claudius betrug die Zahl bereits sechs Millionen. Insgesamt lebten in den Grenzen des Römischen Reichs über siebzig Millionen Menschen. Sie lebten alles in allem gut. Eine vorher wie nachher nicht mehr erreichte Leistung: Der römische Erdkreis kannte die Einheit des Rechts, der Münze, der Maße und Gewichte.[33]

Augustus verstand es, den Anspruch auf Weltverbesserung mit seinem eigenen Karrieredenken zu verknüpfen. Er vollendete den Aufbau des inoffiziell so genannten Prinzipats, der ersten Regierungsform der Kaiserzeit. Das System von Rechts- und Verfahrensregeln beruhte auf einem Grundkonsens, auf einem in vielen Ritualen, unter anderem den Schauspielen in Circus und Amphitheater, konkretisierten Nahverhältnis: Der Princeps auf der einen Seite, das Volk Roms, der Senat und das Heer auf der anderen.

Kein Wunder, daß der Prinzipat sich als eine der am besten akzeptierten Monarchien der Geschichte erweist. Dem Princeps ist erlaubt, was kein absolutistischer König sich je hätte gestatten dürfen. Die Amtsvollmachten des Kaisers bleiben fast unbeschränkt; sie unterliegen allein dem Konsens der Reichsaristokratie aus Senatoren und Rittern über die Frage, wie sie sich anwenden lassen.[34] Doch es gelingt den Kaisern trotz vieler Versuche nur selten, ihren Überabsolutismus auszuschöpfen.[35] Sie scheitern an ihrer dahinrostenden Macht, geraten in Gefahr, den Konsens zwischen Senat, Volk, Heer und sich selbst faktisch aufzukündigen und ihren Sturz herbeizuführen.

Augustus ließ bewährte Einrichtungen aus den Zeiten der Republik unangetastet, da er diese nicht ersetzen, sondern wiederherstellen wollte. Auch hatte er zum Aufblühen von Kunst und Literatur unter Betonung des Lateinischen statt des Griechischen beigetragen. Die Wiederbelebung der Religion, dieses komplexen Netzes von Beziehungen zum Heiligen, sowie die Erneuerung altrömischer Sitten hatte er gefördert. Alles paßte zusammen, alles paßte zur Herrschaftsideologie, alles hatte seine Ordnung zwischen Göttern und Menschen. Das harmonische Zusammenleben der Bürgerschaft war garantiert *(concordia civium)*. So ließ sich regieren.

So ließ sich auch Anerkennung gewinnen. Das frühe Christentum suchte, sich Anteil zu beschaffen: Die neutestamentliche Geschichte von der Kindheit Jesu stützt sich auf den berühmten Augustus. Unter dessen Herrschaft wird nach einer Überlieferung Jesus von Nazareth geboren (Lk 2,1). In Wirklichkeit steht das Geburtsjahr Jesu ebensowenig wie das Datum seines Todes fest. Was die Evangelisten berichten, sind keine historischen Fakten im Sinn moderner Wissenschaftlichkeit, sondern Zurechtrückungen für die Glaubenden. Ob also unter anderen Umständen auch Kaiser Nero genannt worden wäre, ist zweifelhaft. Auf diesen angeblichen Verfolger sich zu berufen verbietet sich den Christen. Mit Nero läßt sich kein Staat machen wie mit Augustus. Bis heute nicht.

Familiensorgen

Unter der langen Herrschaft des Augustus wird der Statue Caesars das abgeschlagene Haupt des Verschwörers Brutus zu Füßen gelegt, gehen Antonius und Cleopatra in den Tod, wird Jesus von Nazareth geboren, wird Ovid ans Schwarze Meer verbannt und die Schlacht im Teutoburger Wald von Publius Quinctilius Varus verloren.[36]

Augustus, nach dessen Tod (19. August 14) sich Rom angeblich fühlte, als habe es einen Vater verloren, war von seinen Schmeichlern als ein Mann der Vorsehung betrachtet worden. Allerdings hatte auch er ein beängstigendes Problem des Prinzipats nicht lösen können: die Nachfolge. Er war nach vierzig Jahren im Dienste Roms davon ausgegangen, daß er das Recht habe, seinen Nachfolger zu bestimmen. Doch seine Hoffnungen zerschlugen sich Jahr für Jahr, direkte Nachkommen schieden aus. Gegner streuten, Augustus habe seiner dritten Ehefrau Livia Drusilla zigtausend Briefe geschrieben, doch die langjährige Ehe nicht vollzogen. Andere wußten es noch besser: Der Mann war impotent, dieser Kaiser schwul.

Der kränkelnde Augustus hatte keinen Sohn gezeugt, der entscheidende Mangel in einem Rom, dessen Ideologie »die Söhne zur Arbeit an einem stabilen Herrscher-Ich verpflichtete«[37]. Augustus hatte eine Tochter. Sie benutzte er zu politischen Zwecken, behandelte sie kaum einmal wie sein Kind. Sie zählte zur *jeunesse dorée* der Zeit, galt bald als »unwürdige Julia«. Sie lebte, solange es ihr möglich war, als literarisch interessierte[38], sexuell emanzipierte Frau.

Julia ist mit zwei Jahren mit einem Sohn des Marcus Antonius verlobt worden; weitere Verlobungen sind wahrscheinlich. Mit vierzehn muß sie auf Geheiß des Vaters ihren neunzehnjährigen Cousin M. Claudius Marcellus heiraten, der bereits zwei Jahre später stirbt. Ihr Vater hat bald den zweiten Ehemann für sie gefunden, seinen treuesten Freund, Marcus Agrippa, der dreißig Jahre älter als Julia ist und sich für diese Ehe von seiner erst vor kurzem angetrauten zweiten Gattin, einer Nichte des Kaisers, trennen muß. Als Marcus Agrippa nach neunjähriger Ehe stirbt, wird Julia gezwungen, Tiberius zu heiraten. Auf die Gefühle der Kinder, Verwandten und Freunde nimmt Augustus keine Rücksicht. Auch der Altersunterschied zwischen den Brautleuten spielt keine Rolle. Das ist üblich: Cicero hat als Sechzigjähriger 46 v. u. Z. zum zweitenmal geheiratet. Seine Braut Publilia, mit deren Mitgift er seine zerrütteten Vermögensverhältnisse in Ordnung bringen will, ist über vierzig Jahre jünger.

Seit den Ehegesetzen des Augustus besteht für die 25- bis

60-jährigen Männer und für die 20- bis 50-jährigen Frauen Ehepflicht. Neros Milieu baut sich auf.

Julia, der ihr Vater alles zugemutet hat, ist jetzt die Frau des Tiberius, des späteren Kaisers (14–37 u. Z.), vor dem keine Frau, kein Knabe sicher ist[39]. Tiberius hat eine Schwäche für unreife Frauen, je knabenhafter, desto lieber. Julia stellt berechtigte Forderungen an ihren Mann, die er nicht erfüllen will.[40] Weist er sie zurück, reagiert sie, typische Männervokabel, »hysterisch«. Und als er sie gar nicht mehr beachtet, hält sie sich schadlos. Mit der Zeit geraten ihre Ausflüge zum Skandal. Ihre Stiefmutter, die bewußt altrömisch lebende Kaiserin Livia, nach Caligula ein »Ulysses im Weiberkleid«[41], greift ein. Unlösbare Probleme sind ihre Spezialität.

Julia wird abgestraft, auf die Insel Pandateria (heute: Ventotene) verbannt, bekommt Hausarrest, darf keine Kosmetika benutzen, keinen Wein trinken, weil er als Aphrodisiakum gilt. Ihre Wache besteht aus Eunuchen. Alle Maßnahmen verfolgen eine antisexuelle Tendenz. Täglich muß Julia wie ein Kind Wolle spinnen, also »der den Frauen ganz eigentlich zukommenden Arbeit«[42] nachgehen. Kaum wird Tiberius Kaiser, setzt er die tägliche Ration für seine ehemalige Frau auf vier Unzen Brot und eine Unze Käse herab. Julia stirbt im ersten Jahr dieses Kaisers, eine der unglücklichsten und bis heute mißverstandenen Frauen der Geschichte.[43]

Augustus hat seine Tochter als unwürdig verstoßen, ihr Name darf nicht mehr genannt werden, ihre Beisetzung in seinem Mausoleum *(tumulus Caesarum)* verbittet er sich. Doch alle für würdig erachteten jungen Männer sterben vor ihm.

Als mit Augustus der Vater schlechthin geht, kann ihn kein älterer Bruder, kein Onkel, kein Sohn ersetzen. Da kaum alle Nachfolger Männer der Vorsehung sein werden, bleibt es nicht aus, daß die nächsten Kaiser aus dem iulisch-claudischen Haus, Tiberius, Caligula, Claudius und Nero, sich nach Meinung

Altroms nicht mit dem vergöttlichten Augustus messen können. Sie freilich »eine Reihe von Mördern und Verrückten, zumeist unfähig und korrupt, bis hinunter zum letzten und schädlichsten, Nero«[44] zu nennen, ist historisch nicht gerechtfertigt. Das Urteil kommt zu wohlfeil daher.

Das geläufige Vorurteil »Urvater Augustus – schlimme Nachfolger« greift zu kurz. Augustus ließ, was übersehen wird, weit mehr Menschen als Nero verfolgen und töten. Ähnliches gilt für Claudius. Im übrigen darf der oft zitierte Cäsarenwahn einzelner Herrscher nicht das Urteil trüben. Dieser Wahn äußerte sich meist nur gegen die nächste Umwelt, berührte das rechtliche Schicksal des Gesamtreichs wenig.[45]

Während der Jahrzehnte, da Augustus regierte, hatte es – anders als unter seinem Nachfolger Tiberius – keine Prozesse wegen eines Majestätsverbrechens (crimen laesae maiestatis) gegeben, unter das in der Folgezeit alles fallen wird, was einen Kaiser stört. Auch war niemand wegen eines Steuervergehens hingerichtet worden. Und niemand war gezwungen, dem Kaiser sein Vermögen zu vermachen – für die Gnade, sich selbst töten zu dürfen, statt schmachvoll exekutiert zu werden.

Unter Caligula, dem Regenten in Neros Kindheit, wächst die Zahl der Männer, deren Söhne, Väter, Onkel hingerichtet worden sind und die nur ein Wunsch beseelt: sich zu rächen.

Verschwörung der Schwestern

Als Caligula zu einem Besuch bei seinen Truppen an den Rhein aufgebrochen ist, wird ihm einmal mehr eine Verschwörung verraten. Marcus Aemilius Lepidus, der mehr Ahnen aufzuweisen hat als die meisten Familien, weiß von dem Komplott. Er soll der Geliebte der noch verheirateten Kaiserschwester Agrippina sein, dieser nach Meinung Caligulas veritablen Furie. Agrippina, die vielleicht gehofft hat, an der Seite des Lepidus Kaiserin zu werden, wird des Hochverrats bezichtigt. Ebenso eine weitere Schwester des Kaisers, Julia Livilla, im Jahr 17 auf Lesbos geboren, begeisterte Sammlerin griechischer und lateinischer Literatur – und spätere Mätresse des Philosophen Seneca.

Caligula greift durch, verzichtet jedoch darauf, seine Schwestern exekutieren zu lassen. Nach Ansicht Agrippinas ist das ein schwerer politischer Fehler: Sie hätte nicht am Leben bleiben dürfen, Bruder Caligula ist eine Memme.

Allerdings wird jede Ehrung der Schwestern unter Androhung hoher Strafen verboten. Und Caligula, der neues Geld braucht, beginnt, die Habe seiner Schwestern, die aus Rom herbeigeschafft worden ist, versteigern zu lassen. Er hat die Steuerlisten der Wohlhabenden in Gallien studiert und die Vermögenden, hilflose Bieter, nach Lugdunum (Lyon) befohlen. Kein Wunder, daß die Auktion ein Erfolg wird. Caligula feiert zehn Tage lang.

Marcus Aemilius Lepidus wird geköpft; seine Asche muß die Geliebte, Agrippina, nach Rom bringen. Dort kommt sie nicht in das eher familiäre Gefängnis unter dem Palatin. Der Senat, der Caligula willfährig zu seiner Errettung aus einer Verschwörung gratuliert hat, wirft sie in den berüchtigten, noch heute erhaltenen Kerker am Forum (*carcer Mamertinus*). In ihm sollen nach der Apostellegende auch Petrus und Paulus vor ihrer – historisch nicht belegten – Hinrichtung (67/68) gefangengehalten worden sein.

Nach vier Tagen sprechen die Senatoren das erwartete Urteil: lebenslängliche Verbannung, Einzug des Vermögens, Aberkennung der Ehren, die einem Mitglied des Kaiserhauses zustehen. Der Spruch wird in den Stadtteilen Roms ausgerufen und auf dem Forum angeschlagen. Agrippina wird nach Pontia deportiert, auf das größte Eiland der Pontinischen Inselgruppe. Livilla kommt nach Pandateria, wo ihre Großmutter Julia starb und ihre Mutter verhungerte.

Caligula soll seinen Schwestern erklärt haben, er könne für ihren Unterhalt nicht aufkommen und sie müßten sich deswegen selbst versorgen. Was bot sich an? Das Tauchen nach Schwämmen. Niemand konnte ahnen, daß ausdauerndes Schwimmen Agrippina einmal das Leben retten würde.

Ihr Aufenthaltsort war eine Insel, auf der neben einem Theater zwei Villen vorhanden waren. Agrippina dürfte nicht auf Komfort verzichtet haben. Die anfallenden Arbeiten wurden ihr von Dienern und Dienerinnen abgenommen. Ihre Hauptprobleme waren eher die Angst vor der Zukunft wegen ihres unberechenbaren Bruders und die Langeweile. Deshalb begann sie vermutlich damit, ihre Lebensgeschichte für die Nachwelt festzuhalten.[46]

Trotz ihrer Bitten darf sie ihren kleinen Sohn Lucius Domitius nicht mehr sehen. Die Familie ihres Mannes hütet sich, ihren Namen zu erwähnen. Eine Verschwörerin gegen des Kaisers Majestät bleibt eine Unperson.

Dazwischen ein Kind

Lucius Domitius, das Söhnchen, ist im schlimmen Jahr 39 zwei Jahre alt. Da sich sein Vater nicht um ihn kümmert, wird der Kleine ins Haus seiner Tante Domitia zu Ammen gegeben. Die Tante sorgt sich kaum, sie lebt ihrem Vergnügen. Ihres Neffen soll sie sich nur angenommen haben, weil ihm das Kaisertum prophezeit worden ist.

So zeichnen sich die Probleme eines Lebens ab: Sie sind, was selten geschieht, unter psychologischen und pädagogischen Aspekten zu betrachten. Allein das Milieu, das die Kindheit prägt, ist einer Untersuchung wert. Nero, einer der »Révenants oder Wiederkömmlinge in der Geschichte« (Jean Paul), erscheint – wie in auffälligsten Parallelen später Iwan Grosny, der

»schreckliche« Zar (1530–1584) – nur einer verkürzten Sicht als der Unhold, der Buhmann auf dem geheiligten Thron, der *bad guy* in jedem Film, der in Rom spielt. Wer so verkürzt urteilt, verkennt die äußeren Umstände und traurigen Ereignisse, die auf einen Jungen eingewirkt haben.

Lucius Domitius muß nicht nur Schicksalsschläge wie den frühen Tod des Vaters und die Verbannung der Mutter hinnehmen und diesen doppelten Liebesentzug verarbeiten. Roms Milieu ist von Heuchelei, Lüge, Mord geprägt. Selbst wenn angenommen werden kann, daß nicht alle einschlägigen Ereignisse an den Jungen herangetragen werden, entgehen kann er den Tatsachen nicht. Sie sind, gerade in den obersten Schichten, in der kaiserlichen Familie zumal, von der tätigen Verachtung altrömischer Sitte geprägt.

In einem zuinnerst treulosen Milieu wächst ein Junge auf, der in jungen Jahren Kaiser des Weltreichs werden wird. Ob das Milieu ihn meistert? Ob er versucht hat auszusteigen, das Milieu seiner Kindheit und Jugend in eine bessere Welt hinein zu verlassen? In seinem Fall in die Welt der Phantasie, der Kunst, des Schönen?

Geweitete Sicht

Nur ein kleiner Teil dessen, was in der Welt passiert, kann überhaupt unsere Sinnesorgane erregen, und nur weniges in der Welt ist für uns von Bedeutung.[47] Wir verfügen also nur über eine Art Tunnelblick und sind in ständiger Gefahr, alle Abweichungen vom Gewohnten zu übersehen.[48] Um so vorsichtiger müssen wir mit unseren Urteilen sein. Allzu leicht gleiten sie in Vorurteile ab. Können Historiker von Dingen schreiben, die existiert haben, oder vermögen sie nur die Vorstellungen von Dingen und Ereignissen nachzuschreiben?[49] Wie oft glauben wir, das Fossil aus Pappmaché, das Geschichtsschreiber vorlegen, sei ein Gebilde aus Fleisch und Blut?

Vermuten wir nicht allzuoft irgendwelche versteckte Bedeutungen? Reichen wir je an die vermeintlichen Handlungen, an die vermeintlichen Motive heran? Ist die ringsum eingeschliffene Deutung objektiv, die Nero seit zweitausend Jahren zum Politclown, zum Ganoven, zur Unperson macht? Wer hat da welche Wahrheit gefunden, wer welche Wirklichkeiten seinen Wünschen angepaßt? Wo Autor von Autor abschreibt, wo sich über Jahrhunderte hinweg keine Fragen stellen?

Wer eine herrschende Meinung zu ändern sucht, wird darauf gefaßt sein, daß ihm vielfach und entschieden widersprochen wird. Ehrliche Bücher machen jedoch ihre Leserinnen und Leser ehrlich. Wenigstens locken sie deren Widerwillen heraus.[50]

Im Fall Neros wuchern Legenden und Gegenlegenden. Ein Netz, ein Dickicht. Schwer zu sagen, noch schwieriger, endgültig zu beurteilen, was wahr ist und was nicht. Wir können uns testen: Was wissen wir über die Zeit, die zweitausend Jahre nach der unseren kommen wird, was wissen wir über die Menschen, die im Jahr 4000 u. Z. leben werden? Was auch nur über das nächste, das 22. Jahrhundert? Da soll es uns leichtfallen, über Epoche, Zeitgeist, Lebensgefühl des alten Rom, über Menschen bindende Urteile abzugeben, die vor zwei Jahrtausenden lebten?

In nichts täuschen wir uns so sehr, als wenn wir Aussagen über eine künftige Zeit machen, mit Ausnahme der Aussagen über eine vergangene.

Wo steht geschrieben, daß wir stets dasselbe wissen müssen? Alles gleich traditionell zu beurteilen haben? Stehen die Bewertungen ein für allemal fest? Wir könnten dies in Bezug auf die Kaiser aus dem iulisch-claudischen Haus glauben. Ihre Darstellung fällt schematisch aus, und das bis heute: Augustus ein strahlender Souverän, Tiberius ein Scheusal, Caligula ein Irrer, Claudius ein Pedant, eine Marionette in den Händen seiner Frauen. Und Nero? Über wenige Persönlichkeiten der Weltgeschichte ist so viel Schlechtes geschrieben worden wie über ihn.

Eine bestimmte Geschichtsschreibung hat sich in den Schulen breitmachen dürfen.[51] Nero bleibt das Ungeheuer. Ist dagegen von Constantinus I. († 337) die Rede, wird übergangen, daß dieser erste christliche Kaiser seinen Sohn und seine Frau umbringen ließ.[52] Zudem wird ihm eine viel größere historische Bedeutung zugeschrieben, als ihm zukommt.

Ich schlage vor, alternative Sichtweisen zuzulassen: auf Augustus, Julia, Claudius, Messalina, Seneca, Paulus, Constantinus. Und auf Nero.

3.

TOD EINES VATERS

Der Erblasser

Ende 39 oder Anfang 40 stirbt Gnaeus Domitius Ahenobarbus. Er hat als Trinker und Wüstling gegolten. Kaiser Tiberius, der die Ehe des wesentlich älteren Mannes mit Agrippina erzwungen haben soll, hatte ihn verhaften lassen. Er hatte angeblich mit der eigenen Schwester geschlafen. Auch wurde Gnaeus Domitius der blutdürstigste Mann Roms genannt; manche verglichen seine Blutgier mit der rostroten Farbe seines Bartes. Augustus hatte die Grausamkeit eines von diesem Mann veranstalteten Gladiatorenspiels öffentlich gerügt, nachdem eine vertrauliche Warnung vergeblich gewesen war.[53]

Wüste Geschichten waren in Umlauf; inwieweit sie stimmten, können wir nicht wissen. Einiges mag von Neros Gegnern aus einer rückwärtsgewandten Perspektive gesehen worden sein: Der Apfel fiel nicht weit vom Stamm.

»Als er damals im Stabe des jungen Gaius Caesar (wohl eher

Germanicus) in den Orient unterwegs war, erschlug er einen seiner Freigelassenen, nur weil dieser sich geweigert hatte, so viel zu trinken, wie ihm befohlen worden war. Daraufhin wurde er aus dem Gefolge entlassen, legte sich aber darum keinerlei Mäßigung auf. Gleich auf der Rückreise überfuhr er in einem Dorf an der Via Appia einen Knaben, indem er in einer plötzlichen Laune mit voller Absicht sein Gespann vorwärtspeitschte. Und in Rom schlug er mitten auf dem Forum einem römischen Ritter ein Auge aus, weil dieser ihm offen Vorhaltungen gemacht hatte. Dazu war er noch ein solcher Betrüger, daß er nicht nur den Bankiers das Geld für die Ankäufe vorenthielt, die sie in seinem Namen getätigt hatten, er betrog sogar in seiner Eigenschaft als Prätor die Wagenlenker um ihre Siegespreise.«[54]

Nach Meinung seiner Mutter neigte Gnaeus Domitius zur Trägheit und war ohne Ehrgeiz. Er brachte in seiner Amtszeit als Consul nichts als die Errichtung eines Bades in seinem Haus zustande. Schon an der Wiege des Lucius Domitius soll dieser Vater die Verwandten beschimpft haben. Sie wollten ihm Glück wünschen, statt über die Geburt dieses Erben aller schlechten Eigenschaften von Vater und Mutter zu weinen. Die Geschichte, eine sich selbst erfüllende Prophezeiung *(vaticinatio ex eventu)*, ist erfunden.[55] Tatsache ist, daß er sich um sein Söhnchen, das seine verbannte Mutter nicht sehen durfte, nicht sorgte. Das war die schwerste Verfehlung, die sich ein Vater leisten konnte, der an überkommenen Tugenden gemessen werden wollte.

Nach dem durch und durch patriarchalischen Herkommen bleibt ein Vater lebenslang *magister*. Was er sagt, wird durch Ammen und Lehrer weitergegeben. Literatur zur Erziehung, ein sprechendes Beispiel, ist an Väter, nicht an Mütter gerichtet. Der Sohn begleitet von Kindheit an seinen Vater ins Gericht, auf das Forum, in den Senat, zu Banketten. Erziehungsfähige Söhne zu haben ist Bestimmung, Leistung, Bürgerpflicht des Vaters *(munus)*. Wohl der Gattin, die ihm – ganz Gefäß für den Samen, ganz

Werkzeug der patriarchalen Ordnung – Söhne schenkt! Während es »keinen Unterschied macht, wo der Mann sät, wenn er nur sät«[56], haben Frauen weiter keine Aufgabe, als schöne, stattliche Körper hervorzubringen, in denen der Charakter des Vaters möglichst ungebrochen weiterlebt[57]. Söhne gehören ihrem Vater, sind Bestandteil seines Bürgerruhms. Mehr noch als für sein Vaterland stirbt ein Sohn für den Vater.

In seiner Grabrede auf den 221 v. u. Z. verstorbenen Vater zählt Quintus Caecilius Metellus zehn Punkte auf, in denen sich die Zielsetzungen eines Römers konkretisieren[58]: Der erste Krieger, der beste Redner, der tapferste Feldherr sein, unter der eigenen Leitung die wichtigsten Taten vollbringen lassen, die höchsten Ehrenstellen, die größte Weisheit, die höchste Senatorenwürde erstreben, ein großes Vermögen auf rechte Weise sammeln, viele Söhne hinterlassen und der Angesehenste in der *res publica* sein wollen.

Viele Superlative auf einmal. Was wird Nero erreichen? An dieser Grabrede gemessen, die von Anspruch zeugt, wird er sich nicht behaupten. Doch kann das einer?

Da die Werteväter Roms größten Wert auf die bruchlose Weitergabe ihrer Tradition legen, müssen sie sich ein Transportmittel ausdenken. Dieses soll über die Anbindung des Sohnes an seinen Vater ohne Abstriche und ohne Wenn und Aber die Tradition garantieren. Im Herkommen wie in dessen Transport sehen sie Chancen für ihr eigenes Überleben.[59] Denn sie, die früher oder später zu Ahnen werden, leben, am besten für alle Zeiten, in den getreu bewahrten Überlieferungen fort. Roms Väter sorgen nicht nur für die richtige Zukunft in ihren Söhnen, sie mühen sich ebenso um ihre richtige Vergangenheit[60], auch dies in ihren Söhnen. Das Leben der Söhne soll die Fortsetzung des Lebens der Väter sein – mit anderen Mitteln.

Tradition? Die meisten Menschen tun Dinge, weil sie zu Gewohnheiten wurden, und haben den ursprünglichen Anlaß dieser Gewohnheiten vergessen. Der Prozeß der Traditionsbildung wird dadurch verstärkt, daß Tradition emotional positiv besetzt ist oder wird. Sie erleichtert die Handlungssteuerung erheblich. Tradition gewinnt mit der Zeit einen Wert an sich, auch wenn sie von Fall zu Fall keinen Sinn mehr hat.[61]

Der Transport einer bruchlosen Tradition ruiniert freilich die Ausnahme zugunsten der Regel.[62] Lucius Domitius, die Ausnahme, hat keine Möglichkeit, zu werden, was er ist. Wo er um Leben ringt, um sein persönliches Leben, wird aus seinen Gegnern im Senat nie etwas Lebendiges; sie sind zu ordentlich.

Die Sitte der Väter *(mos maiorum)*, die dürrste Form der Einsamkeit, ist zementiert. Der Sohn unterwirft sich im mechanischen Gehorsam[63]; sein eigenes Sein kennt keine Identität; es ist quasi-sklavisch strukturiert. Väterwerte und -sitten müssen als Normen allen Denkens und Tuns akzeptiert werden. Leistet ein Sohn diese Anerkennung, ist er ein lieber Sohn.

Der vermögende Grundbesitzer und Hausvater *(pater familias)* verfügt über eine dreifache Gewalt: Die über die Kinder, auch wenn sie adoptiert sind, über Kindeskinder und Sklaven *(potestas)*, die Gewalt über die eigene Ehefrau und über die Ehefrauen seiner Söhne *(munus)* und die Gewalt über den Besitz *(dominium)*.

Der Vater hat über alles Vollgewalt, was zum festorganisierten und nach innen autonom auftretenden Hausverband gehört. Die freien, halbfreien und unfreien Hausgenossen, die Tiere und Werkzeuge sowie das leblose Gut, Haus und Land, gehören ihm. Zeitweilig hat der Vater die Macht, die Hauskinder und die seiner Gewalt unterworfene Ehefrau zu verstoßen, zu verkaufen und sogar zu töten *(ius vitae necisque)*. Er kann es ablehnen, seine unmündigen Kinder, die rechtlich den Sklaven gleichgestellt sind, als Nachfolger und Erben einzusetzen. Er kann sie als Sklaven verkaufen. In der Praxis werden Frau und Kinder jedoch nicht so unterdrückt, wie es den Anschein hat. Auf der einen Seite steht die patriarchale Ideologie, auf der anderen das Leben.

Zum familialen Kult gehört freilich die Verehrung des Genius, der dem Mann und Vater innewohnenden Macht und Persönlichkeit.[64] Sein Fest wird am Geburtstag des *pater familias* gefeiert. Erst wenn der Vater stirbt, tritt der Sohn rechtmäßig und endgültig an seine Stelle. Doch der Verstorbene ist nicht vergessen. Am Ende der Bestattung wird sein Bild an der am besten einzusehenden Stelle des Hauses, im Atrium, aufgestellt, wo die Ahnen schon ihren Platz gefunden haben.[65] Dieser Brauch zeigt an, daß die Vaterherrschaft *(Patriarchat)* dauernd und ununterbrochen präsent ist. Der Hausvater hat seine Gewalt *(Patronomie)* weitergegeben, indem er starb, und sie verjüngt in seinem Sohn zurückgewonnen. Als Priester der Familie hat der Sohn, Abbild des Originals, das Monopol auf Kontakt mit dem Toten.[66]

Altrom, wie es im Buche steht: Es bedient sich des beständig bemühten Bewußtseins, befestigte Begriffe, bodenständige Bilder, bewährte Bedeutungen, bestätigte Beheimatungen, beruhigte Bestände beispielhaft zu beanspruchen, besorgt zu bewahren, bleibend zu beherrschen. Das ist sein Sinn, seine Wahrheit.

Nichts von alldem: Lucius Domitius hat keinen Vater. Hätte er ihn gehabt, so keinen altrömischen. Der Nero sein wird, ist abgeschnitten von Altrom.

Altrömische Sitte

Anderswo ist alles altrömisch, alles verbrämt: Kaiserin Livia, Frau des Augustus, Vorbild für Stadt und Welt, trägt kostbare Kleider, reichen Schmuck, teure Parfüms. Doch in ihrem Haushalt sieht sie darauf, daß kein Luxus aufkommt. Ihre Grundsätze: keine heißen Bäder nach dem Mahl, Ehrfurcht vor der Familie, Beschäftigung für alle im Haushalt, niemals Verschwendung.

Das einfache, doch schmackhafte Essen gehört zum Plan. Es ist in diesem Fall kein Anzeichen für Armut, sondern eine Art Diät der Mäßigung. Zum Frühstück eine Handvoll Rosinen, ein Glas Wasser, zum zweiten Frühstück *(prandium)* Brot, Fisch, kalter Braten, zur Hauptmahlzeit *(cena)*, die meist gegen 16 Uhr eingenommen wird, beispielsweise ein in Wein gekochtes Spanferkel *(porcellus oenococtus)*, gebratener Fasan in Pfeffertunke, Fisch in Senfsauce oder ein Ragout aus Fisch, Muscheln und Quallen, das mit Lauch, Koriander, Oregano gekocht worden ist *(minutal marinum)*. Danach werden Früchte gereicht, auch mit Honig – Zucker, wie wir ihn kennen, gibt es in Rom nicht – bestrichene Melonenschnitten oder Datteln, die mit Nüssen, Pinienkernen, Pfeffer gefüllt und in Honig gebraten sind, Süßspeisen nach Art des Hauses *(dulcia domestica)*.

Roms Speisezettel bleibt allerdings schmal. Die Berichte, die von ausufernden Gastmählern *(epulae)* erzählen, wo Männer und Frauen nebeneinanderliegen[67] und schlemmen, beeinflussen zwar manche Vorstellungen vom Treiben am kaiserlichen Hof, beziehen sich jedoch auf Ausnahmen. Gewiß wird geschwelgt, Regel bleibt aber die einfache bäurische Kost; die meisten können sich keine andere leisten. Essen bleibt unwichtig; Römer haben andere Privilegien.

Rom ist ein Heim von Vätern für Väter. Die Vorväterzeiten, aus denen wir stammen, stellen freilich ein düsteres, leidvolles und noch kaum aufgearbeitetes, vielmehr verdrängtes Erbe dar. Nachrichten, soweit sie überliefert sind, schildern die Macht des Vaters und die Rücksichtslosigkeit, mit der sie gebraucht wurde, nicht eben erfreulich.

Was schwer nachzuvollziehen ist: Ein römischer Vater scheint für sich zu leben (A. Rousselle). Seine sexuelle Freiheit ist nur durch das Inzestverbot und das Revierverhalten eines anderen Bürgers beschränkt: Er darf kein Verhältnis mit Söhnen, Töchtern oder Gattinnen anderer Vollbürger eingehen. Die Väter haben sich gegenseitig zur Einehe verpflichtet. Alle einverstandenen Frauen und Männer, die keinem anderen gehören, sind einem Hausvater ohne Folgen zugänglich; bei Sklaven und Sklavinnen kann er sich bedienen. Oft sieht sich der legitime Sohn im Vaterhaus von Männern und Frauen umgeben, die unter Umständen eine Affäre mit seinem Vater haben oder Kinder aus Beziehungen des Vaters mit Dienstboten sind, oder beides, und das vor aller Augen. Die meisten Männer der Oberschicht leben nach einem bestimmten Schema, das sie altrömisch legitimieren: Eine rasch vereinsamte Gattin bleibt im Hintergrund, Lustknaben und Konkubinen stehen dem Herrn Vater zur Verfügung. Und dem patriarchal-feudalen Geist der Zeit zu entsprechen, vergnügen sich nicht wenige Väter, Herrn, Grundbesitzer damit, die jungen Frauen ihrer Ländereien zu erproben, um sie nach einigen Nächten ihrem Schicksal zu überlassen.

In der Frühzeit Roms wurde ein Vater durch Mißbrauch seiner Gewalt nicht vor dem Staatswesen, sondern vor den Göttern verantwortlich. Auch spätere Zeiten sahen die Sittlichkeit im Zusammenhang mit der Religion. Die gern geglaubten Götter galten als Lenker der sittlichen Weltordnung und Vollstrecker ihrer Gesetze. Sie forderten die Erfüllung der sittlichen Pflichten, belohnten die Guten, straften die Bösen.[68]

Ovid höhnt: »Götter sind nützlich für uns, drum laßt an Götter uns glauben.«[69]

Die Pflichten der Menschen gegen Gottheit, Menschheit und ihr eigenes Selbst waren nicht durch Offenbarungen eines göttlichen Willens, nicht durch die Lehre eines Propheten gesetzt.[70] Der Begriff einer auf übernatürlicher Offenbarung beruhenden Wahrheit fehlte.

Seneca leugnet den Nutzen des Gebets, da die Gottheit, von

Natur aus gut, den Menschen ohnedies nur Gutes erweisen könne.[71] Christliche Schriftsteller sind der Ansicht, die »Heiden« hätten unmöglich sittlich gut sein können, weil ihre Götter sich alles andere als tugendhaft verhielten. Der Apologet Lactantius († nach 317 u. Z.) fühlt sich nach dem Umsturz im Kaisertum durch Constantinus I. (306–337 u. Z.) sofort im Recht. Als Sieger im Meinungskampf greift er, soeben noch Favorit des Kaisers Diocletian (284–305 u. Z.), die Götterwelt Roms an: Jupiter weist den Weg zum Ehebruch, Mars hetzt zum Krieg, Merkur zum Betrug. »Heiden« haben – im Gegensatz zu den Christen – kein moralisches Vorbild; ihre Götter taugen nichts.[72]

Friedrich Nietzsche: »Die ganze Arbeit der antiken Welt umsonst: ich habe kein Wort dafür, das mein Gefühl über so etwas Ungeheures ausdrückt … Die versteckte Rachsucht, der kleine Neid Herr geworden!«[73]

Es fällt schwer, in der Literatur Zeugnisse dafür zu finden, daß »die Menschen jener Zeit selbst in einer Periode des allgemeinen Sittenverfalls zu leben glaubten«[74]. In der Republik befaßte sich ein Sittengericht von eigens zur Vermögens- und Sittenkontrolle bestellten Zensoren mit den vereinzelten Mißbräuchen der Hausgewalt, welche die Sitten gefährdeten. Die Kaiserzeit übernahm die Sittengesetze allmählich ins Recht.

Eine bestimmte Vorstellung von der Frau, ihre angeblich naturhafte Triebstärke und Hemmungslosigkeit, wurde in Rom in höchst männerdienlicher Weise dazu benutzt, den Frauen die volle Rechtsfähigkeit vorzuenthalten. Der behauptete Leichtsinn, die Vernunftferne und Schwäche des weiblichen Geschlechts wurden zu Stereotypen. Mit der Zeit trat an die Stelle äußeren Zwangs die Forderung an die Frauen, ihren Hang zum Affekt asketisch zu zügeln. Nur mit Hilfe von Verzicht und Selbstmodellierung der Frauen konnte die Angst der Männer vor den Gefahren gebannt werden, die von der Überlegenheit der Frau ausgingen, nicht zuletzt auf sexuellem Gebiet.

Denn »Zum starkhufigen Hengst wiehert die Stute zuerst«, und andererseits: »Ein gemessenes Ziel ist in der männlichen Glut«[75]. So schreiben es sich Männer zurecht.

Bestattungsriten

Im Falle des kleinen Lucius Domitius ist alles anders.

Seine Mutter wird, kaum aus dem Exil zurück, das Regiment an sich ziehen, sein Vater ist zu früh gestorben. Auf Anraten seiner Ärzte war dieser in das etwa vierzig Kilometer nordöstlich von der Hauptstadt gelegene Pyrgi (bei der bedeutendsten Etruskerstadt Caere, dem heutigen Cerveteri) gegangen, um in heißen Quellen seine Gesundheit wiederzufinden. Aber sein Körper war vom Alkohol, den schweren Speisen und den immer wieder gebrauchten Aphrodisiaka so geschwächt, daß er nach wenigen Tagen starb. Niemand scheint ihn betrauert zu haben, mit Ausnahme vermutlich von etlichen Saufkumpanen und Dirnen, denen er Geschenke gemacht hatte. Doch er war Senator und Consul gewesen. Seine Leiche konnte nicht einfach verscharrt werden.

Also läuft es in diesem Fall wie immer: Rom hat alle späteren Zeiten im Luxus der Totenbestattungen weit überboten. Verständlich, daß jede feierliche Bestattung Kosten verursacht.

Allgemein mangelt es in Rom an Begräbnisstätten.[76] Doch wer Geld hat, kann außerhalb der Stadtmauern ein Grundstück erwerben, falls er nicht vorzieht, eines Tages auf eigenem Grund und Boden bestattet zu werden. An der Via Appia liegen viele aufwendige Gräber der Vornehmen, die sich zu beiden Seiten der berühmten, von Appius Claudius im Jahr 312 v. u. Z. in die Albaner Berge und von dort bis nach Capua geführten Straße erheben. Die Grabmonumente überschreiten in ihrem Bedürfnis nach Selbstdarstellung manchmal die Ausmaße von Wohnhäusern.

Heute sind fast alle Grabstätten verschwunden, ausgenommen das Mausoleum der Caecilia Metella an der Via Appia. Auch das prächtigste aller Mausoleen, das des Kaisers Hadrian (76–138 u. Z.), Grablege späterer Kaiser und heute nach vielen Umbauten als Engelsburg bekannt, blieb erhalten. Beide Mausoleen sind Ausnahmen. Mit der Kunst verhält es sich anders: Martial (40–98 u. Z.), Zeitgenosse Neros, hat recht behalten. Er meinte, seine Gedichte würden noch gelesen, wenn stolze Mausoleen längst zerfallen seien.

Das Familienmausoleum der Domitier, in dem Domitius Ahenobarbus seine letzte Ruhe finden sollte, lag im Norden vor der Stadt, am *Monte Pincio*, in der Nähe der jetzigen Kirche *S. Maria del Popolo*. Es war in Form eines achteckigen Turmes erbaut und, Zeichen der Wohlhabenheit und des Geschmacks, mit Marmor verkleidet.

Neben dem Mausoleum hat sich vermutlich der Scheiterhaufen für den Vater des kleinen Lucius Domitius getürmt. In Pyramidenform errichtet, bestand er aus aromatischem Pinien- und Sandelholz, auch aus Gegenständen wie Waffen, Kleidern, Schmucksachen, derer sich der Verstorbene im Leben bedient hatte. Hinzu kamen Opfergaben von Verwandten und Bekannten: Krüge mit kostbarem Öl, Lorbeerkränze, Blumen, Früchte, Pergamentblätter mit Weihesprüchen. Wohlriechende Flüssigkeiten aus dem Orient wurden auf den Scheiterhaufen, auf die Leiche geschüttet; Bekannte und Verwandte hatten die Spezereien überbringen lassen. Am liebsten wurde bei Händlern, die Weihrauch als Pulver, in Körnern und Klumpen verkauften, das kostspielige Harz erstanden, dann gestiftet und verwendet; es wird von relativ riesigen Mengen berichtet – bis zu sechzehn Kilogramm pro Bestattung sind belegt.[77]

Familien veranstalteten zum Gedächtnis ihrer Verstorbenen Schauspiele, Leichenschmäuse, Gladiatorenkämpfe. Gerade die letzteren haben in Rom eine Tradition: Zum erstenmal werden sie 264 v. u. Z. erwähnt. Sie sind damals von einem Privatmann für eine Totenfeier gestiftet worden. In dieser Funktion kannten sie die Etrusker. Beim Tod eines Prominenten wurden Leichenspiele veranstaltet, bei denen Blut floß. Dieses sickerte in den Boden und sollte den Toten Kraft und neues Leben schenken. Zum Totenopfer trat das Menschenopfer. Homer (8. Jahrhundert v. u. Z.) schildert in der *Ilias* sportliche Wettkämpfe zu Leichenfeiern vor Troja. Der Senat gestattete 105 v. u. Z., Gladiatorenkämpfe auch unabhängig von Begräbnisfeiern zu veranstalten.

Die Pracht der Grabdenkmäler, die Vornehme sich leisteten, war sprichwörtlich. Die Behörden mußten gegen den Luxus angehen, der keiner altrömischen Tugend entsprach, schon gar nicht jener, die auf das Haushalten der bäuerlichen Ahnen ebenso Wert legt wie auf die gemeinschaftsverpflichtete Nutzung des Vermögens.

Der Vater des Lucius Domitius hatte versagt.

Die ruhige Nutzung des eigenen Reichtums ist nur möglich, wenn der diesen schaffende Familienbetrieb funktioniert. Funktionieren bedeutet auch die Beherrschung sexueller Begehrlichkeiten zugunsten des größeren Ganzen. Die Eindämmung der Triebe führt zwar langsam, aber sicher zur Zerstörung des Sexuellen überhaupt, doch deuten die Väter Roms diese Entwicklung nicht als Restriktion, sondern als wesentlichen Teil des Prozesses der Selbstmodellierung: Wer das Vermögen der Familie wahren und mehren muß, hat auf sexuelle Freiheiten zu verzichten, die ihm solches unmöglich machen. Und so wird der Körper, wie in späteren restriktiven Epochen, vom Lustorgan zum Leistungsorgan umfunktioniert.

Der Vater des Lucius Domitius hatte völlig versagt.

Reich zu sein gilt als Glück und wird hoch geschätzt.[78] Geld ist mehr als oberflächlicher Genuß. Es macht unabhängig, erlaubt Muße, verschafft Vergnügen, verleiht das Gefühl der Sicherheit. Wer Geld hat, ist doch wenigstens etwas. Er steht auf dem sichersten Fundament der römischen Weltordnung. Doch mit seinem Reichtum protzt der Römer nicht, stellt ihn nicht zur Schau, sondern nutzt ihn, eine Gratwanderung, entweder freigebig für das Gemeinwesen *(liberalitas)* oder so bescheiden wie möglich für sich selbst *(modestia)*.

Das Obereigentum an Land ermächtigte das Staatswesen, die Hausväter zu überwachen, ob sie sich als fähig und bereit erwiesen, Familie und Vermögen im Sinne der Gemeinschaft zu organisieren.[79] Konsumierten sie unmäßig, verletzten sie das Gebot der Bescheidenheit, drohten ihnen Strafen. Die Überwachungsbeamten, die Zensoren, welche die Interessen der Tradition gegenüber den einzelnen zu vertreten hatten, standen über den Hausvätern. Diese hatten kein Einspruchsrecht. Gründe, die nach Meinung der Fundamentalisten ein Hauswesen und die Disziplin gefährdeten, waren Leckereien, Hurereien, Völlereien, Prahlereien und, eine nicht weniger patriarchatstypische Feststellung, »sehr böse Herrinnen«[80].

Gnaeus Domitius Ahenobarbus, in den Augen der Strengen ein Verlierer, hatte anders gelebt, als die Sitte es verlangte.

Dieser Vater, der zugunsten Agrippinas, der Mutter, in der Literatur über Nero meist vernachlässigt wird, hatte den anderen Weg gewiesen, ein Mann und Vater, der dem hehren Ideal des Mann- und Vaterseins nicht entsprechen konnte oder wollte. Er steht nicht allein in Rom. Ideale, die ganz oben angesiedelt werden, sind eine unmenschlich wirkende Erfindung. Und wer den idealen Mann und Vater fordert, beweist seinen Haß auf den konkreten Menschen.

Über den Trauerzug für den Vater des kleinen Lucius Domitius Ahenobarbus finden sich keine Quellenangaben. Er läßt sich nur nach den in Rom üblichen Trauerfeiern schildern: Vermutlich ist er von Musikanten eröffnet worden. Sie lärmen mit Hörnern, Trompeten, Tuben, Flöten. Auch Chöre von Mimen, die dramatische Szenen und Tänze aufführen, dürfen nicht fehlen. Ihnen folgen Fackelträger und Klageweiber, die sich für ein Handgeld die Haare raufen und Totenklagen *(naeniae)* singen sollen, vor allem aber kreischen und heulen. Dann folgen Schauspieler, die den Ahnen des Verstorbenen an Gestalt und Größe gleichen, in den Trachten, die den Ahnen zugestanden hatten: Magistratsbeamte und Priester in der purpurverbrämten Toga, Feldherren im goldgestickten Purpur. Oft geht die Zahl der Wagen, auf denen die Ahnenbilder *(imagines maiorum)* und ihre Träger einherfahren, in die Dutzende. Die angemieteten Schauspieler tragen Masken mit treu nachgebildeten Zügen der Vorfahren, das Hauptspektakel des Zuges.

Die Ahnen galten als Teil der Familie. Hausgottheiten wurden um den Herd gruppiert und bildeten einen Sakralbezirk im römischen Haus. Die Ahnenbilder, Totenmasken aus Wachs, wurden in kleinen, bei Festen geöffneten Schreinen im Atrium aufbewahrt und nur beim Leichenzug des vornehmen Römers außer Haus gebracht.

Ahnen bezeichnen alle in der Generationenfolge stehenden Menschen, von denen der einzelne in direkter Linie abstammt. Später werden Ahnenbilder nachträglich geschaffen: Die Stammreihe soll möglichst weit zurückgeführt werden[81]: Nicht nur leibliche, auch geistige Vorfahren bedingen die Größe einer Familie. Und die Leichen aus bester Familie geben sich, »als hätten sie den Tod erfunden«[82].

Vermutlich sind Feldherren, Consuln, Legaten als Masken aufgeboten worden, um mit ihren vergangenen Taten und Ämtern jenem Domitius Ahenobarbus etwas Glanz zu verleihen, der das Leben eines verwöhnten Müßiggängers geführt hat.

Seine Witwe, Mitte zwanzig, kann an dem Trauerzug für ihren ersten Mann, den sie 28 hatte heiraten müssen, nicht teilnehmen. Sie lebt auf Befehl ihres Bruders in der Verbannung.

Nachdem die Grabrede auf der Rednertribüne am Forum ge-

Teil I. 3. Tod eines Vaters

halten worden ist, zieht der Leichenzug zum Mausoleum der Familie. Leichenbestatter *(libitinarii)* betten die Leiche auf den Holzstoß. Dann wird das Zeichen zum Anzünden des Scheiterhaufens gegeben. Ob es der kleine Sohn gab, dem dies zustand, wissen wir nicht. Als der Scheiterhaufen niedergebrannt ist, löschen Verwandte die Asche mit Wein, suchen Knochenreste und bergen sie in einer Urne aus Silber oder seltenem Stein.

Gedächtnismähler für die Verstorbenen sind üblich, Urkunden über Stiftungen zu ihrer Finanzierung zahlreich erhalten. Sollte aus Anlaß eines solchen Mahles Fisch gereicht werden, was beliebt war, gab es gekochte oder gebratene Langusten in vielerlei Tunken, Barben in einer Soße aus Honig, Pfeffer, Zwiebeln, gedämpften Seeaal, mit Kümmel, Oregano, Essig, Dörrobst und Rotwein angerichtet, hin und wieder aufwendig gefüllten Tintenfisch, dessen Füllung aus einer Mischung von Kalbshirn, Eiern, Fleischklößchen, Pfefferschoten bestand. Zu alldem wurde eine auf unser heutiges Geschmacksgefühl abstoßend wirkende, damals überaus beliebte Fischsoße *(garum)* gereicht; eigene Fabriken, so in Ostia und im spanischen Cartagena, stellten Unmengen der im Sonnenlicht vergorenen Tunke aus vergammeltem Fisch her[83].

Im Jahr 54 wird Nero den Senat um die Erlaubnis bitten, eine Statue für seinen Vater errichten zu dürfen.[84] Das gehörte sich für einen Sohn.

Kaiser kommen an Geld

Ob Agrippina getrauert hat, läßt sich nicht sagen. Die Ehe mit dem Ahenobarbus war nicht die erste Wahl für eine Frau wie sie gewesen; sie hat diesen Mann nicht selbst gewählt. Es darf, falls sie wieder heiratet, schon etwas mehr sein. Sogar sehr viel mehr?

»Manche verschafft sich den Mann bei des Mannes Begräbnis«, sang Ovid.[85] Doch Agrippina hatte diesen Weg nicht gehen können.

Sie ist jetzt von ehelichen Banden frei. Und falls ihr das Vermögen der Domitier zufällt, wird sie eine der reichsten Frauen Roms sein. Doch die Rechnung geht nicht auf. Zum einen bleibt sie verbannt. Zum anderen hat ihr Mann mit der allen Vermögenden anzuratenden Umsicht zwei Drittel seines Besitzes dem Kaiser, seinem Schwager, vermacht.

Caligula hatte längst die von Tiberius überkommene, reich gefüllte Staatskasse verpraßt. Sie soll fast vier Milliarden Sesterzen enthalten haben. Eine zuverlässige Umrechnung solcher Geldwerte in die heutige Währung ist kaum möglich. Einigermaßen sicher ist der Metallwert (Bronze, Silber, Gold), da die Münzgewichte bekannt sind. Doch lag der Tauschwert in der Regel über dem Metallwert.

Schätzungsweise waren um 150 v. u. Z. bereits an die 55 Millionen Silberdenare in Umlauf. Für ihre Prägung wurden 125 Tonnen Silber (aus spanischen Bergwerken) benötigt.[86] Mit der Zeit hat sich die Zahl der umlaufenden Denare mindestens verzehnfacht. Ein Denar, die Hauptmünze *(denarius)*, hatte ungefähr einen Wert von 50 bis 60 Eurocent. Und da der Sesterz *(sestertius)*, eine Münze aus Silber, später aus Messing, und die Grundlage des römischen Münzsystems, 0,4 Denaren gleichkam, ist dessen heutiger Wert auf 20–30 Cent, nach anderen Berechnungen auf 10 Cent anzusetzen. Alle Berechnungsgrundlagen stellen Näherungswerte dar; Währungsreformen brachten Münzverschlechterungen mit sich, gerade unter Nero. Die tatsächliche Kaufkraft ist nach wie vor nicht eindeutig auszumachen.

Allenfalls ein Hinweis: Das für eine Aufnahme in den Ritterstand erforderliche Mindestvermögen lag bereits in der Republik bei 400 000 Sesterzen, für den Senatorenstand war rund eine Million gefordert. Das entsprach dem Jahresverdienst von 275 und 690 Landarbeitern.[87] Plinius d. J., kurz vor 62 u. Z. geboren, soll ein jährliches Einkommen von zwei Millionen Sesterzen gehabt haben. Damit zählte er nicht zu den reichsten Senatoren. Doch sein Vermögen entsprach dem Wert von einer Million Arbeitstagen. In der frühen Kaiserzeit betrug der Tageslohn eines Arbeiters in Rom zwei Sesterzen.

Die genannte Fischsoße *(garum)* wurde in einer Amphore zu sechs Litern angeboten; eine solche Amphore kostete bis zu 2000 Sesterzen.[88] Das entsprach dem Doppelten eines Jahressoldes eines gewöhnlichen Soldaten. Unter Augustus verdiente ein Legionär, der sein Essen selbst kochen mußte und eine kleine Getreidemühle sowie Geschirr mit sich führte[89], 225 Denare pro Jahr, also gegen 1000 Sesterzen.

Gleichwohl verschlang der Unterhalt des Berufsheeres immense Summen. Nicht zuletzt aus diesem Grund verschlechterten die Kaiser den Metallgehalt der Münzen: Der früher aus reinem Silber bestehende Denar erhielt Zusätze aus unedlem Metall: unter Nero 5–10, unter Trajan 15, unter Hadrian an die 20, unter Mark Aurel 25 Prozent.[90] Die Goldminen waren fast erschöpft, lagen in unsicheren Gebieten, die Goldmünzen *(aurei)* wurden von Reichen gehortet, die Preise stiegen von Jahr zu Jahr.

Der geschwürige Tiberius, Nachfolger des Augustus und zugleich Bestatter von dessen Tugenden, hatte in seinen letzten Jahren, die Gelenke von Gicht verbogen, auf Capri in einer seiner zwölf Villen gelebt. Während seiner 23jährigen Regierung schien die Geschichte Roms stillzustehen. Die Launen des selbstquälerischen Kaisers, eines Alkoholkranken, verdüsterten seine Zeit und wirkten auf seine Umgebung niederschmetternd.[91]

Auf Capri hatte er seine Sammlung pornographischer Schriften vermehrt und sich, als über siebzigjähriger Mann gekleidet wie ein jugendlicher Liebhaber, mit Lustknaben und Huren umgeben. Konnte sie der Alte nicht mehr sehen, wurden sie, wie Rom flüsterte, von taubstummen Sklaven auf eine Klippe geleitet und in den Abgrund gestürzt. Am Strand wurde der zerschellte Körper verbrannt, die Asche ins Meer gestreut.

An öffentliche Bauten wandte Tiberius nichts mehr auf,

den Tempel des Augustus vollendete er nicht. Er schränkte die Ausgaben für Spiele und Getreide wesentlich ein. Um die Provinzen kümmerte er sich so gut wie nicht, solange deren Abgaben eingingen.

Was dieser altersstarrsinnige Princeps, auf den das Sprichwort »Entweder sparsam oder Kaiser!« so gar nicht zutraf, beiseite geschafft hatte, war ausgegeben. Sein Nachfolger Caligula, der nach einer Überlieferung Tiberius in seinem Bett hat ersticken lassen, gab die Ersparnisse mit vollen Händen aus. So hat er einmal den Tribut aus drei Provinzen, zehn Millionen Sesterzen, an einem einzigen Tag verpraßt.[92] Der immer despotischer regierende, keine Lust an Staatsgeschäften verratende Kaiser, ein Kind, nicht geisteskrank, an den Folgen einer Gehirnhautentzündung leidend, verfällt auf einen probaten Plan. Er führt neue Steuern ein, erhöht die alten. So besteuert er die Erträge aus Bordellen oder die Benutzung von Bedürfnisanstalten. Und als alles nichts mehr hilft, hält er sich an die Vermögenden. Viele haben die Entwicklung erahnt und in aller Stille Summen in entfernte Provinzen geschafft. Doch eines Tages sehen sich zwanzig der reichsten Männer Roms verhaftet. Wegen Hochverrats werden sie hingerichtet.

Caligula konstruiert kurzerhand eine Anklage, läßt in Gerichtsakten aus der Zeit des Tiberius suchen und finden. Oder er schickt den Opfern seiner Willkür Gardesoldaten ins Haus. Was denen in die Hände fällt, wird beschlagnahmt. Kein Wunder, daß Caligula bald an jenes restliche Drittel des Vermögens gelangt, das Domitius Ahenobarbus den Seinen hatte hinterlassen wollen.

Ein Kind, eine Mutter, ein Traum?

Der zweijährige Lucius Domitius trägt einen bekannten Namen, doch er ist schon Halbwaise und ohne Vermögen. Seine Aussichten sind nicht glänzend. Er kann sich, wenn überhaupt, nur auf die Mutter stützen. Diese Abhängigkeit wird Folgen haben.

»Die unaufgelösten Dissonanzen im Verhältnis von Charakter und Gesinnung der Eltern klingen in dem Wesen des Kindes fort und machen seine innere Leidensgeschichte aus.«[93] Was auf Agrippinas Sohn wartet, ist eine Kindsknechtschaft.

Für diese Mutter bedeutet der Sohn ihr Los in der Lotterie des Lebens. Gewiß hätte lieber sie selbst den Weg nach oben eingeschlagen, dies ist einer Frau verwehrt. Weitere Kinder zu bekommen wäre eine Lösung gewesen, doch hätten weitere Schwangerschaften Agrippina um Jahre zurückgeworfen und sie wieder von vorn beginnen lassen. Für eine Deportierte bietet sich keine Chance. Es erscheint aussichtsreicher, auf jenen Sohn zu setzen, der bei der Hand ist, in ihn alles zu investieren, was vorhanden ist, auf ihn jeden Traum zu setzen, den Sohn mit ihren Bemühungen um ihn in eine Güteknechtschaft zu versetzen.

Wird ein Sohn zum Traum seiner Mutter, hat er kaum Chancen auf die eigene Identität. Er muß allenfalls ein Alibi suchen, etwa durch seine Mühe, ein Kaiser zu sein.

4.

Unterdrückte Sehnsucht

Ein Mängelwesen

Lucius Domitius durchlebt eine schwierige Kindheit. Es fehlt ihm nicht nur die Sorge des Vaters, es mangelt ihm auch an der Zuneigung der Mutter. Ein doppelter Mangel, doch auch eine zweifache Wegweisung für ein Kind, hin zum bewußten Anderssein, zum alternativen Leben: Zum einen steht für diesen Weg der Vater, der die altrömischen Ansprüche nicht erfüllt, zum anderen die Mutter, die dem Ideal der Hausfrau und Mutter nicht entspricht. Agrippina, als Frau selbst gewaltunterworfen und an sich eine Verbündete des Kindes, akzeptiert ihre Rolle nicht. Sie ist Frau nur, wenn es sich lohnt, und Mutter nur insoweit, als es ihren Interessen entspricht.

Nun ist die oft beschworene Mutterliebe, auch wenn viele das nicht glauben können, kein angeborener Instinkt.[94] Die liebende Sorge um ihr Kind ist den Frauen anerzogen worden. Mutterliebe ist männerdienlich: Sorgen sich die Mütter um die Kinder, ist es den Vätern möglich, ihren Interessen nachzugehen, eine probat patriarchale Aufgabenteilung, die erst in neuester Zeit öffentliche Kritik hervorruft, doch auch in der Antike nicht unbestritten war.

In vornehmen Familien war es üblich, und dies bis in die Neuzeit hinein, ein Kind gleich nach der Geburt an Ammen wegzugeben. Manche Frauen sahen noch im 18. Jahrhundert ihre Kinder erst wieder, wenn diese sieben Jahre alt waren.

Agrippina ist keine Ausnahme. Sie hatte offensichtlich, auch vor und nach ihrer Zeit im Exil, Besseres zu tun, als sich intensiv um ihren kleinen Sohn zu kümmern. Doch Mangel an Zeit ist Mangel an Liebe. Freilich: »Die Forderung, geliebt zu werden, ist die größte der Anmaßungen«.[95]

Diese Mutter brachte kaum Liebe auf. Sie verhielt sich eher wie eine Gluckhenne mit etwas Wärme im Gefieder. Erhielt sie aber Einblick in das, was ihren Sohn entscheidend bewegte? Sprach der Junge mit ihr? Vertraute er ihr seine Wünsche an? Wahrscheinlich nicht. Dieses Kind hatte Angst vor seiner Mutter. Lucius Domitius – vielleicht hatte er immer einen geheimen Grund, etwas zu fürchten – soll ihr wie ein Hündchen gehorcht haben. Der Gehorsam kommt nicht von ungefähr. Es ist patriarchatstypisch, daß Kinder, vor allem Söhne, alle Normen, die zu ihrem Besten definiert worden sind, von ihren Vätern oder von den Müttern, den Agentinnen patriarchaler Mentalität, gehorsam übernehmen. Damit erfüllen sie Rollenerwartungen, die Väter und Mütter ihnen entgegenbringen.

Die größten Irrtümer in der Beurteilung eines Menschen werden von dessen Eltern begangen.[96]

Lucius Domitius hat eher das Gehorchen als die Kunst des Befehlens erlernt. Mußte es im Fall eines künftigen Kaisers nicht umgekehrt sein? Wird ihm später ein weichliches Verhalten vorgehalten, liegt dieses in diesem Versäumnis begründet – und sein »Hang zur Grausamkeit« wohl auch. Vielleicht muß er kompensieren, was ihm an Stärke fehlt.

Die Forderung nach Gehorsam ist ein Instrument, um Überzeugungen reproduzieren zu lassen. Gehorsame Söhne sind Beweise für gelungene Erziehungsversuche. Da die Postulate Tag für Tag erhoben werden, lassen sie sich in den Psychen verankern. Im Lauf seiner Konditionierung wiederholt das Kind die eine Grund- und Dauererfahrung aller bisherigen Kinder mit dieser Erziehung, die immer weiß, was sie tut. »Ich will nur dein Bestes«, heißt ihre Devise.

Kinder lernen für diese Erziehung Wesentliches: Nur Gehorsam stellt eine Leistung dar, die durch Nicht-Strafe belohnt wird. Wer will schon bestraft werden? Gehorsam wird zu einem Gebot der Klugheit und der Selbsterhaltung: Um der Gewalt auszuweichen, sagt sich das Kind: Ich bin lieb, wenn die Eltern mich lieben. Sie lieben mich nur, wenn ich gehorche. Bin ich böse, strafen sie mich. Dann setzt es Schläge oder Liebesentzug oder beides. Ich wäre dumm, wenn ich nicht gehorchen würde. Liebe Kinder haben es besser.

Gehorsam zeigt die Ungleichheit eines Gewaltverhältnisses, das sich als Erziehung ausgibt. Der römische Charakter liebt die *gravitas*, das »Nicht-mehr-Abweichen von dem, was als gut und richtig im Sinn der Väter erkannt wurde«.[97] Das Kind bleibt in einem doppelten Netz des Gehorsams und der Liebe gefangen:

Zum einen wird es als das Wesen definiert, dem Leistungen erbracht worden sind (»Was habe ich für dich getan?«), zum anderen empfängt es die Vorleistungen als Beweisstücke einer Liebe, die seine eigene provozieren soll (»Was tust du mir an?«).

Lucius Domitius ist ein doppelt gefesseltes Kind. Ist er ungehorsam, entspricht er nicht den Erwartungen und Investitionen der Mutter, unterliegt er beständig der Drohung, daß alles, was ihm geschenkt wurde, wieder zurückgenommen werden wird. »Ich will nur dein Bestes.« Das bedeutet: Ich liebe an dir allein meine eigenen Hoffnungen.

Gewiß sind Millionen nach dieser Methode erzogen worden. Gewiß sind Millionen durch diese Erziehung verkrüppelt worden. Doch im Fall des Lucius Domitius hat sich alles potenziert: Er wird nicht nur nach den üblichen Grundsätzen und Methoden erzogen, er wird auf diese Weise auf einen extrem hohen Anspruch hin erzogen. Schließlich soll er, und das so bald wie möglich, Kaiser werden.

Die Bildungsentscheidungen der Mutter gleichen der Anlage in zinsgünstigen Wertpapieren. Eine langfristige Spekulation muß sich auszahlen. Da von ihrem Sohn dauernde Anpassung an die Vorgaben verlangt wird, muß er auf sich selber verzichten lernen. Ein solcher Verzicht auf Identität, auf Leben, setzt Aggressionen frei. Auch ein Kind kennt Gewalt.

Sohnesgewalt kann jedoch nicht geduldet werden, sie muß gebrochen sein. Jetzt erst greift das Gehorsamspostulat. Die Forderung nach Sohnesliebe nicht weniger, nach Liebe zu der Frau, die weiß, was das Beste für Lucius Domitius ist, und ihm damit einen Weg weist, ihren Weg.

Der Sohn, dessen Vater durch die Mutter ersetzt wird, soll zum Abbild eines fixen Traumes modelliert werden. Er wird einem Prozeß der Konditionierung unterworfen und förmlich genötigt, die Fähigkeiten herauszubilden, die er als Kaiser brauchen wird, und nur sie. Er hat – Kinder sind Sklaven gleichgestellt – zu lernen, Schmerzen zu ertragen, die sich einstellen, wenn eigene Wünsche zu bekämpfen sind und Gefühlen nicht nachgegeben werden darf.

Eine Flucht vor den Umständen, die Leiden schaffen, eine »Ausweichneigung« (P. Sloterdjik) ist nicht vorgesehen.

Der Gehorsam des Lucius Domitius präsentiert sich ihm als die profitabelste Bejahung jener Vorauswahl, die seine Mutter für ihn getroffen hat. Ein gutes Dutzend anderer Söhne aus dem Adel Roms hätte Kaiser werden können, die Voraussetzungen waren gegeben. Doch nur er mußte es werden.

Wer wollte mit ihm, der künftigen »Bestie«, tauschen?

Ersatzhandlungen

Menschen suchen sich eher diejenigen Umwelten, die zu ihrer Persönlichkeit passen, als daß sie sich bestimmten Umwelten anpassen.[98] Lucius Domitius, als Kaiser dann mehr und mehr ein extrovertierter, verträglicher, offener Mensch, gesprächig, herzlich bis weichherzig, vertrauensvoll bis naiv, schnell für neue Dinge begeistert, kann sich bisher nur als ein Lebewesen im goldenen Käfig vorgekommen sein. Was ihm abverlangt wird, kommt seinem Wesen ganz und gar nicht entgegen: Stille, Reserviertheit, Scheu, Zurückgezogenheit auf ein fremdes Milieu.

Hier wird er weithin geprägt. Seine frühkindlichen Erlebnisse, die Gewalt, die Vernachlässigung durch die Eltern, haben vermutlich zu schwer reparablen Schädigungen der Psyche geführt.[99] Er wird als erwachsener Mann und Kaiser versuchen, sich von diesen Psychotraumata zu befreien. Ob eine Selbsttherapie jedoch aussichtsreich ist, bleibt zweifelhaft.[100]

Sollte Lucius Domitius sich nicht schon jetzt wenigstens schadlos zu halten suchen? Seine ersten Lehrmeister waren, auf Zutun der Tante Domitia, ein homosexueller griechischer

Friseur[101], ein abgehalfterter Gladiator, Liebhaber der Tante, und ein ehemaliger syrischer Tänzer, ebenfall Geliebter der Tante. Nicht die erste Wahl, nicht das große Glück.

Der Tänzer dürfte die Vorstellungswelt des Kindes geprägt haben. Seit früher Kindheit zeigt Lucius Leidenschaft für den Circus und seine Protagonisten, die Wagenlenker *(aurigae)*.

Lucius Domitius spricht von dem, woran sein Herz hängt. Verboten! Doch warum und wie soll sich ein solches Verbot bei einem begeisterungsfähigen Jungen durchsetzen, wo alle Welt sich engagiert? Verglichen mit den farbigen, erregenden Circusspielen, wer verstünde das nicht, muß Lernen zur grauen Theorie verblassen. Noch in den ersten Jahren soll der Herrscher der Welt sich ein Vergnügen daraus gemacht haben, mit elfenbeinernen Rennwagen zu spielen.[102]

Rennwagen? Circusspiele, die Rom bis ins 6. Jahrhundert u. Z. kennt[103], bedeuten vor allem Wagenrennen *(ludi circenses)*. Die Gespanne rasen vom Startpunkt, eigenen Schranken *(carceres)*, in sieben Runden *(missus)* zum Ziel *(calx)*. Fehlstarts werden durch Schwenken der Toga reklamiert; oft muß ein Rennen wiederholt werden. Die Rennbahn ist in der Länge geteilt durch eine Trennwand *(spina)*, auf der Obelisken und Statuen angebracht sind und an deren beiden Enden Spitzsäulen als Wendemarken *(metae)* stehen. Roms größte Rennbahn, der *Circus maximus*, dessen Reste noch zwischen Palatin und Aventin zu sehen sind, war 600 Meter lang und 150 Meter breit; er faßte, heute unerreicht, nach dem Ausbau durch Nero 250000 Besucher. Dieser Kaiser wird selbst in diesem Bau auftreten, Wagenrennen fahren, einen freigelassenen Sklaven das Startzeichen geben sehen.[104]

Altrom schüttelt sich vor Entsetzen.

Der Philosoph Seneca, nicht unbestrittener Lehrer des Lucius Domitius, meinte nach einem Besuch des Circus, er verlasse diesen »unmenschlicher, weil ich unter Menschen war«[105]. Doch solche Äußerungen – sie sind in bestimmten Kreisen Legion – verraten auch Neid: Während Circus und Theater überfüllt sind, bleiben die Schulen der Philosophen und Rhetoren leer. Es sei denn, ein Schauspiel falle aus oder es regne.

Die Menge ist fasziniert; gewagte Überholmanöver werden bejubelt. Die Wagenlenker sollen Tapferkeit beweisen und anspornen. Rom unterhält anstelle der Bürgermiliz (bis etwa 100 v. u. Z.) ein auf den Kaiser vereidigtes Heer von 25–30 Legionen mit 180 000 Soldaten; dazu kommen 200 000 Hilfstruppen *(auxiliares)*. Das ist nach dem Urteil heutiger Experten erstaunlich wenig[106], vor allem wenn bedacht wird, wieviel Kilometer Grenze gesichert werden mußten.

Roms junge Männer sollten die Chance bekommen, den Tapferen zuzusehen und von ihnen zu lernen. Ein Wagenrennen mit seinem Auf und Ab, mit Wechselfällen, gefährlichen Situationen, die zu beherrschen Mut erforderte, konnte als Allegorie des menschlichen Lebens gelten. Erst die Christen sehen das anders: Menschenleben sind keine Spiele, deren Glück den Tapferen zufällt, sondern durch Gott bestimmt.

Das Interesse für das aufreibend spannende Schauspiel im Circus, das Neigung und Leidenschaft der Römer aller Stände absorbiert, beruht weniger auf einer Teilnahme am Geschick der an dem gefährlichen Gewerbe beteiligten Personen oder an einer (Wett-)Leidenschaft für die Rennpferde. Es geht um ein Ja oder ein Nein zu den *Faktionen*, denen Pferde und Lenker gehören.

Aufruhr, Raserei, Tumult bei den Schauspielen. Alles ist in Bewegung, die Hände geraten außer sich, die Fäuste toben, die herrische Geste des nach unten weisenden Daumens wiederholt sich gerne.

Die Parteinahme pflanzt sich fünfhundert Jahre lang fort: Ob Nero oder ein anderer die Welt regiert[107], das Reich ruhig oder von Bürgerkrieg zerrüttet ist, ob Barbaren die Grenzen des Imperiums bedrohen oder römische Legionen sie zurücktreiben: In Rom bleibt für alle Klassen, für Freie und Sklaven, Männer und Frauen die Frage, ob im Circus die blaue oder die grüne Faktion siegt, der gleich wichtige Gegenstand. Ungezählte Hoffnungen, Befürchtungen, Spekulationen richten sich auf nichts sonst. Das Engagement für oder gegen eine bestimmte Faktion steht höher als Verwandtschaft und Freundschaft, Haus und Vaterland, Religion und Gesetz.

Unterhaltungsindustrielle freuen sich; sie machen Umsatz und Gewinn. Die Menschen, förmliche Fans *(suaviludii)*, kommen gern zu den Schauspielen; Essen und Trinken sind kostenlos. Wahrscheinlich wird zu Mittag eine Pause gemacht. Sklaven tragen Körbe und Schüsseln herum. Oft werden Sesamkringel und Fruchtsaft angeboten. Vor allem aber Schwein. Archäologische Funde im *Colosseum*, diesem prachtvollsten und bezeichnendsten erhaltenen Bauwerk des Alten Rom, beweisen dies: Knochen, welche die Zuschauer weggeworfen haben. Manchmal speist der Kaiser in seiner Loge mit, die Menge ist stolz, von ihm eingeladen zu sein, mit an seinem Tisch zu sitzen.[108]

Die Schauspiele, ein ludisches Ritual[109], boten den festlichen Rahmen zur Kommunikation zwischen dem Princeps und dem Volk, das in seiner Mehrheit auf den mittleren Rängen *(media cavea*[110]*)* saß. Die Schauspiele erschienen für den sichtbaren Zusammenhalt zwischen dem Kaiser und seinen Mitbürgern unumgänglich.

Doch während Roms größter Redner Cicero (106–43 v. u. Z.) in der Stimmung der Menge eine Triebfeder der politischen Betätigung gesehen hatte, erhob sich gegen die Schauspiele und die Augenlust der Fans *(voluptas oculorum)* bald der Vorwurf der Entpolitisierung[111]. Politisch korrekt war dies alles nicht. Die Begeisterung lenkte die Massen von einem politischen Engagement, vom möglichen Umsturz der Verhältnisse ab und wurde daher von den Kaisern und ihren Regierungen gefördert. Als Augustus dem berühmten Mimen Pylades vorgehalten hatte, er habe sich zum Gegenstand öffentlichen Geredes gemacht, nach altrömischer Mentalität ein Skandal, hatte dieser geantwortet: »Es ist dein Vorteil, Caesar, wenn sich das Volk mit uns beschäftigt ...«[112]

Tacitus, Plutarch, Juvenal wollen im Schauspiel eine massive Gefährdung vor allem der Mädchen und Frauen erkennen.[113] Offensichtlich ist die Tendenz: Da Frauen nach patriarchaler Ansicht zu einer kaum zu disziplinierenden Sexuallust neigen, sind sie in Gefahr, den ihnen gewiesenen schmalen Pfad der Keuschheit zu verlassen. Folgerichtig müssen sie vom Besuch der Spektakel abgehalten werden, um nicht angeregt, erregt, übererregt zu werden und die offenbar nur dürftig anerzogene Disziplin der Männer zu gefährden. Es scheint im Alten Rom nichts Gefährlicheres gegeben zu haben als die Tatsache, daß im Circus Männer und Frauen nicht getrennt saßen.[114] Arm und Arm, Schenkel und Schenkel berührten sich, die Sünde kroch zwischen den Sitzen hoch.

Am besten wurden Frauen – wie Sklaven – ganz nach hinten, nach oben verbannt, auf den obersten Rang mit den schlechtesten Sitzplätzen *(summa cavea[115])*.

Das angebliche Surrogat des Circus gefiel den Strengen nicht – und noch erhebt sich drohend der Finger: »Nichts anderes ist so bezeichnend für die Unnatürlichkeit der politischen Zustände wie diese Konzentration des allgemeinen Interesses auf diesen Gegenstand, und nichts zeigt so deutlich die wachsende geistige und sittliche Verwilderung Roms.«[116]

Wie wenig Lust genügt den meisten, um ihr Leben befriedigend zu finden!

Die Christen, über deren Verhältnis zu Neros Leben und Geschichte noch zu sprechen sein wird, stimmen in den Chor ein: Der Kirchenschriftsteller Tertullian († um 220 u. Z.) beginnt mit der Verketzerung und stützt seine Ablehnung, wenn auch recht fragwürdig, auf das Alte Testament. Da steht zu lesen: »Meide die Versammlung der Gottlosen« (Ps 1,1). Kaiser Theodosius I. verbietet 392 die Wagenrennen und 399 generell die Spektakel am Sonntag; viel Erfolg hat er nicht. Leo I., Bischof von Rom (440–461), klagt, schändliche Schauspiele zögen mehr Volk an als die Stätten der Märtyrer, deren Fürsprache Rom vor den Horden Attilas gerettet habe. Ganz unparteiisch war diese Feststellung, die manch aktuelle Parallele aufweist, nun nicht.

Der größte der Kirchenväter, Augustinus (354–430 u. Z.), ein mürrischer Purist, beschimpfte die Spektakel als Besudelung, den Leibern verderbliche Pest, Wahnsinn des Geistes, Verkehrung aller Rechtschaffenheit und Ehrbarkeit. Und er spricht, bezeichnend, weil ein Erbe altrömischer Mentalität, von Darstellern, die »löbliche Römertugend der bürgerlichen Ehre berauben«[117].

Nero ist kein Zeitgenosse des Augustinus, doch die Gesinnung Altroms, die dieser Kaiser gegen sich aufbringen wird, hat sich bis in die Zeit des Augustinus gehalten und wird noch Jahrhunderte später beschworen. Nero hat unter solchen Umständen keine Chancen.

Alte Kirchenordnungen fordern von Schauspielern (»Flöten Satans«[118]), die Christ werden wollen, die Aufgabe ihres Berufes. Kirchenvater Salvian von Massilia (Marseille) nennt im 5. Jahrhundert den Besuch von Theater und Schauspiel ein Verbrechen *(crimen)*.[119] Er weiß genau, daß Gott die Schauspiele *(spectacula)* haßt. Und er kann nicht übersehen, daß die meisten Gläubigen im Theater sitzen, statt Gottesdienste zu besuchen. Das Theater, eine kultische Konkurrenz, wird zur Domäne des Satans, gilt den Kirchenvätern als unsittlich, schmutzig, ekelhaft, als Kirche des Teufels.[120] Der Besuch erfolgt aus Lust und Schaugier *(voluptas)*. Alles ist verachtenswert: der Theaterbesuch, die Aufführungen, das Personal, dieses »ganze liederliche Gesindel«. Das Christentum erweist sich als Erbe konservativster Gesinnung.

Der Syrer Tatian (um 172 u. Z.), für den Nichtchristen Speichellecker, Angeber, Ignoranten sind[121], in einer Brandrede gegen die griechische Bildung, gegen das Theater: »Was für absonderliches Zeug wird nicht bei euch ausgeheckt und durchgeführt! Sie näseln und deklamieren Zoten, bewegen sich in unanständigen Gesten, und solchen Leuten, die auf der Bühne die Kunst lehren, wie der Ehebruch zu bewerkstelligen sei, schauen eure Kinder zu! Herrlich sind diese eure Hörsäle, die offenkundig werden lassen, was in der Nacht Schändliches geschieht, und die Zuhörer mit Schweinereien ergötzen.«[122]

Diese berüchtigte Rede, redundant, einprägsam, unsinnig, eine einzige vernichtende Anklage gegen die Leistungen des hellenischen Geistes[123], beginnt die Auseinandersetzung mit der vorchristlichen Kultur. Christen sind im Kampf und sehen den Feind. An die Redlichkeit, an die Wahrheit zu denken wäre zuviel verlangt gewesen. Eine Beargwöhnung aller Freude des Nächsten[124], seiner Freude an allem, was er kann und will. Ist es nicht böse, sich einen Feind immer nur böse zu denken? Dürfen wir Eros einen Feind nennen?[125]

Als wäre vergessen, verdrängt, daß im Hellenismus die zweite Wurzel des Christentums liegt[126]: Der Kirchenvater Johannes I. Chrysostomos, Patriarch von Konstantinopel († 407 u. Z.), sieht in den »Heiden« vor allem Sittenstrolche. Ein Nichtchrist ist »ein befleckter Mensch, der ärger als die sich im Kot wälzenden Schweine mit allen Weiberkörpern sich besudelt« oder »unnatürliche Liebe« praktiziert.[127]

Solchen Verfemungen folgt ein Vergessen des »Heidentums« durch mehr als ein Jahrtausend der sogenannten *christlich-abendländischen* Geschichte.

Wie soll Lucius Domitius, dessen Traum sich weithin verwirklichen lassen wird, vor den Augen der Gestrengen bestehen? Die altrömische wie die christliche Hetze gegen die Pferderennen, diese »allgemeine Geisteskrankheit«, die schon »viele große Städte zugrunde gerichtet« haben soll[128], wird Nero treffen.

Rücken wir zurecht: Viele große Städte sind zugrunde gegangen, doch kein einziger Fall ist bezeugt, daß der Untergang auf Circusspiele oder andere Schändlichkeiten wie Sexorgien zurückzuführen war. Die bis in die Gegenwart geläufige Annahme, die Attacke gegen die Lebenslust, steht im Dienst umfassender Repressionen des Sexuellen an sich. Die Wirklichkeit spricht eine andere Sprache: Städte und Reiche gehen durch Gewalttaten und Kriegshandlungen zugrunde – durch nichts sonst. Wer Sex liebt, will keine Kriege.

Dies mag jedoch kaum jemand hören. Kein Wunder, daß ein vom Circus besessener Imperator wie Nero kaum Verständnis bei den Ernsteren gefunden hat. Kaiser zu sein und sich für den Circus statt für einen veritablen Krieg begeistern zu können erschien den Vertretern politischer Korrektheit als unvereinbarer Gegensatz. Das bedeutet für mich eine wesentliche Schwäche Roms: einen solchen Kaiser, den einzigen dieser Art, nicht ertragen zu können und zu wollen.

Ich bin nicht unglücklich darüber, daß Lucius Domitius kein geglücktes Resultat der gegen ihn gerichteten Pädagogik geworden ist. Ich freue mich, daß Nero sich den Traum seiner Kindheit bewahrt hat. Er konnte wenigstens anfanghaft sein eigenes Glück verwirklichen, nicht das, welches seine Mutter für ihn bereitgehalten hatte, doch das Glück, die irrationalen Ängste und übermütigen Hoffnungen dieser Mutter zu überleben.

Nebenbei: Ob das Heil der Welt ständig und ausschließlich von den Politikern kommen soll? Könnten nicht auch Träumer, Kinder nach den Erfahrungen, die unsere Welt mit Politikern hat machen müssen, eine Chance bekommen? Oder besser doch nicht?

Das Leben, die Geschichte Neros stehen für diese Fragen. Glück hatte er gewiß, aber glücklich wird er selten.

Agrippinas Sohn wird der erste Kaiser sein und der einzige bleiben, der die Poesie nicht als Übung, Spiel oder zur Überbrückung müßiger Augenblicke treibt. Er sieht sich als Poet mit dem Anspruch, in der Welt der Dichter und Künstler eine hervorragende Stellung einzunehmen.

Seit dem wachsenden Einfluß der Stoa gehört in Rom auch Philosophie zu den Erfordernissen der höheren Bildung. Dabei war die Stoa den Römern auf den Leib geschnitten. Cicero übernahm weitgehend ihre Anschauungen über Tun und Lassen, Gemütsruhe und Vorsehung sowie über die Pflichten.

Doch alles in allem erhielt sich die altrömische Abneigung gegen die griechische Philosophie, gegen Griechenland überhaupt. Griechen galten als Theoretiker, Künstler, Idealisten. Römer hielten es mit der Praxis, der unmittelbaren Anwendbarkeit, der Griffigkeit einer Lehre. Die Meinung, an der Philosophie solle ein Mann nippen, sich nicht in sie versenken, war die des Tacitus (um 54–um 120 u. Z.) und aller Patrioten. Rom war nach einem Wort des Vergil (70–19 v. u. Z.) zur Beherrschung der Völker berufen. Andere sollten dagegen in Kunst und Wissenschaft den Preis erringen. Wer altrömisch dachte, mußte Gegner einer künstlerischen Lebenshaltung sein, die angeblich zur Gleichgültigkeit gegen den Staat und seine wichtigsten Interessen neigte.[129]

Auch für diesen Gegensatz steht das Leben Neros, eines Kaisers, der von Amts wegen die Herrschaft Roms erhalten und festigen soll – und nichts sonst.

Kein Wunder: Vom Studium der Philosophie soll Agrippina ihrem Sohn abgeraten haben, da es für einen künftigen Kaiser schädlich sei. Von dem Studium der älteren Literatur hielt ihn sein Lehrer Seneca ab, um ihn desto länger in der Bewunderung seiner eigenen Werke zu erhalten.[130]

Doch grundsätzlich: Wie soll ein künftiger Kaiser erzogen werden? Wer weiß das wirklich? Erziehung des Intellekts,

Pädagogik der Emotion, eine volksnahe, eine aristokratische Erziehung? Oder am besten alles zusammen? Wer will dies beurteilen? Wer kann es wagen? Lucius Domitius wird der erste und der letzte sein, der auf sein Amt hin erzogen worden ist. Alle übrigen Kaiser aus dem iulisch-claudischen Haus sind mehr oder weniger zufällig auf den Thron gelangt. Keiner wurde ausgebildet. Vielleicht war das besser so.

Faktionen und Rennfahrer

Den Vergleich mit dem geliebten Circus hielt nichts aus. Lucius Domitius hätte wohl alles dafür gegeben, im Circus inmitten der lärmenden Menge zu sitzen und Pferde wie Wagenlenker *(agitatores)* seiner Faktion ebenso lautstark anzuspornen, wie das die vielen anderen taten, die nicht darauf vorbereitet wurden, eines Tages Kaiser zu sein.

Sie, die Glücklicheren, saßen auf den Sitzkissen mit einer groben Binsenfüllung, die zum Kauf angeboten worden waren.[131] Sie schwitzten in der Sonne, da der frühe Circus im Gegensatz zu kleinen Theatern *(theatrum tectum*[132]*)* nicht mit einem Zeltdach überspannt werden konnte. Erst später, im Colosseum der Kaiser Titus und Vespasian, kamen Sonnensegel *(vela)* in Gebrauch.[133] Sie waren an 240 Holzmasten angebracht, eine technische Meisterleistung, deren Details wir nicht alle kennen. Solange es diese riesigen Planen, in 50 Metern Höhe aufgespannt, noch nicht gab, schützten sich die Zuschauer durch Hüte, Kappen, Schirme. Sie waren beim Wagenrennen. Was brauchten sie mehr?

Anteil haben an einem Circusspiel: Dieses wird mit gottesdienstlichen Feierlichkeiten eingeleitet.[134] Eine lange Prozession mit Götterbildern und Bildern der Kaiserfamilie zieht vom Kapitol über das Forum und die Märkte in den Circus. Der Magistratsbeamte, der die Spiele ausrichtet, führt sie an; ist er Consul, in der Tracht eines triumphierenden Feldherrn, der goldbestickten Purpurtoga. Flöten und Tuben begleiten den Festzug, Priesterschaften nehmen teil, manchmal ziehen Elefanten die Festwagen. Die im Circus wartende Menge – römische Bürger müssen in der Toga, dem Fest- und Staatsgewand, erscheinen, Beamte in Amtstracht – empfängt die Prozession mit Schwenken von Tüchern in der Farbe der Faktion, mit Zurufen von Ehrennamen.[135]

Lucius Domitius ist nicht dabei.

Da die Ausrichter die Circusspiele nur in Ausnahmefällen mit eigenen Pferden und Wagenlenkern bestreiten können, übernehmen die erwähnten Faktionen, Gesellschaften von Kapitalgebern und Besitzern großer Sklavenfamilien und Gestüte die Ausrüstung und Lieferung. Und weil in der Regel vier Wagen in einem Rennen zu laufen haben, gibt es vier Faktionen, die zu jedem Rennen einen Wagen, einen Lenker stellen. Diese tragen die Farben der Faktion: weiß, rot, blau, grün. Die Farben halten sich im Oströmischen Reich bis ins 9. Jahrhundert.

Kam der ersehnte Tag der Circusspiele, die mehr Interesse auf sich zogen als selbst die Gladiatorenkämpfe im Amphitheater (*munera*) oder das Theater (*ludi scaenici*), waren Stunden vor Tagesanbruch die Straßen mit Schaulustigen gefüllt. Fremde waren aus dem ganzen Reich herbeigeströmt.[136]

Caligula, der im ersten Jahr seiner Regierung über einen Monat an einer Krankheit litt, die seine Ärzte als Hirnhautentzündung diagnostizierten (für manche die Ursache seiner exaltierten Lebensweise), wird einmal mitten in der Nacht durch den Lärm der zum Circus ziehenden Menge gestört. Er läßt sie mit Stockhieben auseinandertreiben. In dem entstehenden Gedränge kommen zwanzig Ritter, ebenso viele verheiratete Frauen und eine in den Quellen nicht näher bezeichnete Anzahl aus den niederen Ständen ums Leben.[137]

Das Interesse der Massen zog noch mehr als die Freigebigkeit der Investoren, die immer wieder Schauspiele für das Volk
zu finanzieren hatten, die Konkurrenz der Parteiungen auf sich,
von denen jede die aussichtsreichsten Pferde, die fähigsten
Rennfahrer für sich gewinnen wollte. Einen Wagenlenker einzukaufen und zu unterhalten kostete Geld – und brachte dem
Profi im Rennwagen nicht nur die Erwähnung im Tagesanzeiger
Roms oder auf den Inschriften der Steintafeln, sondern auch
entsprechenden Gewinn. Das Einkommen eines tüchtigen Helden der Rennbahn soll das von hundert Rechtsanwälten erreicht
haben.[138] Das hieß etwas: Kaiser Claudius hatte das Honorar
der Anwälte auf hundert Goldstücke begrenzen lassen; Star-
anwälte hatten pro Fall an die viertausend Goldstücke kas-
siert.[139] Cicero konnte sich von seinen Honoraren eine luxu-
riöse Villa in Antium leisten.[140]

Aus einer Ehreninschrift für den Wagenlenker Crescens
(2. Jahrhundert u. Z.) geht hervor, daß dieser Afrikaner, den die
Faktion der Blauen engagiert hatte, insgesamt 686 Rennen gefahren und oft erster, zweiter oder dritter Sieger geworden war.
Er hatte dabei über 1,5 Millionen Sesterzen gewonnen, das An-
derthalbfache des Mindestvermögens eines Senators.[141] Andere
Wagenlenker konnten sich *miliarii* (Sieger in über tausend Rennen) heißen.[142]

Caligula machte wie noch Kaiser Commodus (180–192 u. Z.)
aus seiner Vorliebe für eine bestimmte Faktion keinen Hehl.
Caligula, der nach dem nicht unumstrittenen griechischen Geschichtsschreiber Cassius Dio († um 235) Pferde und Wagenlenker der Gegenparteien hat vergiften lassen, hielt sich oft in den
Stallungen seiner Grünen auf und pflegte dort auch zu speisen.[143]
Sein Lieblingspferd *Incitatus* (Heißsporn)[144] besaß einen Stall aus
Marmor, eine Futterkrippe aus Elfenbein und Ebenholz. Sklaven
standen zu seiner Bedienung bereit, nachts wurde es mit Brokat zu-
gedeckt, sein Zaumzeug war aus Gold und Edelsteinen. Angeb-

lich sollte das Pferd sogar zum Consul ernannt werden. Die Verachtung, die Caligula hegte, muß entsprechend groß gewesen sein.

Der Kaiser war ein bekennender Fan des Wagenlenkers Eutyches[145], der zu den Grünen gehörte – und zu den Kumpanen der kaiserlichen Nächte. Ihm machte Caligula nach einem Gelage das unglaubliche Geschenk von zwei Millionen Sesterzen.

Caligulas Pferden, die meist aus den Zuchten der römischen Provinzen bezogen wurden, mußten keine Geringeren als die Prätorianer Ställe errichten. Für eine solche Dienstleistung waren die Elitesoldaten eigentlich nicht vorgesehen. Augustus hatte, ein Schritt hin zur Militärmonarchie und zum Soldatenstaat, zu seinem persönlichen Schutz eine Truppe aus Gardeeinheiten aufstellen und nicht in Kasernen, sondern in Bürgerhäusern einquartieren lassen. Seit Tiberius bestand die Garde aus zehn Kohorten *(cohortes praetorianae)* zu je 1000 Mann. Das Oberkommando hatten zwei Prätorianerpräfekten *(praefecti praetorio)*, die Träger eines politisch immer einflußreicher werdenden ritterlichen Amtes.

Die Prätorianer waren griffbereit in Rom stationiert und wurden, nicht zuletzt bei der Ausrufung eines Kaisers, zu einem wichtigen und gefürchteten, verselbständigten politischen Machtfaktor, zu einem Staat im Staate.

Der Prätorianerpräfekt Tigellinus, der den Lebensweg Neros begleiten wird, soll in Apulien und Kalabrien Pferde gezüchtet haben[146]; durch ihn soll Nero in seiner Leidenschaft für die Rennbahn bestärkt worden sein. Gaius Suetonius Tranquillus (um 70–140 u. Z.) weiß in seinen von Sensationsmotiven geprägten Kaiserbiographien *(De vita Caesarum)* zu berichten[147]: »Einmal klagte Lucius Domitius bei seinen Mitschülern, daß ein Wagenlenker von der grünen Partei nach einem Sturz von seinem Gespann am Boden geschleift worden sei. Als der Lehrer ihn deswegen rügte, redete er sich damit heraus, er spreche von Hektor, den Achill geschleift habe.«

»Die Lügen der Kinder sind Zeichen von einem großen Talent«, sagt ein Arzt in der Autobiographie des G. García Márquez.[148]

Der Junge hatte etwas geerbt: Sein Vater, Gnaeus Domitius Ahenobarbus, war in seiner Jugend als Wagenlenker berühmt gewesen.[149]

Lucius Domitius begeistert sich für die Grünen, die *factio prasina*, und tritt als Kaiser selbst in der lauchgrünen Farbe auf. Bei den Schauspielen für den armenischen König Tyridates (Tiridates) wird der Circus statt mit Sand mit *Chrysocolla*, einem beim Goldlöten benutzten Kupfergrün, bestreut.[150] So weit geht das Engagement. Die Adligen sind demgegenüber in der Regel Anhänger der Blauen. Mit ein Grund für das spätere Zerwürfnis?

Verloren die Grünen, so Juvenal[151], war ihr Anhang so bestürzt und niedergeschlagen wie Rom nach der katastrophalen Niederlage gegen Hannibal bei Cannae[152].

Mutter ist zurück

Damit Lucius Domitius wenigstens einen Teil seines Traumes verwirklichen kann, wird ihm einmal erlaubt, bei Spielen in der Arena dabeizusein. Für solche Faxen bringt die Mutter wenig Verständnis auf. Nachdem sie, härter denn je, nach der Ermordung ihres Bruders Caligula 41 aus dem Exil zurückkehren durfte, zeigt sie sich besitzergreifend wie eh und je. Sie weiß, wovon sie träumt, was sie will. Talent und Traum des Sohnes sind ihr gleichgültig.

Agrippina ging davon aus, daß sich die Dinge entwickelten, wie sie wollte, falls sie nur die richtigen Anweisungen gab. War die Angelegenheit angeschoben, brauchte eine Mutter sich nicht weiter zu sorgen. Sie hatte Wichtigeres zu tun, als sich um ihr Söhnchen zu kümmern. Interessiert sie sich für Lucius, so geschieht das, um dessen Karriere zu fördern.

Lucius Domitius muß und wird der nächste Kaiser sein – und kein Künstler, der seine Zeit mit Singen, Dichten, Wagenrennen verbringt. Er muß so handeln, um sich lebendig zu fühlen. Eine einfache Lösung.

Dieses besondere Leben war auch von außen bedroht. Nach einer Überlieferung sollen gedungene Mörder bereits bis an das Lager des Jungen vorgedrungen sein. Dort wurden sie in Schrecken versetzt[153]: Im Zwielicht hielten sie die Haut einer Kobra, die das Kind als Schutz gegen Skrofulose um das Bein gewickelt bekommen hatte, für eine lebende Schlange und flohen Hals über Kopf. Seitdem ging in Rom das Gerücht um, Lucius Domitius werde auf Anordnung seiner Mutter von zwei Giftschlangen bewacht. Agrippina sorgte dafür, daß diese Mär sich hielt. Der Junge erzählte, es handle sich nicht um zwei Schlangen, sondern um eine, die ihn bewache und aus seinem Wasserglas trinke.

Menschliche Wärme wurde Lucius von seinen Ammen zuteil, die ihm bis zuletzt die Treue halten werden. Auch seine Tante zeigte sich besorgter. Das führte zu einer Auseinandersetzung mit Agrippina. Dieser war nicht entgangen, daß der Sohn ihr die nachsichtigere Tante vorzog. Den Streit beendet Agrippina, indem sie Domitia der Verschwörung gegen Kaiser Claudius bezichtigen läßt. Von der Mutter eingeschüchtert, sagt Lucius gegen die Tante aus.

Erziehung zum Mann, zum Kaiser

Längst hieß es, etwas zu lernen. Das Schulsystem war dreistufig aufgebaut: Elementarschule, Grammatikerschule, Rhetorenschule. In den Elementarschulen wurden die grundlegenden Kulturtechniken, Schreiben, Lesen, Rechnen, erlernt. Ein Überblick: Um schreiben zu lernen, erhielten die Kinder bronzene Griffel, mit denen sie auf kleinen, in Tannenholz gerahmte

Wachstäfelchen (cerae) jeden Buchstaben erst einmal einzeln bis zur Beherrschung einzuritzen hatten. Später wurden Silben und Wörter zusammengesetzt. Auffällig, wie gern die Menschen dieser Zeit ritzten und schrieben: In Pompeji sind Haus- und Zimmerwände hin und wieder mit Graffitti bedeckt. Ihre Inhalte: politische Kommentare, Wahlaussagen, Ankündigungen von Spielen, Lästereien.[154] Hausbesitzer wünschen die Blitze Jupiters auf alle herab, die Wände und Gehsteige beschmieren.[155]

Das Rechnen wurde mit kleinen Spielmarken, Rechenbrettern und dem Abzählen an den eigenen Fingern erlernt. Doch blieb das römische Unterrichtsniveau, was dieses Fach betraf, niedrig.

Mit dem Lesen und Schreiben waren Rezitationen verbunden. Die Kinder lernten Texte auswendig. Der Unterricht wurde in den adeligen Familien zweisprachig erteilt: in Griechisch und in Latein. Da die Kinder durch ihre griechischen Kinderfrauen an deren Sprache gewöhnt waren, hatten sie mitten in Rom häufiger mit Latein als mit Griechisch Schwierigkeiten. Die Vorliebe für das Griechische, das in der Kaiserzeit als Umgangssprache der feineren Welt galt, herrschte auch im kaiserlichen Haus. Tiberius konnte sich gewandt ausdrücken. Auch Claudius liebte es, in Griechisch zu schreiben oder Reden zu halten. Ähnliches gilt von Nero.

Waren die Kulturtechniken erlernt, hatten sich die Schüler mit Grammatik und Literatur zu beschäftigen, in die sie von angesehenen Philologen eingeübt wurden. Beherrschten sie einigermaßen diese Künste, wurden sie von einem Rhetor (orator) in der nach der Meinung der Römer edelsten Wissenschaft, der Rhetorik, unterwiesen.[156]

Dem Lehrerstand, der sich fast nur aus Sklaven und Personen des unteren Standes rekrutierte, fehlte meist die Sicherung der Existenz und die Geltung, die ein öffentliches Amt gewährt. Unterricht war erst auf dem Weg, eine Angelegenheit des Staates zu werden.[157] Die Schulmeister, die ihr Geschäft zunächst gegen Honorar in offenen Läden auch am Forum betrieben hatten, waren sozial wenig angesehen.

Martial: »Was hast du mit uns gemeinsam, krimineller Schulmeister, du von Knaben wie Mädchen gehaßtes Haupt? / Noch haben die Hähne, geschmückt mit dem Kamm, nicht die Stille zerrissen: / schon donnerst du mit wildem Geschrei und mit Schlägen … / Wir Nachbarn bitten um Schlaf – nicht die ganze Nacht – / denn Wachsein ist nicht schlimm. Durchwachen aber ist hart! / Entlasse deine Schüler! Willst du, Schwätzer, die Summe, die du bekommst für dein Schreien, erhalten, damit du schweigst?«[158]

Die Grammatikerschule vermittelte gehobene Bildung, Zweisprachigkeit wurde selbstverständlich. Doch was in dieser Schule nicht gelesen wurde, ging verloren, oft bis heute. Die Grammatikerschule vermittelte Grundkenntnisse in weiteren Fächern, unter anderem in Geographie, Physik, Astronomie. Diese Schulform war eine Kopie des griechischen Vorbildes, wenigstens in früher Zeit. Griechen, meist Sklaven, lehrten in Rom auf griechisch griechische Literatur. Später kam lateinische Literatur, vor allem Vergil, hinzu. Dieser Schriftsteller wurde in Rom häufig gelesen; Augustus und seine altrömische Propaganda hatten dafür gesorgt. Vergils Schriften galten, wie heute bei manchen die Bibel, als Hilfe in schwierigen Lebenslagen; die Stelle, auf die der Blick beim Aufschlagen fiel, wurde als Schicksalsspruch aufgenommen. Literarische Kreise begingen Vergils Geburtstag am 15. Oktober, Tempelorakel antworteten noch im dritten Jahrhundert in seinen Versen.[159] Als Vergil, Sohn eines Tagelöhners, einmal im Theater war und seine Verse rezitiert wurden, erhob sich das Volk zu seinen Ehren und begrüßte ihn wie einen Kaiser.[160]

Im Vergleich mit der Hochschätzung literarischer Bildung wurden die bildenden Künste und ihre Vertreter gering geschätzt.

Rom wollte der Kunst keinen festen Platz unter den Studien einräumen. Diese sollten den jugendlichen Geist zur Sittlichkeit anhalten. Künstler waren besseren Handwerkern gleichzusetzen. Römer, denen das Verständnis für das Wesen der Kunst fehlte, sahen Kunst mehr oder weniger als Technik an.[161] Das Wort Kunst ist vom lateinischen Wort *ars* hergeleitet und bedeutet Geschicklichkeit oder Fertigkeit. Erst in einem weiteren Sinn bringt Kunst Geschicklichkeit und kreative Vorstellungskraft in einen musikalischen, literarischen oder visuellen Zusammenhang.

Lucius Domitius, der sich mit Pinsel und Modellierstab beschäftigt[162], wird es schwer haben.

Mit der Rhetorenschule fand die philosophische Bildung in Rom Eingang. Die Rhetorik war Inhalt der Hochschulbildung. Jungen lernten in der Regel nicht, um einen Beruf ausüben zu können. Was die Lehrer einem beibrachten, war Grundlage für eine sinnvolle Gestaltung der Freizeit des Erwachsenen. Tacitus schaut sich um und findet, die meisten Männer trieben die höheren Studien nur, um »unter prächtigen Namen einen trägen Müßiggang zu verbergen«[163].

Auch die Rhetorik hatte nicht unbedingt damit zu tun, daß ein Römer lernte, seine Worte in der Öffentlichkeit wohl zu setzen. Rom hegte handfeste Vorstellungen. Marcus Porcius Cato (234–149 v. u. Z.), altrömischer Zensor und Schöpfer der lateinischen Prosa, hatte die Weisung ausgegeben: »Halte dich an die Sache, die Worte kommen schon noch!« *(Rem tene, verba sequentur)*[164] »Über die allmähliche Verfertigung der Gedanken beim Reden« schreibt dann H. v. Kleist.[165]

Entscheidend war, einen Gegenstand zu beherrschen, nicht Worte zu suchen, sich an virtuose Spielereien mit der Sprache zu verlieren. Rom denkt praktisch: Hatte ein Redner die Sache im Griff, fiel ihm die Präsentation zu. Reden zu können gab dem Politiker eine Waffe in die Hand, gefährlicher als alle Gifte, wirksamer als jede Arznei. Die Rede diente also einem Berufsstand.

Sie sollte Sachaussagen machen und mit psychologischem Geschick die Hörer bewegen *(movere)*, unterhalten *(delectare)*, überzeugen *(persuadere)*. Wert wurde dabei auf den »emotionalen Konsens zwischen Redner und Publikum«[166] gelegt. Er war wichtiger als ein noch so schlagendes Argument. Doch da die Rede nicht langweilig erscheinen, sondern einen ästhetischen Genuß darstellen sollte, mußte ihre Kunst erlernt werden, eine heute vernachlässigte Aufgabe.

Lucius Domitius ging wie viele junge Römer aus gutem Hause einen besonderen Weg. Mehr noch: Er bekam seinen Weg vorgezeichnet. Er sollte, so wollte es die Mutter, nicht irgend etwas lernen, sondern das, was er, in ihrem Traum der künftige Kaiser, brauchen würde. Dafür bekam er Unterricht durch Privatlehrer.

Vielleicht blieben ihm das Rutenbündel und andere Züchtigungsmittel *(ferulae, scuticae, flagella)* erspart, mit deren Hilfe nicht nur Sklaven bestraft, sondern auch Schüler motiviert wurden, überkommene Texte fehlerfrei zu deklamieren. Zur Schule gehörte die Zucht; das wird so bleiben. Werteväter sind der Ansicht, daß Strafen die an Kindern geschätzten Eigenschaften Nachahmungstrieb und Gedächtnisleistung wirksam wecken.[167] »Pauken« verläuft mechanisch[168] und wird von Fall zu Fall durch Sanktionen verstärkt.

»Keiner kann sich vorstellen, welches Mitgefühl ich mit den armen Kindern habe, die von ihren Eltern zu Genies erklärt werden und vor Gästen singen, Vögel imitieren oder sogar zur reinen Unterhaltung lügen müssen.[169]«

Vielleicht sind Lucius Domitius solche Zwänge erspart geblieben.

Agrippina vertraute ihren Sohn den beiden griechischen Freigelassenen Anicetus, der Jahre später eine unrühmliche Rolle im Leben dieser Frau spielen wird, und Berillus an. Sie sollen Lucius Domitius in Latein und Griechisch sowie in den Anfangsgründen der Rhetorik unterrichten. Für den weiterführenden Unterricht fiel Agrippinas Wahl auf eine herausragende Persönlichkeit der griechisch-orientalischen Welt. Chairemon, früher ägyptischer Priester, hatte sich dem Stoizismus angenähert. Er soll Lucius in das Studium der Grammatik einführen, in die Interpretation lateinischer und griechischer Texte. Neben Chairemon, den Martial wegen seiner Genügsamkeit verspotten wird[170], wurde der Aristoteliker Alexander von Aegae engagiert.

Den Unterricht in den Naturwissenschaften übernahm der Astronom Trasillus. Astronomie war keine römische Spezialität, doch bestand Interesse an dieser griechischen Kunst, die enge Beziehungen zur Philosophie aufwies.[171] Seneca bewunderte die Schönheit des regelmäßigen Laufs der Gestirne.[172] Damit dürfte er der römischen Mentalität nahegekommen sein.

Die griechischen Lehrer weckten und bestärkten in Lucius Domitius vermutlich jene Liebe für Griechenland und seine Künste, jenen *Philohellenismus*, der später – zum Schrecken der altrömischen Partei – auch die Politik Neros bestimmen sollte.

Der dem Jungen abgeforderte Gehorsam ist ohnehin nicht alles, was Lucius Domitius leistet. Seine Ausweichneigungen verstärken sich, die Sehnsucht ist ungebrochen. Es bleibt der Circus, der fasziniert, das Spiel der Pferde und der Wagen.

5.
»JENE MUTTER«

Ein Mörder, ein Ehemann

Der Mann ist schwerhörig, linkisch, er stottert, hinkt.

Nicht der Traum, nicht für Agrippina. Mit einem solchen Mann kann sie sich nur blamieren. So einem schenkt eine Frau, die auf sich hält, keinen Blick. Andere, sagt sie, stehen Schlange. Und doch wählt sie den Stotterer, den linkischen Humpler.

Er hat einen entscheidenden Vorzug. Er ist der Kaiser.

48 war Claudius, Neffe des Tiberius und über seine Mutter eng mit Augustus verwandt, Witwer geworden. Das war auf eine nicht unübliche Weise geschehen: Claudius hatte seine dritte Frau, Valeria Messalina, die er 39 geheiratet hatte, ermorden lassen.

Claudius lebte ein Doppelleben; dieses Faktum ist kaum erforscht. Der Kaiser, der durch Zufall von den Prätorianern ausgerufen worden war, sah sich als stillen Privatgelehrten. Der historisch gebildete, leicht schrullige Mann veröffentlichte ein gewaltiges Werk zur Geschichte Carthagos, die noch nicht geschrieben war. Doch er soll auch ein Handbuch über Glücksspiele verfaßt haben. Und so ernst er seine Amtspflichten nahm, so schnell erlag er, der die Regierungsgeschäfte auch durch seine Favoriten und Favoritinnen führen ließ, seinen Schwächen.

So war er dem Zauber der geheimnisvoll lächelnden Messalina, einer anziehenden, modisch gekleideten Frau mit neuester Löckchenfrisur[173] und schnellen Bewegungen, vollkommen verfallen. Daher hatte er fast zehn Jahre lang ihre Überheblichkeiten, Unterschlagungen, Ehebrüche hingenommen, sofern er von alldem etwas erfahren hatte.

Die herkömmliche Perspektive ist schlicht: Claudius, der richtige Mann – und Messalina, die unmögliche Frau. Messalina ist keine Frau im Sinne Altroms, weil sie bewußt lebt, gerade was ihre Sexualität betrifft, und weil Gefahr von ihr ausgeht, für Leib und Leben ihres Mannes, der sie nicht bändigen kann, wie es ihm zukäme.

Juvenal über solche Frauen: »So kommandiert sie ihren Mann; bald gibt sie dieses Reich auf, hüpft von Haus zu Haus und nutzt den Schleier ab; von dort flattert sie wieder zurück in das verachtete Bett, das noch den Abdruck ihres Körpers zeigt. Sie verläßt das Tor, soeben noch geschmückt, läßt die Teppiche am Haus hängen und die grünen Girlanden an der Tür; so wächst die Zahl, so hat sie acht Männer in fünf Herbsten, das gehört auf den Grabstein geschrieben.«[174]

Frauen können den Anforderungen eines Ehe- und Familienlebens kaum genügen. Sie müssen unter Kontrolle gehalten werden, um das Schlimmste zu verhüten. Frauen gar, welche die sexuelle Initiative ergreifen, gelten als unsozial. Solche Schlampen haben die Hemmschwelle überschritten. Es ist eine Frage der Zeit, bis die Luder Verbrechen begehen. Patriarchen mischen in ihrer angstbesetzten Literatur frauliches Begehren und Todesdrohung.[175] Die Mixtur soll den Eindruck erwecken, daß von emanzipierten Frauen Gefahr ausgeht, solange eine konsequente Bekämpfung unterbleibt.

Messalina steht als Beispiel für Frauen, die Ehe und Sexualität, Fortpflanzung und Lust entkoppeln. Juvenal wird voll aggressiver Angst solche Frauen, ganze Gruppen von ihnen, schildern: »… die Lenden … von Doppelflöte und Wein verzückt, rasen und heulen sie. Wie lüstern sind sie nach dem Coitus, wie sinnlich werden ihre Stimmen unter ihrer zwanghaften Geilheit, wie fließt dann alter Wein im Strom über nackte Beine … Sie besteigen einander … und lassen sich … bespringen.« Solche Frauen bleiben unter sich: Sie verhängen »Bilder von allem Männlichen« und verhüllen »jede Statue, die das männliche Geschlecht zeigt«.[176]

Der Wein ist auch hier das Aphrodisiakum. Wer altrömisch dachte, ging davon aus, daß eine Frau sich auf zweierlei Art tödlich versündigen könne: durch Ehebruch und durch Wein.[177] Ehebruch? Martial zählt sieben Kinder einer Frau auf, deren Gesichtszüge erkennen lassen, wer ihr Vater ist: der maurische Koch, der plattnasige Athlet, der schielende Bäcker, der zarte Lustknabe des Herrn, der langohrige Kretin, der schwarze Flötenbläser, der rothaarige Verwalter.[178]

Der Wein? Der alte Cato war der Ansicht, das Küssen unter Verwandten und Freunden sei nur deswegen eingeführt worden, um die Frauen unter Kontrolle zu halten. Ein Kuß bedeutete: Schmeckt sie nach Wein? Altrom fürchtete das orgiastische Wesen, von dem Frauen heimgesucht wurden, wenn sie – wie in der Szene des Juvenal – Wein genossen hatten. Dann war die männliche Kontrolle genasführt, dann lebte die Frau, wie es ihrer Natur entsprach, dann wurden Männer in ihrem Selbstverständnis geschädigt.

Ist Claudius ein Mann? Die Frage klingt ketzerisch, ist es aber nicht. Denn zum einen weiß die patriarchale Männerliteratur masochistische Bedürfnisse zu schildern. Männer leiden unter dominanten Frauen; das Opferdasein solcher Männer ist charakteristisch.[179]

Zum anderen soll harte Erziehung alles Weibliche ertöten. Was vom Weib ist, muß aus dem Mann heraus, damit er stark werde. Und was heraus ist, soll unter keinen Umständen wieder in ihn hineingelangen, etwa durch falsche Beziehungen zu falschen Frauen. Oder durch Beziehungen zu Frauen überhaupt. Das Ideal ist simpel: Ohne Frauen leben Männer am besten. Mit Frauen können sie auf Dauer nichts anfangen.

War Claudius ein Mann? Die Frage wird sich auch für Nero stellen. In beiden Fällen wissen sich Männer nicht zu helfen. Sie müssen die ermorden, die ihnen im Weg stehen.

Die Ehefrau des Claudius verabschiedet sich zunächst aus dessen Bett: Sobald eine Frau Kinder hat, ändert sich ihre Gefühlswelt. Claudius soll künftig nur der beste Freund seiner Frau sein. Er scheint diese Zuschreibung akzeptiert zu haben; Gerüchte sprechen davon, er tröste sich, Augustus nicht unähnlich, mit Mädchen von der Straße.

Messalina, deren Gefühlswelt sich nicht verändert hat, wohl befreit, geht künftig, angeblich in einer blonden Perücke, angeblich in einem Bordell, mit allen Männern ins Bett, vom

Komödianten bis zum Patrizier, ohne Unterschiede zu beachten. Weigert sich ein Mann, droht Messalina, niemand weise ungestraft die Frau des Kaisers zurück.

Claudius, der nichts bemerken will, ist zum Gespött Roms geworden. Nicht einmal seine Vaterschaft bleibt unbezweifelt. Es wird geflüstert, weder Sohn Britannicus noch Tochter Octavia stammten von ihm. Manches mag diesem Kaiser auch vorenthalten worden sein, um seine Gesundheit zu schonen.

Dann geht Messalina einen Schritt zu weit. Sie hat sich in den Consul Silius verliebt, einen der am besten aussehenden Männer Roms. Dieser hat widerstanden. Er betrachtet es nicht als Ehre, ausgerechnet Messalinas Gunst zu erfahren. Doch sie setzt sich durch.

»Ich weiß wohl, es wird unglaublich klingen: Irgendwelche Menschen hätten sich so sicher gefühlt in einer Stadt, die alles weiß und nichts verschweigt, und schon der designierte Consul mit der Gattin des Kaisers, daß sie am vorbestimmten Tag, unter Beiziehung von Zeugen, die gegenzeichnen sollten, wie eben zum Zweck einer förmlichen Eheschließung zusammenkamen und daß jene die Worte der Zeugen hörte, sich in den Brautschleier hüllte, vor den Göttern opferte; daß man Platz nahm unter den geladenen Gästen, Küsse und Umarmungen tauschte, schließlich die Nacht verbrachte in der Freiheit von Eheleuten«.[180]

Der Skandal ist riesig. Dennoch zögert Claudius. Es sind seine Staatssekretäre, die kühnen und verschlagenen Callistus, Pallas und vor allem Narcissus, die handeln. Silius, der mit Senatoren und Prätorianern eine Verschwörung gegen Claudius angezettelt haben soll, wird bei einer Razzia ergriffen. Messalina läßt ihn, bezeichnend für die Art Liebe, die zwischen den beiden herrscht, sofort im Stich. Er nimmt sich das Leben. Messalina hingegen erinnert Claudius an das Schicksal ihrer Kinder Britannicus (Tiberius Claudius Caesar Germanicus) und Octavia.

Sie wird gefaßt und versucht, Claudius zu sprechen, aber die Soldaten lassen sie nicht einmal bis auf Rufweite an den Kaiser heran. Narcissus reicht die Liste von Messalinas Liebhabern nach. Er kommt auf 156 Männer. Auf die, deren Vergehen darin bestand, an der Hochzeit von Messalina mit Silius teilgenommen zu haben, wartet das Exil. Zwanzig Adlige, sechs Senatoren, ein Prätorianer geben zu, mit Messalina geschlafen zu haben. Claudius läßt sie exekutieren. Fünfzehn Männer geben sich den Tod, bevor sie verhaftet oder gar überführt sind. Und Narcissus, der sich für einen Tag den Oberbefehl über die Prätorianer hat übertragen lassen, schickt einen Handlanger, der Messalina die Kehle durchtrennt.

Der Name dieser Kaiserin, die hohe und höchste Bestechungssummen von den Anwärtern auf ein Amt eingestrichen hatte, wird gelöscht. Nichts soll an sie erinnern, öffentliche Inschriften kennen dieses Weib nicht mehr, die Statuen der Schlampe werden zerstört.

Und Claudius begibt sich auf Brautsuche; er kann es nicht lassen. »Die Menschen sind mit ungleicher Art und Laune geboren, gleichwie die Vögel oder andere Kreatur. Einige sind gleich den Hühnern des Waldes, dem Auer- und Birkhuhn, wo der Herr einen ganzen Harem haben muß wie der Sultan; warum es so ist, wissen wir nicht, aber so ist es, und das ist ihre Natur; andere sind gleich den kleinen Vögeln, die einen Gatten für jedes Jahr nehmen und dann umtauschen; andere wieder sind artig wie Tauben und bauen zusammen fürs Leben, und wenn der eine Gatte stirbt, will der andere nicht leben.«[181]

Drei Anwärterinnen auf die vierte Ehe des Kaisers finden sich: Zuerst Lollia Paulina, auch sie als schönste Frau des Reichs gerühmt, früher mit Caligula verheiratet und Favoritin des Callistus. Dann Aelia Platina, die elf Jahre lang mit Claudius verheiratet gewesen ist und von Narcissus unterstützt wird. Schließlich Agrippina, die ein Gerücht als die verdorbenste Frau

Roms bezeichnet und die der für Finanzen zuständige Staatssekretär Pallas favorisiert.

Männer wählen? Frauen gehorchen? Oder gilt Schopenhauers Maxime? »Mit den Mädchen hat es die Natur auf das, was man, im dramaturgischen Sinne, einen Knalleffekt nennt, abgesehn, indem sie dieselben, auf wenige Jahre, mit überreichlicher Schönheit, Reiz und Fülle ausstattete, auf Kosten ihrer ganzen übrigen Lebenszeit, damit sie nämlich, während jener Jahre, der Phantasie eines Mannes sich in dem Maße bemächtigen könnten, daß er hingerissen wird, die Sorge für sie auf Zeit Lebens, in irgend einer Form, ehrlich zu übernehmen.«[182]

Triumph einer Frau

Claudius nimmt Agrippina. Diese war, nachdem sie Interesse für jenen Galba gezeigt hatte, der Neros Nachfolger werden wird, zwischen 41 und 44 eine zweite Ehe eingegangen: Gnaeus Sallustius Passienus Crispus war der Erwählte gewesen, 21 Jahre älter und ein Freund Senecas. Von diesem Stiefvater des Lucius Domitius, den Agrippina von Tante Domitia übernommen hat, berichten die Quellen nichts, das von Belang sein könnte. Es sei denn ein Detail: Sein riesiges Vermögen fällt nach seinem Tod an Agrippina, der nach dem Tod Caligulas schon das des Ahenobarbus zugefallen war.

Sie selbst hatte sich nach dem Tod ihres zweiten Mannes mit ihrem Sohn Lucius Domitius in die Region Padua begeben. Das war politisch klug gewesen. In Rom konnte sie schnell das Opfer von ehrgeizigen und ruhmsüchtigen Senatoren werden, die sie als Urenkelin des Augustus und als einziges lebendes Kind des immer noch hochverehrten und beliebten Germanicus benutzen würden, um Claudius zu stürzen.

Dieser Claudius hat Agrippina gewählt. Vielleicht hat der mit einem erfundenen Stammbaum versehene[183], »königsadlige« Staatssekretär Pallas, dessen Geliebte sie angeblich wenig später wird, den Kaiser überzeugt: Es mußte von Vorteil sein, eine Frau aus der Familie der Julier mitsamt ihrem Sohn, der möglicherweise zum Rivalen werden konnte, in die Familie der Claudier aufzunehmen.[184] Vielleicht war es für Agrippina auch nicht schwierig gewesen, den relativ betagten, doch für frauliche Reize empfänglichen Kaiser zu becircen, als sie unter dem Vorwand, ihren Onkel zu besuchen, bei ihm vorsprach.

Die Verwandtschaft erweist sich als Stolperstein: Noch nie hat eine Nichte ihren Onkel geheiratet. Rom, das auf Tradition hält, vermutet eine Verirrung, die an Blutschande grenzt. Doch die prekäre Situation wird durch einen Freund des Kaisers gerettet. Vitellius redet den Senatoren zu, ein Herrscher, der die Probleme einer ganzen Welt zu lösen habe, müsse von privaten Sorgen frei sein. Die Senatoren lassen sich umstimmen. Sie sind nicht dumm: Da der Kaiser diese Frau ausgesucht hat, ist es unklug, sich mit ihr anzulegen.

Agrippina, 34, heiratet ihren Onkel, 60, am Neujahrstag des römischen Kalenders, dem 1. März 49.

»Es liegt ein obszönes Paradoxon darin, eine brutal realistisch-tierische Funktion mit einer prunkhaften Feierlichkeit zu überdecken. Die Hochzeit offenbart ihre universelle und abstrakte Bedeutung: Ein Mann und eine Frau werden vor den Augen aller nach symbolischen Riten vereinigt. Aber insgeheim in ihrem Bett sind es konkrete und singuläre Individuen, die aneinandergeraten, und alle Blicke wenden sich von ihren Umschlingungen ab.«[185]

Claudius ist ein passabler Princeps. Sein Problem ist die Schwäche für Frauen. Hatte er sich von Messalina auf der Nase herumtanzen lassen, macht ihm jetzt die kaltblütigere Agrippina noch mehr zu schaffen. Sie erreicht den Titel *Augusta*, den der Kaiser Messalina verweigerte, und erlangt eine Machtfülle, die vor ihr keine Frau besaß. Tritt sie in einen Raum, erstarren die Anwesenden: »Straff und gleichsam männlich zog sie die Zügel der Sklaverei an; in der Öffentlichkeit zeigte sie Strenge und in der Regel Hochmut, in ihrem Haus gab es keine Sittenlosigkeit, es sei denn, sie konnte ihrer Herrschsucht dienen.«[186]

Gleichsam männlich? Und doch weiblich? Agrippina beginnt umsichtig, Rechnungen zu begleichen. Alles läuft mit der Präzision einer Rechenmaschine ab. Agrippina überredet den Kaiser, ihre Konkurrentin Lollia Paulina deportieren zu lassen. Nicht genug: Sie schickt ihr einen Tribun nach, damit er »sie zum Suizid zwinge«.

Auch Calpurnia, eine Römerin, für deren Reize Claudius nicht unempfänglich war, wird genötigt, die Stadt zu verlassen. Später findet sie den Tod, als ihr Haus ein Opfer der Flammen wird. Es hatte wie ein Unglück aussehen sollen, doch es war vermutlich Mord.

Nachdem solche Angelegenheiten geregelt sind, macht sich Agrippina daran, ihren Sohn auf den Thron zu bringen. Sie ist Kaiserin an der Seite des Claudius und tätig: 50 u. Z. hat sie beispielsweise den Kaiser dazu bewogen, ihren Geburtsort zur Veteranenkolonie[187] zu machen und ihm einen besonderen Namen beizulegen. Die Kolonie heißt künftig *Colonia Claudia Ara Agrippinensium* (CCAA), heute Köln.[188]

Agrippina ist jedoch, ein Manko schlechthin, nur angeheiratet. Sie zieht in ein Milieu ein, das sie die Jahre zuvor nicht hat gestalten können. Will sie regieren, unabhängig regieren, umfassend regieren, kann das nur auf dem Umweg über den Sohn geschehen.

Agrippinas Geschichte ist längst nicht zu Ende. Sie fängt erst an.

6.

Ein Mensch mit Moral

Der Lehrmeister

Als Lucius zwölf Jahre alt ist, engagiert die Mutter den Lehrer schlechthin.

Lucius Annaeus Seneca kam aus der Provinz. Er wurde um 4 v.u.Z. in Cordoba geboren und stammte aus einer wohlhabenden, erzkonservativen Familie. Mit seinem Vater kam er nach Rom und wurde von Stoikern unterrichtet. Relativ spät beginnt er eine politische Karriere. Dank seiner Fähigkeiten macht er sein Glück und verschafft sich Zutritt zur Aristokratie. 39 in den Senat berufen, wird er zum herausragenden Redner. Caligula – ein scharfsichtiger Princeps? – soll freilich Senecas Leistungen als »Dampfplauderei« bezeichnet haben, seine Gedichte als »Mörtel ohne Kalk«.

Auch andere hielten den Modephilosophen mit dem feisten Gesicht für ein Hohlgefäß, einen Redner tönender Worte, schamlosen Schmeichler, perversen Wüstling.[189] Seneca schrieb, so Nietzsche, »ein unausstehlich weises Larifari«.[190] Das subtil gepflegte Bild vom Edelmenschen, wie es sich bei vielen erhalten hat, gibt nicht alles wieder.

Der Aufsteiger Seneca hängt an den Symbolen seines sozialen Status.[191] Da er alle an Intelligenz und Bildung übertrifft, weiß er seine reaktionären Tendenzen zu verbergen. Er wird unter Kaiser Nero alles tun, um seinen Schüler im Sinne einer Politik augusteischen Zuschnitts – und damit altrömisch-traditionell – zu beeinflussen.

Seneca lebt in einer Zeit des Wandels. Die Tugenden, die Augustus zu bewahren sich bemühte, verlieren an Wirkung. Hatte jener Princeps Männer von geistig untadeligem Wuchs vorausgesetzt, Männer von hoher Moral und exemplarischer Lebensführung, und hatte er geglaubt, die Freiheit eines Mannes wie eines Gemeinwesens sei nur durch Selbstzucht der einzelnen zu gewährleisten, so hatte sich dieser Glaube als Wahn erwiesen. Genußsucht und leere Beschäftigungen, die nur der Zerstreuung dienen, das Insgesamt der politischen und gesellschaftlichen Verhältnisse, in die sich Seneca verstrickt, das Unbefriedigtsein, die Unrast der Zeit, welche die Konzentration auf das Wesentliche verhindert, kurz, das geistige Klima, eine Treibhauskultur, verlangte daher einmal mehr Halt und Hilfe bei der Bewältigung des Lebens.[192]

Diese Hilfe erhoffen sich Seneca und viele Zeitgenossen von der Philosophie der Stoa. Deren Anfänge liegen in der Schule des Zenon (um 335 v. u. Z.). Der Name führt sich zurück auf die Säulenhalle, in der die Treffen stattfanden. Die Stoa ist auf Jahrhunderte hinaus die einflußreiche Richtung im griechisch-römischen Raum. Panaitios von Rhodos (180–100 v. u. Z.) übt als erster stoischen Einfluß auf die hellenenfreundlichen Kreise Roms aus. Er lehrt die Kontrolle der Gefühlsregungen durch die Vernunft, die das Ziel der seelischen Harmonie ausmachen soll. Die Befähigung hierzu verleiht die angeborene Willensfreiheit. Der Mensch ist nicht dem Schicksal ausgeliefert.

Stoiker sehen sich als Willensmenschen, welche die Anstrengung, die straffe Spannung, den Kampf lieben. Die Philosophie besteht nicht aus Worten und Theoremen, sondern aus Tun. Chancen für ein Leben der Tat bieten sich nicht unter Schauspielern, Künstlern, Müßiggängern, sondern im öffentlichen Leben. Der Stoiker führt kein Privatdasein, sondern greift in das öffentliche Leben ein, um seine Pflicht zu tun. Und wenn Philosophen zurückgezogen leben, so Seneca, dann geschieht das nicht aus Verachtung der Politiker. Im Gegenteil. Niemand ist diesen dankbarer; Philosophen bedürfen der Ruhe, um ihre Lebenszwecke verfolgen zu können. Wer soll den Frieden garantieren, wenn nicht die Väter des Staates?

Die Stoa wendet sich an Männer. Nur sie haben eine Chance, öffentlich zu wirken. Und wie sollen sie, die gemeint sind, wenn von Menschen gesprochen wird, nun wirken? Schmerz, Furcht, Lust bedeuten eine falsche Vorstellung, ein frischer Eindruck führt zu falschen Urteilen. So ist Schmerz ein frischer Wahn über die Anwesenheit eines Übels, Lust ein frischer Wahn über die Anwesenheit eines Guten.

Den leidenschaftlichen Affekten stehen die edlen Affekte gegenüber: der Begierde der rechte Wille, der Wohlwollen oder Zufriedenheit ist; der Furcht die Vorsicht, die sich in Ehrfurcht und Keuschheit gliedert; der Lust die Freude, die aus dem Bewußtsein des tugendhaften Lebens erwächst. Der Philosoph, der sich mit ethischen Problemen befaßt, diesen Kronen seiner Kunst, gleicht dem Landmann.[193] Wie dieser das Unkraut tilgt, so der Philosoph die bösen Triebe und unedlen Affekte, wenn es sein muß mit Schnitten, die Narben hinterlassen.

Seneca mißbilligt das Ertränken mißgeborener Kinder ebensowenig wie das Ertränken toller Hunde und kranken Viehs, das eine Herde anstecken könnte.[194] Er argumentiert, nur Unverständige könnten den Rat, daß der Weise weder Mitleid empfinden noch verzeihen solle, als unbillige Härte empfinden. Der Weise darf sich die ruhige Heiterkeit der Seele weder durch Mitleid noch durch andere Affekte trüben lassen. Mitleid ist eine Schwäche geringer Geister, vor allem – der Frauen.

Der Stoiker ist ein fühlendes Wesen, doch er läßt sich von Gefühlen nicht überwältigen. Der Philosophenkaiser Mark Aurel (161–180 u. Z.) beschreibt dies: »Du mußt sein wie ein Fels, an dem alle Wogen sich brechen. Er steht, die Brandung wird müde.« Begierde, Zorn und Furcht dürfen einen nicht rühren. Das wichtigste Gebot heißt: »Laß dich durch nichts erschüttern, denn es geht alles so, wie es in der Natur des Alls vorgesehen ist.« Der Weise sieht die Gesetzlichkeit des Geschehens als seine eigene Gesetzlichkeit, erwartet nichts anderes und bejaht das Schicksal in sprichwörtlich stoischer Ruhe *(tranquillitas animi)*.

Das Vaterland des Stoikers ist die Welt. Deshalb rufen Stoiker zur Menschenliebe, Wohltätigkeit, Milde und Sanftmut auf. Auch gegenüber anderen Völkern, gegenüber Sklaven, Frauen, unmündigen Kindern, die das römische Recht stark benachteiligt, wird die Forderung der Rechtsgleichheit erhoben. Augustus hebt für Witwen mit mehreren Kindern die Vormundschaft auf. Unter Nero werden Gesetze erlassen, um Sklaven gegen die Unmenschlichkeit ihrer Herren in Schutz zu nehmen.

Doch gilt grundsätzlich: Ist in dieser Philosophie von »Mensch« die Rede, ist »Mann« gemeint. Neue Kategorien, gewandelte, geweitete Perspektiven? Die Zeit ist zu früh, auch die Stoa wenig geeignet.

Seneca war der renommierteste Intellektuelle seiner Zeit und bei Römern aller Schichten populär. Er hatte ein Gespür für aktuelle Fragen der Zeit wie für Alltagsprobleme. Sie greift er auf und handelt sie gefällig ab. Nebenbei wird dieser Philosoph *à la mode*, der in seinen Schriften zu bescheidener Lebenweise und Verzicht aufruft (»Nicht wer wenig hat, sondern wer mehr begehrt, ist arm«), zu einem ungeheuren Vermögen kommen (»Man kann ohne Prunk, ohne Gehässigkeit weise sein«).

Vermutlich war in den immensen Summen nicht nur Senecas Gewinn aus Wucherzinsen enthalten, sondern auch der Anteil am konfiszierten Besitz des Britannicus, des Stiefbruders Neros, von dem noch die Rede sein wird.

Der Philosoph hatte jedenfalls in kurzer Zeit Reichtümer angehäuft, und nur eine sehr freundliche Literatur ist bereit, diese auf Neros Geschenke zurückzuführen. In Wirklichkeit hatte Seneca sich als Erbschleicher betätigt und zu Wucherzinsen Geldsummen verliehen. Cassius Dio: »Seneca wurde dabei ertappt, das genaue Gegenteil von dem zu tun, was er als Philosoph predigte.«[195]

In Rom wimmelt es von Gerüchten über Senecas Hemmungslosigkeit. Als der betagte Publius Suillius, Consul unter Claudius, in aller Öffentlichkeit sagen wird, was sonst hinter vorgehaltener Hand gemurmelt wird, muß Nero zugunsten Senecas intervenieren. Suillius wird fragen, »durch welche Weisheit, durch welche philosophischen Lehren er binnen vier Jahren … 300 Millionen Sesterzen zusammengebracht habe«. Und weiter: »In Rom gehen Seneca die Testamente kinderloser Leute wie bei einer Treibjagd ins Netz, Italien und die Provinzen werden durch seinen immensen Zinswucher ausgesaugt.«[196]

Zwar betrachtete die Stoa Geld weitaus gelassener als die kynische Schule des Antisthenes († um 360 v. u. Z.), dessen Lehre als Philosophie des Proletariats betrachtet wird. Doch »Wasser predigen und Wein trinken«, dieses geflügelte Wort könnte von Seneca stammen. Es entspricht seinem Lebensstil. Er war der Meinung, die Philosophie lehre handeln, nicht schwatzen *(facere docet philosophia, non dicere)*, und er gehorchte sich darin aufs Wort.

Seneca brauchte niemanden, der ihn widerlegte. Er genügte sich selber dazu.

Das Hauptwerk des Philosophen, 124 Lehrbriefe an Lucilius, bietet eine Sammlung gefällig formulierter Lebensweisheiten – und ist bis heute Quelle entsprechender Zitate, die für alle Lebenslagen abzurufen sind. Wir lesen – nicht selten handelt es sich um persönliche Erfahrungswelten Senecas – zum Beispiel: »Es folgen dir, wohin du gehst, deine Fehler, deine Laster«; »Wichtiger ist, als wer du reist, nicht wohin«; »Nirgends ist, wer überall ist«; »Die Pflanze gedeiht nicht, die oft umgepflanzt wird«.

Nach der Machtübernahme des Claudius war Seneca (»Der Geist möge gegen alles vorbereitet sein«; »Nichts sollte uns unerwartet treffen«) in Ungnade gefallen. Er hatte mit Livilla, der uns schon bekannten Schwester Caligulas, eine Affäre gehabt. Dieses Verhältnis war bei Messalina auf wenig Gegenliebe gestoßen. Eine Zäsur hatte sich angebahnt: Zunächst war Seneca zum Tode verurteilt, doch später war die Strafe umgewandelt und der Philosoph nach Korsika in die Verbannung geschickt worden. Dort hatte er acht Jahre verbringen müssen, und von dort hatte er einen Brief an Staatssekretär Polybius gerichtet, damit ihm die Rückkehr nach Rom ermöglicht werde. Es war aussichtslos gewesen.

Livilla selbst war auf Betreiben Messalinas 42 exekutiert, ihr Kopf dem Kaiser überbracht worden. Claudius zeigte sich voller Schmerz über die Hinrichtung der Tochter seines geliebten Bruders Germanicus, dessen Kinder zu behüten er sich geschworen hatte.

Erst nach Messalinas Tod setzte sich Agrippina bei Claudius für Seneca ein. Sie überredete Claudius dazu, dem Philosophen zu vergeben und ihn als Prätor einzusetzen, als einen hohen Beamten, der die Aufgaben der Rechtsprechung wahrnahm. Agrippina brauchte Seneca, um die Erziehung des Sohnes zu vervollständigen. Außerdem rechnete sie damit, durch diesen Beweis von Großmut nicht nur Seneca, sondern auch die Kreise im Senat, denen er angehörte, an sich zu binden.

Damals war es nicht üblich, daß ein Senator und Pädagoge vom Range Senecas als Privatlehrer tätig war, nicht einmal für eine bedeutende Familie. Seneca hatte ohnedies seine feste Meinung über Schulen und Lehrstoffe: »Nicht für das Leben lernen wir, sondern für die Schule«, schrieb er – und nicht umgekehrt, wie er oft zitiert wird. Nein, Schule bildet für sich selbst aus; mit dem Leben hat sie nichts zu schaffen. Und wenn ein Schüler in der schulisch vermittelten Geometrie lernt, was eine gerade Linie ist, weiß er noch lange nicht, was im Leben gerade, also richtig ist.

Ein Erzieher braucht nie zu sagen, was er denkt. Er muß immer nur sagen, was er im Verhältnis zum Nutzen dessen, den er erzieht, über eine Sache denkt. In dieser Verstellung darf er nicht erraten werden.[197]

Lucius Domitius zu unterrichten stellte eine Herausforderung für Seneca dar. Zwar war ein Philosoph nach Ansicht vieler im Adel ebensowenig an seinem Platz wie im Wirtshaus. Doch die Philosophen, die sich der Erziehung eines künftigen Regenten widmeten, veredelten, verbesserten, förderten den ganzen Staat. Gelehrte, die nebenbei Politiker werden, übernehmen allerdings nicht selten die komische Rolle im Theater ihrer Zeit[198]: Sie müssen das gute Gewissen einer Politik geben.

Zurechtgemachter Sohn

Agrippina wußte, was sie tat. Seneca sollte ihren Sohn nicht nur in Rhetorik unterrichten, sondern Ausbildung und Lehrer überwachen. Das Lehrpersonal wurde durch Sextus Afranius Burrus ergänzt, einen Spezialisten für Militär- und Finanzfragen. Seneca, 53, widmete sich der Aufgabe mit Engagement. Er wußte, worauf Agrippina hinauswollte und welche Vorteile sich für ihn ergeben konnten: »Den Willigen führt das Schicksal, den Widerstrebenden schleppt es mit.«

Der Philosoph hatte Einfluß auf den jungen Lucius, doch nur bis zu einem gewissen Punkt. Schließlich war es Agrippina, eine ungebetene Kritikerin, die alles und jedes kontrollierte. Unter anderem machte sie Seneca klar, daß er sich nicht zu sehr auf Philosophie konzentrieren solle, weil ein Kaiser diese nicht umsetzen konnte.

Doch dem Schüler gefiel die Philosophie. So sehr sogar, daß er als Kaiser Vergnügen daran finden wird, seiner Langeweile und Müdigkeit inmitten des geselligen Geplauders am Hof zu entgehen und nach dem Abendessen den Diskussionen der geladenen Philosophen zu lauschen oder sie, nach Meinung anderer, zu seiner Belustigung aufeinanderzuhetzen[199]. Vorerst ist er gezwungen, sich zu fügen.

Lucius ist ein guter Schüler, das Lernen fällt ihm nach allem, was wir wissen können, leicht. Doch was heißt das? Wir wissen nicht, ob er mißhandelt worden ist. Wir beginnen zu ahnen, daß er seine Anpassungsleistungen leicht erbracht hat, doch auf Kosten der Identität.

Die harte Erziehung, die Moralpredigten seines Lehrers und die Übermacht der Mutter setzen ihm zu.[200] Er wird kaum mehr als Kind ertragen, doch auch noch nicht als Erwachsener anerkannt. Er lebt in einem Zwischenreich.

Der Glaube an Autoritäten ist Quelle des Gewissens. Dieses ist nicht die Stimme Gottes in den Menschen, sondern die Stimme einiger Menschen im Menschen.[201] So will es die Erziehung. Das kann nicht alles sein bei so einem Jungen.

Lucius Domitius weicht aus. So oft er kann, flüchtet er sich in seine Welt, zu seinen Gedichten, seinen Zeichnungen, in Gespräche über die Grünen und die geliebten Pferde. Als er alt genug ist, stiehlt er sich davon, die Stücke seiner Lieblingsautoren zu sehen.

Flucht ins Theater

Das Theater? Ein Schauplatz, wie das griechische Wort besagt. Ein Schauplatz, auf dem die Römer Tragödien und Komödien sehen können, die sie seit dem Ende des dritten Jahrhunderts v. u. Z. von den Griechen übernommen haben. Seit 55 v. u. Z. gibt es in der Hauptstadt das erste steinerne Theater; es faßt 30 000 Zuschauer. Vorher, zu Zeiten der Republik, hatten sich die ernsten Männer Roms gescheut, ein Gebäude, das dem Vergnügen diente, aus dauerhaftem Material zu errichten.

Augustus baut zwischen 17 und 13 v. u. Z. das sogenannte Marcellustheater. Es ist dem Andenken seines früh verstorbenen, zum Nachfolger ausersehenen Neffen Marcellus[202], dem Sohn seiner Schwester Octavia, geweiht und heute noch in gewaltigen Resten erhalten.

Der ernste Augustus baute nicht von ungefähr und schon gar nicht, um irgendwem irgendein Vergnügen zu verschaffen. Die Literatur des Goldenen Zeitalters benötigte Wirkungsstätten, in denen die genehmen lateinischen Texte Gehör und Verbreitung fanden. Der von Sklaven und damit den billigsten Arbeitskräften bewerkstelligte Bau von Bibliotheken, Foren und Theatern gehörte mit zum Plan, der patriarchalen Reorganisation sichtbaren Ausdruck zu geben und ihr Geltung zu verschaffen.[203]

Und so kann die halbe Bevölkerung Roms im Circus, im Amphitheater Platz finden. Selbst in einer kleinen Provinzstadt wie Pompeji bietet das Amphitheater 20 000 Besuchern Platz; wahrscheinlich mehr als die Hälfte der Einwohner kann auf einmal Gladiatorenkämpfe sehen. Nero hat dann in Pompeji Unterkünfte *(hospitia)* und Wirtschaftsräume für Gladiatoren bauen lassen.[204] Ruinen von römischen Amphitheatern sind fast in allen Teilen des ehemaligen Reichs anzutreffen.

»Nichts zeigt so sehr den ungeheuren Unterschied zwischen der Denk- und Empfindungsweise des römischen Altertums und des heutigen Europa wie die Beurteilung, welche die Schauspiele des Amphitheaters damals und jetzt bei den Gebildeten fanden. In der ganzen römischen Literatur begegnen wir kaum einer Äußerung des Abscheus, den die heutige Welt gegen diese unmenschlichen Lustbarkeiten empfindet.«[205]

Aufführungen finden an Festtagen statt. Ihre Organisation übernimmt der Leiter einer Schauspieltruppe *(dominus gregis)*. In der Regel hat dieser dem Dichter sein Stück abgekauft, mit den *Ädilen*, den seit dem 5. Jahrhundert v. u. Z. für Spiele zuständigen hohen Ordnungsbeamten, einen Vertrag geschlossen und von diesen die benötigte Summe erhalten, mit der sich Schauspieler anwerben und Requisiten bestreiten ließen.[206] Zu Schwierigkeiten kam es immer wieder; Nero wird eines Tages selbst Preise festsetzen müssen.[207]

Das spezifisch literarische Theater, das die geringsten Kosten und Schwierigkeiten verursacht, kommt allerdings aus der Mode. Seit dem zweiten Jahrhundert v. u. Z. beherrscht das volkstümliche Schaupiel die Szene. *Mimus*, ein lose zusammenhängendes Charakterbild aus dem Leben[208], und *Pantomimus* triumphieren. Da geht es drunter und drüber, alles hüpft und tanzt und hampelt, Musikanten, Chöre, einzelne Stereotypen wie der *Maccus* (Tölpel) treten auf, Prototypen der späteren italienischen Charakterkomödie. Das Volk amüsiert sich köstlich. Dies Theater ist voll Spott und Hohn, es kultiviert die Schadenfreude. Drastisch ist es, obszön, *sex and crime* sind seine Attraktionen. Die lockerste Sprache, in der jedermann ungeschminkte Wahrheiten ins Gesicht gesagt wurden, war »voll von Ausdrücken und Wendungen, wie sie die untersten Klassen gebrauchten, der Witz häufig possenhaft und gemein, das Spiel karikiert und grobkomisch; Grimassen, skurrile Gebärden, groteske Tänze gehörten notwendig dazu … die frechsten Szenen wurden am lautesten beklatscht«[209].

Neros Großvater, Lucius Domitius Ahenobarbus, hatte 16 v. u. Z. während seines Konsulats Ritter und verheiratete Frauen als Mimen auftreten lassen.[210] Offenbar lag etwas in der Familie. Nero wird bei einem Fest den *Brand* des Afranius spielen lassen, die einzige römische Komödie, deren Aufführung in der Kaiserzeit erwähnt wird.[211]

Wieder bleibt der Vorwurf der Dekadenz nicht aus. Wieder sind es christliche Schriftsteller, die in vorderster Reihe stehen. Bezeichnend ist ihr Vorwurf, die Mimen liebten »weiche, weibische Gesten und Bewegungen«. Dieser Vorwurf wird auch Nero treffen, den Theaterfan und angeblich weibischen Kaiser.

Seinerzeit haben Lehrpersonen dafür gesorgt, daß Ordnung und Moral nicht beschädigt wurden: Von den abertausend Stücken des damaligen Theaters ist keines erhalten. Sie galten als unwürdig, hätten die Jugend sittlich gefährdet. Folgerichtig sorgten Zensur und Jugendschutz dafür, daß wir sie nur vom Hörensagen kennen. Was überliefert ist? Die Tragödien des Seneca. Sie sind bekannt, doch wurden sie seinerzeit wahrscheinlich kein einzigesmal aufgeführt.[212]

Lucius Domitius stiehlt sich aus dem Haus. Er flüchtet da hin, wo er sich geben kann, wie er ist. Hier darf er Mensch sein unter Menschen.

7.
Ein paar Vorbereitungen

Verlobung zweier Kinder

Ein Schachzug: Agrippina, der ausgefuchsten Ehestifterin, gelingt es, ihren Mann zu veranlassen, seine achtjährige Tochter Claudia Octavia (* 40) mit Lucius zu verloben. Eigentlich war das scheue, introvertierte Mädchen schon dem Patrizier Lucius Silanus (»Plattnase«) versprochen. Doch vor ihrer Hochzeit mit Claudius hatte Agrippina für die Katastrophe gesorgt, indem sie Silanus des Inzestes bezichtigen ließ. Er nahm sich am Tag der kaiserlichen Hochzeit das Leben.

Verlobungen? Nichts Besonderes. Sie werden so häufig eingegangen und wieder aufgelöst, daß Plinius d. J. sie unter die tausend Nichtigkeiten zählt, mit denen seine Zeitgenossen die Zeit verplempern. Augustus hatte freilich alles getan, um die Eheschließungen innerhalb der besseren Familien zu erleichtern. Er hatte darauf gedrungen, daß junge Adelige so früh wie möglich verlobt und verheiratet wurden. Rom wollte es sich nicht leisten, eines Tages ohne waffenfähige Söhne dazustehen.

Cicero stellt die Frage, welche Bindungen für einen Römer am wichtigsten seien: »… an erster Stelle das Vaterland, die Eltern, denen wir wegen ihrer größten Wohltaten verpflichtet sind, dann die Kinder nebst der ganzen Familie, dann die entfernteren Verwandten.«[213]

Die Ehefrau bleibt ungenannt.

Söhne, Krieger zu haben ist Gebot des Vaterlands an einen Mann. Seine Frau bleibt Gefäß, Aufbewahrungsort, zum Passieren des Samens geschaffen. Quintus Caecilius Metellus Macedonicus, Zensor, schreibt 131 v. u. Z. nieder, was alle Männer wissen oder fühlen oder wünschen: »Könnten wir ohne Frauen leben, täten wir das nur allzu gern. Aber da es Gesetz der Natur ist, daß wir mit Frauen nicht glücklich, ohne sie gar nicht leben können, müssen wir eben mehr für das Wohl des Staates als für unseren sexuellen Genuß sorgen.«[214]

Was zu sagen ist, ist gesagt: Frauen sind da, Männer haben eine Lösung für dieses inmitten ihres Patriarchats entstandene Problem parat, das Wohl des Staates fordert Disziplin auch in der Ehe, Nachkommen müssen sein, Söhne sind für die Militärgesellschaft zu erziehen. Werden Mannestugenden gepriesen, wie es unter Augustus selbstverständlich ist, dann bedeutet das, den Männern einen Ausweg anzudienen, einen Fluchtort, an dem sie den Frauen entgehen. Im Heer ist das Ideal des frauenlosen Lebens zu verwirklichen. Der Männerbund schützt die Krieger vor Dauerbeziehungen zu Frauen. Erst wenn der Veteran entlassen wird und sein Militärdiplom in der Tasche hat, darf er heiraten. Während der langjährigen aktiven Dienstzeit werden allenfalls Konkubinate geduldet.[215]

Die Theorie von den Fluchtorten sollte mitbedacht werden, wenn von Ehen die Rede ist, die Römer eingehen.

Durch die Verlobung mit Octavia, der Tochter aus der Ehe mit Messalina, wurde Lucius enger an die kaiserliche Familie gebunden. Einerseits wurde er zum künftigen Schwiegersohn des Claudius, andererseits stammte Octavia in mütterlicher Linie von der Schwester des Augustus ab, deren Namen sie trug.

Die Verlobung erfolgte vermutlich mit Hilfe von Mittelspersonen. Eine Selbstbestimmung der Betroffenen war nicht vorgesehen. Die lateinische Sprache kannte nicht einmal ein Wort für »freien« und »werben«.[216]

Wurde ein Mädchen verlobt, bedeutete das einen ersten Abschied von der Kindheit. Puppen und anderes Spielzeug wurden – wie später bei der Hochzeit – den Gottheiten geweiht, welche die Kindheit beschützt hatten.

Octavia, die jüngste Tochter des Kaisers, war vergeben. Agrippina muß sich gefreut haben. Der erste Schritt.

Annahme an Sohnes Statt

Claudius mußte weitergehen. Am 25. Februar 50 adoptierte er Lucius Domitius. Wieder war es Pallas, der – auf Agrippinas Anweisung – den Kaiser bearbeitet hatte. Er hatte ihm erklärt, sein Sohn Britannicus, ein Epileptiker, sei gesundheitlich zu labil, um allein gelassen zu werden. Jemand aus der Familie müsse ihm zur Seite stehen. Und dieser Jemand könne nur Lucius Domitius Ahenobarbus sein, leiblicher Sohn seiner Frau und künftiger Ehemann seiner Tochter.

Claudius versteht. Er war nicht nur zwei Monate vor der Zeit geboren worden (1. 8. 10 v. u. Z.), sondern hatte alle Krankheiten durchgemacht, die sich ein Kind zuziehen konnte. Und er wußte ebenso aus Erfahrung, daß es Mütter gab, die ihr Kind nicht liebten. Seine Mutter hatte ihn, das moribunde Kind, ein wandelndes böses Omen geheißen und wegen seiner körperlichen Mängel von ihm gesagt, die Natur habe ihn nur begonnen, nicht vollendet.[217] Dann hatte sie ihn weggelegt wie ein unbrauchbares Spielzeug. Er galt als überflüssig, von aller Götter Gnade verlassen. Doch eine knochenharte Erziehung wurde ihm zuteil. Sie hat wahrscheinlich dazu geführt, daß er unter Störungen litt: nervöses Zucken, plötzliches Kopfwackeln, schlechte Verdauung, ständiger Speichelfluß.[218]

Was eine verletzende Erziehung bei Kindern anrichten kann, ist nicht nur bei Nero zu belegen, sondern auch bei Claudius. Das hartleibige Ideal Altroms bestand bei den fünf frühen Kaisern die Probe aufs Exempel nicht: Nero und Claudius[219], auch Augustus selbst, waren in altrömischer Perspektive eher unmännliche Erscheinungen. Caligula und Tiberius, auch sie unglücklich erzogen, verfielen ins andere Extrem. Tiberius endete als ausgemachter Menschenfeind, und hinter der angemaßten Göttlichkeit eines Caligula verbargen sich Angst und Argwohn eines verschreckten Menschenkindes, das ständig schlecht schlief und sich panisch vor Gewittern fürchtete.

Pallas hatte vermutlich nicht versäumt, Claudius an historische Vorbilder zu erinnern: Augustus, der von dem großen Gaius Julius Caesar (am 15. März 44 v. u. Z. ermordet) an Sohnes Statt angenommen worden war, hatte seinen Stiefsohn Tiberius adoptiert. Drei Kaiser waren also nur durch Adoption in die iulisch-claudische Familie gekommen: Augustus, Tiberius, Caligula. Erst Britannicus, der Sohn des Claudius, wäre eine Ausnahme gewesen – falls er es je schaffen sollte, den Thron zu besteigen.

Nach der Adoption, die den dynastischen Interessen von Claudius wie von Britannicus kaum entsprach, erhielt Lucius Domitius Ahenobarbus den bei den Claudiern familienüblichen Namen *Nero*. Unter anderem hießen Großvater und Vater des Claudius so, auch ein Onkel aus der julischen Linie, der 31 unter ungeklärten Umständen im Exil verstorbene Bruder Agrippinas. Unter diesem Namen wird Lucius Domitius in die Geschichte eingehen. Sein offizieller Titel lautet jetzt *Nero Claudius Caesar Drusus Germanicus*; es wird nicht der letzte sein.

Es heißt umzudenken: Adoptionen im weiteren Sinn stellen im Patriarchat der Regel entsprechende Handlungen dar. Ein Vater wird nicht durch Zeugung zum Vater, sondern durch Bezeugung, durch Akzeptanz eines Kindes als des seinen. Verstößt er das Kind, auch sein leibliches, wird dieses nicht zu seinem. Adoptiert er es, wörtlich: wünscht er es seiner Familie hinzu, ist es mit rechtlichen Konsequenzen sein Kind. Die biologische Abkunft ist vergleichsweise uninteressant.

Nachdem Agrippina das Schwierigste geschafft hat, bleibt die Aufgabe, Nero im Vergleich zu seinem Stiefbruder Britannicus in eine bessere Position zu bringen. Das fällt weniger schwer. Nero ist drei Jahre älter als sein Stiefbruder, so daß es normal scheint, wenn ihm bei offiziellen Anlässen der Vorzug gegeben wird. Zudem kommen Münzen in Umlauf, die Nero mit seiner Mutter zeigen. Von Britannicus findet sich nichts.[220]

Die Männertoga

Am 5. März 51 erhält Nero die weiße, unverbrämte Männertoga *(toga virilis)*. Da die Feiern der Volljährigkeit im März stattfinden, er aber erst im Dezember Geburtstag hat, ist das vorgeschriebene Alter von vierzehn Jahren noch nicht erreicht. Gleichwohl hat er, mit Blumen und Kränzen geschmückt, das Haus verlassen und dabei zum letzten Mal die purpurgesäumte Knabentoga getragen.

Eine Kinderschar läuft ihm voraus, singt und streut Blumen. Adelige Freunde begleiten ihn. Die Prozession bewegt sich zum Forum, wo er mit Freudenrufen empfangen wird, für die er sich in einer Rede artig bedankt. Dann zieht alles den Kapitolinischen Hügel hinauf. Dort wird wie üblich ein weißer Stier geopfert und dann die Männertoga angelegt. Zu Hause opfert er seine Knabentoga den Ahnen und läßt Kupfermünzen und kleine Kuchen unter die Menge werfen, die vor dem Haus versammelt ist.

Das Ende der Kindheit. Wenig später wird Nero als erwachsener Kaisersohn und Kronprinz (vor dem Eintritt in den Senat) zum Princeps der römischen Jugend *(princeps iuventutis)* ernannt. »Und bei dem Circusspiel, das gegeben wurde, um ihm die Gunst der Masse zu gewinnen, fuhren Britannicus in der Purpurtoga, Nero im Triumphgewand vorüber: Sehen sollte das Volk ... und sich entsprechend von der Rangstellung beider im voraus ein Bild machen.«[221]

In der Zwischenzeit hat Agrippina dafür gesorgt, daß die wichtigste Schlüsselstelle des Prätorianerpräfekten mit Afranius Burrus, einem ihrer Gefolgsleute, besetzt wurde. Mittlerweile spielt sie sich als Herrin auf und erlaubt sich, in einem zweirädrigen Wagen zum Kapitol zu fahren, eine Ehre, die nur Mitgliedern der Priesterschaften *(flamines)* gebührt.

Nero wird in die Belange der Rechtspflege eingeführt. Er verblüfft durch Entscheidungen, die er aus dem Ärmel zu schütteln scheint. Freilich hat Seneca mit seinem Schüler die betreffenden Rechtsfälle im Detail durchgenommen. Alles, was Nero tun muß: eine plötzliche Eingebung mimen. Das fällt ihm nicht schwer; er hat schauspielerisches Talent.

In Übungsreden *(declamationes)* geschult, hält Nero erste öffentliche Reden auf griechisch und setzt sich für Bologna, Rhodos und das frühere Troja ein. Diese Auftritte – Seneca hat alles gelenkt – haben den Zweck, ihn beim Volk bekannt zu machen und in Ansehen zu bringen.

Rhodos liegt Nero am Herzen. Er hat viel von dieser Insel gehört; Tiberius hatte dort sieben Jahre verbracht. Nero plant sogar, sich der Bevormundung durch seine Mutter zu entziehen und Rhodos zum Fluchtort zu wählen.[222] Der Traum geht nie in Erfüllung.

R. v. Ranke-Graves[223] läßt seinen Helden Claudius, den Kaiser, sagen: »Nero geht umher mit der affektierten Bescheidenheit und Sittsamkeit einer kostspieligen Hure, schüttelt mit malerischer Bewegung sein parfümiertes Haar von Zeit zu Zeit aus der Stirn und bleibt gelegentlich nachdenklich stehen, was so aussieht, als wenn ein besonders blöder Schauspieler in einem ernsten Stück einen Philosophen zu spielen hätte. Dabei senkt er den Kopf auf seine etwas weibische Brust, klopft sich mit den Fingerspitzen an die Schläfe und tut sonst jede Albernheit, die ein wirklicher Denker verabscheut. Wenn er mit Bekannten zusammen ist, läßt er gelegentlich ein Epigramm vom Stapel, ganz still, ganz bescheiden, ganz zufällig – ein Epigramm, das ihm Seneca eingetrichtert hat. Ich nenne dieses Spiel: Seneca verdient sich sein Frühstück. Ich wünsche Neros Bekannten und Verwandten viel Freude an ihm. Ich wünsche der Stadt Rom viel Freude an ihm.«

Mag Claudius reden: Er hat mit der Adoptionsurkunde sein Todesurteil unterschrieben.

8.

Die gezielte Heirat

Ehe und Liebe

Als Nero 53 seine Stiefschwester Octavia heiratet, ist er sechzehn, sie knapp dreizehn Jahre alt.

Vom Alter der Braut her gesehen nichts Besonderes: Die Römerin ist nur kurz Mädchen. Kaum ist sie dem Kindesalter entwachsen, wird sie verlobt und verheiratet.[224] Nach römischem Recht gilt das elfjährige Mädchen als *viripotens* oder *virum patiens*, es konnte in diesem Alter schon »mannfahig« sein und

»einen Mann dulden«. Hatte sie mit elf Jahren ihre Regel, die auch Rom zu den Kennzeichen der Reife zählte, sprach nichts mehr gegen eine Heirat.

Die Hochzeit, für die der Wille der Eltern und die Abmachung zweier Familien entscheidend sind[225], findet im Alter zwischen dreizehn und siebzehn Jahren statt. Mädchen erlernen sogenannte typisch weibliche Fertigkeiten[226], Spinnen, Weben, mit Wolle arbeiten *(lanificium)*: Eine Hausfrau, die auf sich hält, verfertigt die Kleider der Familie selbst. Unterricht in den Wissenschaften, in Musik und Tanz erhalten Mädchen der höheren Stände durch einen Privatlehrer. Geringere schicken ihre Kinder zum Schulmeister.

Nero und Octavia, eine von Agrippina eingefädelte Zweckehe. Warum nicht? Das Ideal dessen, was Rom eheliche Gemeinschaft nennen könnte, ist nicht Liebe, sondern *concordia*, das gegenseitige Einvernehmen oder, vorsichtiger, das Vermeiden von Zwietracht.

Ovid: »Die auch hasse ich drum, die nur aus Berechnung sich hingibt, / Trocken daliegt und steif, nur an die Hausarbeit denkt. / Die man aus Pflicht mir schenkt, die Wollust ist mir zuwider ...«[227]

Nichts »ist verderbter«, meint Seneca, »als seine Ehefrau wie eine Ehebrecherin zu lieben«[228], also so leidenschaftlich wie ein Mann eine Geliebte liebt. Dieser Text kommt über Jahrhunderte hinweg an. Er wird oft in den klerikalen Abhandlungen des Mittelalters aufgegriffen.[229]

Solche Auffassungen nachzuvollziehen erfordert den Abschied von der gegenwärtigen gesellschaftlichen Meinung über die Liebe, vom heutigen Liebesideal also, das durch aktuelle Codes bestimmt ist: »Erwachsen aus der Vereinigung der christlichen Erlösungsreligion mit den Prinzipien strenger Monogamie, kultiviert im ästhetischen Raffinement von Troubadouren und Minnesängern, verklärt im autistisch stilisierten Liebesprogramm des romantischen Kreises und schließlich vom europäisch-amerikanischen Bürgertum rezipiert und durch die erotischen Klischeemaschinen des 20. Jahrhunderts allen Schichten vermittelt, prägt dieses Liebesideal die Eheerwartung zur Erwartung eines individuellen, eines einzigartigen, an einen bestimmten Partner gebundenen Glücks, das mit kurzfristigen und beliebig reproduzierbaren Lusterlebnissen angefüllt ist.«[230]

Vorsicht! »Die Ehen, welche aus Liebe geschlossen wurden (die sogenannten Liebesheiraten), haben den Irrtum zum Vater und die Not (das Bedürfnis) zur Mutter.«[231]

Was sich seit der Antike verändert hat, sind die Strukturen aus Fühlbarkeit und Empfindlichkeit, die jeden Menschen glückhaft erleben lassen sollen, was er Partnerschaft, Liebe und Ehe nennt. Ihn prägt mittlerweile ein hohes Anspruchsniveau in bezug auf Glück und emotionales Wohlbefinden. Weil der moderne Mensch so tief leidet, mußte er eine solche Liebe erfinden. Die Utopie einer auf das Glück gerichteten nahezu unbegrenzten Perfektibilität der Gesellschaft war zwar immer vorhanden (»Goldenes Zeitalter«), doch heute beherrscht sie die Menschen. Alle, auch wenn sie sich vorsichtig geben, scheinen daran glauben zu wollen, daß sie früher oder später richtige, also perfekte Partner finden und selbst sein werden. Alle wähnen sich, ein Leben lang, auf dem Weg zu diesem Glück zu zweit.

Was ein Mann mittlerweile denkt und fühlt, wenn er von Liebe zu einer Frau, zu seiner Ehefrau spricht? »Sie alle hatte er besessen, aber keine geliebt ... Dies also jetzt ist die Liebe, flüsterte er. Die Stunde des Wunders ist gekommen. Jäh warf er aus seinem Gehirn die lüsternen Bilder brünstiger Hetären und unschuldiger Täubchen, gehässig sah er nach den verschwindenden nackten Leibern, dem Chaos lustschreiender Arme und Beine, den ersterbenden, zuckenden Orgien trunkener Sinne, und mit kindlicher Andacht flüsterte er leise vor sich hin: Die

Stunde des Wunders ist gekommen, die Stunde des Wunders …
Und er grübelte – endlos … Ja, er liebte sie.«[232]

Das antike Rom und überhaupt die Jahrhunderte bis hin zur Entdeckung der Liebe als dem Gefühl eines Bürgertums des 19. Jahrhunderts sind nüchterner: Ehen werden aus finanziellen, dynastischen, politischen Gründen geschlossen. Ehe hat wenig mit Erotik zu tun, der Koitus ist nur »bei ausgelöschten Lichtern« sittsam, und der Mann, der seine Ehefrau allzu feurig behandelt, gilt wie erwähnt als Ehebrecher. Die Liebe selbst ist in Rom ein Kriegsdienst. Wer hier träge ist, soll es bleiben lassen. Diese Fahnen sind nicht weichlichen Männern anvertraut.[233]

Die Ehe gilt als notwendiges Übel, als Last, die auf sich zu nehmen ein Bürger nur durch die Pflicht gegenüber dem Staatswesen bewogen werden kann. Augustus versucht, Ehe und Familie durch Gratifikationen für die Eheschließenden sowie durch Strafen für Ehe- und Kinderlose zu stützen. Der Kaiser muß alles daran setzen, dem Zustand allgemeiner Ehefeindlichkeit und Kinderlosigkeit mit Hilfe von Gesetzen und Reizprämien ein Ende zu machen.[234] Großen Erfolg hat er nicht.

Seine Hilfs-Literatur klagt: Bürger mit Kindern werden nicht zum Essen geladen[235], diesem selbst in den ärmeren Schichten Roms, immerhin rund neun Zehntel der Bevölkerung Roms, geübten Brauch abendlichen Zusammenseins *(cenae)*. Bei Kinderlosen ist nichts zu holen. Dagegen werden reiche Kinderlose von Erbschleichern belagert. Kinderlosigkeit steht in hohem Ansehen.

Mädchen und Frauen in Rom

Zudem muß die Epidemie der Ehescheidungen[236], damals wie heute beklagt, bekämpft werden. Scheidungen befreien nicht nur die Männer wieder zu sich selbst. Sie schaffen, was viel gefährlicher ist, den Frauen Räume, um wirtschaftlich unabhängig und initiativ zu werden. Dies war das Letzte, was eine patriarchale Restauration in Rom sich hätte wünschen können. Solche Freiheiten zogen, bei der angenommenen Wankelmütigkeit einer Frau, sexuelle Eskapaden nach sich.

Die Angst saß noch tiefer. Sie bezog sich auf alle Frauen, auf das Wesen der Frau. Properz († nach 16 v. u. Z.), der Elegiker des augusteischen Zeitalters: »Eher könnten wir Männer die Meeresfluten trocknen und die Sterne vom Himmel reißen, als unsere Frauen am Sündigen zu hindern.«[237] Keusch, meint Ovid[238], ist nur die Frau, um die kein Mann geworben hat, und gar zu bäurisch, nicht mit Roms Sitten vertraut, der Mann, der einer untreuen Gattin zürnt. Seneca[239] nennt, typisch patriarchal, nicht die Lust am Kriegführen und Erobern, nicht Mord und Totschlag, sondern die Unkeuschheit der Frauen »das größte Übel der Zeit«. Der Philosoph glaubt Frauen zu kennen, die ihre Jahre nicht, wie sich das in Rom gehört, nach den Consuln nennen, sondern nach den Männern, die sie vernascht haben.[240]

Die erhaltenen Nachrichten über die Stellung der Frauen und Kinder beziehen sich meist auf die höheren Stände. Die Rollenerwartungen sind eindeutig, auch wenn die Standes- und Rangverhältnisse der Frauen Roms, ihre Titel, Vorrechte, Auszeichnungen nicht weniger sorgsam geregelt sind als die der Männer: Hingebungsvolle Gattinnen und Mütter sind gefragt. Den Müttern dreier Kinder ist unter Augustus ein Ehrenkleid bewilligt worden, eine geschmückte Stola.[241] Auch wenn diese zunehmend aus der Mode kam, blieb der Titel ihrer Trägerin (stolata femina).

Die Schulbildung der Mädchen ist niedrig, die Freiheiten einer Frau hängen vom persönlichen Status und Vermögen ab. Spinnen und Weben sind traditionell erwünschte, männerdienliche Tätigkeiten, die Aussichten auf eine Karriere bleiben beschränkt, in den meisten Berufen bleiben die Männer unter sich. Priesterinnen,

Hebammen, Friseusen bilden die Ausnahme. Doch mehr und mehr besetzen Frauen die Reservate der Männer: Bankkauffrauen, Ärztinnen, Maklerinnen, sogar Gladiatorinnen tauchen auf. Unter Nero werden in Schauspielen zu Ehren des armenischen Königs Tyridates in Puteoli Farbige beiderlei Geschlechts auftreten, und 63 kämpfen hochgeborene Frauen in der Arena dieses Kaisers.[242]

Seit Ende der römischen Republik ist die Gruppe der geschiedenen Frauen ständig gewachsen.[243] Zudem sehen immer mehr Frauen ihren Lebenssinn nicht mehr im Kinderkriegen. Ihre Wünsche nach individueller Freiheit nehmen zu. Sie umschließen nicht zuletzt die erotische Attraktivität. Die Patriarchen fürchten das Schlimmste: Solche Frauen sind für die Staatsdoktrin gefährlich. Sie leben nach ihrem eigenen Kopf und wollen nicht mehr auf ihren Körper beschränkt sein, schon gar nicht mehr auf einen Unterleib, der ihnen nicht gehören soll. Und, schlimmste Gefahr von allen, Frauen haben kaum mehr Lust, dem Vaterland Söhne zu schenken.

Es klingt modern, was kolportiert wird: Verhütung, Gebärstreik, Genußsexualität.[244]

Das Patriarchat muß der Entwicklung begegnen, will es sich nicht selbst aufgeben. Bereits Cato Censorius, Lobredner der altrömischen Sitte und eingefleischter Gegner des Hellenismus, hatte die Wünsche bestimmter Frauen als Aufruhr, Zusammenrottung, mutwilliges Verlassen der gemeinsamen Basis Roms *(secessio)* gebrandmarkt.[245] Sezession war ein von Erfahrung gesättigter Begriff: Er war entstanden, als die Plebejer sich 494 v. u. Z. den Kriegszügen des Vaterlandes verweigert hatten. Und jetzt waren die Frauen – zum Glück für die Patriarchen nicht alle – drauf und dran, sich zu verweigern. Das bedeutete einen Befreiungsschub, das hieß, die Machtfrage zu stellen.

Ökonomische Eigenständigkeit einer Frau? Nein. Widerstand gegen die patriarchale Familienform? Nein. Aufstand gegen die

Zwangsmonogamie? Nein. Bildung schwesterlicher Interessengemeinschaften? Nein. Befreiung von der Verpflichtung zur Keuschheit? Nein. Selbstbestimmung des Gebärverhaltens? Nein.

Die Gewalt der Hausväter über ihre Ehefrauen *(manus)* muß stabilisiert und eingeschärft werden. Sie bleibt, zumindest in der Theorie, unbeschränkt. Eine Frau ist ihrem Mann ausgeliefert. Sie hat kein Recht auf Scheidung, während ihr Mann dem Staat gegenüber zur Trennung und nach uraltrömischer Anschauung sogar zur Tötung verpflichtet ist, wenn ihm keine Nachkommen geboren werden. Noch schlimmer: Wenn sie sich durch die Anwendung von Verhütungs- und Abtreibungsmitteln ihrer Gebärpflicht entzog.

Doch nicht alles ist so finster, wie angenommen werden könnte: Obgleich im alten Rom die häuslichen Tugenden an der Matrone geschätzt werden, schließt die Sitte die Frauen nicht von der Öffentlichkeit aus. Zwar gilt der Grundsatz, daß eine verheiratete Frau niemals mit einem Mann, der nicht eng verwandt ist, Umgang haben darf, es sei denn, ihr Ehemann sei zugegen. Doch klaffen auch hier, wie in allen Fällen römischer Sitte, Theorie und Praxis auseinander.

Der Besuch der Theater steht Frauen offen, auch wenn die Leidenschaft für Schauspiele – und schöne, junge Schauspieler – den Römerinnen am meisten vorgeworfen wird. Ovid vergleicht Frauen, die aufgeputzt ins Theater strömen, mit wimmelnden Ameisen oder schwärmenden Bienen.[246] Nie schmückten sie sich, die Kaiserinnen nicht ausgenommen, aufwendiger als vor dem Besuch der Schauspiele. Hier wurden sie gesehen, bestaunt, verehrt. Ihnen Putzsucht vorzuhalten, Vorliebe für extravagante, schamlose Kleidung, und sich dennoch gern mit ihnen zu schmücken, ist alte Übung der Männer.

Im eigenen Haus nehmen Frauen *(dominae, matronae)* spätestens seit der Lockerung der herkömmlichen Rechte des *pater familias* eine selbständigere Stellung ein. In der sogenannten freien Ehe, zur Kaiserzeit durchaus üblich, ging nur die Mitgift in das Vermögen des Mannes über; ihr übriges Gut behielt die Frau. Meist verwalten erprobte Freigelassene das Vermögen ihrer Herrinnen. Manche Frauen sind so reich, daß sie ihren Männern den Senatoren- oder Ritterrang durch Schenkung verschaffen können. Die Literatur verweist darauf, daß ein Mann durch seine wohlhabende Frau beherrscht wird. Der Pantoffel gilt bei den Römern als das Symbol dieser Dominanz.[247] Dichter klagen darüber, daß es Frauen gibt, die turnen, in Gladiatorenrüstung fechten, mit Männern um die Wette zechen, Prozesse führen und eigenhändig die Klageschrift anfertigen.[248]

Emanzipation bewies sich auch darin, daß Frauen über die entferntesten Länder und Geschehnisse informiert waren, sich literarisch betätigten sowie bestimmend – über ihre Männer – in den Gang der Politik eingriffen. Agrippina, Frau des Kaisers Claudius und Mutter des Kaisers Nero, gab ein Beispiel.

9.

MUTTER UND MÖRDERIN

Gewaltbereites Milieu

Wir fragen uns, weshalb die Zeit Neros Gewalt duldete, schlimme Gewalt, und sich nicht von der Diktatur befreite, die ihre Menschen bedrückte. Eine einfache, auf eine Ursache beschränkte Begründung liegt fern. Vielleicht war eine Generation, welche die inneren Wirren unter Tiberius und Caligula überstanden hatte, nicht mehr mit den Römern der alten, freien Republik zu vergleichen. Sie suchte die Militärmonarchie, die Gewalt.

Werden ständig eine potentiell kriegerische Haltung und eine eiserne Zucht propagiert, wird der Römer ununterbrochen mit »Niederem« (Menschen, Meinungen) konfrontiert, das sein Herrschaftsanspruch konstruieren muß, bleibt das nicht ohne Folgen.[249] Die massenwirksame Produktion von Mannestugenden, von militarisierter Männlichkeit in Krieg und Frieden, die Arbeit am patriarchalen Selbst eines Mannes *(labor)*, dieser Kriegs- und Arbeitsmaschine im Dienst des Vaterlandes, schaffen nicht nur Leistungsfähigkeit, Disziplin, zähe Ausdauer.[250] Sie erzeugen in den von ihr befallenen Charakteren Unempfindlichkeit, Rücksichtslosigkeit gegen Leid, Liebe zur Gewalt.

Die alltäglichen Grausamkeiten wurzeln nicht zuletzt im täglichen Umgang der Herren mit den versklavten, menschenunwürdig gehaltenen Produzenten und Produzentinnen des eigenen Reichtums. Kann ein Hausvater und Grundbesitzer walten, wie er will, bleiben seine Sklaven Spielmasse, gewöhnt er sich an rücksichtslose Umgangsformen. Sadismus tritt um so unverstellter, unverhohlener, unverbrämter in Erscheinung, Gewalt wird alltäglich, je direkter Herrschaft, Allmacht, Unterdrückung zu bestimmenden Kategorien einer Sklavenhalter-Gesellschaft geworden sind. Es herrscht ein Zustand permanenter Gewalttätigkeit, und die antike Kultur ist nun einmal Sklavenkultur.[251]

Die größten Grundherren, die Herren der meisten Sklaven waren seit Claudius die Kaiser. Sie hatten infolge von Konfiskation, Urbarmachung, eigenem Familienbesitz enorme Reichtümer angesammelt – und enorme Gewalt.

Gewalt gebiert Gewalt. Rom ist ein hartes Pflaster, eine »riesenhafte, räuberische, beutegierige, ungezügelte, bis ins Mark verderbte, doch in ihrer außergewöhnlichen Kraft unangreifbare Stadt«[252]. Allerdings müssen solche Urteile über Rom von Fall zu Fall überprüft werden: Nicht selten fußen sie auf den späteren Klischees der christlichen Geschichtsschreibung, die aus naheliegenden Gründen dem »heidnischen« Rom jede Schande, der siegreichen Religion allen moralischen Glanz zuschrieb.

Rom war gewiß kein reizarmes Umfeld. Komplotte gegen den Kaiser und seine Regierung, Attentate selbst gegen die geheiligte Person des Princeps finden sich durchgängig.[253] Die Kaiser schlagen zurück: Exekutionen, Deportationen, Morde. Allein Claudius, von dessen im Verhältnis zu Nero enormer Grausamkeit kaum die Rede ist, läßt fünfunddreißig Senatoren und an die dreihundert Ritter töten. Oft ist Mord als Freitod getarnt: Wird einem Menschen so zugesetzt, daß ihm kein anderer Ausweg bleibt, als sich zu töten, sind jene, die ihn in diese Lage gebracht haben, Mörder.

Von den fünf Kaisern des iulisch-claudischen Hauses ist nur Augustus eines natürlichen Todes gestorben: Tiberius wird mit einem Kissen erstickt, Caligula erstochen, Claudius vergiftet, Nero stirbt durch eigene Hand.

Die Gewaltbereitschaft einer Stadt, eines Weltkreises, einer Epoche erschreckt. Auf die damaligen Menschen zu zeigen hilft nicht weiter. Eine gewalttätige Welt, gewiß, doch solche Weltlagen finden sich auch vor der römischen Kaiserzeit und erst recht nach ihr. Denn die Erde ist in den zweitausend Jahren nicht besser geworden, die das durch und durch patriarchal bestimmte Christentum und seine Kriminalgeschichte prägten.

Das 20. Jahrhundert, aus dem wir alle stammen, ist verantwortlich für die meisten Opfer von Folter, Krieg und Verfolgung aller Zeiten. Jeder Vergleich mit dem Alten Rom und seinem Weltreich fällt zu unseren Ungunsten aus. Allein die Überlegung, wie viele moderne Staaten sich mittlerweile in die Gebiete des Römischen Reiches teilen und in wie viele Auseinandersetzungen sie heute verwickelt sind, bestimmt das Urteil über den Erdkreis der Römer und seinen Frieden: die bewunderungswürdigste Leistung Roms[254]. Zudem: Die Diktatoren der neueren Zeit haben mehr Menschen auf dem Gewissen, als sämtliche Gewaltherrscher aller früheren Jahrhunderte zusammen.

Es besteht nicht der geringste Anlaß, sich zu rühmen und auf Nero und seine Zeit herabzusehen. Wir haben die Menschen zu zeigen, wie sie sind, und Rom zu nehmen, wie es war.

Agrippina verliert keine Zeit. Sie beschließt im Spätherbst 54, zur Tat zu schreiten, wahrscheinlich mit dem Einverständnis Senecas. Zwar ist Nero schon der designierte Thronfolger. Insoweit ist die Rechnung der Mutter aufgegangen. Doch ein Thronerbe steht erst an den Stufen des Throns, hat diesen nicht eingenommen. Zu allem Überfluß kursiert das von der möglichen Konkurrenz eingeplante Gerücht, Claudius sei von der Adoption nicht mehr überzeugt und spiele mit dem Gedanken, sie zu widerrufen.

Jetzt ist zu handeln. Nicht irgendein Rivale, und sei es Britannicus, leiblicher Sohn des Kaisers, steht dem Machtwillen im Weg. Es ist der Kaiser selbst, der empfindlich stört.

Ein Plan, ein Mord

Agrippina trifft sich – so der Bericht des Tacitus – mit der erprobten Giftmischerin Locusta (»Eidechse«) und gibt ein Gift in Auftrag. Es darf nicht zu schnell wirken, der Mord ließe sich ohne weitere Umstände nachweisen. Doch zu zögerlich soll die Wirkung des Giftes auch nicht eintreten. Sonst hätte eine doppelte Gefahr bestanden: Claudius würde erfassen, was ihm – von wem – angetan worden war, und reagieren können. Die Leibwache stand bereit, Agrippina hätte kaum überlebt, die Adoption Neros wäre rückgängig gemacht worden.

Ein Gift findet sich. Der Kaiser wird vermutlich einer Vergiftung durch einen Extrakt aus dem Grünen Knollenblätterpilz oder aus dem Blauem Eisenhut *(aconitum napellus)* zum Opfer fallen, einem bei entsprechender Dosierung schnell wirkenden Gift. Plinius d. Ä. bezeichnet es in seiner *Historia naturalis* als pflanzliches Arsen. Der Sage nach soll der Eisenhut aus dem Geifer des Höllenhundes Cerberus entstanden sein, als dieser das Tageslicht erblickte. Die Wirkung des Gifts war erforscht. Theophrast wußte bereits im 4. Jahrhundert v. u. Z., daß das *akoniton* entweder so zubereitet werden könne, daß der Tod erst nach Monaten oder Jahren eintrat – oder wie bei Claudius innerhalb weniger Minuten oder Stunden. Der Anbau dieser Giftpflanze wird unter Kaiser Trajan verboten; die Anschläge häuften sich. *Aconitum*, aus der frisch blühenden Pflanze gewonnen, wird heute in der Homöopathie bei Fieber und Nervenschmerzen, insbesondere bei Trigeminusneuralgien, verwendet.[255]

Ein Problem stellt sich noch: Die Kaiser sind so gewitzt wie andere Potentaten auch. Sie essen und trinken nicht alles, was ihnen vorgesetzt wird, und käme der Leckerbissen von der eigenen Frau. Claudius soll zudem nach der handstreichartigen Ermordung Caligulas in dessen Schlafraum ein Giftschränkchen der Kaiserin Livia gefunden haben. Eines Tages nimmt er es mit nach Ostia, läßt sich weit hinausrudern und wirft es ins Meer. Kurz danach treiben Tausende von Fischen an der Oberfläche.[256]

In jedem Fall muß der offizielle Vorkoster *(praegustator)* für den Plan gewonnen werden. Nicht leicht, nicht billig, das Ganze, doch der Eunuch Halotus läßt sich bestechen. Der Plan muß aufgehen. In einer solchen Sache spaßt eine entschlossene Mutter nicht. Zuviel steht auf dem Spiel.

Was ißt Claudius für sein Leben gern? Frische Pilze. Also wird das Gift unter ein Pilzgericht gemischt. Der Vorkoster gibt sein Plazet, der Kaiser ißt mit Appetit. Dann wird ihm sterbensübel, doch er stirbt nicht. Hat sich die Expertin in der Dosis geirrt? Kam dem Kaiser seine Verdauung zu Hilfe? Hat er erbrochen? Er scheint sich zu erholen. Alles ist schiefgegangen. Noch ärgerlicher: Ein solcher Anschlag läßt sich nicht beliebig wieder-holen. Es muß ohne Umschweife gehandelt werden. Jetzt oder nie.

Agrippina, die kurz vor dem Ziel zu stehen glaubte, schickt nach dem Hofarzt Gaius Stertinius Xenophon. Dieser stammte wie der berühmte Hippokrates († um 370 v. u. Z.) von der Insel Kos, die Claudius von allen Steuern und Abgaben befreit hat, weil er Xenophon schätzt. Der Arzt war in Rom durch seine Diät aufgefallen, durch Massagen, durch Medizin. Er hatte Clau-dius vor Jahren als Patienten gewonnen; der Kaiser soll nach Xe-nophons Diät und Massage fast keinen Tag mehr krank gewesen sein. Dankbar hatte Claudius im Umfeld der Hauptstadt so viel Land wie möglich mit Gemüse und Obst bebauen lassen, um den im Winter auftretenden, durch Vitaminmangel verursach-ten Krankheiten unter der Bevölkerung zu begegnen.

Xenophon war zufrieden. Er war beteiligt, und auch als Hof-arzt verdiente er nicht schlecht.[257] Das Jahresgehalt der Leib-ärzte betrug 200000 Sesterzen. Ein Quintus Stertinius hatte es allerdings dem Kaiserhaus als Opfer angerechnet, daß er mit dem Doppelten zufrieden war. Seine Privatpraxis hatte ihm mehr eingebracht, 600000 Sesterzen. Sein Bruder Xenophon erhielt von Kaiser Claudius das gleiche Gehalt, und obwohl die beiden Brüder ihr Vermögen durch Bauten in Neapel geschmälert hat-ten, hinterließen sie bei ihrem Tod 30 Millionen.

Agrippina hatte Xenophon für ihre Sache gewinnen können. Der bestochene Leibarzt eilt, nähert sich dem Kaiser, gibt vor, er wolle dem Brechreiz nachhelfen, um den Patienten von den ominösen Pilzen zu erlösen, und steckt ihm eine Feder in den Hals. Das ist die angesagte Behandlung; die Therapie steht im Lehrbuch. Was nicht gelehrt wird, was wenig standesgemäß ist: Die Feder war mit Gift getränkt.

Der Spruch »In Gegenwart eines Arztes schadet nichts« *(praesente medico nihil nocet)* gilt nicht für den Kaiser. Es ist der Spätnachmittag des 12. Oktober 54. Claudius ist tot. Die Freigelassenen des Kaisers, untereinander uneins, hatten den Mord nicht verhindern können. Auch rächen werden sie ihn nicht.

Agrippina ist am Ziel. Sie spielt die schmerzerfüllte Mutter, schart die Kinder, den dreizehnjährigen Britannicus und die ein Jahr ältere Octavia sowie die vierundzwanzigjährige Antonia (aus der zweiten Ehe mit Aelia Platina) um sich und bedeckt sie mit Küssen, um sie im Palast zu halten.[258] Noch muß alles *en famille* bleiben, noch darf der Tod des Kaisers nicht bekannt werden. Agrippina braucht die Nacht, damit Burrus Zeit hat, die Garde auf Nero vorzubereiten. Auch haben Astrologen errechnet, daß der günstigste Zeitpunkt für den Machtwechsel noch Stunden auf sich warten lassen wird.

Neros vierzehnjährige Herrschaft hat mit einem Verbrechen begonnen, von dem er nichts weiß. Am nächsten Tag wird er – auf einer zweieinhalb Stunden langen Route – in einer Sänfte vor die Prätorianer getragen. Da es ununterbrochen regnet, hat er darauf verzichtet, dem Brauch zu folgen und zu Pferd zu erscheinen.[259] Nero wird mit Hochrufen begrüßt, hält eine Rede, in der er Freigebigkeit verspricht, wie Claudius sie seinen Soldaten bewies, und wird zum Kaiser ausgerufen. Manche Soldaten sollen freilich nachgefragt haben, wo Britannicus, der Sohn, bleibe. Doch dieser zeigt sich nicht. Agrippina hat vorgesorgt.

Weder in der Stadt noch in den Provinzen erhebt sich Widerspruch. Warum auch? Die Prätorianer haben den Kaiser durchgesetzt, den sie wollten, das Volk war zufrieden. Von dem jungen Herrn, der Getreide spenden und Spiele veranstalten wird, ist Gutes zu erhoffen. Nero wird dafür sorgen, daß es sich nicht unfein leben lassen wird. Dafür werden ihm die Leute im Circus zujubeln.

Seneca verfaßt Neros Trauerrede. Gleichzeitig bringt er unter dem vulgären Titel »Die Verkürbissung des göttlichen Claudius« *(Apokolokyntosis divi Claudii)* ein Pamphlet in Umlauf und verspottet den Verstorbenen nicht nur wegen seiner physischen Defekte. Die Schmähschrift ist als Warnung gedacht: an die Gefolgsleute des Britannicus und an die Witwe Agrippina, die für den Kult des göttlichen Claudius zuständig ist.

Die *Via Claudia*, die allmählich ansteigend auf den Caelius führt, einen der sieben Hügel der Hauptstadt, wird auf der rechten Seite von gewaltigen Mauern gesäumt, den Fundamenten des Claudius-Tempels, eines der größten Roms. Dieser wurde dem Kaiser, dessen Testament nie auftaucht, von jener Frau geweiht, die seinen Tod arrangiert hatte.

Der Plan geht nicht ganz auf. Schwierigkeiten kommen von einer Seite, mit der Agrippina nicht gerechnet hat. Seneca zögert nicht, sich von ihr zu lösen. Zwischen beiden entbrennt ein Kampf um den Einfluß auf Nero. Beide erliegen der Illusion, den Kaiser manipulieren zu können.

Seneca tut, was er kann, um sich einzuschmeicheln. In der *Apokolokyntosis*, die den eben ermordeten Claudius nicht unter die Götter, sondern unter die Kürbisse und damit unter die Dummköpfe einreiht, kürt der Philosoph den jungen Mann zum Dichter, vergleicht ihn mit der Sonne und prophezeit ihm, daß er Nestor an Jahren übertreffen werde.

Hier ist der Prototyp eines Intellektuellen im Dienst der Macht am Werk, eine exemplarische Gestalt, die alle Zeiten überlebt hat.[260] Hat Senecas Name heute noch einen positiven Klang, so geht dies nicht zuletzt auf die christlich inspirierte Geschichtsschreibung zurück. Sie zeichnet ein günstiges Bild von ihm, weil seine Philosophie Vorstellungen enthält, die sich in der christlichen Ethik und Theologie finden. Seneca wird vom

Kirchenlehrer Hieronymus († 420 u. Z.) sogar unter die Heiligen der Kirche gezählt.

Eine Ursache für die positive Aufnahme, die Seneca gefunden hat, mag darin liegen, daß er ein Philosoph ist, der sich ausführlich mit dem Gewissen *(conscientia)* beschäftigt hat, das als Richter über das persönliche Verhalten urteilt. In seinem Werk über den Zorn *(De ira)* berichtet Seneca von seiner allabendlichen Gewissensprüfung. Hier sucht er, sich seines Ungenügens und damit der Notwendigkeit einer steten Arbeit an sich bewußt zu werden. Das Leben ist kurz, die Zeit muß genutzt werden, damit ein möglichst hohes Maß an Vollkommenheit erlangt wird. Dann wird der Gedanke an den Tod seinen Schrecken verlieren. Der Tod bringt Frieden. Es gibt keinen Grund, ihn zu fürchten.

Plinius d. Ä., der beim Ausbruch des Vesuvs in der Nähe von Pompeji (79 u. Z.) sterben wird: »Für alle tritt mit der letzten Stunde dasselbe ein, was vor unserer ersten war, und Gefühl wie Bewußtsein gibt es für Seele und Körper nach dem Tod so wenig wie vor der Geburt. Nur menschliche Eitelkeit setzt die Existenz in die Zukunft fort und erlügt ein Leben in die Zeit des Todes hinein, indem sie der Seele Unsterblichkeit beilegt.«[261]

Die antike Philosophie überwindet die Schrecken des Todes zwar nicht durch die Hoffnung auf ein Leben im Jenseits, doch sie besiegt sie ebenfalls: durch die Erkenntnis, daß das menschliche Dasein auf dieser Erde von geringem Wert ist. Es ist ein tröstlicher Gedanke, in einen Hafen zu gelangen, wo die Menschen den Täuschungen der Hoffnung, den Launen des Schicksals für immer entrückt sein werden. Ihnen geziemt es, sich wie satte Gäste gelassen von der Tafel des Lebens zu erheben, um sich dem traumlosen Schlaf zu überlassen.[262]

Auch Seneca wird nicht zu einem festen, ausschließlichen Glauben an die Unsterblichkeit gelangen: »Nach dem Tod ist nichts, selbst der Tod ist nichts.«[263]

Viele glaubten aufgrund eines im 3. und 4. Jahrhundert u. Z. untergeschobenen Briefwechsels mit dem Apostel Paulus, daß Seneca Anhänger des christlichen Glaubens gewesen sei. Tertullian, der unter anderem auch Pontius Pilatus zu einem heimlichen Christen macht: »Seneca ist oft der Unsrige«[264] *(Seneca saepe noster)*. Verfaßt in einem grauenhaften Latein, war dieses Machwerk, eine unglaublich primitive Korrespondenz, vermutlich eine Werbeschrift.[265] Sie sollte den Gebildeten Roms die Briefe des Apostels empfehlen, die sie wegen ihres Stils mißachteten. Der Briefwechsel, in einer ungewöhnlichen Fülle von Handschriften erhalten, wirkte bis hin zu Petrarca (1304–1374). Erst der Humanist Erasmus von Rotterdam (1466/69–1536) hat die Briefe eine Fälschung genannt.

Fälschungen sind an der Tagesordnung. Sie geschehen aus Profitgier, aus politischen, juristischen, theologischen Motiven. Viele Menschen, vielleicht die allermeisten, scheuen sich jedoch, gröbsten Betrug auf dem für sie heiligsten Gebiet anzunehmen. Dennoch wurde »nie gewissenloser, nie häufiger gelogen und betrogen als im Bereich der Religion«[266]. Zwar verwarf die Antike Fälschungen nicht als Delikt im heutigen Sinn, doch waren sie auch nicht als Selbstverständlichkeiten akzeptiert. Selbst wenn jene Zeit eine ausgedehnte, variable Fälschungspraxis kannte, so doch auch eine nicht nur gelegentliche Echtheitskritik.

Kritik an den Fälschungen, Argwohn, Widerstand geht in der Antike von einzelnen aus. Die Masse bleibt dem Legendären, dem Mirakulösen, dem Schaurigen ergeben. Auch gebildete Schichten bleiben reichlich leichtgläubig, oft geradezu gierig nach Apokalypsen, geheimen Gottesoffenbarungen, Greuelgeschichten. Der griechische Schriftsteller Pausanias († nach 180 u. Z.) sagt: »Es ist nicht leicht, die Leute vom Gegenteil dessen zu überzeugen, was sie glauben wollen«.[267]

Wir könnten, falls noch nicht geschehen, Abschied nehmen von anerzogenen und vielleicht liebgewordenen Vorstellungen, die wir – aus bloßer Bequemlichkeit – nicht auf ihren Wahrheitsgehalt überprüft haben. Das schlagendste Beispiel: Christen haben absichtlich gefälscht[268], Briefwechsel, Märtyrerakten, Wunderberichte.

Auch hier steht Nero exemplarisch für andere. Was ihm wissentlich und willentlich angedichtet wurde, ist an Gewissenlosigkeit kaum zu überbieten. Zweitausend Jahre Verleumdung lasten auf ihm. Dies ist kein Zufall. Es geschah mit Vorsatz.

Was das immer noch ungeklärte Verhältnis zwischen Seneca und Nero betrifft[269], so befanden sich die christlichen Geschichtsschreiber in einer verzwickten Lage. Entspricht es der Wahrheit, daß Nero die ihm zur Last gelegten Verbrechen begangen hat, muß Seneca sein Komplize, wenn nicht der geistige Urheber gewesen sein.[270] Deshalb bleibt es unverständlich, daß das Verdikt allein Nero trifft und der Philosoph verschont wird. Hat Nero dagegen die Verbrechen nicht begangen, ist die Rede vom Ungeheuer hinfällig.

10.
Ein Sohn, ein Kaiser

Tage und Titel

Der junge extrovertierte Mann, der als umgänglich und aufgeweckt gilt, hat die Prüfung der Prätorianer bestanden, auch wenn er – im Gegensatz zu anderen Kaisern – keinen einzigen militärischen Erfolg aufweisen kann. Wenig später bestätigen die Senatoren seine Erhebung.

Als Nero am 13. Oktober 54 *(dies imperii)* ausgerufen wird, ist er sechzehn Jahre alt. Selbst für eine Zeit, in der junge Leute früh Verantwortung übernehmen, ist er fast noch ein Kind. Von Heliogabal (204–222 u. Z.) abgesehen, der – in Krisenzeiten – mit vierzehn Kaiser wurde, doch nur vier Jahre regierte, wird Nero der jüngste Kaiser der römischen Geschichte sein. Sein Titel geht in den offiziellen Namen ein. Er heißt nun *Nero Claudius Caesar Augustus Germanicus*. Wichtig ist der Name Caesar; er zeigt bei den Völkern des Reichs die größte Wirkung.

55 kommen zwei weitere traditionelle Titel hinzu. Zum einen der des *Pontifex maximus*. Dieser war Vorsteher des seit Caesar aus 16 Mitgliedern bestehenden Priesterkollegiums, Aufseher über alle Priesterschaften, zuständig für die Führung des Kalenders und der Jahrestafeln mit dem Bericht über die denkwürdigen Ereignisse.[271] Und er war Aufseher des Kults der Herdgöttin Vesta, der Göttin des Familienlebens und der inneren Eintracht wie Sicherheit. In ihrem Rundtempel auf dem Forum, 1930 teilweise wieder aufgebaut, brannte das heilige Feuer des Staatsherdes. Sein Erlöschen galt als schlimmstes Omen für das römische Gemeinwesen. Die während ihres dreißigjährigen Dienstes zur Bewahrung der Jungfräulichkeit verpflichteten Vestalinnen mußten daher unter der Oberaufsicht des *Pontifex maximus (Vestae sacerdos)* für das Feuer sorgen. Hatte sich eine Vestalin vergangen, wurde sie bei lebendigem Leibe begraben oder vom Tarpeischen Felsen zu Tode gestürzt.

Der zweite Titel Neros war der eines Vaters und Retters des Vaterlandes *(pater patriae)*. Das klang nach Routine, war nicht wörtlich zu nehmen. Die tribunizische Amtsgewalt erhielt er erstmals am 4. Dezember 54, sie wurde jährlich am 13. Oktober erneuert; insgesamt hatte er sie vierzehnmal inne. Das Amt eines Volkstribuns *(tribunus plebis)* machte seine Person unverletzlich und räumte ihm das Recht ein, gegen Beschlüsse des Senats ein Veto einzulegen.

Den Titel eines *Consuls* und damit den eines der beiden höchsten Beamten, nach denen Rom das Jahr zählte, trug Nero fünfmal: in den Jahren 55, 57, 58, 60 und 68. *Imperator*, ein Titel für den siegreichen Feldherrn, dann für den Kaiser überhaupt, war er zuerst bei der Inthronisierung, dann in den Jahren 56, 57, 58, 59, 61, 64, 66 und 67, wegen der besonderen Zählung insgesamt dreizehnmal.

Der Herrscherkult Roms, von orientalischen und griechischen Mentalitäten und Riten inspiriert, reichte bis zur Vergöttlichung des jeweiligen Kaisers. Schon zu ihren Lebzeiten konnten Herrscher – vor allem in der höfischen Dichtung – mit Heroen und Göttern verglichen werden. Ein Vergleich mit Jupiter rühmte die umfassende Herrschaft eines Kaisers, lag jedoch auf einer anderen Ebene als Aussagen zum Herrschaftssystem und -stil. Die Ideologie des Prinzipats wurde nicht in Frage gestellt.[272]

Das Volk schien bereit, doch Nero blieb in der Titelfrage zurückhaltend; sein »unwürdiger Tod« schließt dann jeden Gedanken an eine Vergöttlichung aus. Nicht bei anderen: Sie ließen sich als Weltheilande, wahre Götter feiern, auch die christlichen Kaiser setzten das hellenische Gebaren fort. Constantinus I., später als 13. Apostel gefeiert, ein Heiliger, dem im mittelalterlichen England zahlreiche Kirchen geweiht werden, in Wahrheit ein Mörder, ließ seinen Palast einen Tempel, ein Haus Gottes *(domus divina)* nennen.[273]

Die getauften Herrscher betrachteten sich als Stellvertreter Christi (Gottes) auf Erden, einen Titel, den die Päpste noch heute führen. Hingegen hat sich das Hofzeremoniell des Vatikans, das sich in Fußküssen und riesigen Wedeln neben dem Tragthron eines Papstes bewies, nur bis ins 20. Jahrhundert gehalten.

Am 19. Oktober hielt Nero seine erste Rede im Senat, seine Regierungserklärung[274], die ebenfalls von Seneca verfaßt worden war. In ihr versprach der junge Kaiser, bestehende Mißstände, vor allem in der Rechtsprechung, zu beheben. Zudem sollte das Günstlingswesen des Claudius beseitigt werden. So gelobte Nero, in Zukunft keine Söhne von schwerreichen Freigelassenen mehr in den Senat aufzunehmen. Hof und Staat sollten getrennt bleiben, und der Senat sollte seine althergebrachten Befugnisse behalten.

»Um seine Gesinnung noch deutlicher zu zeigen, erklärte er öffentlich, daß er nach den politischen Grundsätzen des Augustus regieren wolle, und ließ keine Gelegenheit ungenutzt, seine Freigebigkeit, seine Milde, ja selbst sein leutseliges Wesen ins rechte Licht zu rücken. Die drückendsten Steuern schaffte er entweder ganz ab oder ermäßigte sie … An das Volk verteilte er pro Kopf 400 Sesterzen und setzte allen Senatoren von altem Adel, die mittellos geworden waren, eine Jahresrente aus. Diese belief sich bei einigen auf 500 000 Sesterzen. Ebenso erhielten die Prätorianer die monatliche Getreideration umsonst … Leute aus allen Ständen grüßte er aus dem Gedächtnis mit Namen.«[275]

Zum Hinweis des Sueton: Nero soll in der Tat über eine rasche Auffassungsgabe und ein gutes Gedächtnis verfügt haben. Er benötigte keinen *nomenclator*, keinen begleitenden Sklaven, der ihm die Namen der Entgegenkommenden zuflüsterte. Freilich war er, anders als einige Vorgänger, kein älterer Herr mit den entsprechenden Problemen.

Seneca beschränkte sich darauf, bei Nero für ein Einvernehmen mit dem Senat einzutreten. Der neue Kaiser sah sich ohnedies als Vermittler. Die Herrschaft begann unter den besten Vorzeichen. Von Nero, der nach menschlichem Ermessen lange regieren würde, wurde gar ein weiteres Goldenes Zeitalter, ein ewiger Frühling, erwartet. Offensichtlich wurde eine solche Restauration in bestimmten Kreisen benötigt. Anscheinend hatte sich in den wenigen Jahrzehnten seit Augustus viel vom Goldenen Rom verflüchtigt.

Den Patriarchen wird bald ein Licht aufgehen: Dieser junge Mann wird der letzte sein, der ein Goldenes Zeitalter im altrömischen Sinn heraufführen kann. Was er plant, ist etwas anderes als die Wiederbelebung der Tugenden, die im Alltag vor dem Fiasko stehen. Wahrscheinlich hält er sie für die Gespenster und Schatten einer erledigten Welt.

Über Neros Gemütsverfassung an jenem Oktobertag sagen die Quellen nichts. Besonders glücklich war er vermutlich nicht. Bis zu diesem Zeitpunkt hatte er sich, Mutter hin oder her, mit Musik, Literatur und Theater beschäftigt, sich für Wagenrennen interessiert. Zudem schrieb er Gedichte, malte, machte Schnitzarbeiten. Nun findet er sich in einer Position wieder, die ihm Verantwortungsbewußtsein abfordert und die nicht er selbst, sondern seine Mutter angestrebt hat.

Erfüllt Nero die Erwartungen seiner Mutter? Lohnten sich die Investitionen?

Der junge Kaiser umgibt sich gern rnit Gleichaltrigen. Teils als Mitglieder eines ständigen oder nach Bedarf zusammentretenden kaiserlichen Rates, teils als nichtoffizielle Ratgeber üben die »Freunde« *(convictores)* einen bestimmenden Einfluß auf einen Kaiser aus.[276] Als im ersten Jahr von Neros Regierung der Krieg mit den Parthern droht, heißt es in Rom, nun werde sich zeigen, ob dieser Kaiser Freunde habe oder nicht.

Große Geschenke sind üblich; Nero steht zu Beginn seiner Regierung nicht zurück. Tacitus rechnet Geschenke in Milliardenhöhe vor.[277] Freilich war die Stellung als kaiserlicher Freund nicht ungefährlich; eine so enge Vertrautheit barg Tücken. Nicht wenige Männer, denen eine Freundschaft drohte, suchten sie zu vermeiden, um nicht in unruhige Lagen zu geraten. Eprius Marcellus, dem später die Freundschaft zu Nero vorgehalten wird, erwidert, er habe unter dieser nicht weniger gelitten als andere Männer unter ihrer Verbannung. Seneca berichtet von einem Höfling, der gefragt wurde, wie er am Hofe des Caligula das Seltenste erreicht habe, das Alter: »Indem ich Beleidigungen einsteckte und mich für sie bedankte.«[278]

Nero ist erst kurze Zeit auf dem Thron, als Annaeus Lucanus, Annaeus Serenus, Claudius Senecio und Marcus Salvius Otho an den Hof kommen. Der Dichter Lucanus (39–65 u. Z.), Senecas Neffe, ist zwei Jahre jünger als Nero; Serenus und Senecio sind gleichaltrig. Der Bemerkenswerteste der Gruppe, der den neuen Kaiser am meisten beeinflußt, ist der fünf Jahre ältere Otho (32–69 u. Z.). Er wird im Vierkaiserjahr 69 einer der Herrscher sein.

Freund Otho

Otho stammte aus einer Familie des Hochadels, die mit Livia, der Gemahlin des Augustus, verwandt war. Schon als Kind war Otho so ausgelassen, daß er von seinem Vater manche Tracht Prügel bezog. Alles vergeblich. Wie Nero ging er gern aus, trieb sich auf der Suche nach Abenteuern auf den Straßen herum. Er soll sich damit amüsiert haben, jeden hinreichend »angetrunkenen Menschen, der ihm begegnete, zu packen und ihn auf einem ausgebreiteten Mantel zu prellen«[279]. Auch Frauen soll er – nach Nero auf »Perlenfang«[280] – so geprellt, also auf einem Kriegsmantel so lange emporgeschnellt haben, bis sie ohnmächtig wurden.

Junge Männer und Frauen: Hatte ein Junge das 14. Lebensjahr erreicht, stand es ihm frei, »wie ein völlig Erwachsener Huren und Straßenmädchen, die ihren Leib um Lohn feilboten, ohne jede Furcht zu benützen.«[281] Um jedoch die männliche Jugend nicht vom Lernen abzuhalten, durften die in Rom vorhandenen fünfzig Bordelle nicht vor 15 oder 16 Uhr geöffnet werden. Dabei waren die unzähligen Straßendirnen, die ihre Kunden in den Gewölben des Circus und der Theater und in der Nähe der Thermen ansprachen, noch nicht berücksichtigt. Das Angebot an Frauen und Mädchen, an Männern und Knaben jeden Alters und jeder Hautfarbe, die der Prostitution nachgingen, blieb groß.

Ausflüge waren keine Spezialität Neros und seiner Freunde. Kaiser Claudius war gegen jene Jugendclubs eingeschritten, die Caligula gefördert hatte. Dieser hatte mit seinen Kumpanen, darunter Eutyches, Roms bestem Wagenlenker und dem Hörensagen nach einer von Agrippinas Geliebten, übel beleumundete Lokale der Stadt aufgesucht. Fast regelmäßig war es zum Streit gekommen. Die herbeigerufene Nachtstreife *(sebicaria)*, sonst auf der Suche nach Einbrechern *(effractarii)* und Räubern *(raptores)*, stellte die Personalien fest, entschuldigte sich bei Caligula, vertuschte den Vorfall.

Die Jugendclubs waren geblieben. Ihre Mitglieder, aus guten Familien, störten brave Römer in ihrer Nachtruhe. Für Bürger war es zu einer Gefahr geworden, nachts auf die Straße zu gehen. Immer wieder waren sie von Klubmitgliedern, zu denen Musikanten, Schauspieler, Gladiatoren und andere Drohnen zählten, belästigt worden. Claudius hatte durchgegriffen: Unter anderem war es verboten, nach Sonnenuntergang Alkohol auszuschenken.

Doch was war zu tun, wenn der Nachfolger, ein Kaiser, und dazu ein junger, sich nicht an die Vorschriften hielt?

Neros Freund Otho, klein, untersetzt, krummbeinig, hatte eine Halbglatze und Plattfüße – und war ein Frauenheld. Er schien, von Beruf verliebt, kein Problem zu kennen, das sich nicht im Bett lösen ließ. Er kompensierte seine Nachteile, schenkte dem Körper Aufmerksamkeit, kleidete sich mit Eleganz. Doch er bediente auch andere Klischees: Mit Geld konnte er nicht umgehen.[282] Schließlich hatte er 200 Millionen Sesterzen Schulden. Nero rettete ihn, schickte ihn als Statthalter in die Provinz Lusitanien.

Die erste Liebe

Otho hatte Neros erste Begegnungen mit Claudia Acte gedeckt, einer betörenden Freigelassenen aus Syrien[283], in die sich der Kaiser hoffnungslos verliebt hatte. Das war 55 geschehen, wenige Monate nach Neros Thronbesteigung. Nero war siebzehn, Acte älter. Die junge Frau liebte ihn. Das bewies sie dadurch, daß sie viel verlangte: Zeit, Geld, Liebe.

Die erste große Liebe eines Lebens. Wer käme nicht ins Träumen, wer verstünde nicht?

Doch niemand von den Einflußreichen, Altrömischen, Greisen scheint ihm, dem jung Verheirateten, diese Liebe gegönnt zu haben. Bald setzen Skandalgeschichten ein: Dieser Kaiser frönte offenbar der *Venus nimia*, dem übertriebenen Geschlechtsverkehr, statt unter dieser vorgeblichen Krankheit zu leiden, wie sich das nach Meinung der Sittenprediger gehörte. Das Dossier über seine Liebschaften, das durch die Jahrhunderte geistert, ist beeindruckend.

Die Authentizität der Geschichte von der Vergewaltigung der Vestalin Rubria durch Nero, den *Pontifex maximus*, bleibt freilich zweifelhaft. Hier sollte belegt werden, daß der Bock zum Gärtner gemacht worden war. Sueton, ein Autor ohne historisches Interesse, berichtet Jahrzehnte später als einziger darüber.[284] Der an sensationellen *stories* interessierte Schriftsteller hat die Episode mit dem Vestalinnen-Skandal verwechselt[285], der sich erst unter Domitian (81–96 u. Z.) ereignen wird.

Grundsätzlich ist Vorsicht anzuraten, wenn über Ausschweifungen gesprochen wird. Wir setzen uns dem Vorwurf aus, unhistorisch, ungerecht zu urteilen, wenn wir unbesehen Vorstellungen, Verengungen, Wünsche auf diese andere Zeit übertragen. Was sind Ausschweifungen? Was fällt, wenn überhaupt, unter diesen Begriff? Wechseln nicht die Meinungen, Anschauungen, Definitionen von Region zu Region, von Zeit zu Zeit? Wer spielt sich in diesen Dingen zum Endrichter auf – und warum?

Ausschweifungen sind Töchter der Freudlosigkeit, nicht der Freude.[286] Und Nero kann vieles vorgehalten werden, freudlos war er nicht.

Die Antike, auch die römische, ist der Natur des Fleisches gegenüber nachsichtig, von bestimmten Ernsten und Strengen abgesehen, die es zu jeder Zeit, in jeder Gesellschaft gibt. Entrüstung über all dies, das Wahre wie das Erdichtete, kommt erst später auf. Viele Zeitgenossen Neros sind abgebrühter. Das Tabu des Sexuellen ist erst noch auszumachen; ähnliches gilt für die modernen Tabus Geld, Macht, Tod.

Es gibt zahlreiche Zeugnisse für die betont prosexuelle Einstellung und Lebensweise der Menschen im alten Griechenland, im alten Rom, in den römischen Provinzen. Es war anerkannt, daß jeder Mensch zu seiner Sexualität stehen und sie auch äußern dürfe, damit seine Gesundheit nicht in Gefahr gerate. Körperlichkeit wurde in einem Maß praktiziert, die heute verlernt ist. Die Menschen berührten, streichelten, umarmten sich in der Öffentlichkeit. Ältere Menschen hatten Kontakte zu Jugendlichen, die heute als sexuelle Belästigung gelten. Vor- und außereheliche Beziehungen sind fast schon institutionalisiert, jedenfalls kein Grund, sich aufzuregen. Nicht nur die Kaiser huldigen der Promiskuität; kaum jemand kritisiert sie.

Erst die christlich-bourgeoise Umwandlung der Gesellschaft führt dazu, daß ein neuer Menschentyp, neue Formen der zwischenmenschlichen Beziehungen, gewandelte sozioökonomische Verhältnisse und damit sexualfeindliche Haltungen auf-

kommen. Vielleicht ist die in der Zeit der späten Kaiser auszu-
machende Prüderie als der Versuch zu verstehen, eine Art kollektiver Buße zu tun.

Prüderie? Augustus schaltet sich in die Gestaltung von Männlichkeit und Weiblichkeit ein; seine Ideologen stellen fest, was
nach altrömischer Art, die sie so gern die ihre nennen, der richtige Mann und die richtige Frau sind. Im Verlauf dieses Prozesses wird die Sexualität diszipliniert, wenn nicht unterdrückt.
Männer sind dazu da, Nachkommen für das Gemeinwesen zu
zeugen, Frauen haben diese auszutragen. Ein lustbetontes Verhalten wird als gefährlich gedeutet und muß umgeformt werden.

Und Nero? Der andere Kaiser.

Übrigens: Die Kirche ist nur Erbin. Sie hat sich kühn beim
verlästerten Heidentum bedient. Wie die Zehn Gebote des Alten
Testaments von Nomaden herrühren, die vor dreitausend Jahren lebten, und Weltgeltung erlangten, verhält es sich, *mutatis
mutandis*, auch hier: Nichts ist originell, nichts genuin christlich, alles ist ererbt.

Schon Augustus hatte Pate gestanden, wenn auch unfreiwillig. Jener Princeps galt dem Christentum als schlechthin idea-
ler – patriarchaler und damit gleichgesinnter – Herrscher. Er
wurde mit einer eigenen Augustustheologie verklärt, nachdem
er bereits zu seiner Zeit als Vater des Vaterlandes, Heiland, Licht
der Welt, Sohn Gottes gefeiert worden war. Und jener Augustus wurde – in etlichen seiner »heidnischen« Titel – zum Vorbild bei der Ausgestaltung und Titulatur des Bildes von Jesus,
dem Christus.

Ein weiteres Beispiel: Paulus schreibt in seinem (echten) ersten Brief an die Korinther (Kor. 14,34) auf, was altrömische Tradition für richtig hält: »Das Weib mache in der Gemeinde (Öffentlichkeit) den Mund nicht auf!« Kein anderer Satz im Neuen
Testament legitimiert in der Folgezeit so viel Frauenfeindlichkeit,

kein anderer hilft so viel antikes Patriarchat in unsere Gegenwart zu transportieren.[287] Ein Machtwort an die junge Kirche, das einschärft, was altrömische Mentalität sich wünscht.

Auch eine Stelle im (echten) ersten Brief an die Thessalonicher (1 Th 4,4) ist römisch-patriarchal. Hier ist die Rede von einem Gerät oder Gefäß, das jeder Mann in Ehren halten soll. Gefäß, von Martin Luther als Faß übersetzt[288], bedeutet in der jüdischen Auslegung nichts anderes als Frau. Wir erinnern uns: Wohl der Gattin, die dem Hausvater in Rom – ganz Gefäß für den Samen, ganz Werkzeug der patriarchalen Ordnung – Söhne schenkt! Frauen können, wieder altrömisch gedacht, nur gerettet werden, wenn sie Kindern das Leben schenken. Die frauenfeindliche Richtung wird historischen Erfolg im Christentum haben.

Der Vater bleibt auch im Christentum die sinngebende Instanz. Nach Augustinus soll er in seinem Haus ein gleichsam bischöfliches Amt einnehmen. Und Johannes Chrysostomus schmeichelt ihm, er sei der Lehrer des ganzen Hauses, seine Frau und seine Kinder habe Gott selbst zu ihm in die Schule geschickt.[289] Hier hat sich nichts geändert; das Christentum erbt die patriarchale Gesinnung Altroms. Es erbt nicht ungern.

Zugeben wird dies keiner: Jede Weltanschauung versucht, das Bedeutende, das außerhalb von ihr entstand, als Bagatelle abzutun. Gelingt das nicht, feindet sie es um so heftiger an, je besser es gelungen ist.

Niemand wird sich Nero vorstellen als einen haushälterischen Kaiser, der nach solchen Doktrinen lebt. Mit ihm stirbt das iulisch-claudische Haus aus. Er wählt nicht die richtigen Ehefrauen, und Söhne sind ihm auch nicht geschenkt.

Was Kaiser Constantinus I. als Staatsdoktrin für das Geschlechterverhältnis sanktioniert, ist im Kern von der augusteischen, patriarchalen Sexualmoral vorgegeben und wird ausgegeben als Weisung des Apostels: die Verpflichtung auf die kinderreiche Ehe als einzig legitime Form gelebter Sexualität, das Verbot der Scheidung, der Kampf gegen frauliche Freiheiten, die Propaganda für das Ideal weiblicher wie männlicher Keuschheit im Dienste des großen Ganzen, die Unterdrückung sexueller »Perversionen« wie der Homosexualität, das Ideal des reinen, sprich: frauenlosen Männerbundes, am biblischsten verwirklicht im Mönchtum.

Die Problematisierung des Sexuellen, ein Erbübel noch heute, stammt aus der augusteischen Spätzeit, deren Denken zu dem der christlichen Frühzeit werden wird. Jetzt nimmt die Verdrängung der Sexualität zu. Schließlich wird das altrömisch-christliche Verhaltensmuster als das einzig sittliche ausgegeben und durchgesetzt. Es favorisiert eine Moral, die das lustvolle Erleben des Eros ebenso mißtrauisch wie neidisch beäugt.

Nero bekommt in diesem Milieu keine Chance.

Verständlich, daß das Christentum, das sich daranmacht, sich selbst als Volksreligion gegen das »heidnische« Naturverhältnis durchzusetzen, die Wertesysteme anderer Zeiten und Schichten nicht versteht. Diese Christen, diese Bürger verstehen nicht zu *leben*. Um so häufiger träumen sie davon, sich *ausleben* zu dürfen. Sie schauen aus nach einer angeblich gesunden, heilen, gottgewollten Welt, einem Gegenbild zur Wirklichkeit der eigenen, krisenhaften Verhältnisse.

Und nun stößt ihre Doktrin auf den alternativen und, noch frustrierender, tatsächlich gelungen erscheinenden Lebensentwurf, auf einen beispielhaft sinnenfroh lebenden Kaiser, einen sich bedenkenfrei bedienenden Mann. Kein Wunder, daß Christen und Bürger sich in den künftigen, von ihnen beherrschten Jahrhunderten an Nero heranwagen, um ihn auf ihr Niveau zu ziehen.

Hat nur Agrippinas Sohn den Part des Sündenbocks zu übernehmen? Nero, der alles, was er tut, vor den Menschen tut und das Urteil der Welt verachtet, ist nicht die Karikatur aller Kaiser.

Nicht wenige Amtsinhaber können mit größerem Recht Anspruch auf diese Bezeichnung erheben.

Die christliche Lehre, die den Eindruck erweckt, als verteidige sie seit zwei Jahrtausenden die gleichen Werte und Normen, verfügt über eine große Auswahl von Möglichkeiten. Vor allem stand ihr eine Unzahl von Aussprüchen der Bibel und der theologischen Tradition zur Verfügung, aus denen sie je nach Gelegenheit den geeignetsten aussuchen konnte. Welche Abweichungen waren jeweils noch erlaubt, welche Sanktionen wofür angemessen?

Im antiken Rom war die Liebe zu einer autonomen freien Kunst geworden. Sie hatte ihre eigenen Gesetze; ihre Zwecke lagen in ihr selbst. Wer die Liebeskunst beherrschte, war ein vielseitiger Kenner und Könner. Er bestimmte alles, und das mit einer Leichtigkeit, die nicht prahlen mußte, einer Überlegenheit, die lässig alles meisterte. Der mondäne Ovid, wegen der frivolen Eleganz seiner Werke bewunderter Mittelpunkt der römischen Jugend[290] und Liebhaber der Enkelin des Augustus[291], hatte über diese Liebeskunst ein berühmtes Buch geschrieben (*ars amatoria*): Liebe war eine kultivierte Lebensform und ein schönes Spiel. Warum nicht?

»Amor auch lenkst du durch Kunst«,[292] hatte Ovid gedichtet. Also sein Rat: »Erstlich suche zu finden, was du zum Lieben erwählest / Trittst du in Amors Heer ein als neuer Rekrut«.[293] An Auswahl fehlt es nicht: »Soviel Sterne am Himmel – so viel zählt Rom an Mädchen«.[294] Vor allem das Theater – »erfreulich eng sind die Sitze«[295] – bietet Gelegenheiten zuhauf, ein »verderblicher Ort für die züchtige Scham«[296]. Doch die Frauen warten darauf, daß ein Mann sie begehre: »Sie auch, von welcher du nicht dachtest, sie wolle – sie will.«[297]

Soweit Roms heitere Dichtung. Doch das ähnlich wie die Ehegesetzgebung des Augustus[298] strenge Christentum, eine Todfeindschaftsform gegen die Realität, die bisher nicht übertroffen wurde, wollte seine vorgeblich richtigen Vorstellungen durchsetzen. Da dies fürs erste gelang, behielten die Menschen künftig nur noch Priester-Werte, Priester-Worte für ihre Lebensentwürfe zurück.[299]

Dies bedeutete eine massive Einschränkung des menschlich möglichen Lebens.[300] Nicht zuletzt aus diesem Grund bleibt, schon um historische Gerechtigkeit walten zu lassen, zu fragen, welche Funktionen menschlicher Sexualität eine Kultur und eine Zeit als positiv anerkannten: Fortpflanzung, Selbstverwirklichung, biologisches Bedürfnis, Ausdruck von Liebe, Lust, rekreative Funktion, Erleben eigener Körperlichkeit?

Ist eine dieser Funktionen moralischer, menschenwürdiger als die andere? Muß Rom, muß Nero, müssen diese Muster anderen Lebens, von vornherein als unwürdig betrachtet werden? Woher nimmt die spätere Entwicklung das Recht, eine historisch gewordene Meinung als einzig richtige zu verkünden? Entstammen ihre Vorstellungen nicht einem bestimmten Zeitgeist, sooft sie auch als zeitlos ausgegeben werden?

Jede einengende Einschätzung, die Sittlichkeit gegen Sinnlichkeit ausspielt, ist beliebt, doch ungerecht. F. Nietzsche nennt den Haß gegen den Geist, das Leben, gegen Stolz, Mut, Freiheit, gegen die Sinne, gegen die Freuden der Sinne, gegen die Freude überhaupt *christlich*.[301]

Die Einstellung zur eigenen wie zur fremden Sexualität ergibt sich aus der Haltung zur Körperlichkeit, zur Lust, zur Natur. Eine Epoche und ihre Menschen wie in der Kaiserzeit Roms sind auf das Diesseits ausgerichtet; die Zeitgenossen lieben eine körperbejahende Haltung, keine asketische. Das ist eine Vorgabe, der Rechnung zu tragen ist.

Gottheiten, die wie in der klassischen Antike als Beschützer des Eros, der Potenz, der Liebe galten, waren in der christlichen Kirche nicht vorgesehen; ihr Gott war völlig asexuell, seine

Heiligen sollten es sein. Ob dieser Versuch, sich der menschlichen Sexualität zu stellen, aufs Ganze der Geschichte gesehen, erfolgreicher war als der antike? Ein Beispiel, eine einzige Frage: Ist es die letztgültige Antwort, wenn ein Mensch sich sagen muß: »Meine eigentliche Liebe darf ich nicht lieben, also mache ich aus meiner Zwangsehe einen Harem«?

Soziologen behandeln ähnliche Versuche unter der Bezeichnung Mätressenwirtschaft. Diese geht davon aus, daß es eine legale Ehe gibt, doch die Natur des Mannes sich damit nicht bescheiden kann. Also müssen Nebenbeziehungen gesucht und unterhalten werden. Bezeichnend, daß es als katholisch geltende Länder sind, die eine solche Mätressenwirtschaft etablierten: Polen und Italien zum Beispiel.

Damals war es anders, eine Herrschaft von Mätressen hat es bei den Kaisern Roms nicht gegeben[302], und Nero, ein junger Mann, lebte sein Leben. Er versuchte es wenigstens.

Ende 55 schickt er die Kohorte, die im Theater die Aufsicht führt, kurzerhand nach Hause, um den Soldaten angeblich die Versuchungen des Schauspiels zu ersparen. Die Folge: Die Kämpfe der Parteien nehmen an Heftigkeit zu. Nero nimmt zunächst heimlich, dann als Anführer teil. Bei einem Handgemenge, als Steine und zerbrochene Bänke herumfliegen, wirft er eifrig mit und trifft. Die Hauptschuldigen werden bestraft, der Kaiser kommt davon.

Drei Frauen: Geliebte, Gattin, Mutter

Mutter Agrippina war wachsam. Sie entdeckt die heimliche Liebschaft ihres Sohnes mit Acte und kocht vor Wut. Dabei läßt sie sich nicht von moralischen Bedenken, sondern von der Sorge um Neros Image leiten. Für einen eben erst auf den Thron gelangten Kaiser ist es kaum opportun, im Bett einer Freigelassenen entdeckt zu werden. Außerdem befürchtet Agrippina, ihren Einfluß auf den Sohn zu verlieren, sobald eine andere Frau ins Spiel kommt – dazu noch diese eine, die Neros erste Liebe ist.

Nero reagiert, wie ein junger Mann reagiert. Er erklärt, er wolle sich von seiner Ehefrau Octavia scheiden lassen, um Acte zu heiraten. Die Mutter ist schockiert. Sie erwidert, daß sie eine Freigelassene nicht als Schwiegertochter akzeptieren werde. Außerdem will sie von Nero wissen, ob er sich des Risikos bewußt sei, das eine Scheidung von Octavia *(divortium Octaviae)* mit sich brächte.

Statt einer Antwort macht sich Nero mit Hilfe zweier gefälliger ehemaliger Consuln, die bereit sind, als Zeugen aufzutreten, daran, einen Stammbaum für die schöne Syrerin zu fabrizieren. Dieser soll Actes Abstammung vom Geschlecht der Attaler, der früheren Herrscher von Pergamon, belegen.[303]

Syrerinnen galten den Römern als exotisch und attraktiv. Kaiserin Livia soll ihre Herrschaft über Augustus, der die Welt beherrschte, dadurch gefestigt haben, daß sie ihn mit Mädchen versorgte, was er als Liebesbeweis verstand.[304] Livia nutzte das Prinzip aller Patriarchate: Der Mann war absoluter König in einem Haus, über das jedoch die Frau regierte.

Augustus hatte eine Vorliebe für Syrerinnen mit kleinen Brüsten.[305] Livia suchte sie auf dem Markt für syrische Sklaven aus, schickte sie ihrem Mann ins Bett, wo sie kein Wort reden durften, und ließ sie morgens wieder abholen.

Doch Horaz, der den Ehe- und Familiengesetzen des Augustus den Weg bereitet hat, ein Mitbegründer der Abwehrhaltung gegen eigenwillige Frauen, fordert sein Idol Augustus auf, einzugreifen und Sanktionen bis hin zur Todesstrafe zu verhängen.[306] Dagegen sollten die Römer ausgerechnet jene Frauen heiraten, die sie am liebsten gemieden hätten.[307]

Schaffte es selbst der zum Supervater stilisierte Augustus, gerade der nicht, seiner eigenen Doktrin treu zu bleiben? Doch, es gelang ihm. Er unterlief nicht die eigenen Maßnahmen, er verstieß nicht gegen sich selbst, die Leit- und Orientierungsfigur altrömischer Tugenden. Denn sein Verhalten wurde gedeutet, wie es den Patriarchen gefiel. Frauen, die prostituiert werden, ziehen die Angst der Männer nicht auf sich. Sie gelten als geschlechtsneutrale Wesen. Sie kann ein Mann beschlafen, sooft er will, ohne Gefahr zu laufen, sich an sie zu verlieren. So »bleibt der Römer im Grunde eben doch immer Herr seiner Liebe«[308].

Neros Plan, der schönen und vorurteilsfreien Acte einen Stammbaum zu verschaffen, ging nicht auf. Das Verhältnis zwischen Mutter und Sohn wurde gespannter denn je. Je mehr Agrippina einwandte, desto trotziger wurde Nero, die Reaktion eines verletzten Kindes.

Schließlich droht der Kaiser, er werde abdanken und sich nach Rhodos zurückziehen, wenn ihm nicht erlaubt werde, Acte zu heiraten. Mutter und Sohn begeben sich auf geradem Weg in eine Sackgasse. Die mörderische Fragestellung »Ich oder du«, der eine der beteiligten Personen zum Opfer fallen wird, baut sich auf.

Verständlicherweise schäumt Agrippina vor Wut, denn eine einzige Dummheit, eine Schwärmerei, eine Liebelei unter jungen Leuten droht ihre mühselige Arbeit zunichte zu machen, für die sie Verbrechen nicht gescheut hat.[309] Doch was für Agrippina eine Lappalie war, ist für Nero Liebe.

Burrus und Seneca betrachteten die Beziehung zu Acte mit Wohlwollen. Immerhin ließ sie sich gegen Agrippina verwenden. Seneca schlug eine lebensnahe, wenn auch nicht korrekt moralische Lösung vor: Nero solle sich eine Heirat aus dem Kopf schlagen, doch könne er seine Beziehung zu Acte ungehindert fortsetzen. Der Präfekt der kaiserlichen Nachtwache, Annaeus Serenus, werde ihn decken, indem er sich als Actes Geliebter ausgebe. Damit sei das Verhältnis zur Genüge verschleiert, der Skandal vermieden.

Nero gibt nach.

Er überhäuft Acte mit Geschenken, unter anderem mit Villen in Puteoli und Velitrae sowie mit Ziegeleien auf Sardinien. Römische Grundbesitzer nutzten die Rohstoffvorkommen ihrer Güter, vor allem Tongruben, um solche Ziegeleien zu unterhalten. Zeugnisse von Actes Sklaven und Dienern sind überliefert. In ihrem Haushalt hat sie zwei Diener, einen Boten, einen Bäcker, einen Eunuchen, eine Sängerin beschäftigt. Sie leidet keine Not.

Der Kaiser läßt sich auf heimliche Treffen ein.

Nun ändert Agrippina ihre Taktik. Sie räumt ein, überstreng gewesen zu sein, und bietet ihrem Sohn an, er dürfe für seine Treffen mit Acte ihre eigenen Räume benutzen. So will sie den Einfluß zurückgewinnen, den sie an Seneca verloren hat. Doch Nero läßt sich nicht täuschen.

Der Zwist mit der gefürchteten Mutter muß zum Bruch führen. Seneca hat nichts dagegen. Er glaubt, wenn Agrippina aus dem Weg geräumt sei, könne er, eine graue Eminenz, den jungen Kaiser nach Belieben benutzen.

Leicht ist dies nicht. Nach der Machtübernahme durch Nero verfügt Agrippina, wenn auch nur für kurze Zeit, über immense Macht, ähnlich wie Livia, die Mutter des Kaisers Tiberius. Dieser hatte unter der Herrschsucht seiner Mutter gelitten: »Einem Römer von altem Schrot und Korn wie Tiberius war dieser weibliche Anspruch in der Seele zuwider.«[310]

Die zwischen dem 4. und 13. Dezember 54 ausgegebenen Münzen zeigen Nero und Agrippina einander zugewandt. Die Vorderseite trägt die Titel von Agrippina, während Neros Titel auf der Rückseite zu sehen sind. Ferner sind Agrippinas Namen und Titel in dem für Monarchen üblichen Nominativ abgefaßt, während Neros Namen und Titel in einem Widmungsdativ stehen: Die Münzen sind ihm nur zugeeignet, Agrippina ist Trägerin der Münzhoheit.[311]

Das ist nicht unwichtig. Münzen sind damals offizielle Mitteilungsorgane, Massenmedien, die in die entlegensten Teile des Weltreiches gelangen. Auf diesen Münzen hat Agrippina den Skandal riskiert: Sie selbst zeigt aller Welt, wer die Macht in Händen hat, und wer nicht. Die Mutter macht den Sohn lächerlich.[312]

Ein Relief aus der kleinasiatischen Stadt Aphrodisias gibt Nero wieder, der von einer Göttin bekränzt wird. Diese trägt die Gesichtszüge seiner Mutter. Eine ähnliche Szene ist auf einer Kamee zu sehen, die der Dreikönigsschrein des Kölner Doms zeigt. Hier wird dem sitzenden Nero von einer weiblichen Gestalt, die als Agrippina gedeutet wird, ein Kranz aufgesetzt.

Ende 54 u. Z. und zu Beginn des nächsten Jahres hat Agrippina den Rang und die Funktion eines aktiv an der römischen Politik teilnehmenden Staatschefs eingenommen. Damit hat sie die Gefühle vieler Männer ihrer Zeit verletzt. Ihre dominante Position in der Politik widerspricht zu sehr den tiefverwurzelten Vorstellungen von der Rolle einer Frau in der Öffentlichkeit. Sollte Nero eines Tages beschließen, seine Mutter auszuschalten, kann Agrippina keine Unterstützung von seiten der Senatoren erwarten.

Auf Senecas Hilfe gestützt, hat Agrippina jahrelang gehofft, ihren Sohn zu einem Herrscher erziehen zu können. Spätestens 55 muß sie sich eingestehen, daß sie versagt hat. Vielleicht wurden die ständigen Ermahnungen seiner Mutter, die ihn zu einem Herrscher nach dem Vorbild des Augustus zu erziehen suchte, die Auslöser: Nero will seine Mutter aus ihrer Position als faktische Mitregentin entfernen.

Noch steht Nero auf unsicheren Beinen. Bereits am ersten Tag seiner Regierung hat er der Garde die Parole »die beste Mutter« (optima mater) ausgegeben.[313] Erst langsam beginnt er, sich aus dieser Umarmung zu lösen, seinen eigenen Vorstellungen vom Regieren – und von der Liebe – zu folgen.[314] Ein Nervenkrieg besonderer Art wird die Konsequenz sein.

Um die Staatsgeschäfte unter Kontrolle zu halten, hatte Agrippina den Sohn dazu veranlaßt, die Senatssitzungen nicht in der Curie, sondern im eigenen Palast abhalten zu lassen. Hier konnte sie verfolgen, was ihr Sohn tat. Diese Lösung konnte auf Dauer nicht bestehen. Sie bezeichnet nur die Anfangszeit.

Dann passiert es: Nero empfängt eine armenische Delegation, Agrippina betritt den Audienzsaal und macht Anstalten, sich neben den Kaiser zu setzen. Eine Frau auf dem römischen Thron, dazu vor Ausländern? Armenien hätte gewußt, wer Rom regierte.[315]

Seneca flüstert mit Nero. Der Kaiser erhebt sich, geht auf Agrippina zu, küßt sie und führt sie zur Tür zurück.

Das waren Formalien. Gravierender die Inhalte: Agrippina zeigte die Absicht, wie zu Zeiten des Claudius zu regieren. Sie hatte damals Rechnungen beglichen, die ihr wichtig waren, und Marcus Silanus wie den Freigelassenen Narcissus ermorden lassen. Letzterer sollte ein Vermögen von 400 Millionen Sesterzen angehäuft haben. Die Schuld des ähnlich steinreichen Silanus, der von dem geistreichen Caligula den Spitznamen »goldenes Schaf« erhalten hatte, bestand darin, der Bruder jenes Lucius Silanus zu sein, den Agrippina in den Freitod getrieben hatte, weil er mit Octavia verlobt gewesen war. Agrippina hatte es nicht für klug gehalten, einen Mann am Leben zu lassen, der Rachegelüste gegen sie hegte und außerdem Ansprüche auf den Thron erheben könnte, da auch er ein Urenkel des Augustus war. Die Exekution eines Senators, die erste unter Claudius, hatte Kopfschütteln und ängstliches Geflüster ausgelöst.

Was Narcissus anging, so hatte er Agrippinas Rivalin Aelia Platina unterstützt, als Claudius auf Brautschau war. Nach Tacitus Grund genug für Agrippina, die beiden ohne Wissen Neros aus dem Weg zu schaffen.

Der Verlust des Narcissus schmerzt den Kaiser, denn er schätzte diesen Beamten, der unter Claudius gute Arbeit geleistet und heikle Probleme gelöst hatte. Weit schlimmer ist, daß Neros Politik der Milde durch Agrippinas Verhalten in Mißkredit gebracht werden kann.

In seiner Antrittsrede vor den Senatoren hatte Nero ausgeführt, »sein jugendliches Alter sei nicht mit Bürgerkriegen oder ähnlichen Zwistigkeiten belastet; keine Haßgefühle, keine erlittenen Kränkungen noch ein Verlangen nach Rache bringe er mit«[316]. Wo wäre seine Glaubwürdigkeit geblieben, wenn seine Regierungszeit so begonnen hätte? Um regieren zu können, das wird Nero klar, muß er sich vom Einfluß Agrippinas befreien und ihre Macht einschränken. In diesem Stadium des Auf-sich-selbst-angewiesen-Seins wird dies wichtig.

Mit Senecas Einverständnis entließ Nero zunächst den Staatssekretär Pallas. Seneca war daran interessiert, die Finanzen unter seine Kontrolle zu bringen. Ging es um Geld, war der Philosoph aufmerksam. Doch Nero enttäuscht ihn und besetzt den Posten mit dem Freigelassenen Phaon (der Name leitet sich von jenem Fährmann auf Lesbos her, der die Liebe der Sappho zurückwies). Dieser Phaon ist Neros Mann – und wird es bis zum Ende bleiben.

Pallas erhält die Zusage, daß keine Untersuchung über seine Amtszeit eingeleitet wird. Agrippina begreift, daß der Schlag gegen ihren Favoriten ihr gegolten hat, und reagiert. Sie beginnt, Tribunen, *Centurionen* (Berufssoldaten etwa im Rang eines Hauptmanns) und Ritter um sich zu sammeln, einflußreiche Männer zu hofieren, Geld zusammenzuraffen und es zu verteilen, wo sie kann. Sie macht sich daran, eine eigene Partei aufzubauen.

Nero entfernt nun die Mutter konsequent vom Hof, weist ihr einen Wohnsitz zu, der vom Zentrum der Macht weit entfernt liegt. Er entzieht ihr die Prätorianerwache, die ihr als Gattin des Kaisers Claudius gestellt und später als der Kaiserinmutter belassen worden war. Nero hatte ihre Leibgarde sogar durch berittene germanische Soldaten *(Germani corporis custodes)* verstärkt[317], die dem Kaiserhaus ergeben waren.

Die wachsenden Spannungen zwischen Mutter und Sohn lassen sich an den herausgegebenen Münzen erkennen: Agrippinas Bild erscheint im Laufe des Jahres 55 nur noch auf deren Rückseite, bis es auch von dort verbannt wird.

Trotz der Maßnahmen, die Agrippinas Macht einschränken, will Nero einen Schock vermeiden. Er gibt sich mit seiner Mutter alle Mühe, um zu einem Ausgleich zu kommen. Ihm ist daran gelegen, daß Agrippina sich zurückhält und in Ruhe ihre Privilegien genießt. Mehr will er nicht. Er besucht seine Mutter, läßt sich jedoch von Militär eskortieren. In der Öffentlichkeit zollt er Agrippina Achtung und bezeigt ihr seine Zuneigung. Mutter und Sohn sind zusammen in einer Sänfte zu sehen. Solche Sänften sind Vorrecht edler Frauen und Mütter; die Sitte forderte dicht zugezogene Vorhänge, niemand hielt sich daran.[318]

Als Nero eines Tages beim Wühlen in den Schränken des Palasts Kleider findet, die den Frauen und Müttern seiner Vorgänger gehörten, läßt er sie der Mutter schicken. Die Geste rührt Agrippina nicht. Im Gegenteil. Sie will keine abgelegten Kleider, sie will die Macht.

In der Zwischenzeit glauben Tante Domitia und Julia Silana, die Schwester jener Silanusbrüder, die Agrippina beseitigt hatte, ein besonderes Komplott entdeckt zu haben. Sie unterstellen Agrippina die Absicht, in vierter Ehe Rubellius Plautus heiraten zu wollen, der mütterlicherseits von Augustus abstammt und deshalb Neros Rivale sein kann. Nach der Heirat hätte sie ihren Mann durch einen Putsch auf den Thron bringen können, um den Staat wieder in ihre Gewalt zu bekommen.

Der Prätorianerpräfekt Burrus, der sein Amt Agrippina verdankt, soll mit von der Partie sein. Silana und Domitia beauftragen zwei Männer, Iturius und Calvisius, die Kaiserinmutter anzuzeigen. Doch bevor die beiden etwas unternehmen, eröffnen sie die Sache dem Freigelassenen Atimetus. Der spricht mit dem Tänzer Paris, einem Freund Neros.

Viel zu viele sind eingeweiht. Paris stürzt mitten in der Nacht in den Palast und hinterbringt die Geschichte dem leicht angetrunkenen Nero. Ob es der Wein ist oder die Angst vor der Mutter, Nero denkt daran, kurzen Prozeß mit Agrippina zu machen. Dann beschließt er, die Sache besser ausgeschlafen zu regeln.[319]

Am nächsten Morgen läßt er Burrus, an dessen Loyalität er trotz des Berichtes von Paris nicht zweifelt, rufen und fragt ihn um Rat. Burrus sagt, jeder habe das Recht, sich zu verteidigen, erst recht eine Kaiserin und Mutter. Jetzt wird eine Untersuchungskommission eingesetzt, zu der Burrus und Seneca gehören. Die Kommission begibt sich zum Palast der Agrippina, um sie zu verhören. Die Kaiserinmutter belegt, daß Silana und Domitia befangen sind: »Sollte Plautus oder irgendein anderer die Macht im Staate, um über mich zu richten, in Händen haben, fehlt es mir gewiß an Anklägern, die mir nicht Worte, wie sie manchmal unbedacht gesagt werden, sondern Verbrechen vorwerfen, von denen ich nur von meinem Sohn freigesprochen werden kann.«[320]

Dann bittet sie um eine Unterredung mit Nero.

Mit ihm spricht sie nicht über ihre Unschuld, da sie diese für zweifelsfrei hält, sondern verlangt die Bestrafung der Schuldigen. Sie ist im Recht: Wer zu Unrecht Anklage erhoben hat, wird wegen Verleumdung vor Gericht gestellt. Doch trotz der Pressionen der Mutter, die Rache will, ist Nero gnädig. Tante Domitia kommt frei, Silana, Iturius und Calvisius werden in die Verbannung geschickt. Atimetus wird zum Tode verurteilt.

Um die Mutter zu besänftigen, der die Strafen gering vorkommen, befördert Nero einige ihrer Getreuen. Faenius Rufus wird die Leitung der Getreideversorgung anvertraut, und Balbillus wird Statthalter von Ägypten.

Auffällig ist, daß Rubellius Plautus, obwohl er die eigentliche Gefahr für Nero darstellt, weder angeklagt, verhört noch sonstwie behelligt wird. Nero ist konsequent: Hatte Agrippina nicht der Verschwörung überführt werden können, mußte auch Plautus unschuldig sein.

Doch der Verdacht nagt. Plautus ist Stoiker und Altrömer in einem.

TEIL II

Jugendlicher Mut

11.

KAISER WERDEN UND SEIN

Neros Porträt

»In jedem Menschen wohnen alle Formen der Menschheit, alle ihre Charaktere, und der eigne ist nur die unbegreifliche Schöpfung-Wahl einer Welt unter der Unendlichkeit von Welten, der Übergang der unendlichen Freiheit in die endliche Erscheinung. Wäre das nicht: so könnten wir keinen andern Charakter verstehen oder gar erraten als unsern von andern wiederholten.«[321]

Rom und das Reich blicken auf den neuen Kaiser. Wahrscheinlich war es schon Sitte, bei jedem Regierungswechsel lorbeerbekränzte Bilder des Herrschers in die Provinzstädte zu senden.[322] Trompetenschall kündigte sie an, und ein langer Zug von Soldaten begleitete den reichgeschmückten Träger des Bildes. Das Volk zog der Prozession entgegen.

Der Kaisermythos drückt sich in einem Bildersystem aus. Alle Voraussetzungen für eine Reichskunst[323], deren Modelle aus Rom kommen, sind gegeben. Im Reich werden die Kaiser durch ihre standardisierten Bilder bekannt gemacht; wer sie sieht, versteht deren Sprache. Der Grundkonsens zwischen Herrscher und Volk wird greifbar, der öffentliche Raum füllt sich in den Städten, so etwa in Pompeji[324], mit Statuen und Ehrenmonumenten des Kaiserhauses. Vor allem die Foren, die Stadttore, die mehrstöckigen Bühnenfronten der Theater zeigen Porträts, die sich der Staatskunst verdanken.

Neros Büsten, in dieser Sache die einzigen Zeugnisse, vermitteln ein bestimmtes Bild: Er sieht nicht anziehend aus. Er wirkt oder ist dicklich, stiernackig. Seine Ohren stehen ab. Nero ist nicht unbedingt ein schöner junger Mann. Allerdings hält Nero auf sich und verwendet Zeit darauf, sich zu frisieren, zu parfümieren und zurechtzumachen. Das hat er früh gelernt; einer seiner ersten Lehrer war jener Friseur aus Griechenland, der ihn mit ausgesuchten Kosmetika pflegte.

Auf einer in der Münchner Glyptothek gezeigten Porträtbüste trägt Nero eine mit der Brennschere gestylte Künstlerfrisur. Hier bekennt er sich zu sich selbst und zu seinen Idealen. Während Augustus seine Züge mit Hilfe klassischer Stilformen entpersönlichen läßt, um ihnen eine höhere Aura zu verleihen, bleibt Nero der Mensch, wie er ihn versteht.[325] Seine Darstellungen sind nicht frei von persönlicher Eitelkeit, doch realistische Individualporträts im sachlich beschreibenden Stil. Er ist ein unverwechselbares Individuum. Auch der später im Zusammenhang mit der Errichtung des Neuen Palastes *(domus aurea)* aufgestellte Koloß des Sonnengottes Apoll, eine Übersteigerung schlechthin, trägt die Züge Neros.

Das Gesicht oder das Äußere, diese Charakter-Maske des verborgenen Ich, spricht eine ganze Vergangenheit aus und damit Zukunft genug.[326]

R. von Ranke-Graves läßt in seinem Roman *Ich, Claudius, Kaiser und Gott* den jungen Nero wirken wie eine »weichliche, weibische Schönheit, die sowohl Männer wie Frauen gefangennahm«[327]. H. Sienkiewicz spricht in seinem *Quo vadis?* von einem »ungewöhnlich großen, auf einem Stiernacken sitzenden Kopf, der eher lächerlich wirkte als schrecklich, weil er von fern dem Kopf eines Kindes ähnelte«.[328] Beide Meinungen lassen die bekannten Parteilichkeiten anklingen und finden in den Büsten des Betroffenen keine Stütze.

Porträts des Kaisers sind freilich nicht häufig anzutreffen; eines der berühmtesten, Nero als Lyra spielender Apoll, befindet sich in den Vatikanischen Museen. Die meisten Büsten und Statuen sind nach Neros Tod vernichtet oder umgearbeitet worden. Sein Andenken sollte »wegen seiner unzähligen Schandtaten« ausgelöscht werden, wie die Weltpresse noch im Februar 2004 formuliert. Im übrigen spricht sie gleichzeitig, ebenso falsch, von der »Ermordung« Neros.[329]

Unter dem 23. Februar 2004 steht zu lesen, daß italienische Archäologen im Zentrum von Neapel einen sensationellen Fund gemacht haben. Der kostbare, dreißig Zentimeter hohe Kopf aus griechischem Marmor gehört zu einer Statue Neros und wurde bei Bauarbeiten an einer Station der U-Bahn gefunden. Dort sind, auch Neapel ist eine unerschöpfliche Fundgrube, bereits vor Monaten die Reste eines Kaiserpalastes entdeckt worden, zu dessen Ausstattung die Statue gehört hat.

Der Kopf zeige den jugendlichen Nero, schreibt die Presse. Was sonst? Darstellungen eines älteren Herrn wie bei Claudius oder die eines auf jugendlich getrimmten Mannes in den besten Jahren, wie Augustus sie vorzog, sind bei Nero nicht anzutreffen.

Es ist, vor allem im Vergleich mit dem verwachsenen Vorgänger Claudius, durchaus ein stattlicher Mann, kein schöner, der am Mittag des 13. Oktober in Begleitung des Prätorianerpräfekten Burrus und einiger höherer Offiziere vor die Soldaten der Garde tritt, um zum Kaiser ausgerufen zu werden.

Seine Haare sind kupferfarben, wie es in der Familie Ahenobarbus liegt, die Augen sind blau. Er ist kurzsichtig und soll einen geschliffenen Smaragd benutzt haben[330], um die Wagenrennen und die Gladiatorenkämpfe betrachten zu können.

Was die angeblich übelriechenden Flecken betrifft, die Neros

Körper bedeckten, so handelt es sich um die für manche Rothaarige typischen Sommersprossen. Nichts riecht da übel, nur Sueton möchte es so haben. Wenn schon eine Bestie, dann eine, die stinkt.

Auffällig war an Nero allenfalls die Art, wie er seine Haare trug: gewellt, bis auf die Schultern lang. So war es bei Wagenlenkern und Schauspielern, mithin bei Leuten niederer Herkunft oder Sklaven Mode, nicht bei römischen Aristokraten, schon gar nicht bei einem Kaiser.[331] Für diesen gehörte sich nur eines: die altrömische Kurzhaarfrisur.

Neros Hals ist kräftig, die Wangen sind rundlich. Später wird der Kaiser trotz aller Gymnastik ziemlich fettleibig. Der Körper ist mittelgroß, der Rumpf zu mächtig im Verhältnis zu den Beinen, die nach Sueton dünn sind. Aber häßlich können sie nicht gewesen sein, Nero zeigte sie. Er trug eine kurze Tunika, eine Art Hemd aus Wolle oder Leinen, und ging barfuß.

Ein Kaiser hatte korrekt gekleidet zu sein. Was hieß korrekt? Nero pflegte seine eigenen Vorstellungen. Diese waren nicht bei allen gern gesehen. Er kümmerte sich nicht darum, dem Volk gefiel der Mode-Rebell.

Barfuß? Leger gekleidet? Im Süden ist das nicht ungewöhnlich. Die Zeit brachte es mit sich, daß die Toga, ein stolzes Stück Identität und die eigentliche Tracht, die nur von römischen Bürgern (togati, gens togata) getragen werden durfte, wegen ihrer Unhandlichkeit von praktischeren Kleidungsstücken wie dem halb so langen Pallium oder der Tunica abgelöst wurde. Die Toga, ein Obergewand aus schwerem, weißem Wollstoff aus Apulien, war in einem Stück gearbeitet und in Form einer Ellipse geschnitten. Auf der Brust wurde eine Art Bausch (sinus) gefaltet, der die Tasche ersetzte.[332] Die Toga anzulegen, sechs Meter Stoff, war eine Prozedur; meist mußte ein Sklave helfen.

Die Toga, bei Senatoren und hohen Beamten mit einem dem Rang des Trägers entsprechenden Purpurstreifen versehen (toga *praetexta)*, war nicht mehr jedermanns Sache. Doch in Rom tat jeder gut daran, sich in der Toga zu zeigen, um nicht für einen Sklaven oder Nichtrömer gehalten zu werden. Vermögende Römer verfügten über eine umfangreiche Garderobe. Ein häufiger Kleiderwechsel war durch das Klima bedingt. Wer Geld hatte, besaß Mäntel in so viel verschiedenen Farben wie die Blumen einer Wiese; ebenso bunt war der Inhalt der Wäschetruhen.[333]

Nero ließ nicht jeden Auswuchs in Sachen Kleidung zu. Die Leute, die ihn für falsch gekleidet hielten und ihm seinen Kleiderluxus vorhielten, waren selbst wenig bescheiden. Vor allem mit den Streifen an der Toga wurde Luxus getrieben: Ein Pfund beste, doppelt gefärbte Purpurwolle aus Tyrus kostete über 2000 Sesterzen; ein Tagelöhner hätte dafür gut drei Jahre arbeiten müssen. Nero wird den Verkauf so teuren Purpurs verbieten.[334] Diese Maßnahme macht ihn bei denen, die ihre Toga mit dem standesgemäßen Farbstreifen schmücken wollen, nicht beliebter.[335]

Staatskunst eines jungen Mannes

Entgegen einer verbreiteten Annahme sind es nicht die Anfangsjahre, die Neros Herrschaft Gewicht verleihen. Das berühmte *Quinquennium Neronis*, fünf Jahre der Herrschaft Neros, ist Folge einer Legende. Kaiser Trajan (98–117 u. Z.) mußte dieses Jahrfünft als die – bis zu den Tagen seiner eigenen Regierung, versteht sich –, blühendste und friedlichste Zeit in der Geschichte des Reiches bezeichnen.

Trajan, kein Freund seines Vorgängers, wird oft zitiert. Einem Grobraster zufolge wird das *Quinquennium* dabei auf jene ersten fünf Regierungsjahre datiert, als Nero noch dem Rat des weisen Ersatzvaters Seneca gefolgt sein soll. Trajan bezog sich in Wirklichkeit auf die letzten fünf Jahre von Neros Regierung. Zu Recht. Denn erst nachdem Nero sich von der Bevormundung durch Agrippina, Seneca und den Senat befreit hatte, konnte er zwischen 64 und 68 seine Politik entfalten und in Verwaltung, Kultur, Bauwesen, Finanzen und Diplomatie Zeichen setzen, die Spuren hinterließen.[336]

Dauerhafte Spuren? Im allgemeinen neigen wir dazu, uns das Leben der Kaiser als eine lückenlose Aneinanderreihung sittenloser Vergnügungen vorzustellen. Das stimmt nicht ganz. Die Nachfolgeorganisation der Alten Welt, das Christentum, war davon überzeugt, künftig werde alles besser. Daher mußte sie die »heidnische« Vorzeit in den dunkelsten Farben malen. Angeblich löste eine neue Moral die verderbte Roms ab, angeblich trat an die Stelle der heidnischen Unglücksgeschichte, einer Ansammlung von Elend und Katastrophen (miseriae), die strahlende Zukunft. Ob sich dieser Anspruch jemals bewahrheitete, ist heute fraglicher denn je. Doch die tiefe Scheu des Christlichen vor allem »Heidnischen« blieb.[337]

»Sehen wir, was der ›echte Christ‹ mit alledem anfängt, was seinem Instinkte sich widersetzt: – die Beschmutzung und Verdächtigung des Schönen, des Glänzenden, des Reichen, des Stolzen, des Selbstgewissen, des Erkennenden, des Mächtigen – in summa der ganzen Kultur: seine Absicht geht dahin, ihr das gute Gewissen zu nehmen …«[338]

Die Vorurteile abzulegen, die wir eingepflanzt bekamen, ist mühsam. Wir Menschen wahren am liebsten unsere Besitzstände, halten am Überkommenen fest, beweisen Furcht vor dem Neuen, Riskanten. An der Fehleinschätzung dieses konservativen Verhaltens wird ein innovativer Kaiser schließlich scheitern.

Vorerst weiß Nero nichts davon. Er mußte sich zunächst einmal einarbeiten.[339] Das Reich hatte eine enorme Ausdehnung erlangt. Es erstreckte sich vom Südosten Britanniens bis nach Afrika, tief ins südliche Ägypten hinein, der Kornkammer des Reichs, dem Princeps persönlich unterstellt, bis nach Assuan und in den Maghreb; von Lusitanien (westliches Spanien, Portugal) bis nach Kappadokien und Syrien. Das angrenzende Armenien war umkämpft und bildete eine Pufferzone zum geheimnisvollen Reich der Parther, der einzigen Macht, die es mit Rom aufnehmen konnte. Im Nordosten markierten Rhein und Donau die Grenzen.

Zunehmend war die legislative, exekutive, judikative Gewalt des Riesenreichs im Kaiser konzentriert worden. Der Senat hatte seine aktive Funktion verloren. Gesetze gingen weitgehend auf die Initiative eines Kaisers zurück. Der Senat beschränkte sich darauf, ihnen zuzustimmen oder, falls seine Interessen berührt wurden, sie abzulehnen.

Senatoren beschworen in ihren unbekömmlichen Suaden die Sitten vergangener republikanischer Zeiten *(laudatores temporis acti)* und rührten selbst keinen Finger. Es gab kaum ein Mittel, sie zur Mitarbeit zu bewegen. Ein Kaiser brauchte jedoch qualifizierte Mitarbeiter, um die enorme Arbeitslast zu bewältigen. Dieses Problem war nicht neu, schon unter Augustus hatte es sich gestellt, doch erst Claudius ging es planmäßig an, indem er freigelassene Sklaven zur Mitarbeit heranzog. Abstammung und Herkunft sollten niemanden in Rom am sozialen Aufstieg hindern. Die Freigelassenen, römische Bürger mit allen Rechten und Pflichten, wurden bald verhaßt; meist gebärdeten sie sich wie Emporkömmlinge.

Altroms Adlige schauten beiseite. Sie waren voller Scham über die Tatsache, daß einstige Sklaven größeren Besitz, größeren Einfluß bekamen, als sie selbst es sich erträumen konnten. Und: Schon die Söhne dieser Freigelassenen galten als Freigeborene, konnten in den Ritterstand aufsteigen. Ihren Söhnen, den Enkeln eines ehemaligen Sklaven, stand die Aufnahme in den Senat offen.[340]

Schon zur Zeit Caesars machten die Sklaven zwei Drittel der in Rom lebenden Menschen aus. Nicht wenige von ihnen wurden als nutzlose Menschen gehalten, ihre Arbeitskraft wurde verschwendet, sie dienten dazu, zur Schau gestellt zu werden. Der reine Sklavenluxus.[341]

Was uns heute seltsam vorkommt: Stimmen gegen die Sklaverei erhoben sich so gut wie nicht. Freilich war dem Altertum selbst der Begriff der Menschenrechte fremd – und deshalb wohl auch »die Ehrfurcht vor der Heiligkeit des Menschenlebens an sich«[342]. Doch was gern verdrängt wird: Sklaverei blieb keineswegs eine Sünde der Vergangenheit. Bei genauerem Zusehen entpuppt sich diese Annahme als eine gepflegte Apologetik.[343] Sklaven und Ausbeutung finden sich, unter anderen, unter euphemistischen Bezeichnungen, bis heute. Offenbar sind wir »gewöhnt an die Lehre von der Gleichheit der Menschen, wenn auch nicht an die Gleichheit selbst«[344].

Der Sittenwächter Altroms, Cato Censorius, ein Beispiel von vielen, pflegte Sklaven in Scharen einzukaufen, es gab Märkte genug. Die Aneignung menschlicher Arbeitskraft durch den Kauf von Menschen war gang und gäbe. Cato, einer von vielen, war bekannt für seine Profitmotivation[345]: Er hielt es für wirtschaftlich, seine Sklaven so hart wie möglich schuften zu lassen, bis sie sich totgearbeitet hatten, und sie durch neue zu ersetzen.

Cato hatte Mentalität und Lebenseinstellung der Senatoren unübertrefflich knapp charakterisiert: »Von allem wollen wir mehr haben.«[346]

Chancen, dem System zu entkommen, gab es kaum. Der Sklavenaufstand des thrakischen Gladiators Spartacus (73 v. u. Z.) war schlimm gesühnt worden. Die Sieger rächten sich, ihre Exekutionsmaschinerie funktionierte perfekt: Entlang der Via Appia zwischen Rom und Capua wurden sechstausend Sklaven ans

Kreuz geschlagen. Octavian, der spätere Augustus, ließ nach der Unterwerfung Siziliens herrenlose Sklaven aus der Truppe seines Gegners kreuzigen. Erst Kaiser Hadrian (117–138) hob die furchtbaren Arbeits- und Zuchthäuser für Sklaven *(ergastula)* auf, die es auf fast allen größeren Gütern gegeben hatte. Er unterband weitgehend die Sklaventortur, verbot den Herren, Sklaven töten zu lassen, und schickte eine Römerin, die ihre Sklavin aus geringem Anlaß gefoltert hatte, ins Exil.[347]

Nur die Kyniker lehnten die Sklaverei grundsätzlich ab, unter den Stoikern wurden zumindest Forderungen nach der Gleichstellung aller Menschen laut. Das junge Christentum, an erster, wichtigster Stelle der Apostel Paulus[348], akzeptierte die Sklavenhaltung. Auch der bedeutendste Kirchenlehrer, Augustinus, war der Meinung, der Status quo entspreche der Gerechtigkeit. Sklaverei war eine Folge der Sünde, ein selbstverständlicher Bestandteil der Besitzordnung, begründet mit der »natürlichen Ungleichheit« der Menschen[349].

Auch hier patriarchale Grunddaten: Hierarchie, Rangordnung, Abschätzung, Abstufung, Diffamierung. Noch mehr: »Christus hat aus Sklaven keine Freien gemacht, sondern aus bösen Sklaven gute!« Der einflußreiche Kirchenlehrer kennt keine Emanzipation der Sklaven, setzt sich nicht für sie ein. Vielmehr will er den herrschenden Zustand theologisch legitimieren und aus bösen Sklaven gehorsame machen. Auch dieses Beispiel zeigt, wie wenig sich das Christentum und seine Theologie aus der (altrömischen) Tradition zu lösen verstanden. Das Christentum ist kein befreiender Faktor.

Kaiser Constantinus I., der die früheren Strafen für Sittlichkeitsvergehen extrem verschärfte, ließ Sklaven, die mit ihrer Herrin geschlafen hatten, verbrennen, die Frauen enthaupten. 319 sagt er einem Herrn, der seinen Sklaven mit Ruten oder Riemen gestraft oder in Fesseln gelegt hatte, selbst bei tödlichem Ausgang Straffreiheit zu. Der römische Bischof Leo I. hält 443 ein Verbot der Sklaverei für absurd, Milde für unangebracht, »als wäre ein schäbiger Sklave einer solchen Ehre würdig«. Und Rom, Stadt des Papstes, behält von allen westlichen Metropolen die Sklaverei am längsten bei.

Sklaven, diese abhängigen, rechtlich unfreien Personen (*personae in potestate*), doch entgegen landläufiger Annahme keine Sachen (*res*), sind im Haus ihrer Herren tätig, vor allem als Musiker, Lehrer, Architekten, Ärzte. Viele arbeiten in der Landwirtschaft. Die größten Sklavenhalter sind die Kaiser selbst. Sie wissen, was sie tun: Augustus, der zu seiner Zeit gefeierte und vom Christentum glorifizierte Princeps, läßt einen Sklaven kreuzigen – nur weil dieser seine Lieblingswachtel gefangen und aufgegessen hatte.

Sklaven halten die Kaiser nicht nur an ihrem Hof, sondern setzen sie – militärisch geordnet – auf ihren Landgütern, in Manufakturbetrieben und vor allem im Bergbau ein. Dort müssen viele ohne Erholung und Pausen schuften. Sie sterben infolge der Überlast.[350] Zur Zeit des Augustus zählt Rom zehnmal mehr Sklaven als freie Bürger. Dank der vielen billigen Arbeitskräfte ist niemand gezwungen, die Arbeit zu rationalisieren; der Drang, Maschinen zu erfinden und einzusetzen, hält sich in Grenzen. Hebezeuge, Baukräne, Katapulte finden sich freilich.[351]

Der Sklave ist Mitglied des Familienverbandes. Das Wort Familie leitet sich von *famulus*, Diener im Haushalt, her. Der Hausvater bietet seinen Sklaven Schutz; Fürsorgeorganisationen kennt Rom nicht. Sklaven haben Zutritt zu den Thermen, zum Circus, zum Amphitheater, wo sie wie Frauen die schlechten Plätze (*summa cavea*) einnehmen.

Sklaven sind familien- und eigentumslos, sie hausen als sprechendes Inventar (*instrumentum vocale*) im Sklavenstall neben den Viehställen. Andere haben Familienanschluß. Glücklich die letzteren: Sklaven können sich nur als Mitglieder eines Haushalts fühlen, wenn ihre Herren sich um sie kümmern. Diese Teilnahme geht oft weit: Sklaven werden von ihren Herren sogar freigelassen *(manumissio)*. Sie nehmen dann deren Familiennamen an.

Freigelassene sind für die großen Patrizierfamilien als Vermögensverwalter tätig. Nach und nach befördert Claudius nicht wenige Freigelassene vom Diener zum kaiserlichen Funktionär. Die meisten dieser Männer stammen aus Griechenland oder aus dem Vorderen Orient und sind intelligent, tüchtig, gefügig. Da sie Karriere machen wollen, bleiben sie motiviert und den Aufgaben durchaus gewachsen.[352]

Auch Nero hatte die Absicht, sich des ausgezeichneten Verwaltungspersonals zu bedienen, allerdings ohne es zu Auswüchsen wie unter Claudius kommen zu lassen. Das ist für ihn eine Frage des Charakters. Wie Tacitus süffisant schreibt, »war es nicht Neros Art, sich Sklaven unterzuordnen«[353]. So sorgt er bereits wenige Tage nach seiner Ausrufung zum Kaiser dafür, daß Staatssekretär Pallas, dessen Arroganz sprichwörtlich ist, in die Schranken gewiesen wird. Freilich wird Pallas, ein Freigelassener, später in den Ritterstand erhoben. Ein Stammbaum findet sich.

Pallas äußert sich 55 anläßlich einer Verschwörung gegen Nero auf gewohnt hochmütige Art.[354] Als ihm die Namen einiger seiner Freigelassenen genannt werden, die als Komplizen galten, erwidert er, mit Dienern spreche er nie, sondern wende sich mit Kopf- und Handzeichen oder schriftlich an sie, wenn es nötig sei. Sprechen? Mit Dienern? Nein, mit denen mache er sich nicht gemein.

Wenig ist so bezeichnend für die Stellung der Freigelassenen wie die Tatsache, daß diese in aristokratische Häuser, in die Verwandtschaft des Kaiserhauses selbst, einheiraten durften oder sich Geliebte aus diesem Milieu halten konnten.[355] Wer altrömisch dachte und wie ein Mann, sah seine Welt auf den Kopf gestellt: Aristokraten, Kaiser nahmen sich Sklavinnen oder

Freigelassene zu Geliebten. Unvorstellbar, daß sich neuerdings Sklaven unter adeligen Frauen bedienten.

Altrom verstand die Welt nicht mehr. Wohin war die Stadt gelangt, wenn sich selbst ihr Geblütsadel gezwungen sah, vor Emporkömmlingen zu dienern? Haß und Wut sammeln sich. Eines Tages werden sie sich entladen. Wehe dem Kaiser!

Im allgemeinen bestimmten politische Gesichtspunkte Neros Verhältnis zu den Freigelassenen. Obwohl sie Selbständigkeit genossen, wollte er nicht, daß sie sich seiner Kontrolle entzogen. Zudem war er daran interessiert, der Reichsaristokratie entgegenzukommen, die wegen des Machtmißbrauchs der Freigelassenen beunruhigt war. Der Adel war ärgerlich, wenn Freigelassene Stellen besetzten, die Senatoren vorbehalten und mit finanziellen Vorteilen verbunden waren.[356] Nero schloß daher die Freigelassenen aus und ernannte keinen mehr zum Senator. Die wenigen, die bereits einen Sitz im Senat hatten, beließ er auf ihren Posten, obwohl er nachhaltig unter Druck gesetzt wurde.

Nero ging davon aus, daß es ihm gelungen war, die Aristokratie zu beschwichtigen. Er irrte sich. Einer der überzeugtesten Anhänger des Kampfes gegen den Machtmißbrauch der Freigelassenen war Seneca. Unter seiner Regie gingen die Senatoren, die sich durch das entgegenkommende Verhalten des jungen Kaisers ermutigt fühlten, zum Angriff über.

56 brachten sie ein Gesetz ein, das den Herren die Möglichkeit einräumen sollte, Freilassungen rückgängig zu machen, wenn sich die Freigelassenen als undankbar erwiesen. Nero versuchte die Senatoren mit dem Argument davon abzubringen, er könne nicht wegen der Ruchlosigkeit einzelner die Rechte aller beschneiden.[357]

Allerdings konnte Nero wenig ausrichten, als es ein Jahr später zum Streit über die Sklaven kam, bei dem indirekt auch die Freigelassenen betroffen waren. Ein Kapitaldelikt: 57 wurde Lucius Pedanius Secundus, Chef der Ordnungskräfte in Rom, von einem Sklaven ermordet. Angeblich waren beide in denselben jungen Mann verliebt.[358]

Der Fall hatte Folgen: Es war Vorschrift, daß nicht nur der Schuldige hinzurichten sei, sondern alle Sklaven, die mit ihm unter einem Dach gelebt hatten. Pedanius hatte sich vierhundert Sklaven gehalten, darunter viele Frauen und Kinder. In der Tat wird die gesamte Hausdienerschaft gekreuzigt werden.[359]

Nero hatte sich gegen das Blutbad gewandt.[360] Selbst wenn er nicht aus Mitleid handelte, hatte er gute Gründe gehabt, sich einer rigiden Anwendung des Gesetzes zu widersetzen: Sein Regierungsprogramm sah Milde vor. Mit Vorsicht hatte er Sympathie für die unteren Klassen zu erkennen gegeben.

Es brachen Unruhen aus, um den Senat, dem die Entscheidung zustand, zur Verhinderung des Gemetzels zu zwingen. In der Curie erklärte Cassius Longinus den Sinn der Sanktion: Die Sklaven, auch die nicht unmittelbar schuldigen, müßten bestraft werden. Sonst sei für Herren, die von Sklaven umgeben seien, auf nichts mehr Verlaß: »... Seit wir Angehörige von Stämmen in unserem Gesinde haben, die abweichende Gebräuche, eine fremde oder gar keine Religion haben, ist das zusammengelaufene Gesindel nur durch Einschüchterung in Schranken zu halten. Unschuldige werden ums Leben kommen? Gewiß. Auch wenn aus einem geschlagenen Heer jeder Zehnte totgeknüppelt wird, trifft auch Tapfere das Los. Ein Stück Ungerechtigkeit ist nun mal im Strafexempel enthalten; Ungerechtigkeit trifft den einzelnen, doch dies wird durch den Nutzen für die Gesamtheit aufgewogen.«[361]

Der Senat stimmt für die kollektive Hinrichtung. Die Menge blockiert den Weg zur Hinrichtungsstätte. Nero schickt Soldaten, denn der Senat hat nach geltendem Recht entschieden, das Urteil muß vollstreckt werden. Doch als Cingonius Varro im Senat noch mehr verlangt, nämlich alle Freigelassenen der Familie Pedanius außer Landes zu bringen, wird dies »vom Princeps verhindert, damit nicht die alte Sitte, die Mitleid nicht hatte abmildern können, durch Grausamkeit verschärft werde«[362].

Nero kann seine Autorität zunächst durchsetzen, da es kein Gesetz gibt, das ähnlich gelagerte Fälle bei Freigelassenen regelt. Im konkreten Fall hatte der Kaiser die Wahl. Er lehnte ab.

Der Senat kann das nicht verwinden. Er verabschiedet mit großer Mehrheit einen Beschluß, das *Senatus consultum silanianum*: »Wird jemand von seinen eigenen Sklaven ermordet, sollen auch diejenigen, die durch Testament freigelassen, aber noch im gleichen Haus verblieben sind, mit den Sklaven hingerichtet werden.«[363]

Das Gesetz war noch härter ausgefallen als Varros Vorschlag[364]: Varro hatte die Verbannung der Freigelassenen gefordert, das neue Gesetz sah die Todesstrafe vor. Der bedeutende englische Althistoriker M. Grant geht davon aus, daß Nero sich infolge dieses Falles den harten Gebräuchen Altroms zu entfremden beginnt.[365] Der Kaiser versucht künftig, Elemente der zivilisierteren hellenistischen Kultur einzuführen.

Ein entscheidender Eingriff in Altroms Denken. Auf Dauer geht das nicht gut.

Steuern und Strukturen

Die Kaiser hatten das Volk bei Laune gehalten, indem sie ihm Geschenke machten. Auch Nero griff zu diesem Mittel. Doch er versuchte, anstelle vereinzelter Aktionen eine Wirtschaftspolitik zugunsten der weniger Begüterten zu machen.[366] Er beginnt mit der Reform von 58, die indirekte Steuern abschaffen will. In dieser Reform erblickt er »einen neuen Weg, die Lage seiner Untertanen zu verbessern«[367].

Ein starker Staat brauchte Geld für sein Militär, für seine Beamten, für den Glanz des Imperiums, den er nicht zuletzt deswegen zu verbreiten hatte, weil Konkurrenten abgeschreckt werden sollten. Wer im Reich, dessen Kaiser den Frieden garantierten, ein geschütztes Leben genießen wollte, mußte zu den Unkosten beitragen, die der Friede verursachte. Insoweit waren alle einverstanden. Probleme gab es erst, wenn ein Kaiser sich daranmachte, die Steuerlasten zu verteilen und die Steuern einzutreiben. Das benötigte Geld sollte beschafft werden, einverstanden, und dies auf möglichst gerechte Weise, einverstanden. Doch was bedeutete Steuergerechtigkeit? Jeder zeigte auf den anderen, wenn es ums Zahlen ging.

Naheliegend, daß alle Kaiser sich mit dem Steuerproblem herumschlagen mußten. Die Lösung des Caligula, von der wir hörten, war keine.

Beim ersten großen politischen Projekt Neros handelt es sich nicht um einen plötzlichen Einfall, sondern um eine von langer Hand geplante und sorgfältig vorbereitete Wirtschaftsreform. Gemeinsam mit seinen Finanzberatern Phaon und Burrus hatte Nero das ganze Jahr 57 daran gearbeitet. Er verfolgte zwei Hauptziele: die Entwicklung des Handels und die Verbesserung der Lebensbedingungen der unteren Klassen.[368]

Das Reich kannte ein kompliziertes System indirekter Steuern *(vectigalia)*. Die wichtigsten waren Zölle, die hauptsächlich in Häfen erhoben wurden *(portoria)*. Seit Tiberius das Reich in zehn Distrikte eingeteilt hatte, mußten bei Überschreitung der Distriktgrenzen auf die Waren Zölle entrichtet werden. Deren Höhe variierte nach Herkunft und Wert der Ware. Während der Warenverkehr zwischen den westlichen Provinzen und Italien in beiden Richtungen mit zweieinhalb Prozent besteuert wurde, betrug der Satz für Waren aus den anderen Provinzen fünf Prozent.[369] Da die Steuer an jeder Distriktgrenze fällig wurde, multiplizierte sie sich schnell. Das Recht vieler Städte, Transitzölle zu erheben, verschlimmerte alles noch.

Welchen Sinn hatte Neros Steuerreform, welche Folgen hätte sie gehabt?

»Zwar trafen die *portoria* über den Konsum vermittelt alle Bevölkerungsgruppen, die weniger Begüterten aber natürlich stärker als die Reichen ... Die Abschaffung der indirekten Steuern wäre allen Verbrauchern zugute gekommen, sofern sie von festen Einkommen lebten, das heißt, Verwaltungsbeamten und Soldaten, Händlern und Transportunternehmem. Durch die Abschaffung der Steuern wären die überteuerten Preise gesunken, der Austausch wäre gefördert, der Handel verbessert worden, und die Lebenshaltungskosten wären gesunken. Möglicherweise aber hätte eine Öffnung für Waren aus den Provinzen und aus dem Ausland zu einer Flucht von Zahlungsmitteln geführt und der italienischen Landwirtschaft empfindlichen Schaden zugefügt: Die einzigen Opfer der Reform wären folglich die italienischen Grundbesitzer gewesen. Vielleicht hatte Neros Plan auch tatsächlich einen Fehler. Die Senatoren bemängelten nämlich, daß dem Staat dadurch Einnahmen in Höhe von fünfundzwanzig Millionen Denaren, fünfzehn Prozent der Gesamteinnahmen, verlorengingen, ohne durch Neueinnahmen ausgeglichen zu werden. Möglicherweise hätte ein reichlicheres Umsatzsteueraufkommen dieses Defizit leicht wettgemacht. Auf jeden Fall aber wären die Interessen der italienischen Grundbesitzer berührt worden, und die Steuerpächter hätten ohne Arbeit dagestanden und ihr Einkommen verloren.«[370]

Neros Plan traf die Reichsten, die Großgrundbesitzer, mithin Senatoren, deren Ländereien die Größe von Provinzen haben konnten, und die Steuerpächter, die verhaßten Staatspächter *(publicani)*, zumeist Ritter, die häufig als Strohmänner benutzt wurden. Offiziell waren solche Aktivitäten den Senatoren verboten.

Die Besitztümer der großen Familien wurden zum Teil von 50 000 Sklaven bewirtschaftet.[371] Ihre Fläche glich manchmal der eines kleinen Bundeslandes von heute. Die Ernteerträge waren zollfrei und gelangten daher ohne Aufpreis auf den gigantischen Lebensmittelmarkt Roms. Dagegen wurden die Waren aus den Provinzen an jedem Hafen, an jeder Stadtmauer neu verzollt. Das verteuerte sie ungemein, während die Großgrundbesitzer an ihren eigenen Waren immer mehr verdienten. Nero versuchte, den Marktvorteil der Latifundienbesitzer aufzuheben. Die Lobby, von vielen Senatoren gestützt, verzieh ihm das nicht.

Mit dem Griff an die wirtschaftliche Existenz wird auch die geistige erschüttert. Altrömische Tugenden hin oder her.

Der Senat lehnte den Vorschlag des jungen Kaisers ab. War das nicht zu erwarten gewesen? Die Senatoren priesen *pro forma* Neros Großmut und meinten schließlich, bei Abschaffung der indirekten Steuern müßten logischerweise auch die direkten Steuern ausgesetzt werden. Das war ausgeschlossen. Neros Vorschlag sah sogar eine Erhöhung der direkten Steuern vor, um den Einnahmeausfall in etwa auszugleichen.

Dem Senat war es gelungen, die Reform im Keim zu ersticken. Die Niederlage schwächte Neros Position. Der Kaiser mußte sich mit Einzelmaßnahmen begnügen, die kaum Wirkung versprachen. So veröffentlicht Nero geheimgehaltene Steuerbestimmungen und legt fest, daß nicht eingezogene Steuerforderungen nach einem Jahr verfallen. Zudem werden alle Sondersteuern abgeschafft. Prozesse gegen Steuerpächter, die Sondersteuern eingeführt hatten, sollen in Rom und in den Provinzen mit Vorrang behandelt werden. Das Maßnahmepaket wird ergänzt durch die Abschaffung der Vermögenssteuer für Handelsschiffe. Damit sollen die Lieferungen von Getreide nach Rom erleichtert werden, ursprünglich eines der Hauptziele der Reform.[372]

Neros Bruch mit dem Senat erfolgt stufenweise und wird endgültig erst 66 nach den Verschwörungen des Adels vollzogen. Dem Kaiser wird klarer, daß jede Sozialpolitik an der führenden Klasse scheitern muß. Diese war nicht hinzunehmen bereit, daß ihre Privilegien und Vermögen auch nur ansatzweise tangiert wurden.[373]

12.
Der Tod eines Jungen

Ein Plan, ein Zufall

Britannicus leitete seinen Namen vom Titel seines Vaters Claudius, dem siegreichen Feldherrn in Britannien, her. Britannicus starb am 13. Februar 55, einen Tag nach seinem 14. Geburtstag.

Überraschte sein Tod? War er geplant?

Kaiser Claudius soll beabsichtigt haben, den Sohn zusammen mit dem Adoptivsohn Nero als Erben einzusetzen. Er rechnete damit, daß sich, wie es in Erbfällen geschieht, der Stärkere durchsetzen werde. Das konnte nur Britannicus sein. Der Sohn lebte, typisch altrömisch, fast wie ein Soldat im Krieg einfach, anspruchslos, diszipliniert, schlief auf einem Feldbett, nahm schmale Kost zu sich, war schon in jungen Jahren ein glänzender Reiter und Fechter.[374] Der Vater hegte große Pläne.

Doch Claudius mußte auch die gegenteilige Entwicklung kalkulieren: Vielleicht setzte sich nicht der Stärkere durch, sondern der Gerissenere. Vermutlich plante der Kaiser aufgrund der Erfahrungen, die seine Familie hatte machen müssen, Britannicus unter Mithilfe des Leibarztes Xenophon inkognito in eine entfernte Provinz zu schicken, am besten nach Britannien. So hätte dieser überlebt, bis die Herrschaft seines Stiefbruders Nero sich selbst erledigt haben würde. Doch der Plan, falls es ihn je gab, hatte sich nicht realisieren lassen.

Agrippina und Seneca hätten Grund gehabt, Britannicus zu beseitigen. Gewiefter als Nero, wußten beide, daß Britannicus aufgrund seiner Jugend noch nicht gefährlich war, es aber in Zukunft werden konnte.[375] Zudem hatten beide zu befürchten, daß der jeweils andere den Sohn des Claudius für sich einspannen könnte. In den ersten Monaten von Neros Herrschaft tobte der Machtkampf. Nero spielte eine untergeordnete Rolle. Weder für Agrippina noch für Seneca wäre es das erste Verbrechen gewesen. Sie waren schon beim Mord an Claudius' Komplizen beteiligt gewesen.

Doch Grund für einen Mord zu haben, an einen solchen zu denken und ihn auszuführen sind verschiedene Dinge. Wie war es wirklich?

Der Berichterstatter

Tacitus, auf dessen Berichte fast alle Meinungen zurückgehen, die sich über Nero haben bilden lassen, ist kein objektiver Beobachter. Er bleibt Partei. Er gehört jener Klasse an, die Nero bekämpfen wird. Der Grundgedanke, der das Werk des Tacitus beherrscht, läßt sich auf einen Begriff bringen: Prinzipat und Freiheit[376]. Da er unter Freiheit die des Senats versteht, kann er sich zu einem Verächter und Knebler des Senats wie Nero nur negativ äußern. Freilich wäre auch die Mehrheit der Senatoren kritikwürdig gewesen: Sie hat sich lange, hundisch unterworfen, geschmeichelt, wo sie hätte offene Worte finden sollen, gedienert, wo Widerstand gefragt war.

Tacitus, konservativ bis reaktionär, trauert den vergangenen Zeiten der Republik nach. Neros Politik ist ihm zuwider. Der junge Kaiser versucht, die Gesellschaft Roms umzugestalten. Sie soll den Dimensionen eines Reiches angepaßt werden, das inzwischen fast ganz Europa, Nordafrika und einen großen Teil des Nahen Ostens umfaßt.

Tacitus verachtet solche Pläne. Und er mag ihren Urheber nicht. Folgerichtig sieht er bereits das Geschehen um den Tod des Britannicus parteilich: Mittlerweile angeblich durch Nero von der Macht verdrängt, soll Agrippina aus Haß gegen den Sohn, der sie enttäuscht, gedroht haben, sich mit dessen Stiefbruder zu verbünden. Britannicus, den sie um die Thronfolge gebracht hatte, sollte doch den Thron erlangen. Tacitus berichtet, Agrippina habe durchblicken lassen, daß sie alle Untaten enthüllen werde, die sie begangen habe, um ihren Sohn auf den Thron zu bringen, einschließlich des Giftmordes an Claudius. Nero soll vor aller Augen die Legitimation entzogen werden.

Eine solche Rekonstruktion der Rolle Agrippinas bleibt fragwürdig. Es ist kaum vorstellbar, daß Agrippina den Giftmord an Claudius gestanden hätte, nur um Nero zu schaden und Britannicus zu nutzen. Eine berechnende Frau wie Agrippina konnte sich nicht darüber täuschen, daß sie sich selbst ans Messer liefern würde. Zudem hätte sie sich, um Nero zu stürzen, mit jedem anderen zusammentun können, nur nicht mit Britannicus. Den Grund dafür hatte sie genannt, als sie der Beteiligung an der Verschwörung des Rubellius Plautus verdächtigt worden war: »Konnte ich am Leben bleiben, wäre Britannicus an die Macht gelangt?«[377]

Tacitus gibt zwei Gründe für den Mord an Neros Stiefbruder an: Zum einen die Verschwörung dieses Jungen mit Agrippina, zum andern die Tatsache, daß Britannicus kurz vor der Vollendung des 14. Lebensjahres stand. Er hätte zum gefährlichen Rivalen werden können. Er war der Nachkomme des Claudius, Nero nur ein Adoptivsohn, vielleicht sogar ein Thronräuber. Die Folge: Im Angesicht der Gefahr, bald vom Thron gejagt zu werden, bestellt Nero bei der Giftmischerin Locusta ein starkes Gift. Und dann?

Tacitus schildert plastisch, was er nicht wissen kann.[378]

»Nach der Sitte saßen die Kinder mit den übrigen gleichaltrigen Adeligen im Angesicht ihrer Verwandten an einem eigenen, sparsamer gedeckten Tisch und speisten. Da dort auch Britannicus aß und ein Diener seine Speisen und Getränke vorzukosten pflegte, ersann man, um nicht vom Brauch abgehen zu müssen oder durch beider Tod das Verbrechen zu verraten, folgende List: Ein noch ungiftiger, heißer, vorgekosteter Trank wurde Britannicus gereicht; dann, weil er ihn als zu heiß zurückwies, goß man in kaltem Wasser das Gift zu, das derart alle Glieder durchdrang, daß es ihm zugleich Stimme und Atem benahm.

Panische Angst ergriff die Sitzenden, sie liefen in ihrer Ahnungslosigkeit auseinander: doch die, welche mehr wußten, blieben wie angewurzelt sitzen, die Augen auf Nero gerichtet. Dieser behielt seine bequeme Lage bei und erklärte, als ob er von nichts wisse, es handle sich um etwas Normales, einen Anfall von Epilepsie, von der Britannicus von frühester Jugend an heimgesucht werde.«

Epilepsie, der *morbus sacer* der Antike[379], galt als »heilige Krankheit«, Epileptiker wurden als von Gottheiten Besessene betrachtet. An der Stelle des Anfalls wurden hin und wieder Opfer dargebracht; dort wurden auch Heilmittel gegen andere Leiden vermutet.

Nero brauchte sich nicht aufzuregen. Doch »Agrippina war ein solcher Schrecken, eine solche Bestürzung anzusehen, so sehr sie dies zu unterdrücken suchte, daß feststand, sie habe ebensowenig davon gewußt wie Octavia, die Schwester des

Britannicus: Freilich erkannte sie, daß ihr der letzte Rückhalt entrissen und die Probe für den Muttermord geliefert sei. Auch Octavia hatte, obwohl jung an Jahren, Schmerz, Liebe, überhaupt alle Gefühle zu verbergen gelernt. So wurde nach kurzem Schweigen die laute Fröhlichkeit des Gelages wieder aufgenommen.«

Laute Fröhlichkeit? Bei Gastmählern war es Höflichkeitspflicht des Gastgebers, den Anwesenden Gelegenheit zur Diskussion von Themen zu geben, die ihnen nicht nur geläufig, sondern auch angenehm waren.[380] Tacitus dürfte diese Sitte gekannt haben. Er legt eine beeindruckende Schilderung des Vorfalls vor; Stoff zur Diskussion hätte es genug gegeben. Doch wird nichts weiter berichtet. Es ist anzunehmen, daß der Bericht auf einer der Fälschungen beruht, denen Tacitus Glauben schenkte, wenn sie ihm ins Konzept paßten.[381]

Fakten und Argumente

Kaum verwunderlich, daß Nero und Britannicus sich nicht gerade liebten. Animositäten konnten nicht ausbleiben. Der leibliche Sohn hatte gelitten, als sein Vater den Eindringling ins Haus holte, zu allem Überfluß adoptierte und mit einer Zuneigung bedachte, die ihm selbst zugestanden hätte.

Britannicus (* 12. Februar 41) hatte zudem Neros Eifersucht auf einem Gebiet erregt, auf dem dieser keinen Spaß kannte: Britannicus war nicht nur musikalisch gebildet, er hatte die bessere Stimme. Nur Seneca verglich, gewohnt schmeichlerisch, Neros Stimme und Gesang mit Apolls Kunst. Die Wirklichkeit sah anders aus.[382] Beim Saturnalienfest des Jahres 54 war Nero im Kreis der Altersgenossen durch das Los zum König gewählt worden. Er befahl Britannicus, ein Lied vorzutragen, wobei er hoffte, dieser werde sich blamieren. Britannicus soll jedoch gut gesungen haben, ein Lied voller Anspielungen auf den Thronraub. Nero war wütend.[383]

Andererseits regte sich bei Britannicus Neid, als die Jungen an einer Parade teilnahmen und die Menge Nero den Vorzug gab. Dieser reagierte beleidigt, als Britannicus ihn nach der Adoption durch Claudius bei seinem alten Namen Ahenobarbus rief und damit möglicherweise zum Ausdruck bringen wollte, daß er die Adoption nicht anerkannte.

Eifersüchteleien unter Jungen. Nichts, was ein Verbrechen gerechtfertigt hätte. Nero war kein Thronräuber. Es bestand bekanntlich keine Vorschrift zur Regelung der Thronfolge. Mit den Jahren galt das Prinzip, daß ein Mitglied des kaiserlichen Hauses sie antrat. Wer das sein sollte, war nicht geregelt.

Nero verfügte über jedes Anrecht. Er war nicht nur Adoptivsohn des Claudius und Octavias Ehemann. Er stammte von Augustus ab. Die unpräzise Regelung der Nachfolge, schon zu Lebzeiten des Augustus ein Problem, sorgte freilich dafür, daß alle, die kaiserliches Blut in den Adern hatten, für den jeweiligen Herrscher zu Rivalen wurden. Das galt auch für Britannicus, war jedoch nicht aktuell. Die Römer wurden mit vierzehn rechtsfähig, wenn auch nicht in vollem Umfang. Zivilrechtlich behielt der *pater familias* bis zu seinem Tod die Verantwortung. Für Britannicus war Nero der *pater familias*. Britannicus stellt keine unmittelbare Gefahr dar.

Neros und selbst Octavias Verhalten ist normal. Britannicus war Epileptiker, seine Anfälle waren dem Kaiserhaus vertraut. Verständlich, daß niemand begriff, wie schwerwiegend das Unwohlsein war, das Britannicus befallen hatte. Zudem wäre Octavia kaum weitere acht Jahre an Neros Seite geblieben, wenn sie vermutet hätte, daß er ihren Bruder hatte ermorden lassen. Nero hätte seinerseits eine so gefährliche Zeugin kaum an seiner Seite dulden können.[384]

Britannicus lebte im Palast mit Nero unter einem Dach. Dies

hätte stille Chancen geboten, ihn aus dem Weg zu schaffen. Ein Mörder mußte verrückt sein, wenn er eine solche Tat bei einem Bankett beging.

Den Römern waren unmittelbar wirkende Gifte mit Ausnahme von Schlangengiften unbekannt[385]: Curare wurde von den Indianern benutzt, also in einer den Römern unbekannten Gegend. Zyankali, Strychnin oder ähnliche Gifte wurden erst Jahrhunderte später entdeckt.[386] Nach Tacitus und Sueton soll der Tod aber beinahe unmittelbar eingetreten sein.

Der spätere Kaiser Titus hatte aus dem gleichen Becher getrunken wie Britannicus und ebenfalls ein Unwohlsein verspürt. Hätte der Becher ein so starkes Gift enthalten, daß Britannicus auf der Stelle tot umfiel, hätte auch Titus sterben müssen. Titus, Spielgefährte des Britannicus, lebte noch lange. Er beschuldigte Nero nie des Mordes an seinem Stiefbruder, obwohl die Flavier, deren Familie er angehörte, Interesse daran haben werden, ihre Vorgänger aus der iulisch-claudischen Dynastie herabzusetzen.

Auch wenn es nicht in das vorgefertigte Konzept paßt: Selbst wenn der junge Kaiser unter dem Schleier der Milde seine Natur versteckte, hätte er es sich nicht leisten können, die eigene Politik zu Beginn der Herrschaft durch ein solches Verbrechen zu konterkarieren.[387] Hätte Nero Britannicus ermordet, hätte Seneca wenig später kaum wagen können, sein Buch über die Milde *(De clementia)* diesem Kaiser zu widmen. Rom hätte aufbegehrt.

Neros Milde kennzeichnete nicht nur die ersten Jahre, als er noch unter dem mäßigenden Einfluß Senecas stand, wie das eine gelenkte Deutung will. Die von D. Diderot vertretene These ist spekulativ, Seneca habe sein Buch über die Milde vor allem deswegen verfaßt, weil er geahnt habe, welche Bestie in Nero schlummerte. Indem er seinem ehemaligen Schüler das Ideal des aufgeklärten, nachsichtigen Herrschers vor Augen führte, habe Seneca nur vorbeugen wollen.[388]

Seneca schrieb jedoch, als Nero bereits über ein Jahr regierte und seine Toleranz hinreichend unter Beweis gestellt hatte. Der Philosoph nahm die Veranlagung des jungen Mannes zum Vorbild. Die beiden waren sich einig. Der Kaiser aus Neigung, aus Kalkül der Philosoph.[389]

Milde? Als es ein Darsteller im Volkstheater wagen wird, unter den Rufen »Heil, Vater! Heil, Mutter!«die Gebärden eines Trinkenden und eines Schwimmenden zu machen, verweist ihn Nero aus Italien, läßt ihn nicht exekutieren. Dabei war die Anspielung auf den Vater Ahenobarbus, auf die Vergiftung des Claudius und den Mord an der Mutter überdeutlich. Andere Kaiser hatten auf geringere Scherze härter reagiert.[390]

Nero wird viele Aristokraten in den Tod schicken, doch er zeigt Widerwillen, einfache Leute zu behelligen. Häufig begnadigt er sie oder stellt das Verfahren ein. Exemplarisch ist die Geschichte eines Mannes mit Namen Cesellius Bassus.[391]

Unmittelbar nach der Pisonischen Verschwörung von 65 wird Bassus alles versuchen, um eine Audienz bei Nero zu erlangen. Als sie ihm gewährt wird, erzählt er dem Kaiser, er habe auf seinem Feld in der Nähe von Karthago eine Grotte entdeckt, auf deren Grund Gold liege, wahrscheinlich der Schatz der Dido, die ihn nach der Gründung Karthagos dort versteckt habe.

Bassus findet bei Nero Gehör. Sooft dieser von Entdeckungen und Schätzen hört, insbesonders wenn es um den Schatz der Dido geht, für den er bereits Suchexpeditionen finanziert, glaubt er, was ihm gesagt wird. Auch diesmal rüstet er eine Expedition aus, ohne zuvor die Glaubwürdigkeit des Bassus hinreichend zu prüfen.

Während die Expedition nach Karthago unterwegs ist, spricht Rom von nichts anderem. Schmeichler singen ein Loblied auf Apoll, da die Erde jetzt nicht nur die üblichen Früchte trägt, sondern auch Gold, pures Gold.

Die Grotte findet sich nicht. Bassus schüttelt sich, als sei er eben erst aufgewacht. Dann gesteht er, Grotte und Schatz nur geträumt zu haben. Doch da ihn seine Träume nie getrogen hätten, habe er auch diesen für wahr gehalten.

Der krankhafte Lügner wird festgenommen. Bassus hat Nero zum Narren gehalten. Unter jedem anderen Kaiser, selbst unter denen mit weniger schlechtem Ruf als Nero, wäre Bassus kaum mit dem Leben davongekommen. Nero ordnet an, den Verrückten laufen zu lassen.

Der schnelle Tod

Der siebzehnjährige Kaiser ist zu einem Todesurteil nur bedingt, zu einem Mord kaum fähig. Es genügt die Unterschrift unter ein Todesurteil, damit sich ihm fast der Magen umdreht. Zudem ist ihm die Macht so gleichgültig, daß er kurz vor dem Tod des Britannicus bereit ist, sein Amt aufzugeben, um sich von seiner Frau trennen und seine Geliebte heiraten zu können.

Nero ließ Britannicus nicht ermorden. Das bestätigen die nichtrömischen und dem letzten Vertreter der iulisch-claudischen Dynastie gegenüber weniger feindlichen Quellen. Plutarch legt eine Liste aller zu seiner Zeit Nero zur Last gelegten Verbrechen vor.[392] Ein Giftattentat gegen Britannicus erwähnt er nicht.

Woran starb Britannicus dann so plötzlich?

Medizinische Ferndiagnosen sind schwierig. Liegt ein Fall Jahrhunderte zurück, erst recht. Doch ich meine davon ausgehen zu können[393], daß Britannicus unter Schock, Blässe, Schwitzen einem *Aortenaneurysma* mit Leckage erlag, also dem Zerreißen eines geweiteten Blutgefäßes der Aorta[394]. Eine solch schwere Ruptur mit schwerstem Blutverlust führt meist zum schnellen Tod. Das berichtete Unwohlsein deutet auf ein sensationelles Geschehen hin, auf den schlagartig erfolgten Bruch eines im Bauchbereich liegenden Aneurysmas. Wahrscheinlich griff sich der Junge infolge von peitschenartig einsetzenden und charakteristischerweise nach vorne in die Bauchwand ausstrahlenden Schmerzen an den Bauch. Diese Reaktion ließ sich ebenso leicht wie irrig als Zeichen für eine Vergiftung deuten, die sich in diesem Bereich bemerkbar gemacht hatte.

Weitere Gründe sprechen für eine natürliche Todesursache: Das Anfallsleiden des Jungen ist vermutlich als *idiopathische Epilepsie* ohne eindeutige Ursache zu diagnostizieren, wie sie bei 75 Prozent der Patienten zwischen dem 2. und dem 14. Lebensjahr einsetzt.[395] Heute weiß die Medizin, daß für Epileptiker eine Alkoholabstinenz unerläßlich ist und ein exzessiver Konsum der Selbstvergiftung des Anfallspatienten gleichkommt. Vielleicht hat Britannicus auch an jenem Abend Alkohol konsumiert. Zudem war seine Konstitution schwach.

Der Tod wurde zwiespältig aufgenommen. Es fanden sich sogar Verteidiger, die Verständnis für einen Mord aufbrachten. Der Grund? Die andauernde Angst vor einem Bürgerkrieg: Er hätte gedroht, wären Britannicus und Nero irgendwann ernstlich aneinandergeraten. Jetzt war die Gefahr eines Bürgerkrieges beseitigt.

Schon nach wenigen Monaten sprach Rom nicht mehr von dem Toten.

13.

MORD AN DER MUTTER

Auf dem Weg in die Sackgasse

Nicht die geringsten Intrigen fädelt mittlerweile Agrippina ein. Was ihr Sohn, der sich als Kaiser etabliert, unternimmt oder unterläßt, gefällt ihr nicht. Vor allem deshalb nicht, weil sie zunehmend von der Macht ferngehalten wird.

Die Kaiserinmutter genoß freilich immer noch großes Ansehen. So brachten beispielsweise die Arval-Brüder, zwölf Priester, die aus den besten Familien Roms stammten, im Jahr 58 auch ihr Opfer dar. Schließlich blieb sie die Tochter des Helden Germanicus, zudem hatten die Senatoren von ihr keine Hirngespinste zu befürchten. Sie verstand viel von Macht.

Seneca muß sich entscheiden. Er merkt, daß der jetzt einundzwanzigjährige Nero sich ihm entfremdet. Andererseits: Kommt Agrippina an die Macht zurück, wird er nicht mehr lange leben. So entscheidet er sich für Nero und versucht ihn davon zu überzeugen, daß er die Sache mit seiner Mutter ins reine bringen müsse. Er führt ihm vor Augen, welche Gefahr von Agrippina ausgehen kann, falls sie sich noch einmal zu einer Ehe mit einer Person kaiserlichen Geblüts entschließt.

Die Frage »Sie oder ich?« verlangt nach einer Antwort. Eine einvernehmliche, eine dritte Lösung ist offenbar ausgeschlossen *(tertium non datur)*. Nero ist freilich kaum dafür verantwortlich, daß sich die indiskutable Frage stellt.

Muttersöhnchen?

Von den Verbrechen, die Neros vierzehnjähriger Herrschaft angelastet werden, können nach der meisterlichen Studie von M. Fini allenfalls zwei als solche gelten[396]: 59 die Ermordung Agrippinas und 62 die Octavias, der ersten Ehefrau. Es kann nachdenklich stimmen, daß ein Mann der Täter ist und zwei Frauen die Opfer sind.

Der Mord an Agrippina erscheint, auch wenn niemand ihn verteidigen kann, aus persönlichen und politischen Gründen unvermeidlich. Er war Notwehr. Agrippina blieb machtbesessen. Ihre Pläne waren alles in allem aufgegangen. Sie wollte ihren Erfolg auch genießen. Die Mutter wurde für Nero zur Gefahr.

Agrippina, einmal entschlossen, das Leben ihres Kindes mit ihrem eigenen Traum zu bereichern, war längst eine Frau, die ihren Sohn zugrunde richtete. Andererseits soll der Astrologe Barbillus, der sich angeblich niemals irrte, schon dem Kind Lucius Domitius prophezeit haben, daß es einst seine Mutter töten werde.[397]

Von einem Haß auf die Mutter, die ihren Sohn sich selbst entfremdet und ihm seine Identität genommen hatte, um ihre Wünsche zu verwirklichen, ist keine Rede. Haß auf eine Mutter? So selten ist er nicht, auch wenn er nicht in unsere Vorstellungen von der Beziehung zwischen Söhnen und Müttern passen will.

Tiberius hatte seine Mutter Livia, die dritte Frau des Augustus, abgrundtief gehaßt.[398] Und ein neueres Beispiel: »Von den frühesten Tagen meiner Bekanntschaft mit EH an sprach er von seiner Mutter immer nur als ›dieser Hure‹. Er hat mir sicher tausendmal erzählt, wie sehr und auf wieviel verschiedene Arten er sie gehaßt hat.« Das schreibt ein guter Freund über E. Hemingway[399], von dem J. Dos Passos sagte, er sei der einzige ihm bekannte Mann gewesen, der seine Mutter wirklich gehaßt habe.[400]

Wir können nicht sagen, was in Nero vorgegangen ist. Nach den Maßstäben, die Hemingway angelegt hat, hätte wohl auch die Bezeichnung »diese Hure« auf Agrippina gepaßt, von den Verletzungen zu schweigen, die diese Mutter ihrem Sohn zugefügt hat.

Doch darum scheint es nicht in erster Linie gegangen zu sein. »Sie oder ich?« hieß nun einmal die politische Frage. Einer von beiden mußte sterben. Vor eine solche Alternative gestellt, konnte Nero keine Zweifel mehr haben, was zu tun sei. Doch er bekommt auch keine Chance, viel anderes zu tun.

Er zögert. Er bewundert seine Mutter, und gleichzeitig fürchtet er sie mehr als alles andere auf der Welt. Diskussion, Verwirrung, Vermittlungsversuch. Dabei soll sie – so ein männertypischer Bericht über die Waffen einer Frau – ihre letzte Karte ausgespielt haben: Sie versucht, sich zurückzuschmeicheln und ihren Sohn zu verführen.[401] Gewiß, sie ist 43, immer noch attraktiv.

Nero zieht sich zurück, vermutlich tief schockiert: »Darum vermied es Nero, unter vier Augen mit ihr zusammenzukommen, und wenn sie sich in ihren Park oder auf ihre Güter in Tusculum oder Antium zurückzog, lobte er sie, weil sie sich Ruhe verschaffte.«[402]

Ruhe für sich, die Mutter? Nein, Ruhe für den Kaiser. Doch Ruhe war zu wenig. Nero, infolge seiner Vita in Gefahr, als Muttersöhnchen zu gelten, mußte sich befreien. Ein Muttersöhnchen? Manche haben Nero diesen Vorwurf gemacht.[403] Vielleicht hat er auch sich selbst vorgeworfen, zu lange, zu gehorsam, zu kindlich an dieser Mutter festgehalten zu haben.

In Gesellschaften, in denen wie in der römischen die Väter das Sagen haben und die deswegen *patriarchal* heißen, kommt die Annahme, ein Junge sei kein richtiger Sohn eines richtigen Vaters, sondern das blanke Gegenteil, ein auf die Mutter fixierter Sohn und – noch diffamierender – ein Söhnchen, der Vernichtung einer Person gleich.

Hinter solchen Annahmen versteckt sich die Angst, den Vätern könne die Macht über die Kinder entgleiten. Kein Wunder, daß fast im gleichen Atemzug Mütter abgewertet und Söhne davor gewarnt werden, der Mutterliebe, die nach Meinung richtiger Männer leicht zur Affenliebe wird, auf den Leim zu gehen und ein Mamasöhnchen zu werden. Die Angst des Vaters vor der Mutter hat diesen Begriff der Gewaltsprache geschaffen, ein Schimpfwort nicht nur gegen das Kind, sondern mehr noch gegen die Frau.

Väter haben als Kinder selbst Gewalt erfahren. Ihren eigenen Kindern kann Gewalt nicht erspart bleiben, damit die Tradition nicht abreißt. Schwächliche, schlaff machende Liebe erzieht keine Männer, sondern Sklaven, die wahre Herrschaft nicht zu üben wissen: die über sich selbst. Nach Horaz hat männliche Stärke »die Kraft, den Begierden Trotz zu bieten und alle Ehren zu verachten ... wie eine Kugel abgerundet und vollkommen, an deren glatter Fläche nichts von außen haften bleibt, so daß das Schicksal machtlos ihn bestürmt«[404].

Vaterliebe drängt in dieser Perspektive zur Auslese, erkennt nur echte Söhne an, entfaltet sich am hochwertigsten, nicht am hilfsbedürftigsten Kind. Sie will den Adel, die Sammlung der Edlen, die sich vom väterlosen, ungeformten, unasketischen Volk, der *plebs*, abhebt.

Muttersöhne können zwar von sich sagen, sie hätten ihre besten Jahre in den Armen einer Frau, ihrer Mutter, verbracht, doch sie stehen in patriarchalen Gesellschaften auf der untersten Stufe der Hackordnung. Sie werden als Pantoffelhelden, Schwächlinge belächelt. Sie haben Übung als Opfer, sie dienten in ihrer Kindheit als Zielscheiben von Spott und Hieben.

Wer ist verantwortlich? Der Mann und Vater, der den Bund zwischen Mutter und Sohn zerstören muß. Da das Verhältnis von Vätern und Söhnen ein besonderes Kapitel darstellt, das von Tradition, Treue, Erbfolge strotzt, kann sich der Mann keinen Sohn leisten, aus dem kein Mann geworden ist.

Mütter müssen sein, doch sie müssen so sein, wie Väter es wollen: »Die Mutterliebe ist darum unmoralisch, weil sie kein Verhältnis zum fremden Ich ist, sondern eine Verwachsenheit von Anfang an darstellt; sie ist, wie alle Unsittlichkeit gegen andere, eine Grenzüberschreitung ... Die Mutterliebe schaltet alle Individualität aus, indem sie wahllos und zudringlich ist.«[405] Männerangst hat geweitete Augen: Sie sieht, daß die Feinde mitten in der Familie nisten. Frauen bleiben gefährlich, sie lassen sich nicht mehr auf die Funktion des Mutterschafes reduzieren.

Nero? Die Dominanz einer Mutter, diese Art fordernder, zudringlicher, grenzüberschreitender Liebe, hat er erlebt. Wie intensiv! Wie lange!

Wurde er je ein Mann? Kamen die Gewalttaten aus seinem Charakter? Oder war ihm Gewalt in einem gewaltbereiten Milieu anerzogen worden? Will er, gegen seine eigene Bestimmung und Identität, nur männlich wirken?

Tödliche Konsequenz

Man kann es drehen und wenden: Nero ist überzeugt, daß seine Mutter, wo immer sie sich aufhalten mag, eine Gefahr darstellt. Unter dem vermutlich wachsenden Druck Senecas beschließt er zu handeln. Eine Verbannung der Mutter kommt kaum in Frage: Sie hätte das dauernde Risiko eingeschlossen, daß Agrippina zurückkehrte. Was Nero plant, muß mehr sein. Juristen dürften sein Handeln vermutlich als »intensiven Notwehrexzeß« klassifizieren.[406] Das erforderliche Maß der Abwehr sei bei weitem überschritten worden, könnte argumentiert werden. Doch gälte das auch unter den Bedingungen jener Zeit, jener handelnden Personen?

Die Ereignisse überschlagen sich.

Kriminelle Energie beweist sich durchaus. Der Kaiser muß ein halbes Dutzend Versuche starten, bis es klappt. Er kann kein Gift verwenden. Agrippina hat Gegengifte eingenommen, wie Nero bei seinem angeblich dreimaligen Versuch, sie auf diese Weise umzubringen, feststellen muß. Doch der Sohn gibt nicht auf. Sueton berichtet: »Da ließ er die Decke in ihrem Schlafzimmer mit einer Maschinerie versehen, so daß Teile der Täfelung des Nachts auf die Schlafende herabstürzen mußten. Dieser Plan wurde jedoch von den Mitwissern nicht genügend geheimgehalten.«[407]

Die Mutter ist vorgewarnt.

Nero wendet sich an seinen ehemaligen Lehrer Anicetus, mittlerweile Präfekt der bei Misenum stationierten Flotte. Dieser hat die Idee, ein Schiff zu bauen, das sich auf See durch eine künstliche Vorrichtung in zwei Teile zerlegen läßt. Er denkt vermutlich an einen von Nero bei einem Schauspiel benutzten Schiffstyp, der sich auf Kommando öffnen und die im Laderaum befindlichen Tiere ins Wasser fallen ließ.[408]

Die Umstände sind günstig. Am Strand von Baiae, nicht weit von Misenum, seit Augustus der bedeutendste Flottenstützpunkt im Thyrrenischen Meer, wird ein Fest gefeiert. Baiae hat im Frühjahr 59 Hochsaison. Das Fest der *Quinquatren*, ein Fest der Ärzte, Lehrer, Handwerker[409], liegt zwischen dem 19. und dem 23. März. Es ist Minerva geweiht, der Göttin der geistigen Tätigkeiten, der weiblichen Handarbeiten und des Krieges.[410]

Minerva, Tochter des Jupiter, zählt mit diesem, dem Vater der Götter und der Menschen, und ihrer Mutter Juno, Schwester und Gemahlin Jupiters, zu den drei zentralen Stadtgöttern Roms, zur sogenannten »kapitolinischen Dreieinigkeit«. Die Antike kennt Dutzende von Trinitäten[411], eine göttliche Dreifaltigkeit steht seit dem vierten Jahrhundert v. u. Z. an der Spitze der Weltregierung, hellenistische Religionen verehren Götterdreiheiten.[412] Der speziell römischen Dreieinigkeit war der Tempel auf dem Kapitol geweiht, der als Symbol für Roms Größe galt. Der übliche römische Tempel ist eine architektonische Mischung aus etruskischen und griechischen Elementen. Rechtwinklig aufgeführt, hatte er ein Giebeldach, einen tiefen Vorbau mit freistehenden Säulen, und eine frontale Treppe.

Baiae, das heutige Baia, zwanzig Kilometer von Neapel entfernt, ist ein eleganter Badeort, das erste Luxusbad an der »Côte d'Azur der Kaiserzeit« (M. Vogt), »das goldene Ufer der seligen Liebesgöttin, das holde Geschenk der stolzen Natur«[413]. Seine Heilquellen und Schwitzbäder mit Schwefeldämpfen ziehen Tausende an, vor allem Roms Eliten.[414] Wer es sich leisten kann, kommt, und sei es zum Austernessen. Oder er besitzt hier – wie in Antium, in Puteoli, am Posilipp (dem »sorgenfreien« Ort) – eine Villa. Caesar gehörte wie Cicero zu diesen Besitzern.[415]

Die Pracht der Villen, die eine Stadt für sich bilden, muß Eindruck gemacht haben. Horaz hatte in einer Ode geschrieben: »Du, Nachbar des Todes, läßt Marmor schneiden. Du vergißt das Grabmal und baust Paläste. Das Ufer ist zu schmal für dein Reich, und so bist du hier, eifersüchtig auf den Schaum, der sich auf den Sand ergießt, auf die Wellen des Meeres von Baiae …«

Vor allem Frauen besuchen Baiae häufig, und noch Boccaccio erwähnt das lustige, für Frauen jedoch gefährliche Badeleben.[416] Seneca meint, Baiae habe begonnen, eine Herberge der Laster zu werden.[417] Wüstlinge, die Zahlungsschwierigkeiten aus Rom vertrieben haben, verprassen hier die Gelder ihrer Gläubiger.

Nero, der das Meer liebt, nimmt am Fest teil. Also lädt er seine Mutter zum Abendessen nach Bauli ein. Dort liegt ein geschmücktes Schiff vor Anker, das Agrippina anstelle des Dreiruderers, den sie gewöhnlich benutzt, zu ihrer Villa zurückbringen soll.

Agrippina ahnt etwas und will in einer Sänfte zurückkehren, den Landweg nehmen. Sie läßt sich durch das Verhalten des Sohnes umstimmen. Nero benimmt sich zuvorkommend, als wolle er ihr zu verstehen geben, daß Mutter und Sohn sich im Grunde doch verstünden.

Das Bankett zieht sich in die Länge. Die Täter sind übereingekommen, die Falle erst nachts zuschnappen zu lassen. Das ist sicherer. Als es dunkel ist, bringt Nero seine Mutter zum Schiff, umarmt und küßt sie. Dann schaut er ihr lange in die Augen, sei es, um der ganzen Geschichte mehr Glaubwürdigkeit zu verleihen, sei es, weil er zum letztenmal ihr Gesicht betrachten will, bevor sie in den Tod geht, den er vorbereitet hat.

Auf dem Schiff nimmt Agrippina den Ehrenplatz ein. Zu ihren Füßen sitzt die Dienerin Acerronia, während ihr Diener Creperius Gallus in der Nähe des Ruders steht. Es ist eine sternenklare Nacht, die See ist ruhig. Nachdem das Schiff ausgelaufen ist, stürzt plötzlich das mit Blei beschwerte Dach der Kabine auf das Deck hinunter. Creperius ist auf der Stelle tot, die beiden Frauen werden ins Wasser geschleudert. Da die Vorrichtung des Anicetus nicht richtig funktioniert hat, bricht das Schiff nicht auseinander, sondern legt sich auf die Seite.

Nun geht es drunter und drüber. Zwei Parteien kommen sich in die Quere: Die Besatzung versucht, das Schiff wieder aufzurichten, während Eingeweihte alles daransetzen, es zu versenken. Um sich retten zu lassen, ruft Acerronia, die von dem Anschlag nichts weiß, vom Meer herauf: »Ich bin Agrippina, ich bin die Kaiserin! Zu Hilfe!« Daraufhin wird mit Stangen, Rudern, Steinen und »was der Zufall sonst noch an Schiffsgerät bot«, nach ihr geschlagen und geworfen.[418]

In der Zwischenzeit schwimmt Agrippina, an der Schulter verletzt, zum Ufer. Jetzt zahlt sich aus, daß sie in ihrem Exil ausdauernd schwimmen lernte. Nachdem Fischer sie aus dem kühlen Wasser gezogen haben, läßt sie sich nach Bauli bringen. Wahrscheinlich kommt sie fürs erste in der Villa des Fischzüchters Quentius Hortensius unter. Diese lag in der Nähe einer anderen, deren Reste heute *Cento Camerelle* (100 Kämmerchen) oder »Gefängnisse des Nero« genannt werden.

Die Mutter hat alles durchschaut. Doch sie hält es für besser, zu tun, als wäre nichts. Durch einen Diener will sie Nero mitteilen lassen, Zufall und Wohlwollen der Götter hätten sie vor einem schweren Unglück bewahrt. Er solle sie jedoch fürs erste nicht besuchen, da sie Ruhe brauche. Die Leute in der Gegend sorgen sich um Agrippina und lassen sich erst beruhigen, als sie von deren Rettung erfahren.[419]

Unterdessen geht Nero in der Villa zu Baiae, drei Kilometer von Bauli entfernt, auf und ab. Als er erfährt, daß seiner Mutter nichts geschehen ist, wird er leichenblaß und schickt nach Seneca und Burrus. Der Philosoph, Lebenshilfe in Person, rät, bis zum Letzten zu gehen. Bleibe Agrippina am Leben, sei Nero ein toter Mann, und nicht nur er.

Die Fragestellung »Sie oder ich?« beweist ihre Konsequenz. Mutter und Sohn sind in der Sackgasse. Nur einer von ihnen wird sich retten.

Auf die Frage, ob nicht die Prätorianer mit der Ermordung Agrippinas beauftragt werden könnten, erklärt Burrus einen solchen Plan für inakzeptabel. Die Prätorianer seien dem Kaiserhaus ergeben und kein Soldat werde wagen, gegen die Tochter des Germanicus vorzugehen. Anicetus solle sich darum kümmern, denn er habe die Sache verpatzt, müsse sie folglich ausbügeln.

In Begleitung einer Gruppe vertrauenswürdiger Seeleute macht sich Anicetus auf den Weg. In der Zwischenzeit erreicht ein Diener der Mutter Neros Palast. Kaum erblickt ihn der Kaiser, wirft er ihm einen Dolch zwischen die Füße. Dann läßt er ihn, als sei er auf frischer Tat ertappt, in Fesseln legen, um vorgeben zu können, die Mutter habe die Ermordung des Princeps beabsichtigt und sich aus Scham über die Entdeckung der Untat selbst den Tod gegeben.[420]

Agrippinas Villa ist in der Zwischenzeit umstellt worden. Anicetus dringt in Begleitung der Flottenoffiziere Herculeius und Obaritus bis zu Agrippina vor, die sich mit einer Dienerin im Schlafzimmer aufhält. Die Mutter sagt ruhig zu Anicetus, wenn er gekommen sei, um nach ihr zu sehen, solle er melden, sie habe sich erholt. Sei er jedoch da, um ein Verbrechen auszuführen – von ihrem Sohn glaube sie nichts Böses; nicht befohlen sei der Muttermord!

Die Männer hören nicht hin. Herculeius schlägt Agrippina einen Stock auf den Kopf, und der Centurio versetzt ihr einen Stich. Daraufhin bietet sie dem Dolch ihren Körper dar, damit es ein rasches Ende nähme. Nach einer Quelle soll sie gebeten haben, den tödlichen Stich in den Unterleib zu führen, der einen so kriminellen Sohn getragen hatte.[421]

Der 23. März 59.

In Bacoli, 23 Kilometer vor Neapel, führt noch immer die *Via*

Agrippina zu einer Ruine, die lange als Agrippinas Grabmal angesehen wurde. Wahrscheinlicher ist dieses längst zusammen mit den Resten der Villa Caesars zerstört worden.

»Beschaute Nero den leblosen Körper seiner Mutter? Besang er dessen Schönheit? Agrippina wurde noch in der gleichen Nacht verbrannt, ohne Prunk, ohne Glanz. Und obwohl Nero über das Reich herrschte, schützte kein Grabhügel, kein Wall die Asche der Mutter. Doch getreue Diener errichteten ihr ein kleines Grabmal auf dem Weg nach Misenum, bei jenem Haus des Diktators Caesar, das sich an der höchsten Stelle des Küstenhügels befindet und den ganzen Golf beherrscht.«[422]

Soweit Tacitus. Nach Sueton, auch er kein Zeuge, eilt Nero herbei, um die Leiche seiner Mutter in Augenschein zu nehmen. Er soll ihre Glieder einzeln betastet, das Aussehen der einen getadelt, andere als schön bezeichnet haben. Dabei habe er Durst bekommen und in aller Ruhe ein Getränk zu sich genommen.[423]

Agrippina hat biographische Notizen hinterlassen. Tacitus und Plinius d. J. haben sie benutzt.[424] Heute sind sie verschollen.

Verbrechen und Reue

Nero kommt erst nach dem Verbrechen dessen Ungeheuerlichkeit zum Bewußtsein.[425] Den Rest der Nacht verbringt er schlaflos. Er glaubt die Stimme der Mutter zu hören, die ihn aus ihrem Grab ruft. Endlich tagt es. Als Burrus ihn in diesem Zustand sieht, schickt er ihm Freunde entgegen, die ihn zu seiner angeblichen Rettung beglückwünschen. Die Frage »Sie oder ich?« ist beantwortet.

Nero hält es für klüger, nicht sofort nach Rom zurückzukehren. Er schickt aus Neapel einen Brief an den Senat, in dem er Agrippina beschuldigt, ein Komplott gegen seine Majestät geschmiedet und ihn mit ihrem Machtstreben seit seinem

Amtsantritt nicht einen Tag verschont zu haben.[426] Zudem legt er ihr die unter Claudius begangenen Verbrechen zur Last. Auch versucht er, die Behauptung zu untermauern, der Schiffbruch sei ein Unfall gewesen, und beschuldigt den Diener seiner Mutter des versuchten Mordes.

Doch die zusammengestückelten Behauptungen lassen sich nicht aufrechterhalten. Niemand schenkt ihnen Glauben. Trotzdem tun alle so, als seien sie überzeugt. Nur Thrasea Paetus verläßt demonstrativ den Senat und bringt schweigend seine Mißbilligung zum Ausdruck.

Der Senat selbst bleibt Werkzeug. Er ordnet feierliche Dankgebete an die Götter an, die des Kaisers Leben geschützt haben. Der römischen Stadtgöttin Minerva, deren Fest in Baiae gefeiert worden war, werden Statuen errichtet. Agrippinas Geburtstag rechnet künftig zu den Unglückstagen Roms.

Als Nero nach vier Monaten in die Hauptstadt zurückkehrt, findet er diese ruhiger vor, als er befürchtet hat. Senat und Volk empfangen ihn festlich. Eine vermutliche Legende läßt den Kaiser jetzt seine Tante Domitia besuchen, die schwer erkrankt ist.[427] Sie hatte ihn als Kind aufgenommen, nun streicht sie über seinen kupferfarbenen Bart und äußert den Wunsch, der »Feuerbart« möge ihr seinen ersten Bartschnitt schenken. Nero läßt sich auf der Stelle rasieren und macht Domitia den Bart in einem goldenen Gefäß zum Geschenk.

Eine gegenläufige Legende, die Gegner aufgebracht haben[428]: Nero habe seiner Tante Gift gegeben, um an ihren Besitz bei Baiae und Ravenna zu gelangen. Nach dem Mord habe er auf den Besitzungen der Toten Lustschlösser errichten lassen. Diese Legende ist absurd: Domitia lag im Sterben. Es hätte wenig Sinn gehabt, sie zu ermorden.

Keine Legende: Der Muttermord verfolgt den Kaiser bis an das Ende seines Lebens.[429] Nero ist kein unverbesserlicher Soziopath, keine Persönlichkeit mit einem starken Defizit in der

Fähigkeit, die Gefühle der Mitmenschen und die eigenen richtig einzuschätzen.[430] Er ist emotional eben nicht tot, er zeigt weder Gefühlskälte noch fehlt ihm die Bereitschaft zur Reue. Wäre Nero so gefühlsarm, mitleidlos, grausam gewesen, wie Gegner ihm unterstellen, hätte er in wesentlichen Abschnitten seines Lebens, vor allem im letzten Halbjahr, anders reagieren müssen.

Hatte er früher gut geschlafen, wird er jetzt von Albträumen heimgesucht. So wird er im Traum vom Steuerruder eines Schiffes weggerissen, von seiner Frau Octavia in die Tiefe gezerrt, von einer Masse geflügelter Ameisen bedeckt oder von Statuen umstellt, die ihm den Weg versperren. Als er ein Jahr vor seinem Tod nach Griechenland reist, meidet er das 86 v. u. Z. von den Römern besetzte Athen auch deshalb, weil dort der Muttermörder Orest von den Furien verfolgt worden ist. Er wagt nicht einmal, an den Eleusinischen Mysterien teilzunehmen: Zu deren Beginn forderte ein Herold jeden, der ein Verbrechen begangen hatte, zum Verlassen des heiligen Ortes auf.[431]

Nero, als Kind allein gelassen, hat seine Mutter getötet. Er bleibt künftig erst recht allein. Seine Einsamkeit zu überwinden versucht der junge Kaiser immer wieder. Es gelingt ihm nicht. Da bricht die Sehnsucht, ein Künstler zu sein, wieder auf. Sie wird es sein, die ihn mit zu Fall bringt.

14.

KULTUR, EIN VERSUCH

Ererbte Tugend

Jede wirklich neue Idee ist eine Aggression.[432]

Nero wird dies zu spüren bekommen; der Wind bläst ihm ins Gesicht. Wo alle einer Regel folgen, provoziert es Gegenwehr, wenn einer der Gegenregel folgt, diese sich selbst gab und sie allen vorlebt.

Für sich, im privaten Raum, ist dieses Verhalten gerade noch akzeptabel, doch nicht öffentlich, total, eine Stadt und ein Volk einbeziehend, die von Augustus und den Seinen auf »Altrom« eingeschworen worden sind.

Nichts rief mehr Hohn hervor als Neros öffentliche Auftritte als Musiker, Dichter, Schauspieler, Rennfahrer. Hinter dem Verhalten des jungen Kaisers verbirgt sich nicht nur Leidenschaft für die Künste, sondern ein politisches und pädagogisches Programm.[433] Das macht alles noch schlimmer.

Nero wagt den Versuch einer Kulturwende von oben. Dieses Experiment läuft seiner Zeit weit voraus, scheitert und reißt seinen Schöpfer, der bald den Spitznamen *Graeculus*, kleines Griechlein, erhalten wird,[434] mit ins Unglück. Trotzdem sehen manche darin Neros originelle Leistung; nicht umsonst wurde seine Regierungszeit als *Neronismus* bezeichnet.[435]

Ist Scheitern schlimmstes Ergebnis eines Lebens? Sind nicht viele ihr Leben lang gescheitert? Standen sie nicht mit leeren Händen da? Scheitern kann nur in einem Milieu vermeintlicher Sieger als schlimm gelten. Man möchte nicht in einer Gesellschaft leben, welche die Verlierer nicht als Menschen akzeptiert. Sie ist unmenschlich.

Nero, ein Verlierer auf dem Thron, verfolgt ein Mammutprogramm. Er versucht nicht weniger, als die Mentalität der römischen Gesellschaft zu verfeinern und sie an die hellenistischen Sitten heranzuführen. Der Hellenismus war Rom längst bekannt – und bei Traditionalisten verpönt. Geradezu skandalös mußte es auf diese wirken, daß sich die verfemte Kultur Griechenlands mittlerweile auf einen römischen Kaiser stützen konnte.

Ein Kaiser, der mit Fremdem liebäugelte, war in Rom »nicht tragbar«, ein Lieblingswort aller Schwachen, die ihre Grenzen für das Maß der Dinge halten.

Hier stießen unvereinbar erscheinende Auffassungen aufeinander. Hier ging es um nichts Geringeres als um die Lehren vom wahren Menschen und vom richtigen Leben. Gymnastik und Sport, diese griechischen Einflüsse, wurden in Altrom nur anerkannt, solange sie dem militärischen Training dienten. Der Körper wurde vom Geist getrennt; er erlangte in der Schlacht seinen Wert. Für Altrömer war jede Art von Körperertüchtigung, die als Selbstzweck betrieben wurde, ein Zeichen von Schwäche und weibischer Verweichlichung.

Altrom sah sich durch seinen Kaiser – *seinen* Kaiser? – in ererbten Tugenden geschädigt. Was waren das für Tugenden? Welche Tauglichkeiten wurden erwartet?

Für das erste Verständnis der römischen Epochen wichtig sind die *Etrusker*. Durch sie wurde Rom ein Stadtstaat, und die Formen des staatlichen Lebens wie viele religiöse Bräuche (Vogelschau, Eingeweideschau, Götterstatuen, Tempel) waren anfangs in Rom rein etruskisch. Vieles davon, vor allem die Zeichen der Herrschaft (Thron, Rutenbündel, Krummstab der Priester) und die Verquickung von sakralen und politischen Kompetenzen, hielt sich bis in die späteste Epoche der Geschichte Roms.

Eng verwoben sind mit diesem Gemeinwesen und seinem Erhalt Erscheinungen und Bräuche, denen wir heute als Ausdrucksweisen des Aberglaubens mit Unverständnis begegnen. Die damalige Zeit nahm sie ernst, auch wenn sie sich zunehmend von den angestammten Göttern abwandte; Nero steht beispielhaft für diese Entwicklung.

Ein Beispiel für Riten der römischen Religion[436]: Der *flamen dialis*, oberster Priester des Jupiter, opferte am 13. November dem Göttervater unter völliger Stille einen weißen Widder, den er mit Salz und Weizenschrot bestreut und mit Wein besprengt hatte. Dieses Opfer, dieser Priester waren ein Muß. Doch der ranghohe Priester war gebunden an vielfältige, penibel einzuhaltende Verhaltensvorschriften, deren Ursprung tief in die

Vorzeit hineinreichte. Niemand kannte mehr ihre Bedeutung, niemand hätte gewagt, sie in Frage zu stellen.

So durfte der *flamen dialis* sich den Bart nur mit einem kupfernen Messer scheren. Er mußte eine wollene Toga tragen, die seine Frau gewebt hatte. Niemand durfte seinen Körper berühren. Ging er aus, umgaben ihn Diener mit Ruten, die jeden wegscheuchten, der ihm zu nahe kam. Der Anblick von Leichen und von Gräbern war ihm verboten. Auch durfte er keine vorbeiziehenden Soldaten sehen. Gesäuertes Brot zu essen, rohes Fleisch zu verzehren, vergorene Getränke zu sich zu nehmen, all das war ihm untersagt. Er durfte keinen Hund streicheln, kein Pferd reiten, keinen Knoten, kein Band an der Kleidung tragen, auch keinen Ring, weder arbeiten noch Arbeitenden zusehen, nicht schwören, seine Priesterhaube tagsüber nicht abnehmen, keine Laube aus Weinreben betreten. Und hätte er sich beim Ablesen der uralten heiligen Texte zum Opfer des Widders auch nur einen Versprecher geleistet, wäre die ganze Zeremonie ungültig gewesen.

Das ist Altrom, wie es leibt und lebt. Es ist kaum möglich, die Auseinandersetzungen des jungen Nero mit den Traditionalisten und Fundamentalisten Roms zu verstehen, wenn solche Voraussetzungen nicht mitbedacht werden.

Altvätersitten

Auf dem Hintergrund etruskischen Denkens wird der Grundsatz, sich an der Lebensweise der Vorfahren zu orientieren, oberste Norm Roms. Bis etwa zum Beginn der Punischen Kriege (Mitte des 3. Jahrhunderts v. u. Z.) ist Rom ein Bauernstaat. Noch gegen Ende der Königszeit gleicht die Stadt trotz ihrer beträchtlichen Ausdehnung im wesentlichen einem Pfahldorf mit ungepflasterten Straßen und Lehmhütten. Noch werden in der Innenstadt Ackerbau und Viehzucht getrieben.

Das Bauerntum bestimmt, wie die wirtschaftlichen und sozialen, so auch die ideologischen Grundlagen, auf denen Recht und Staat gewachsen sind. Aus dem Kleingrundbesitz wird die Basis für die politisch-militärische Staatsordnung abgeleitet. Mars, der als Kriegsgott Bekannte, ist auch der Gott des Landbaus, der Hüter der Felder und Fluren. Auf ihn, Vater des Romulus, gründet sich der römische Stolz.[437] Mars ist der Stammvater der Römer. Rom ehrt das Bauerntum und das Soldatentum in einem.

Die archaisch wirkenden Arvalbrüder, hochgeachtete Priester auf Lebenszeit, tragen eine weiße Kopfbinde mit Ährenkranz.[438] Sie erflehen bei der Flurgöttin *Acca Larentia*, der mythischen Pflegemutter des Stadtgründers Romulus, den Ackersegen. Sie bringen auch dem Mars Opfer dar, bitten den Flurgott um Segen für die Saat.

Landbau und Viehzucht bestimmen die Lebensaufgabe des Volkes. Der altrömische Bauernhof ist weithin autark, er beschafft seinen Bedarf durch Eigenerzeugung und ist insoweit vom Markt unabhängig. Als wirtschaftliche und soziale Einheit hat sich die Einzelfamilie herausgebildet, die auf dem Einzelhof lebt. Die Familie beruht auf dem Besitz. Ihre rechtliche Grundlage ist in erster Linie nicht die Blutsverwandtschaft *(consanguinitas)*, sondern die Gewalt des Familienvaters *(patria potestas)* über sein ererbtes Vermögen, das auch in Menschen (»Herde der Sklaven«) besteht.

Der größte Teil des Grundbesitzes gehört in geschichtlicher Zeit einer Herrenschicht von Großbauern. Diese stellen die Reiterei und damit die Kerntruppe des Heeres, während alle übrigen als Hilfssoldaten herangezogen werden. Mit der Zeit macht Reichtum glänzender als Adel. Reiche Familien – auch die der späteren Kaiser – sorgen mit ihrem Vermögen für die Stadt. Sie bieten dem Volk, was es will: Getreide zum Lebensunterhalt und Spiele zur Unterhaltung *(panem et circenses)*. Und sie errichten

Bauten. Der Begriff *monumentum* für ein Gebäude versteckt nur unzulänglich, was beabsichtigt ist: ein Denkmal für Größe und Freigebigkeit *(liberalitas)* der Bauherren.

Solche Maßnahmen mehren Ansehen und Einfluß, verstärken nicht zuletzt die sozialen Beziehungen, zumal sie Schuld- und Dankbarkeitsgefühle beim Volk aufbauen und stabilisieren. Das Geld für ihre Leistungen beziehen die Familien vor allem aus der Landwirtschaft. Der nach Senatoren und Rittern dritte Stand, die einfache, nicht privilegierte Bevölkerung, wird hauptsächlich durch das sogenannte Proletariat gebildet. Bürger der untersten Klasse zählen zu ihm, Menschen, die dem Staat nur durch ihre Nachkommenschaft *(proles)* dienen können. Sie leiden in der Metropole mit ihren überhöhten Preisen für Miete und Lebensmittel Armut und Not.

Freiheit setzt Wohlstand voraus, das alte Lied. Nur wenn ein römischer Bürger in der sozialen Hierarchie oben angesiedelt ist, kann er sich Gedanken über die Sitten machen und sich diese auch leisten: Die römischen Werte – und Tugenden – sind dann für ihn, patriarchal nach ihrem Rang geordnet, die rechte Lebensführung, die an den Erfordernissen einer bäuerlichen Welt gemessen wird: : *labor*, mühevolle Tätigkeit, Selbstmodellierung von männlichem Verhalten[439], *constantia*, Durchhaltevermögen, *gravitas*, Würde, Strenge, Akzeptanz der von den Ahnen vorgegebenen Werte, *modestia*, Selbstbescheidung, *industria*, Entschlossenheit, die Natur den eigenen Plänen dienstbar zu machen und sie, falls nötig, rücksichtslos umzugestalten.[440]

Den Römern, diesen Bauern und Soldaten, gelten Ernst, Sparsamkeit, Sittsamkeit und kriegerisch-männlicher Kampf *(certamen)* als Ausdrucksformen ihrer Tugend und Tauglichkeit. Gymnastik und unsittliches, unernstes Herumgehopse passen nicht zu Rom.

Kaiser Nero weiß das anscheinend nicht. Wer nur waren seine Lehrer?

Zu den erwähnten Tugenden treten die Einordnung in die Gemeinschaft, die sich im Gehorsam gegen Vater, Magistrat, Feldherrn konkretisiert *(disciplina)*, das Pflichtgefühl *(pietas)* gegen Götter und Eltern, das Streben nach jenem Ruhm in Politik und Krieg *(gloria)*, der Ansehen *(dignitas)* und Einfluß *(auctoritas)* mit sich bringt, aber auch das Streben nach Freiheit *(libertas)*, doch nicht des Volkes, sondern des Adels gegenüber Königen und Tyrannen. Unter den Soldaten, die sich auf 16 (Garde) bis 26 Jahre (Flotte) verdingen[441], ist die unbedingte Treue *(fides)* zum Feldherrn eine selbstverständliche sittliche Pflicht. Die *fides* (Zuverlässigkeit, Glaubwürdigkeit, Redlichkeit) bezeichnet das Nahverhältnis zwischen Soldat und Feldherr und die in diesem begründeten Verpflichtungen. Die *fides* ist so wichtig, daß sie als Gottheit personifiziert und verehrt wird. Den Verletzer trifft die Verachtung der Gesellschaft, die in ihren vielen Verästelungen nach dem Modell einer *face-to-face-society* organisiert ist.[442]

Nero wird unmittelbar vor seinem Tod die *fides* zitieren.

Der Inbegriff aller positiven Eigenschaften, die einem Römer zugeschrieben werden können, ist die Tauglichkeit eines Mannes für das Leben in der Gemeinschaft, die ernste, strenge Mannestugend *(virtus)*; sie ist als Göttin der militärischen Tapferkeit personifiziert. Auch hier erweist sich die Werkzeug-Natur der Tugenden.[443] Rom konnte Männer der *virtus* brauchen, vor allem im Krieg, und so muß es diese Tugend preisen. Vielleicht ist aber nicht alles so hehr, wie es scheint. Vielleicht gilt auch jener als der Beste, der sich am raschesten duckt. Vielleicht hat sich längst schon eine Gesellschaft von Sittenschnüfflern entwickelt, wo einer den anderen kontrolliert, ob er tugendhaft genug sei.

Die Konventionen sind labil. Doch viele altrömische Wertbegriffe leben heute nicht nur in Fremdwörtern weiter. Sie sind, in allen Schichten, Bestandteile der Erziehung. Sie sind tauglich, lassen sich nutzen. Wofür? Die Frage muß von Fall zu Fall, von Tugend zu Tugend, gestellt und beantwortet werden.

Die *familia* ist als Hausverband straff organisiert und umgreift Personen, deren soziale Position sich qualitativ unterscheidet.[444] Die Machtfülle des römischen Hausvaters reicht weit über die des germanischen und griechischen hinaus. Sparta hatte die Familie zurückgedrängt, um auf diese Weise zu sichern, daß sich jeder bedingungslos für das Gemeinwesen einsetzte. Die Römer wollen dieses Ziel dadurch erreichen, daß sie die Gewalt des Vaters stärken. In den Familien werden die Verhaltensweisen eingeübt, die für den Staat wichtig sind: Pflichtgefühl, Disziplin, Gehorsam.

Horaz, Besitzer einer Zwölfzimmervilla, dem Geschenk des Maecenas[445], verkündet eine Art mannstarker Askese, eine Antriebsstruktur, die der Erfüllung der Triebe entgegengerichtet ist.[446] Nur disziplinierte Leidenschaft ist gesellschaftsdienlich.

Feigheit, Faulheit, unernster Müßiggang, unanständige Ausschweifung, weibisches Verhalten gelten Männern als Laster, die der Stadt und dem Weltkreis Schande bereiten. Freilich finden sich schon unter Augustus selbst im Senat verschiedene Herren, denen Faulheit, Weigerung, ein Amt zu übernehmen, Desinteresse am politischen Geschehen vorgehalten werden konnten. Wir werden darauf zu achten haben, inwieweit Reden und Tun bei Senatoren auseinanderfallen. Offenbar schaffen es nicht alle Männer, wie Männer zu leben.

Beschämende Kunst

Soweit die herrschende Kultur. Und nun tritt ein junger Mann, ein Kaiser, auf, um diese Kultur umzuwenden, wenn nicht abzuwenden. Er kann kaum anders. Daher begeht er die schlimmsten Fehler. Seine Methoden wirken abartig. Er singt, er dichtet, er turnt. Er ist ein Künstler.

»Wer nicht singt, kann sich nicht vorstellen, was Singen für eine Lust ist.« (G. García Márquez[447])

Altrom steht entsetzt: Künstlerische Veranstaltungen waren eines Römers, selbst eines Freigelassenen unwürdig. Tugenden waren woanders angesiedelt. Tacitus spricht mit Verachtung von denjenigen, die sich in Kampfspielen anstelle des Kriegs- und Waffendienstes üben. Männer, Söhne von echten Vätern verhalten sich anders[448]: »Wird die Gerechtigkeit gefördert, werden die Ritter ihr Richteramt besser ausfüllen, wenn sie mit Kennerohren weibischen Klängen und süßlichem Wohllaut der Stimmen gelauscht haben?«

Römer sind richtige Männer und Väter. Das Schlimmste, was ihnen passieren kann, ist Verweichlichung. Sie bedeutet Feminisierung.

Ist Nero, wie ihm vorgehalten wird, ein femininer Mann? Kann er das Image des Muttersöhnchens abstreifen? Er kümmert sich kaum um solche Vorwürfe. Er sieht sich als Künstler aus Berufung.

Was bedeutet das? Ein Kaiser namens Nero, nicht mehr als ein Dilettant, beachtet die für Sänger und Spieler der Kithara geltenden Vorschriften ängstlich genau.[449] Er setzt sich nicht, wenn er müde ist, spuckt nicht aus, trocknet den Schweiß nicht mit dem Ärmel ab, zeigt den Preisrichtern gegenüber Respekt, umschmeichelt sie als Männer von Geschmack und Bildung. Als ihm bei einem Auftritt ein Stab aus der Hand fällt, hebt er ihn flugs auf und ist voller Sorge, daß er wegen dieses Mißgeschicks vom Wettkampf ausgeschlossen werde.[450]

Und er redet das Volk mit den seltsamsten Worten an: »Ihr Herren, schenkt mir geneigtes Gehör!« Der Kaiser und das Volk: Ihr »Herren«? Eine Schande für den Adel, für das Kaiserhaus. Soll sich Rom einem Komödianten beugen, der das Knie vor Nichtsnutzen beugt?

Ist Nero mit seinem Vortrag fertig, empfiehlt er sich aufs

neue, buhlt um die Gunst der Hörer, erwartet den Urteilsspruch. Die Folgen sind abzusehen. Der Kaiser auf Knien? Eine Schande für die Weltmacht.

Noch trifft jeden, der sich auf öffentlicher Bühne zur Schau stellt, um die Kurzweil des Volkes zu bedienen, bürgerliche Ehrlosigkeit[451], gleich dem unehrenhaft entlassenen Soldaten, dem Kuppler, Dieb, Betrüger.

In der griechischen Kultur stand kein nur militärisch getrimmter *certamen* im Zentrum: Auf sportlichem wie auf künstlerischem Gebiet wurde im Spiel, Wettstreit, Wettkampf *(agon)* gekürt, wer seine Fähigkeiten am weitesten entwickelt hatte. Die Kultur war auf einen Menschen ausgerichtet, der sportliche Leistung und körperliche Schönheit mit Empfindsamkeit und Intelligenz zu vereinen wußte.[452]

»Da das Siegen- und Hervorragenwollen ein unüberwindlicher Zug der Natur ist, älter und ursprünglicher als alle Achtung und Freude der Gleichstellung, so hatte der griechische Staat den gymnastischen und musischen Wettkampf innerhalb der Gleichen sanktioniert, also einen Tummelplatz abgegrenzt, wo jener Trieb sich entladen konnte, ohne die politische Ordnung in Gefahr zu bringen.«[453]

In einem widerstrebenden Rom bürgerten sich die griechischen Kampfspiele der Athleten und der musischen Künstler als letzte ein.[454] Erst Neros Vorliebe für solche Sitten förderte die Popularisierung dieser Schauspiele. 60 stiftet der Kaiser das erste nach griechischem Vorbild organisierte Fest mit verschiedenen Arten des Wettkampfes: Wagenrennen, Gymnastik, Gesang, Musik, Poesie, Beredsamkeit. Diese *Neroneen* sollten ausgerechnet als römisches Staatsfest alle fünf Jahre gefeiert werden.

Vermutlich sind sie gleich nach seinem Tod wieder eingestellt oder zumindest unter anderen Namen abgehalten worden.[455] Rom stand nach wie vor beiseite. Altrömer lamentierten, die Jugend büße durch Übung der Körperkraft die sittliche Kraft ein.

Oder, so Lucanus, die jungen Männer würden durch das Umhertreiben auf dem Ringplatz schlaff, also unfähig, Waffen zu
tragen.[456] Und, so Plinius d. J.,[457] die von altrömischen Veteranen geleiteten Waffenübungen seien neuerdings durch unnütze
Turnübungen verdrängt. Seneca schimpft schließlich auf die
dümmlichen Turner, stumpfsinnige Athleten, die ihr Leben mit
Schwitzen und Trinken verbringen sowie mal eine Mast, mal eine
Diät brauchen. Ihre Kunst ist schlichtweg Öl und Dreck.[458]

Kein Zufall, daß »in der römischen und italischen Bildhaue-
rei jene idealtypischen Athletenfiguren fehlen, die in der griechischen Kunst das Bild des Menschen darstellen«[459]. Die Griechen liebten »zierliche und zärtliche Phrasen«; Griechisch war
die – weibliche – Sprache der Liebenden.[460] Die Römer liebten
Ordnung und Zucht, das hieß Männlichkeit.

Und Kunst trägt Chaos in die Ordnung.

Der Fehler vieler Moralisten liegt darin, daß ihnen peinliche Phä-
nomene weniger zuwider sind als die Leute, die darüber schreiben. Solche Menschen bezeichnen einen Autor immer noch als
unmoralisch, wenn er es ablehnt, Dinge zu verschweigen, die
nun einmal existieren. Kunst und Moral lassen sich nicht ganz
voneinander trennen. Ihr Zusammenhang ist nur diffiziler. Er
hat nicht mit dem Lebenswandel des Künstlers zu tun. Die Moral der Kunst spricht sich im Kunstwerk aus, nicht in der Person
des Künstlers (W. Schmied).

Männlichkeit? Die Römer, nach christenfreundlichen Autoren ein »entmenschtes Volk«[461], pflegten gewalttätige Vorstellungen wie die Kämpfe der Gladiatoren (von *gladius*, Kurz-
schwert). Fiel ein Gladiator, und das möglichst blutig, erscholl
Jubel.

Vorsicht mit den Urteilen: »Die Grausamkeit gehört zur ältesten Festfreude der Menschheit.«[462] Claudius, als Kind furchtsam und unmännlich, hatte mit der Zeit ein brutales Vergnügen

an den Schlächtereien in der Arena gefunden.[463] Nero, der traditionell als »Held des Sadismus« verhöhnt wird[464], distanzierte sich von seinem Vorgänger, erfüllte nicht alle Wünsche.

Er hatte andere Interessen, die falschen. Öffentliche Schaustellungen galten als Genre für Menschen niedriger Herkunft. Künstlerische Veranstaltungen, ob Poesie, Theater, Tanz, waren eine Sache für Höflinge, Gaukler und Narren. Ein Adliger durfte solche Neigungen privat pflegen, falls ihm daran lag, was sich kein Mann vorstellen wollte. Pantomime und Tanz, die als verderbt galten, waren von vornherein verboten. Nie war es gestattet, mit einem als weibisch verdächtigten Gebaren an die Öffentlichkeit zu treten, seine lasterhafte Veranlagung damit zur Schau zu stellen, das Gesicht zu verlieren, den Stand zu verraten.

Nero, das Kind, der Jugendliche, der Kaiser, liebte dies alles, tat dies alles.

Die einzige zugestandene literarische Gattung war lange Zeit die Redekunst, die politischen, keinen künstlerischen Zwecken diente. Doch Waffe der Männer ist auch die veröffentlichte Schrift. Das »literarische Patriarchat«[465] ficht an allen Fronten.

Nero hat nicht viel damit im Sinn.

Obwohl er seine Kulturwende nur allmählich voranbringt, stoßen die Neuerungen bei einem Großteil der Aristokratie auf Ablehnung. Tacitus nennt die neuen Sitten im Sinne altrömischer Prinzipien »verachtenswert, entwürdigend, schändlich und degeneriert«.[466] Auch Juvenal hält Nero nicht so sehr vor, daß er seine Mutter hatte ermorden lassen, sondern daß er Gedichte und Tragödien schrieb und sich als Sänger produzierte, eine »Singnutte auf fremden Bühnen«[467].

»Ich liebe die großen Verachtenden, weil sie die großen Verehrenden sind und Pfeile der Sehnsucht nach dem andern Ufer.«[468] Also sprach Zarathustra.

Hatte Kaiser Claudius gelehrte Werke verfaßt, doch in Prosa, war Nero der erste und blieb der einzige Kaiser, der die Poesie nicht nur als Spiel und Freizeitbeschäftigung betrieb. Er vertrat den Anspruch, in der Welt der Dichtung eine Rolle zu spielen. Er war der erste Kaiser, der sich – in Seneca – eines Ghostwriters bediente.[469] Je geringer seine spezifisch wissenschaftliche Bildung, desto vielseitiger war sein Dilettantismus in den schönen Künsten, vor allem in der Musik, in der er seine Hauptstärke zu haben glaubte.

Musik? Sie gilt als heilige Kunst und genoß Ansehen. Bereits für das 4. Jahrhundert v. u. Z. sind Bühnendarbietungen mit Musik belegt. Beliebt waren pantomimische Tänze nach etruskischem Vorbild. Schauspieler, Mimen und Musiker bildeten eine Art Bühnengenossenschaft *(histriones)*. Die Übernahme und Nachbildung der griechischen Dramen führte zu Sprechgesang, Arien, Chören. Die griechische Lyrik wurde in Latein nachgeahmt; so waren die Gedichte von Catull und Horaz für Chöre und für Sologesang mit Begleitung der Lyra, Kithara, Laute und Harfe gedacht. Ein umfangreiches Liedschaffen ist nachzuweisen: Ammen- und Kinderlieder, Tisch- und Schlaflieder, Spott- und Liebeslieder, Soldatenlieder, Klagelieder.

Musik war ein Bestandteil römischer Feste, Abendgesellschaften, Theateraufführungen, Spiele. Entsprechend vielfältig ist das Instrumentarium der Römer, über das zahlreiche Texte Auskunft geben.[470] Die Musik der Römer zeigt nicht die Eigenständigkeit der griechischen Musik. Bilddarstellungen und literarische Quellen bezeugen jedoch, daß sie im Kult, in der Gesellschaft, zur Tafel, zum Tanz, zur Arbeit und im Heer eine große Rolle spielte. In der Kaiserzeit gibt es Unterhaltungsmusik zu den Schaukämpfen in den Amphitheatern. Für die Römer gehört Musik zum alltäglichen Leben. Zu jedem gesellschaftlichen Anlaß sind Musiker eingeladen. Musik begleitet Sport, Arbeit, Bankett.

In Rom treffen sich Künstler aus allen Provinzen, Liedermacher, Schlagersänger, Damenkapellen aus dem Orient,

Tänzerinnen aus Andalusien. Musiklehrer haben Hochkonjunktur. Bürger wollen sich in einem Instrument versuchen.

Die meisten Musikinstrumente der römischen Antike sind noch in Gebrauch, wie das gerade und das gebogene Blashorn, die Panflöte, Querflöte, Trommel, Kymbala und sogar die Lyra, die heute in Äthiopien vertreten ist. Andere haben die Antike nicht überlebt: So die von Nero geliebte Wasserorgel.

Das griechische Tonsystem weist einen geringeren Umfang auf als das unsere. Manche Instrumente kennen nur vier Töne, andere einen einzigen. Der Schwerpunkt der Instrumentalmusik liegt nicht auf dem Zusammenspiel mehrerer Instrumente, sondern im Solospiel, in der Wirkung des Instruments, in der Virtuosität des Künstlers.[471]

Zunächst war die Musik vor allem auf zwei Instrumente beschränkt, auf die Kithara *(lyra)* und den Aulos *(tibia)*, ein ursprünglich beinernes Rohrblattinstrument, das meist in Form zweier mit einem Mundstück verbundener Röhren gespielt wurde und kecke, leidenschaftliche, dramatische Töne produzierte. Dieses von den Etruskern übernommene römische Nationalinstrument wurde sehr geschätzt.

Die Kithara, ein dem Apoll geweihtes Saiteninstrument ohne Griffbrett, wurde an einem Schulterband getragen. Ihr großer Resonanzkasten war vorne flach, hinten gewölbt und unten gerade. Ihre 7, später 11 bis 18 Darmsaiten liefen über einen Steg zum Joch. Die rechte Hand spielte oder zupfte, die linke dämpfte die Saiten. Die Kunst, sie mit einem Bogen zu streichen, blieb unbekannt; sie wurden entweder mit der Hand gespielt oder mit einem kleinen Stäbchen *(plectrum)* angeschlagen. Die Kithara war ein als männlich geltendes, doch auf Grabsteinen in der Hand von Mädchen dargestelltes[472] Instrument, und ihre Spieler erlangten einen höheren Rang als der weibliche Aulos und seine Spieler, weil die Kunst der Kithara schwerer zu beherrschen war[473]. Ein Virtuose, der auf sich hielt, spielte beide Instrumente. Besonders schwierig war es, zur selbstgespielten Kithara zu singen. Wer diese Kunst beherrschte, konnte sich mit Stolz *Kitharöde* nennen.

Kitharöden wußten, was sie wert waren, und traten in einer eigenen Festtracht auf, einem langen, goldgestickten Talar und einem purpurnen, buntverzierten Mantel, einen goldenen, edelsteingeschmückten Kranz auf dem Kopf, die kunstvoll gearbeitete, reich geschmückte Kithara in der Hand.

Fast könnte man meinen, Nero hätte zum Kitharöden werden müssen. Der Kaiser spielte und sang nicht nur selbst, er beschenkte seine Künstlerkollegen auch reichlich: Der Kitharöde Menecrates[474] ersang sich von Nero einen Palast, ein Landgut.

Unter Neros Gönnerschaft kam weithin die Wasserorgel *(hydraulos)* auf. Ktesibios, ein alexandrinischer Techniker, soll sie um 246 v.u.Z. erfunden haben. Der Name ergab sich aus der Technik: Das Gewicht des Wassers sorgte für beständigen Luftdruck in der Windlade. Die Wasserorgel wurde zu einem der beliebtesten Instrumente in Rom. Kaiser wurden begeisterte Organisten. Die Orgel gehörte zum Inventar der Garnisonsmusik in der Provinz. Das aufwendige Instrument hielt sich etwa dreihundert Jahre am Hof, im Theater und bei Wagenrennen.

Die Ausdruckskraft der antiken Musik war nicht unbedeutend; immerhin wurde den Instrumenten die Kraft zugeschrieben, die Herzen der Hörer zu rühren. Die Sparsamkeit in den Mitteln erreichte höchste Wirkungen.

Doch vielen klang alles mißtönig. Singen, Lyraspielen hatte etwas Weibisches an sich, meinten sie, verweichlichte die Jugend. Die Kritiker bildeten seinerzeit eine förmliche Front zur Verteidigung der altrömisch mannstarken Kultur und nahmen Stellung gegen die hellenistische.

Hatte es in der Frühzeit noch keine Berufsmusiker gegeben und waren Gesang, Spiel und Tanz Sache aller, besonders auch der Frauen gewesen, fanden sich später Spezialisten *(musici)*, die zumeist im Dienst einer hochgestellten Persönlichkeit standen. Rom kannte zudem Musikersklaven, besonders aus der hellenistischen Welt, die eine Schlüsselstellung im Musikleben einnahmen. Orchester im heutigen Sinn gab es nicht, doch liebten es die Römer – im Gegensatz zu den Griechen –, die Klänge verschiedener Instrumente zu mischen. Die Mischung der Klänge war aber nicht jedermanns Geschmack. Altroms Moralisten sprachen von »dekadenter Musik«. Dies hinderte die Römer nicht daran, sich zu begeistern.

Spiele der Jugend

Nero ging voran und brach mit Traditionen. Seine Auftritte als Sänger, Lyraspieler, Musiker, Schauspieler und Wagenlenker konnten vermitteln, daß die Kunst in ihren verschiedenen Ausdrucksformen an sich erhaben ist und keine Klassengrenzen kennt. Sie schließt Reiche und Arme, Aristokraten und Plebejer ein.

Neros Teilnahme an künstlerischen Veranstaltungen stand freilich am Ende einer längeren Entwicklung. Sein Debüt 64 in Neapel fand zehn Jahre nach seiner Thronbesteigung statt. Dieses Jahrzehnt hatte er darauf verwandt, organisatorische, kulturelle und propagandistische Voraussetzungen zu schaffen, die zur Hellenisierung des römischen Lebensstils notwendig waren. Nero trieb nicht nur die Lust an der Selbstdarstellung, seine Motive reichten weiter.

Die Zurückhaltung dürfte ihm nicht leichtgefallen sein. Musik, die im verborgenen bleibt, habe keinen Wert, soll er sich beschwert haben. Doch um seiner Reform Glaubwürdigkeit zu verschaffen und – letztlich erfolglos – zu verhindern, daß das gesamte Vorhaben für die Marotte eines verrückten Kaisers gehalten wurde, ging er langsam vor.

Den Anfang machten Ringkampfschulen und Sporthallen sowie der Aufbau kaiserlicher Schulen. Hier konnten alle, die an den von ihm gestifteten Sport- und Musikwettbewerben teilnehmen wollten, eine entsprechende Ausbildung erhalten.

Als Nero gegen Ende seiner Regierungszeit öffentlich aufzutreten begann und an offiziell ausgeschriebenen Wettbewerben teilnahm, wurden über fünftausend robuste junge Männer aus dem Ritterstand und aus dem Volk seine Claque. Sie sollten gegen stattliche Handgelder die verschiedenen Arten der damaligen Beifallsbezeigung einüben, das »Bienensummen«, den »Hohlziegelton«, den »Flachziegelton«.[475]

Die ersten im Jahr 57 von Nero organisierten Spiele standen noch im Zeichen der Tradition. Die klassischen Gladiatorenkämpfe fanden statt, wenn ihnen auch der Rausch des Blutvergießens genommen war.[476] Bisher waren verurteilte Verbrecher im Rahmen solcher Spiele zur Schau gestellt und grausam getötet worden. Nero will es anders. Sein Wunsch bricht freilich mit der Tradition und zerstört allmählich einen ganzen Wirtschaftszweig: Gladiatorenschulen, Zuliefererbetriebe, Wettannahmebüros.[477] Das verschafft ihm keine Freunde.

Nebenbei: Auf Neros Veranlassung hatte der Senat bereits 59 nach einer Schlägerei unter den Zuschauern in Pompeji, die Verletzte und Tote gefordert hatte, ein Verbot von Gladiatorenkämpfen für zehn Jahre über die Stadt verhängt.[478]

Kein Blutvergießen mehr: Bei einem Schauspiel Neros klaffte der Boden der Arena auseinander, und aus unterirdischen Kammern stieg ein Zauberwald von goldschimmernden Gebüschen mit duftenden Springbrunnen auf. Aus der Tiefe gestiegene Ungeheuer fremder Zonen tummelten sich in diesem Wald. Die Maschinerie war perfekt.

Größtes Spektakel bot eine Seeschlacht *(naumachia)*. Sie fand auf einem eigens dafür geschaffenen See statt, in der Arena des von Nero auf dem Marsfeld erbauten hölzernen Amphitheaters.[479] Schon Agrippina hatte an der Seite des Claudius einer solchen

Schlacht am Fucinersee beigewohnt, bei der 19 000 Sklaven bis zum Tode fochten; über Agrippinas Mantel aus gewebtem Gold sprach Rom noch lange.[480]

Auch die Spiele von 59 waren eher traditionell ausgerichtet, jedoch wurden bereits Theaterstücke eingeschoben, bei denen neben den Berufskünstlern auch Senatoren und Ritter auftraten. Nero hatte sie durch hohe Gagen dafür gewonnen.

Im gleichen Jahr wurden die *Iuvenalia* gefeiert, von Nero für die Jugend vorgesehene Spiele. Den Anlaß bot wahrscheinlich Neros erster Bartschnitt, über den wir bereits aus einer Legende erfahren haben. Bei den Römern wurde dieser Anlaß als Familienfest begangen. So hatten die Iuvenalia privaten Charakter.

Die Spiele fanden vor geladenen Gästen in den Gärten jenseits der Tiberschleife statt. Diese Gärten *(ager Vaticanus)* waren im Besitz des Kaiserhauses. Caligula hatte einen Circus errichten lassen; hier erhob sich der – heute in der Mitte des Petersplatzes stehende – Obelisk aus Heliopolis, für dessen Transport ein eigener 400-Tonnen-Schleppkahn hatte gebaut werden müssen.[481]

Musik-, Theater- und Tanzwettbewerbe wurden veranstaltet, an denen viele Adlige teilnahmen. Zum Schluß nahm Nero die Kithara zur Hand und sang selbstkomponierte Lieder. Strenggenommen handelte es sich nicht um einen öffentlichen Auftritt: Der Kaiser sang für seine Gäste, wie er es im Palast zu tun pflegte.

Tacitus wettert dennoch gegen den Kaiser – »als letzte Schandtat betrat Nero selbst die Bühne« – und gegen die Aristokraten, die sich dazu hergegeben hatten: »Nicht Adel, nicht Alter oder frühere Ehrenämter bedeuteten für jemand ein Hindernis, eines griechischen oder römischen Schauspielers Kunst einzuüben bis hin zu unmännlichen Gebärden und Singweisen.«[482]

Damit ist das Stichwort gefallen: »unmännlich«, sprich: weibisch, effeminiert.

Im übrigen, der vergleichsweise geringe Vorwurf, spielten sich die *Iuvenalia*, so die Perspektive des Tacitus, in einer Atmosphäre kollektiver Orgien ab: Die gewöhnliche, die schmallippige Kritik der Alten, die auf Altes setzen und Neues als obszöne Neuerung betrachten. Sie bringen kein Verständnis auf für die Jugend und ihre Bedürfnisse: *»Gaudeamus igitur, iuvenes dum sumus«*? Vergessen sind die früheren Erlebnisse. *»Sunt pueri pueri, pueri puerilia tractant«*? (»Jungen sind Jungen – und tun, was Jungen tun«)? Verdrängt sind die frühen Jahre.

Ein Kaiser, früher ein elitärer Junge *(puer eminens)*, muß erwachsen sein, mindestens so erwachsen wie seine Kritiker. Dabei ist Nero gerade Anfang Zwanzig. Ist es nicht verständlich, daß er, um seine Kindheit betrogen, leben will?

Viel Zeit bleibt ihm nicht.

Nimmt ihm sein schimpflicher Tod das Recht auf eine Biographie, auf die Beschreibung seines *Lebens*? Oder muß es eine Thanatographie sein, eine Deutung vom Ende, vom Tod her? Ich meine nicht.

15.

SORGE UM BRITANNIEN

Eine schwierige Provinz

Leben heißt für einen Kaiser nicht nur Spiel. Genug vorerst mit der Kunst. Bei der Thronbesteigung hatte es Nero mit einem ungelösten Problem zu tun bekommen. Sein Name: Britannien.

Das Land verfügte über reiche Bodenschätze, darunter silberführende Bleiminen und Zinnvorkommen, deren Verpachtung Jahresgewinne von mehreren hundert Millionen Sesterzen versprachen.[483] Auch aus militärischen Gründen legten sich Eroberung und Befriedung nahe: Gallien in Ruhe zu halten, schien unmöglich, solange die britischen Inseln eine Zuflucht für Friedensstörer darstellten.

Die hundert Jahre zuvor von Julius Caesar durchgeführte Invasion Britanniens zählte zu den weniger gelungenen Unternehmungen dieses Feldherrn. Es stellte sich heraus, daß seine sogenannte Invasion kaum mehr gewesen war als eine Rekognoszierung.[484] Caesar war zweimal an der Südostküste gelandet und kaum ins Land vorgedrungen. Augustus wollte die Grenzen des Reichs nicht über den Kanal ausdehnen. Tiberius hatte kein Interesse; er kümmerte sich kaum um die bereits eroberten Provinzen.

Erst Claudius, der Gelehrte, setzte mit fünf Schiffen, zweimastigen Schnellseglern, die mit Decks für Ruderer ausgestattet waren, über den Kanal *(mare Britannicum)* und eroberte den Südosten der Insel. Dieses Gebiet erstreckte sich bis zu einer Linie, die von Seaton (Devonshire) nach Nordosten bis Lindum (Lincoln) führte. Innerhalb dieser Grenzen gab es zwei formal unabhängige, doch tributpflichtige Staaten: das sogenannte Regnum und den Staat der Icener. Aber die Verhältnisse blieben instabil. Die Britannier fühlten sich gedemütigt. Jenseits der Grenzen lebten Stämme, die eine ständige Bedrohung darstellten.

Nero dachte zwischen 54 und 56 daran, die Insel aufzugeben, da sie schwer zu verteidigen war und es an Truppen mangelte. Vielleicht endete das Unternehmen Britannien sogar in einem Desaster, wie es Augustus im Jahr 6 beim Aufstand der Pannonier und der Niederlage im Teutoburger Wald im Jahr 9 erlebt hatte. Dann jedoch verzichtete Nero auf den Rückzugsplan, weil er fürchtete, das ruhmvolle Andenken *(gloria)* seines Adoptivvaters Claudius zu beschädigen.[485]

So faßte der Kaiser den Entschluß, in Britannien eine Pufferzone einzurichten. Den Mann für diese Aufgabe hatte er gefunden: Cogidubnus, den Herrscher des Regnums. In Rom gab es neben der pazifistischen Fraktion, die von Nero, Seneca, Burrus vertreten wurde, in militärischen Kreisen und im Senat eine starke Gruppe von Kriegsbefürwortern.

Da der Kaiser noch auf den Senat Rücksicht nahm, beschloß er, zuerst in Wales aufzuräumen. Die Operation wird 58 dem Statthalter Quintus Veranius und nach dessen überraschenden Tod dem »Falken« Suetonius Paulinus anvertraut. Diesem gelingt es, die strategisch wichtige, als uneinnehmbar geltende Insel Mona (Anglesey) zu erobern. Da bricht der Aufstand der Icener aus.

Aufstände statt Spiele

Ausgelöst wurde die Revolte durch den Tod des Königs Prasutagus, der als verlängerter Arm Roms die Icener regiert hatte.[486] In seinem Testament hatte er Nero gemeinsam mit zwei Töchtern als Erben eingesetzt. Wahrscheinlich wollte er sein Volk und seine Familie dadurch vor Übergriffen bewahren. Seine eigentliche Absicht, dem Kaiser zwar die Ehre zu erweisen, doch die Unabhängigkeit seines Staates zu bewahren, trat unverhüllt zutage. Rom entschied, das Reich der Icener der Provinz einzuverleiben. Und Legionäre dringen vor, verwüsten den Palast, schänden die Töchter des Prasutagus.[487] Boudicca, die Witwe, rebelliert zu Recht. Sie ist ein furchterregendes Mannweib *(virago)*, »sehr hochgewachsen von Gestalt, in ihrem Aussehen höchst erschrecklich, mit wildem Blick und rauher Stimme. Das üppige blonde Haar fiel ihr bis auf die Hüften herab.«[488]

So schildert ein parteilicher Mann, Tacitus, eine fremde, ihm unbekannte Frau. Alles paßt ins Klischee. Nun, diese Frau hält vom Kaiser und Weltbeherrscher nicht viel und heißt ihn »Fräulein Domitia Nero«. Das bedeutet auf dem Hintergrund des römischen Männerstolzes, der tragenden Säule des Selbstverständnisses, eine unübertroffen schwere Beleidigung. Eine Frau eine *virago* zu nennen, ging bei der Betroffenen durch, zumal die Bezeichnung etwas Heroinenhaftes in sich trug. Doch einen Mann, den Kaiser, ein »Fräulein« *(virgo)* zu heißen, ging zu weit. Es löste Assoziationen aus: Weibisch war das Synonym für verweichlicht. Dasselbe Verdikt wird im dritten Jahrhundert den Kaiser Heliogabal treffen, auch er ein gewollter Künstler.

Der Frauenhaß spricht seine eigene Sprache, und manchmal lugt er hinter normalen Sätzen hervor: Cassius Dio[489] nennt Boudicca nicht nur stolz, sondern auch »intelligenter als die normalen Frauen«.

Jedenfalls wußte Boudicca, daß der Zeitpunkt günstig war. Die Truppen des Paulinus waren weit weg, die wenigen Befestigungen nicht besetzt. Gleichzeitig war der Unmut unter den anderen Stämmen, zu denen die Trinovanten gehörten, groß.

Der Unmut hatte berechtigte Gründe. Statthalter Catus Decianus hatte seine Habgier an den Icenern erprobt und Ländereien enteignet, die Claudius ihnen überlassen hatte. Verschlimmert wurde die Lage durch Spekulationen römischer Wucherer, unter anderem Senecas.[490] Zudem waren die Britannier nicht darauf vorbereitet, regelmäßige Tributzahlungen an Rom zu leisten. Lieber waren ihnen spontane, unregelmäßige Abgaben, mochten sie noch so drückend sein.

Der Groll speziell der Trinovanten hatte noch andere Gründe. Ausgerechnet an der Stelle, wo sich früher ihre Hauptstadt Camulodunum (Colchester) befunden hatte, ließ Claudius von Veteranen eine Kolonie gründen, die den Einheimischen viel Land nahm. Schließlich hatte die Romanisierung kulturell noch gar nicht begonnen. Britannien war einfach schlecht verwaltet worden. Rom sollte dafür bezahlen.

Zunächst wurde Camulodunum, die schlecht befestigte Siedlung, von den Aufständischen angegriffen. Der unfähige Decianus, der sich in Londinium (London) aufhielt, schickte ganze zweihundert Mann Verstärkung. Sie wurden zusammen mit den

Soldaten der kleinen Garnison und Tausenden von Kolonisten umgebracht. Decianus setzte sich nach Gallien ab.

Die 9. Legion *Hispania* wurde auf dem Weg nach Camulodunum aufgehalten, ihr Befehlshaber Petilius Cerialis konnte gerade noch die Reiterei in Sicherheit bringen. Das Fußvolk war bereits verloren. Danach zogen die Rebellen in Richtung der Zentren Londinium und Verulamium.

Paulinus langte rechtzeitig an, sah sich jedoch genötigt, auf die Verteidigung der beiden Städte zu verzichten, da er seine Truppen für zahlenmäßig unterlegen hielt. So wurden Londinium und Verulamium erobert. Darf man den zeitgenössischen Zahlenangaben glauben, fanden 70000 Römer und romfreundliche Einheimische den Tod. Die schlimmsten Befürchtungen schienen sich zu bewahrheiten.

Paulinus gelang es jedoch, das Blatt zu wenden. Nachdem er die 14. Legion *Gemina* und die 20. Legion *Valeria Victrix* mit den Hilfstruppen zu einem Heer von 10000 Mann zusammengezogen hatte, lockte er die Britannier in eine Schlucht. Hier hatte er den Rücken frei. Er vernichtete in einem geschickten Angriff die Übermacht der unzureichend organisierten Gegner. Boudicca nahm sich das Leben, die Unabhängigkeitsbewegung war zerschlagen.

Vae victis? Wehe den Besiegten? Sollte künftig eine Politik der Vergeltung oder der Versöhnung verfolgt werden? Paulinus drängte auf Rache, der neue Statthalter Julius Classicianus plädierte für diplomatische Milde. Die Rivalität drohte neue Schwierigkeiten heraufzubeschwören. Um zuverlässige Informationen über die Lage zu erhalten, schickte Nero 61 seinen Staatssekretär für auswärtige Angelegenheiten, den Freigelassenen Polyclitus, nach Britannien.

Geschickt schlichtete dieser, nach anderen »einer der verrufensten Räuber an diesem Hofe«[491], den Streit. Nach seiner Rückkehr lobte er gegenüber Nero die militärischen Verdienste von Paulinus. Doch er betonte gleichzeitig, daß dessen Härte nicht mehr notwendig sei. Um seinen Feldherrn nicht zu demütigen, ließ Nero Zeit verstreichen.

Jahre später wurde Paulinus durch die Ehre eines zweiten Consulats belohnt. Sein Posten in Britannien wurde 61 von dem Senator und Consul Petronius Turpillianus übernommen, zu dem Nero Vertrauen hatte. Mit Zustimmung des Kaisers verfolgte Turpillianus eine Befriedungs- und Wiederaufbaupolitik. Auch eine vorsichtige, doch effektive Romanisierung Britanniens wurde vereinbart. Die Städte Londinium und Verulamium, die aus einer Anhäufung von Häusern, Werkstätten und Lagern bestanden hatten, wurden städtebaulich reorganisiert. Zum erstenmal wurde Londinium Hauptstadt; das sollte so bleiben.

»An dem Konflikt zwischen Julius Classianus und Suetonius Paulinus, an der Untersuchung durch Polyclitus und an dem Wirken der beiden nachfolgenden Statthalter läßt sich deutlich ablesen, daß Nero in Britannien eine Politik der Versöhnung und der Normalisierung betreiben wollte, da die vorhergehenden Ereignisse ja gezeigt hatten, daß Methoden wie Ausplünderung und gewalttätige Repression ein Volk wie die Britannier keineswegs einschüchterten ... Nero hatte begriffen, daß nur ein verändertes Verhalten von römischer Seite, eine Zusammenarbeit mit der einheimischen Bevölkerung und die Herstellung erträglicher Lebensbedingungen die Provinz erhalten und neue Gefahren von Leben und Besitz der Römer abwenden konnten. Folglich gab er der Verwaltung maßvolle, ausgewogene Anweisungen.«[492]

Die Eroberung von Wales war mittlerweile hinfällig geworden, Nero hatte anderes zu tun, und erst unter Vespasian wird das Gebiet eingenommen. Die Lage in Britannien blieb ruhig. Nero konnte die 14. Legion abziehen und in den Osten verlegen. Nun drängten innenpolitische Probleme.

16.

Aristokratische Gegner

Vermittlung, ein Versuch

Augustus hatte es verstanden, als Schutzgott des Volkes aufzutreten, dabei die finanziellen Interessen und Privilegien des
Adels nicht anzurühren und eben alles zu belassen, wie es war.
Seneca verschleierte das Wesen dieser Politik, indem er Moral
predigte, die Abkehr von allem Materiellen, von Reichtum, Habgier und Ehrgeiz forderte und für ein genügsames Leben eintrat. Nero war zunächst verunsichert gewesen, weil er Roms
Bürger anders einschätzte.[493]

Während der Anfangszeit als Herrscher war er bemüht, zwischen Freigelassenen und Reichsaristokratie zu vermitteln.
Hatte er schon der Aristokratie zuliebe Kompetenzen und
Funktionen der kaiserlichen Freigelassenen eingeschränkt, so
wollte er dafür wenigstens die Senatoren an den Staatsgeschäften beteiligen, wie es der alten Tradition edler Familien entsprach.

Der Kaiser legte unter anderem fest, daß nicht mehr zwei
Quästoren das Schatzamt des Senats *(aerarium Saturni)* beauf-
sichtigten, sondern zwei Senatoren im Prätorenrang, die er selbst
ernannte. Zudem richtete er zur Kontrolle der Finanzen *(aerarium, fiscus)* eine Kommission ein, die aus drei Senatoren bestand. Noch weitere ähnliche Entscheidungen wurden getroffen, die auf eine Integration der Senatoren in die Verwaltung
zielten. Der Erfolg hielt sich in Grenzen.

Die Senatoren sträubten sich. Sie fürchteten, als Funktionäre
eines Kaisers die Autokratie noch zu verstärken. Damit hatten
sie recht. Später sollte sich freilich herausstellen, daß der Prozeß
der Machtkonzentration unvermeidlich war.[494] Ein Reich von

dieser Größe brauchte eine einheitliche Politik und vor allem eine zentrale Instanz, die rasch und definitiv Entscheidungen treffen konnte.

Hauptsächlich waren die Senatoren um ihr Prestige besorgt, denn »bis zum Ende des Jahrhunderts blieb es für freie Männer sozial nicht akzeptabel, ein Sekretärsamt zu übernehmen, selbst wenn es mit großer Verantwortung verbunden war«[495].

Im Grunde hatten die Senatoren ihre Eigeninteressen im Kopf. Sie gingen davon aus, daß sie ihr bequemes Leben fortsetzen sollten, das ihnen durch einträgliche Ehrenämter ermöglicht wurde. Sogar Tacitus muß zugeben, daß »doch sehr viele, wenn sie erst das Consulat und Priesterämter erreicht hatten, sich lieber um ihre reizenden Parkanlagen kümmerten«[496].

Nero war so außer sich, daß er 66, als er mit der Reichsaristokratie gebrochen haben wird, den Senatoren in einer barschen Botschaft vorwirft, sie versäumten ihre Aufgaben und gäben ein schlechtes Beispiel. Zu diesem Zeitpunkt hat er auf eine Mitarbeit der Senatoren verzichtet. Er hat einsehen müssen, daß die wenigen zur Mitarbeit bereiten Aristokraten nichts anderes mitbrachten als ihren Dilettantismus und nur an ihren adligen Zeitvertreib dachten, während die Freigelassenen effizient und vertrauenswürdig waren.[497] Im Grunde waren die Senatoren selbst daran schuld, daß sie an Macht verloren, da sie weder gewillt noch in der Lage waren, sich mit den entscheidenden Angelegenheiten des Staates zu befassen.[498]

Der Kaiser hatte keine andere Wahl. Er beschloß, die von Claudius eingeschlagene Strategie weiterzuverfolgen, und setzte beim Ausbau der kaiserlichen Bürokratie auf die Freigelassenen. Als Legaten stellte er sie den Statthaltern der Provinzen zur Seite und organisierte damit die entlegensten Behörden nach dem Vorbild der Zentrale. Aufbau und Konsolidierung eines Verwaltungsapparates waren sein Werk.

Helius, ein Freigelassener des Claudius, vormals Verwalter des Vermögens in der Provinz Asia, wurde im Laufe der Zeit zu einer Art »Vize« des Kaisers.[499] Ihm werden während Neros Griechenlandreise die Regierungsgeschäfte anvertraut werden. Epaphroditus wurde Neros Privatsekretär. Der diskrete und geschickte Domitius Phaon wurde 55 Sekretär *a rationibus*, Staatssekretär im kaiserlichen Rechnungsamt. Weiterhin teilte Nero das früher von Narcissus geleitete Außenamt *(ab epistulis)* in zwei Abteilungen und vertraute die lateinische Sektion *(ab epistulis Latinis)* Polyclitus, die griechische *(ab epistulis Graecis)* seinem ehemaligen Lehrer Berillus an.

Staatssekretäre oder Minister im heutigen Sinn übernahmen unter Neros Aufsicht die Verantwortung auch für die Außenpolitik. Sie hielten Kontakt zu den verschiedenen Gemeinwesen und nahmen Nachrichten aus den Provinzen entgegen, die ein Statthalter *(proconsul)* regierte. Bei Bedarf wurden sie als Sonderbotschafter eingesetzt.

Doryphorus war bis 62 der für Bittschriften zuständige Sekretär *(a libellis)*. Dann wurde er von Xenophon aus Kos abgelöst. Nero traute ihm nicht: Wer schon einmal an der Ermordung eines Kaisers beteiligt war, konnte es wieder versuchen. Doch Nero schätzte seine intellektuellen Fähigkeiten.

Weiter gab es den Sekretär *a cognitionibus*, der die Dokumente für die kaiserlichen Gerichtstage vorbereitete. Wer unter Nero dieses Amt versah, ist nicht sicher. Vielleicht war es nur ein Schreiber, zumal sich der Kaiser persönlich um die Rechtsfälle kümmerte. Im Jahr 66, gegen Ende von Neros Herrschaft, übernahm der Freigelassene Patrobius bei der Ankunft des Königs Tyridates die Organisation der Spiele, denen besondere Bedeutung zukam *(cura ludorum)*. Weitere wichtige Stellen wurden von den Freigelassenen Paetinus, Acratus, Faebus und Neophytus eingenommen.

Alles in allem bildeten diese Männer ein eingespieltes Team, das gute Arbeit leistete, fest zusammenhielt und dem Kaiser ergeben war. Fast alle hielten Nero bis zum Schluß die Treue. Helius, Patrobius und Paetinus, deren Bestrafung der allgemeine Haß am lautesten forderte, wurden nach Neros Tod von Galba hingerichtet; Phaon und Epaphroditus kamen mit dem Leben davon und waren noch unter Domitian im Amt.

Die Freigelassenen waren nicht die einzigen Mitarbeiter des Kaisers. Es gab eine Art Privatkabinett *(consilium principis)*. Dieses von Augustus geschaffene Gremium hatte informellen Charakter. Doch es war von nicht zu unterschätzender Bedeutung, da es in politischen Grundsatzfragen beratende Funktionen wahrnahm. Hier wurden finanztechnische, militärische und außenpolitische Fragen, Gesetzesentwürfe und die wichtigsten Rechtsfragen beraten.[500] Das Gremium bestand aus dreißig Senatoren und Rittern aus dem Freundeskreis des Kaisers. Seine Zusammensetzung variierte nach Bedeutung und Vertraulichkeit des zu behandelnden Themas. Kaiser, Staatsrat, Freundeskreis, Freigelassenen-Funktionäre und Prätorianerpräfekten bildeten den Kern der Regierung.

17.
EINE ZWEITE HEIRAT

Eine geliebte Frau und eine ungeliebte

Nach altrömischer Ansicht gereichte es einer Frau, gleich welchen Standes, zur Ehre, wenn sie nur einmal verheiratet war. Selbst nachdem sie Witwe geworden war, sollte sie nicht mehr heiraten, eine Vorstellung, die das Christentum übernahm. Doch Anspruch und Wirklichkeit klafften auseinander. Frauen verlobten und vermählten sich früh – und ließen sich, eine ständige Klage Altroms, wieder scheiden, um erneut heiraten zu können.[501]

Poppaea Sabina (* um 30 u. Z.), vermögend[502], geistreich, kokett, war der Typ Frau, der Nero gefiel. Ihrer Schönheitspflege widmete sie höchste Aufmerksamkeit. Sie erfand sogar eine Gesichtscreme aus Eselsmilch.

Poppaea war die Tochter des Titus Ollius, der im Zusammenhang mit einer Verschwörung hingerichtet worden war, und der Poppaea d. Ä., die nach Aussage von Zeitgenossen – einmal mehr – die schönste Frau der Welt gewesen sein soll. Der nicht weniger attraktive Schauspieler Mnester, ein Freigelassener des Tiberius, war ihr Liebhaber gewesen. Auch Messalina hatte er beglückt; das hatte ihm 48 den Tod eingetragen.[503] Poppaea d. Ä. war nicht glücklicher gewesen: Claudius hatte einmal an der Tafel vor Hunderten von Gästen ihren Mann gefragt, warum er seine wunderschöne Frau nicht mitgebracht habe. Dabei war diese bereits auf Betreiben der eifersüchtigen Messalina zum Freitod gezwungen worden.[504]

Ihre Tochter Poppaea d. J. war in erster Ehe mit dem Ritter Rufrius Crispinus verheiratet, mit dem sie einen Sohn hatte. Otho, 69 selbst Kaiser und zweiter Nachfolger Neros, angelte sich Poppaea, angeblich »eines der verworfensten Weiber der Welt«[505]. Dann soll er, nicht geschickt, nicht ungefährlich, mit Lobreden auf Schönheit und Eleganz dieser Frau die Neugier des Kaisers geweckt haben.[506] Otho war Poppaeas Geliebter geworden, hatte sie dazu gebracht, sich scheiden zu lassen, und sie 58 u. Z. geheiratet.

Otho spielte mit dem Feuer. Oder hatte Nero den Freund zur Heirat überredet, damit seine eigene Beziehung zu Poppaea gedeckt war? Denn der Kaiser hatte bereits eine Affäre mit dieser Frau. Er hatte sie etwa zur Zeit der Eheschließung Poppaeas mit Otho aufgenommen.[507]

Eine geliebte Frau und eine ungeliebte

Eine *ménage à trois*? Ein Vergnügen zu dritt? Je nachdem: Poppaea, ganz emanzipierte Frau, spielte die Hauptrolle, die Männer blieben Staffage. Poppaea willigte in Neros Getändel ein, doch häufiger zierte sie sich[508] und verwies darauf, daß sie verheiratet war. Abgeneigt war sie freilich nicht. Wollte Nero sie jedoch definitiv haben, mußte er sie heiraten. Das bedeutete, nicht nur den Freund Otho zu düpieren, sondern Octavia zu verstoßen.

Nero hatte seine Ehefrau, die ihm von Agrippina aufgezwungen worden war, nie geliebt. Die strenge, reservierte, kühle Octavia war äußerlich nichtssagend, eine Frau, die Nero nicht gefallen konnte. Seine anfängliche Gleichgültigkeit hatte sich in Abneigung verwandelt. Als seine Freunde ihm Vorhaltungen machten, gab er die Antwort: »Sie muß sich mit den ehelichen Ehrenauszeichnungen begnügen.« Tatsächlich wurden ihr alle zustehenden Ehren zuteil; auf Münzen ist das Kaiserpaar dargestellt.

Wahrscheinlich war Nero dem dauernden Zusammensein mit sich selbst nicht gewachsen. An Octavia hat er keine Hilfe. Aus demselben Grunde, weshalb so viele Menschen zu Genußmitteln greifen, unnütze Reisen unternehmen, stumpfsinnige Hobbies pflegen, nur um sich selbst zu entfliehen, sucht er eine andere Frau. Jede scheint ihm recht zu sein, nur Octavia darf es nicht mehr sein.

Der Kaiser schläft nicht richtig, ist nicht richtig wach, und mehr als einmal läßt er seine Gereiztheit an der unschuldigen Frau aus. Octavia zu verstoßen war jedoch riskant. Sie stammte direkt von Augustus ab und war beim Volk beliebt. Rom sah in ihr das Opfer, eine Gefangene des Palastes. Als Nero auf Drängen Poppaeas seinen Vertrauten Burrus um Rat fragte, antwortete dieser: »Verstößt du sie, mußt du ihre Mitgift zurückgeben«, also das Reich.[509]

Erneut eine Sackgasse. Erneut muß ein Mord die Lage klären.

Nero bittet Poppaea, sich zu gedulden. Diese bringt angeblich das Reizwort vom Muttersöhnchen ins Spiel. Sie könnte eine schwache Stelle bei Nero ausgemacht haben.

Aufräumarbeiten

Nun erkrankt Afranius Burrus schwer und erliegt bald einem Krebsleiden. Der schweigsam ergebene Prätorianerpräfekt hatte keine besonderen Ambitionen gehabt und war weit weniger intrigant gewesen als Seneca. Es ist unsicher, ob mit dem Tod des Burrus im Jahr 62 die Zeit »skrupelloser Ausschreitungen« Neros begann. Nahe liegt, daß Nero in seinem Lehrer und langjährigen Ratgeber eine Art Ersatzvater gesehen hat. Der Tod des Burrus ist jedenfalls ein harter Schlag. Einen angemessenen Nachfolger findet der Kaiser nicht.

Er beschließt, das Kommando der Prätorianer zu teilen, wie es vor Burrus üblich war, und ernennt zu Präfekten Rufus Faenius, einen ehemaligen Günstling Agrippinas, der sich als Statthalter von Pannonien bewährt hat, und Ofonius Tigellinus, einen fragwürdigen Mann.

Tacitus behauptet[510], Nero habe Tigellinus gewählt, weil dieser als ehemaliger Pferdezüchter seine Leidenschaft für Pferderennen teilte und wegen seiner Zügellosigkeit nicht nur einen Kumpan abgab, sondern Nero noch anspornte. Tacitus zeichnet ein derart finsteres Porträt des neuen Prätorianerpräfekten, daß dieser noch schlimmer wegkommt als der Kaiser. Hier ist erneut Vorsicht geboten. Tacitus ist prinzipiell dagegen, daß Männer niederer Herkunft wie Tigellinus aufsteigen.

Nero ist in der Regel bei der Wahl seiner Funktionäre nicht leichtfertig vorgegangen. Kriterien, wie Tacitus sie unterstellt, spielen selten eine entscheidende Rolle. Bevor der Kaiser Heerführer wie Corbulo, Paulinus oder Vespasian, Statthalter, Prokuratoren oder Präfekten ernennt, also das politisch-administrative Personal, dessen Nominierung durch ihn erfolgt, pflegt er Fähigkeiten und Einstellung zur jeweiligen Position zu prüfen.[511] Meist täuscht er sich nicht. Stellt sich eine Ernennung wider Erwarten als Fehler heraus, wie bei unfähigen oder raffgierigen Statthaltern, ist der Kaiser bereit, den Posten neu zu besetzen. Ferner achtet Nero nach Möglichkeit darauf, Privatleben und Regierungsobliegenheiten zu trennen. Seine Ehefrauen erreichen keinen Einfluß auf die öffentlichen Angelegenheiten, seine Kumpane Paris und Spiculus erlangen keine Ämter, seine Freunde Serenus und Senecio machen keine Karriere.

Der jetzt ernannte Tigellinus kam aus dem sizilianischen Agrigentum, stammte aus einfachen Verhältnissen und hatte ein abenteuerliches Leben hinter sich. Er wuchs im Hause Agrippinas auf, hatte ungefähr ihr Alter und wurde von Caligula wegen seiner Beziehung zu dessen Schwester Livilla verbannt. Danach lebte er in Griechenland, kehrte nach Sizilien zurück und machte mit seinem Gestüt ein Vermögen. Als Rechts- und Verwaltungsexperte wurde er Leiter der römischen Ordnungskräfte. In dieser Funktion spezialisierte er sich auf einen Bereich, den wir als Geheimdienst[512] bezeichnen würden. Für ihn war er begabt. Er nahm seine Aufgabe ernst, überzog Rom mit einem Netz von Spitzeln und Agenten und zeigte Härte, wo Burrus mit Takt, Augenmaß, Milde agiert hatte. Tigellinus führte auch den Straftatbestand der Majestätsbeleidigung wieder ein, der unter Tiberius und Claudius in Mode gewesen, unter Nero acht Jahre lang außer Kraft gesetzt war.

Es ist entgegen vielen Behauptungen kaum anzunehmen, daß der Kaiser übermäßig von Tigellinus beeinflußt wurde. Schließlich hatte Nero, damals kaum mehr als ein Kind, selbst der intellektuellen Faszination und dem Prestige eines Seneca widerstanden. Tigellinus war nicht Neros schwarze Seele, wie ein Gemeinplatz behauptet.[513]

Es war freilich Tigellinus, der Nero dazu veranlaßte, die Position von Rubellius Plautus und Cornelius Silla erneut zu überdenken, waren sie doch seine potentiell gefährlichsten Rivalen. Sie stammten von Augustus ab, und Plautus verfügte dazu über eine zahlreiche Gefolgschaft.

Mittlerweile hatte sich das Prinzip durchgesetzt, den Thronfolger aus der Mitte der kaiserlichen Familie zu wählen. Es war jedoch nicht festgelegt, wer an der Reihe war. Das war nicht möglich. Aufgrund der besonderen Konstruktion der römischen *familia* fand sich der Begriff des Erstgeborenen nicht im Zivilrecht. Kein Kaiser konnte seiner Position auf Dauer sicher sein, andere Mitglieder der iulisch-claudischen Familie konnten sie gefährden. Deshalb wurde um die Thronfolge erbittert gekämpft, noch erbitterter darum, den Thron zu behalten. Wollte ein Kaiser nicht untergehen, mußte er die gefährlichen Mitglieder seiner Familie ausschalten. Tiberius, Caligula und Claudius hatten das rasch getan.

Nero wartete acht Jahre, obwohl es an Vorwänden und günstigen Gelegenheiten nicht gemangelt hätte. Plautus war 55 in das vermeintliche Komplott der Agrippina verwickelt gewesen, das von Domitia, Silana, Iturius und Calvisius angezeigt worden war. Nero hatte ihn ignoriert. Doch der Straferlaß für Iturius und Calvisius 59 gibt einen ersten Hinweis darauf, daß Nero nicht mehr glaubte, die damalige Anzeige sei haltlos gewesen.[514]

Als im August 60 ein Komet erscheint, was nach Meinung der abergläubischen Römer einen Kaiserwechsel ankündigt, ist der Name Plautus in aller Munde. Als gar Neros Tafel bei den Simbruinischen Seen vom Blitz getroffen wird, zweifelt Rom nicht länger. Der Unfall hat sich in der Region ereignet, aus der das Geschlecht des Plautus stammt.

Über seinen Kaiser spricht Rom damals bereits in der Vergangenheit.

Nero bat Plautus, Rom zu verlassen, damit sich die Lage

beruhigen und er selbst sich Verleumdungen entziehen könne, an denen es aller Wahrscheinlichkeit nach nicht fehlen werde. Er erinnerte Plautus daran, daß er in Asien beträchtliche, von seinen Vorfahren ererbte Güter besitze. Obwohl er ihn für unschuldig und für das Opfer des Aberglaubens halte, bitte er ihn um den persönlichen Gefallen, sich dorthin zurückzuziehen, »wo er sicher und ungestört sein junges Leben genießen könne«[515].

Wenn auch höflich formuliert, ist diese Aufforderung, ein Ultimatum, so bestimmt, daß Plautus sie nicht ablehnen kann. So reist er mit Ehefrau, Kindern, Dienern, Familienangehörigen und allen Freunden, die ihm folgen wollen, nach Asien.

Und Silla? Er war, unter anderem mit Antonia, der ersten Tochter des Claudius, verheiratet, 55 der Verschwörung angeklagt worden; Pallas und Burrus wurden der Mitwisserschaft beschuldigt. Doch es geschah nicht viel. 58 trug der kaiserliche Freigelassene Graptus, der unter Tiberius das kaiserliche Haus kennengelernt hatte und Nero unheilvoll beeinflußt haben soll, gegen Silla eine stichhaltigere Anklage vor.[516] Er berichtete, Silla habe dem Kaiser auf der *Via Flaminia*, Neros Heimweg von den nächtlichen Ausflügen, einen Hinterhalt gelegt. Nero sei nur durch Zufall entkommen, da er seine Begleiter an einem bestimmten Punkt verlassen habe, allein durch die Sallustianischen Gärten gegangen und dadurch vom gewöhnlichen Heimweg abgewichen sei, wo die Meuchelmörder ihm aufgelauert hätten. Die kaiserlichen Diener, die den normalen Weg genommen hatten, wurden tatsächlich angegriffen. Unter den Angreifern wurde jedoch kein Diener des Silla ausgemacht.[517]

Nero wußte nicht recht, was er von dem Ganzen halten sollte. Er befahl Silla sicherheitshalber, Italien zu verlassen und sich nach Marseille zurückzuziehen. Ohne einen Skandal zu riskieren, hätte er die Situation ebensogut nutzen können, um Silla, der keinen guten Ruf besaß, zum Tod zu verurteilen und aus dem Weg zu schaffen.

Tigellinus, Geheimdienstchef und voller Verdacht gegen jedermann, sah alles kritischer. Er legte 62 dem Kaiser nahe, die Vorfälle, bei denen Plautus und Silla eine Rolle gespielt hatten, aus einer anderen Perspektive zu betrachten. Sowohl Plautus als auch Silla hätten nach Auskunft seiner Informanten enge Beziehungen zu den in ihren jeweiligen Provinzen stationierten Truppen aufgebaut. Insbesondere Silla habe, hinter seiner zur Schau gestellten Indifferenz versteckt, die Jahre genutzt, seine Beziehungen zu den Offizieren der in der Provinz *Germania inferior* (Untergermanien) stationierten Legionen zu pflegen. Und Plautus könne, da die Familie in Asien ausgedehnte Territorien besitze und ihre Macht eine verwurzelte Tradition habe, auf die Ergebenheit der verschiedenen Bevölkerungsschichten rechnen. Nach Auskunft seiner Agenten sei Plautus mittlerweile dabei, diese Ergebenheit zu erproben.[518]

Tigellinus behauptete, er halte die Informationen für zuverlässig. Die Regierung des Kaisers müsse deshalb davon ausgehen, daß beide etwas ausheckten, selbst wenn der eine vom andern nichts wisse. Zudem habe ihn das Studium einschlägiger Akten überzeugt, daß die früher angezeigten Verschwörungen keine Ausgeburten der Phantasie gewesen seien. Seien Plautus und Silla damals ungeschoren davongekommen, dann nur, weil der Kaiser unerfahren gewesen sei.

Tigellinus faßt zusammen: Die Angelegenheit darf vor allem deshalb nicht unterschätzt werden, weil Nero beabsichtigt, Octavia zu verstoßen und Poppaea zu heiraten. Das wird nicht nur bei den Senatoren, sondern auch im Volk für Unmut sorgen. Silla und Plautus können die Chance verschwörerisch nutzen.

Nero findet die Argumentation einleuchtend. Zu diesem Zeitpunkt bedarf es ohnehin keiner Anstrengung mehr, um ihn zu überzeugen. In acht bewegten Regierungsjahren hat er dazugelernt. Er ist nicht mehr der verträumte Jüngling der Anfangsjahre. Er dürfte sich selbst schon gefragt haben, ob er nicht zu gutgläubig und zu nachgiebig gewesen sei. Zählte er die damaligen Verdachtsmomente und die aktuellen Informationen zusammen, mußte er zu einem klaren Ergebnis kommen: Die Lage war bedrohlich.

Deshalb ordnet der Kaiser an, Silla wie Plautus zu beseitigen. Auch ohne Prozeß? Kaum, denn Nero hat keinen Senator ohne reguläres Verfahren verurteilt. Seine Manie, sich geradezu formalistisch an das Gesetz zu halten, ist ausgeprägt. In seiner engeren Umgebung gibt sie Anlaß zu ironischen Bemerkungen. Freunde werfen Nero vor, sich im Gehorsam gegen die Gesetze geradezu zu üben, während »man doch den Senat mit einem einzigen Wort ins Verderben stürzen könne«[519].

Rubellius Plautus erwartet die vom Eunuchen Pelago kommandierten Schergen Neros, ohne einen Fluchtversuch zu unternehmen. Er soll durch Philosophen, mit denen er sich in seinen letzten Stunden unterhält[520], in seinem Entschluß bestärkt worden sein, den Tod einem angstvollen und unsicheren Leben vorzuziehen.

Octavia stört

Inzwischen überstürzen sich die Ereignisse im privaten Bereich. Ursache für die neue Entwicklung sind nicht so sehr der Tod des Burrus und der Rückzug des zweiten Vaters Seneca, als vielmehr die Tatsache, daß Poppaea schwanger ist. Da Nero sich mehr als alles andere auf der Welt ein Kind wünscht, beginnt er Octavias Verstoßung vorzubereiten. Er wirft ihr Unfruchtbarkeit vor. Doch wie hätte Octavia ihm ein Kind schenken sollen, wenn er nicht mit ihr schlief?

Der Vorwurf traf dennoch. Die altrömische Ideologie, unter anderem angetreten, die hergebrachte Ehe zu schützen und für Kinderreichtum zu sorgen, betrachtete Kinderlosigkeit als Vergehen. Was immer ihr Grund war, Impotenz des Mannes, mangelnde Gebärfähigkeit der Frau oder, am schlimmsten, Verhütungs- und Abtreibungspraktiken – Kinderlosigkeit konnte nicht hingenommen werden.[521] Sie war verantwortlich für den Geburtenrückgang, den Roms überzeugteste Patriarchen jahrhundertelang beklagen. Ovid jedoch: »Das Feld wird erschöpft, erntet man immer darauf.«[522]

Ein kinderlos gebliebenes Kaiserpaar! Hier waren zwei Gatten ihrer Vorbildfunktion nicht gerecht geworden. Wer hatte versagt? Es war eindeutig: Nero hatte seine Potenz bewiesen, Poppaea war schwanger, Octavia nicht.

Kinderlosigkeit galt in Rom als hinreichender Grund für eine Scheidung. Wollte der Kaiser freilich erreichen, daß die Senatoren der Verstoßung einer so hochgeborenen Frau zustimmten und das Volk nicht aufbegehrte, mußte ihr Ruf nachhaltig geschädigt werden. Nero war nicht zimperlich.

Er zwang einen Diener Octavias, seiner Herrin ein Verhältnis mit einem Sklaven anzuhängen. Um weitere Beweise zu erhalten, wurden die Dienerinnen Octavias verhört, und Tigellinus setzte die Folter ein. Die meisten Mädchen hielten ihrer Herrin die Treue. Die Dienerin Pitia spuckte Tigellinus während eines Verhörs ins Gesicht und schrie: »Die Scheide meiner Herrin ist sauberer als dein Mund.«[523] Doch es kamen genügend Zeugenaussagen zusammen, um die Scheidung einzuleiten.

Und wir staunen – an vielen Eckpunkten im Leben Neros – immer wieder über die Tatsache, wie schnell die Aussagen von Zeugen sich in Form und Inhalt verändern, bis sie jede Ähnlichkeit mit der Wirklichkeit verloren haben.

Scheidungen waren in der Regel rasch durchzusetzen. Der Ehemann besaß das Recht, sich von seiner Gattin zu trennen, wenn sie die eheliche Treue verletzt hatte, keine Kinder gebar, ihm Kinder untergeschoben hatte, seine Schlüssel hatte nachmachen lassen oder ohne sein Wissen Wein getrunken hatte. Die Scheidungsformel lautete: *tuas res tibi agito* – »Nimm deine Sachen!«

Nero mußte mit Rücksicht auf die öffentliche Meinung mehr beibringen. Das tat er auch. Ehebruch einer Frau, einer Kaiserin, noch dazu mit einem Sklaven, das ergab alle Gründe dieser Welt. Es war die Strategie des augusteischen Staates gewesen, mit Hilfe von Sanktionen die Frauen wieder auf ihre »angestammten« Lebensformen und Verhaltensweisen zurückzudrängen. Da den Frauen befohlen worden war, mindestens drei Kinder, am besten Söhne, zu gebären und aufzuziehen, hatten sie auf Geburtenregelung verzichten müssen. Und da der Ehebruch einer Frau schwerste Sanktionen nach sich zog, waren deren Chancen erheblich vermindert, eine Vielzahl sexueller Erfahrungen zu machen.[524]

Octavia wird das Haus des Burrus als Zufluchtsort zugewiesen. Kurz danach bringt sie eine bewaffnete Eskorte nach Kampanien. Zwölf Tage später heiratet Nero Poppaea.

Die Hochzeit im Jahr 62 u. Z. lief bis auf einige Details wohl ähnlich ab wie heute:

Die Braut trug neben safrangelben Schuhen, einem feuerflammenden Schleier *(flammeum)*, der ihr Gesicht unverhüllt ließ, und dem neuen Schmuck, der ihr vom Bräutigam übergeben wurde, eine lange, weiße Tunika aus feinem Flanell oder aus locker durchschossenem Musselin. Um die Taille wurde ein wollener Gürtel gebunden, der in einem sogenannten Herkulesknoten auslief, einer Art von Talisman, der die Braut gegen Unglück schützen sollte und erst in der Hochzeitsnacht vom Gatten gelöst wurde.

Über ihre Tunika zog die Braut einen safrangelben Mantel. Außerdem erhielt sie eine spezielle Frisur, bei der ihr Haar, in sechs Stränge geteilt und mit Wollbändern zusammengehalten, in Form eines Kegels auf dem Kopf *(tutulus)* aufgetürmt wurde. Das Haar mußte mit einer gebogenen Speerspitze aus Eisen gescheitelt werden. Diese Frisur durften nur Bräute und Vestalinnen tragen. Auf dem Kopf lag ein aus Majoran- und Eisenkrautblüten oder aus Myrte und Orangenblüten geflochtener Kranz.

Die Hochzeitszeremonie fand am Morgen statt. Nachdem ein Eingeweidebeschauer aus den Innereien des Opfertieres – meistens einem Schwein – günstige Vorzeichen für die Eheschließung gelesen und gedeutet hatte, wurde die Braut vor den Hausaltar geführt, wo Trauzeugen und Bräutigam auf sie warteten. Dort wurde die notwendige Eheformel: *Ubi tu Nero, ego Poppaea* (»Wo du bist, Nero, da bin ich, Poppaea.«) gesprochen und der Ehevertrag, der Abmachungen über die Mitgift enthielt, von den Trauzeugen unterzeichnet. Danach besiegelten der Wechsel des eisernen oder goldenen Verlobungsringes der Braut vom vierten Finger der linken auf den entsprechenden Finger der rechten Hand und ein Händedruck zwischen den Neuvermählten den Bund.

Es folgte ein Hochzeitsfrühstück mit Verwandten und Freunden, bei dem Musikanten mit Flöten, Trommeln, Handharfen aufspielten. Ein römisches Essen *(convivium)* hat es in sich: Bei besonderen Anlässen – und die Hochzeit des Kaisers ist ein solcher – reichen die Gastgeber an die zwanzig Gänge. Augustus hatte die luxuriösen Mahlzeiten durch ein Gesetz einzuschränken gesucht[525], ohne Erfolg. Also werden Luxussklaven zur Schau gestellt, schöne Knaben, »die Blüte Kleinasiens«, dienen als Mundschenke; an ihren Haaren werden die Hände abgetrocknet.[526] Der Blumenschmuck beeindruckt. Bei einem der Gastmähler eines Freundes Neros sollen allein die Rosen mehr als vier Millionen Sesterzen gekostet haben.[527]

Die Hofköche hätten zur Hochzeit des Kaisers beispielsweise nur Fleisch von Wildtieren für ihre Braten, Ragouts und Pasteten verwenden können, die Auswahl ist riesig, die Rezepte sind fast unerschöpflich. Wachteln, Drosseln, Wildtauben, Wildenten, Flamingos und Kraniche kommen in der Reihenfolge ihrer Größe auf den Tisch, ebenso das vierbeinige Wild. So werden zunächst Haselmäuse in einer Tunke aus gestampftem Pfeffer, Pinienkernen, Fenchel und Honig aufgetragen, dann Kaninchen, Hase, Wildschwein, Reh und Hirsch. Auch Gerichte von seltenen Fischen und Meerestieren fehlen nicht. Das Brautpaar und seine Gäste können sich Zeit lassen. Sie lagern auf kostbaren Speisesofas, werden bedient, werden unterhalten.

»Üppige Andalusierinnen tanzen ihre verrufenen Tänze nach dem Takt der Kastagnetten und Flöten, beim Schall unzüchtiger Gesänge, Possenreißer und Narren trieben ihre Zoten; Kinder, die man namentlich aus Alexandria kommen und hierzu einüben ließ, belustigten die Gäste durch naive oder freche Bemerkungen und Antworten; Mimen führten Szenen auf, die nicht einmal für Sklaven ehrbarer Herren anständig waren.«[528] Dazu kommen Zwerge, Riesinnen und Riesen, Zwitter. Sie lassen sich beschaffen; in Rom gibt es einen »Markt der Naturwunder«[529].

Beim Aufgang des Abendsterns dann der Aufbruch der Eheleute, die junge Frau flüchtet sich in die Arme ihrer Mutter, spielt die Ängstliche, doch folgt sie ihrem Mann. Ein Hochzeitszug begleitet das Paar, anzügliche Lieder erklingen, Zuschauer versuchen, die in die Menge geworfenen Münzen und Süßigkeiten aufzufangen. Die Fackelträger, die den Zug eröffnet haben, werfen die Fackeln am Wohnsitz des Bräutigams weit weg. Wer sie ergattert, trägt sie als Glücksbringer heim. Inzwischen hat die Braut einen Türpfosten mit Öl bestrichen und mit einem Wollband umwunden. Freunde und Verwandte des Gatten tragen die junge Frau über die Schwelle. Sie soll nicht stolpern, wenn sie zum erstenmal das Haus ihres Mannes betritt. Das bedeutete Unglück.

Es folgen Brautjungfrauen mit Spindeln und Rocken, um an die Tätigkeit und Aufgabe einer Hausfrau zu erinnern. Eine solche bleibt nach altrömischer Auffassung auch die Frau des Kaisers. Dieser überreicht seiner Frau ein Gefäß mit Wasser und eines mit glühender Holzkohle, Symbole für die Inhalte der

Haushaltsführung. Dann werden spezielle Gottheiten *(di nuptiales)* angerufen; sie sollen über die Nacht wachen.

Wahrscheinlich wäre mit der Heirat die Angelegenheit Octavia für Nero erledigt gewesen, hätte es nicht zugunsten der unglücklichen jungen Frau Unruhen gegeben. Das Volk stand auf Octavias, nicht auf Neros Seite. Die vorgebrachten Beschuldigungen waren allzu durchsichtig. Nero erschrak und befahl, Octavia zurückzuholen: Das erwies sich als Fehler. Das Volk glaubte, er habe sie als Ehefrau zurückgerufen. Tacitus[530] berichtet, daß bei den folgenden Tumulten die Statuen der Poppaea umgestoßen worden seien und Poppaea Octavias Kopf verlangt habe, da sie um ihr Leben fürchtete.

Um Octavia endgültig auszuschalten, mußte ihr mehr als ein Ehebruch in die Schuhe geschoben werden. Vor allem war ein Kläger aufzubieten, der mehr Glaubwürdigkeit besaß als ein Sklave. Nero bemühte wieder Anicetus. Er sollte erklären, er sei nicht nur Octavias Geliebter gewesen, sondern habe mit ihr ein Komplott gegen den Kaiser geschmiedet. Anicetus gehorchte; seine Mittäterschaft bei der Ermordung Agrippinas zwang ihn dazu. Er gestand alles, sogar mehr als alles. Nero hielt es unter diesen Umständen für klüger, ihn schnell nach Sardinien zu schicken.

Dann wußte der Kaiser plötzlich, Octavia habe sich schwängern lassen und abgetrieben, um das Verhältnis mit Anicetus zu vertuschen. Eine Beschuldigung, die nicht nur niederträchtig war, sondern auch unglaubwürdig wirkte, war doch Octavias Unfruchtbarkeit eben erst als Scheidungsgrund vorgeschoben worden.

Nero hatte den Kopf verloren.

Octavia wird auf die karge Insel Pandateria geschickt, die offenbar zu einem immer häufiger favorisierten Verbannungsort für weibliche Mitglieder des Kaiserhauses wurde. Hier hatte unter den Augen eines Trupps strafversetzter Soldaten Neros

Urgroßmutter Julia gelebt, auch seine Großmutter Agrippina d. Ä. und ihre Tochter Agrippina, die Mutter. Nur diese hatte die Insel lebend verlassen.

Octavia hat dieses Glück nicht. Die Meuchelmörder, vielleicht von Poppaea geschickt[531], erreichen sie wenig später, fesseln sie und schneiden ihr die Pulsadern auf. Da sie nicht schnell genug stirbt, wird sie in heißem Dampf erstickt; nach anderen Berichten wird sie enthauptet[532]. Tacitus schreibt zutreffend: »Für Octavia war gleich der Tag der Hochzeit zu einer Leichenfeier geworden, da sie in ein Haus geführt wurde, in dem sie nichts als Gram erleben sollte.«[533]

Vermutlich hebt Nero, der jetzt reinen Tisch machen will, kurz nach dem Tod Octavias auch die Vergöttlichung seines Adoptivvaters Claudius auf[534]; sie wird von Vespasian erneuert werden.

Der Mord an Octavia zählt zu den Verbrechen Neros. Die Ereignisse finden freilich außerhalb Roms so gut wie kein Echo.[535]

Die schöne Literatur in Deutschland weist Jahrhunderte später mehrere Werke auf, die sich mit Octavia befassen. Anton Ulrich, Herzog von Braunschweig-Lüneburg (1633–1714), hat einen unvollendeten Roman *Octavia* verfaßt; dieser brachte es zwischen 1677 und 1712 auf etwa 7000 Seiten. In der *Römischen Geschichte* desselben Autors wird die angebliche Liebe zwischen dem Armenierkönig Tyridates und Octavia behandelt. W. Walloth (1854–1932) zeichnet in einem Drama Neros Verbindung mit dieser Frau unter psychologischen Gesichtspunkten.

Nero selbst kommt in der Literatur der letzten Jahrhunderte noch in anderen Zusammenhängen vor: M. Virdung (1575–1637) schrieb ein Drama über Thrasea Paetus, den Senator und Verschwörer. D. C. von Lohenstein (1635–1683) schildert in seinem Drama *Agrippina* die Gewaltherrschaft des Kaisers auf ebenso herkömmliche Weise wie dessen sexuelle Perversionen. M. Greif (1839–1911) legte 1875 ein Drama *Nero* vor. Der Nero-Roman des Mysterienforschers A. Schuler (1865–1923) blieb Fragment. Die ermordete Jüdin A. J. Koenig (1887–1942) schildert in ihrem oft aufgelegten Hauptwerk *Der jugendliche Gott* (1941/42) den Werdegang Neros vom intelligenten Kind zum Despoten. C. Hohoff behandelt die angebliche Christenverfolgung in seinem Roman *Paulus in Babylon* (1956).

Das ist weniger, als bei der Bedeutung des dramatischen Lebens eines Kaisers angenommen werden könnte.

Eine Ehe, zwei Todesfälle

Neros Ehe mit Poppaea glückte. Offenbar passen die beiden zusammen oder sie machen es passend[536]: Beide sind wißbegierig, schlagfertig, amüsant. Die Interessen liegen auf einer Linie: Poppaea interessiert sich für den Orient, Nero auch. Poppaea protegiert die Juden, und Nero, an dessen Hof Jüdinnen und Juden lebten, hat nichts dagegen.

Das Ehepaar versteht sich. Bestes Beispiel: Nero gibt seine Streifzüge auf, verbringt die Abende im Palast. Und er dichtet Poppaea an, besingt die bernsteinfarbenen Haare seiner Frau.[537] Zum ersten Mal in seinem Leben scheint Nero glücklich.[538]

Poppaea schenkt dem Kaiser am 21. Januar 63 eine Tochter, der sie – vermutlich nicht nach der früheren Geliebten Claudia Acte! – den Namen Claudia geben. Das Volk jubelt. Der Senat begibt sich nach Antium, wo Poppaea das Kind zur Welt gebracht hat. Alle gratulieren, nur Thrasea, Führer der Opposition, wird nicht empfangen. Er erträgt die Beleidigung, Vorbotin seines Untergangs[539], mit unbewegter Miene.

Schon im Mai stirbt das Kind. Nero schließt sich ein, weint ununterbrochen, ißt nichts, will niemanden sehen. Der Senat erhebt die tote Tochter des Kaisers zur Göttin.

Zwei Jahre später war Poppaea, die seit 63 den Titel *Augusta* führte, wieder schwanger. Doch das Glück hatte das Ehepaar verlassen. Zur gängigen Nero-Legende gehört die Behauptung, der angetrunkene Nero habe die Schwangere durch einen Fußtritt in den Unterleib getötet, als sie ihm wegen seines späten Nachhausekommens vom Pferderennen Vorwürfe machte. An dieser kleinbürgerlich anmutenden Darstellung[540] ist glaubwürdig, daß die beiden sich über eine triviale Sache stritten. Poppaea wußte sich gut zu behaupten. Unglaubwürdig hingegen ist der tödliche Fußtritt. Nero liebte seine Frau und wollte nichts lieber als ein Kind.

Poppaea starb an einer Schwangerschaftskomplikation, was auch Sueton anzunehmen scheint[541]. Er schreibt, sie sei zum Zeitpunkt des vermeintlichen Fußtritts krank gewesen. Gleichwohl ist die Geschichte vom tödlichen Fußtritt bis heute anzutreffen.

Nero hielt die Totenrede auf seine Frau. Statt der üblichen Einäscherung wurde sie nach orientalischem Brauch einbalsamiert und im Mausoleum des Augustus beigesetzt. Nero ließ aus diesem Anlaß nach der Schätzung von Sachverständigen mehr Wohlgerüche verbrennen, als Arabien in einem Jahr erzeugte.[542] Dies braucht nicht als Beweis eines schlechten Gewissens gedeutet zu werden; ein Beweis der Liebe wäre genug.

Nero hat Poppaea nicht vergessen. Künftig wird er, wenn er weibliche Rollen spielt, eine Maske tragen, die ihren Zügen nachgebildet ist[543], und wenn er später den Eunuchen Sporus zum Geliebten nimmt, dann auch deshalb, weil dieser ihn an Poppaea erinnert. Er ruft ihn sogar bei ihrem zweiten Namen Sabina. Eine seiner letzten Amtshandlungen als Kaiser ist die Weihe eines Heiligtums für die inzwischen vergöttlichte Poppaea.

C. Monteverdi (1567–1643) hat 1642 in seiner letzten Oper *Die Krönung der Poppaea* die Liebe zwischen Nero und Poppaea besungen. Das Werk des Komponisten, ein Gipfel der neuen dramatischen Musikgattung, geriet bei seiner Uraufführung in Venedig zum Skandal. Es enthält Liebesduette, die zu den überzeugendsten der Operngeschichte zählen. Bis heute steht es, immer wieder bearbeitet, auf den Spielplänen der Welt.

Ein Skandal? Dichterische und kompositorische Freiheiten führten dazu. Das Werk des 74jährigen Monteverdi scherte sich wenig um Moral und Opernpraxis. Der Komponist schuf eine »nach Text und Musik großartige, für die Entstehungszeit ungewöhnlich kühn und realistisch konzipierte« Oper, deren Inhalt »renaissancegemäß und modern zugleich anmutet«[544].

»Besteig, o meine Geliebte, den höchsten Platz der kaiserlichen Macht!« Was Nero in dieser Oper seiner Geliebten singt, gilt nicht nur dem Thron. Poppaea wählt den Weg über das Bett. Venus siegt, die Vernunft Senecas unterliegt.

Eine Story wie aus dem Drehbuch Hollywoods[545]: Dame aus gehobenen Kreisen wird hinter dem Rücken ihres Angetrauten Geliebte des ersten Mannes im Lande und giert nicht nur nach seiner ungeteilten Zuwendung, sondern auch nach der Stellung als First Lady. Der Mächtige ist Wachs in ihren Händen, will seine Frau verlassen und hört nicht mehr auf Seneca. Die betrogenen Gatten spinnen ihrerseits Mordintrigen und Verwicklungen, die ins Leere laufen. Am Schluß gibt es Tote und Verbannte. Gesiegt haben erotische Raserei und Machtgier.

Monteverdi vertonte das Libretto von G. F. Busenello als Geschichte zwischen amouröser Passion und moralischer Haltlosigkeit, die ohne die als Handlungsträger üblichen Götter auskommt. Einzig Amor taucht kurz auf der Bühne auf, ansonsten bietet selbst die Figur des Seneca keinen Halt im Chaos der Gefühle. Der Rest ist eine tief menschliche Geschichte im Milieu moralischer Desillusion.

Die handelnden Personen werden nicht bewertet[546], wenn sich auch die Voraussage des Prologs erfüllt, daß Vernunft gegen Macht und Liebe nichts auszurichten vermag. Monteverdi offenbart sich als Meister in der Darstellung menschlicher Leidenschaften. Wenig Milde läßt Monteverdi gegenüber Seneca walten: Nichtssagende Sequenzen karikieren ihn. Bei der psychologischen Zeichnung Neros und Poppaeas zeigt sich Monteverdis Meisterschaft. Unbeseelte Koloraturen zeichnen Neros Genugtuung über den Tod Senecas, überzuckerte Melodien Poppaeas intrigantes Wesen, ihre Sinnlichkeit und Gefallsucht. Monteverdi setzt ein »unirdisch schönes«[547] Liebesduett zwischen Nero und Poppaea an den Schluß: Liebe besiegt den Verstand, Sexus die Macht.

Von der künstlerischen Deutung im 17. Jahrhundert zurück zu den Tatsachen. Trotz seiner Liebe hatte Nero nie zugelassen, daß Poppaea Einfluß gewann wie Messalina und Agrippina am Hofe des Claudius. Abgesehen von einigen unbedeutenden Zugeständnissen ließ er sich bei seinen Regierungsgeschäften nicht von Frauen beeinflussen. Er hatte seine Erfahrungen mit Agrippina gemacht.[548]

Und was war aus Acte, der Geliebten, geworden? Neros Liebschaft mit ihr hatte Jahre gedauert, bis Poppaea in Erscheinung getreten war. Der Kaiser hatte sich in ruhiger, freundschaftlicher Weise von Acte getrennt; auch das ein Hinweis auf sein Wesen. Acte, die wahrscheinlich das Glück gehabt hatte, Nero *nicht* zu heiraten, hielt ihm bis zum Schluß die Treue. Sie wird nach Neros Tod gemeinsam mit den früheren Ammen 200 000 Sesterzen für die Exequien des mittlerweile offiziell verfluchten Kaisers aufbringen.[549] Nero wird mit den weißen, golddurchwirkten Decken bestattet werden, derer er sich beim Neujahrsempfang bedient hatte.[550] Sein Sarkophag wird aus ägyptischem Porphyr gefertigt sein.

18.

Münzen für das Volk

Immer wieder der Senat

Bevor es anläßlich der Ablehnung der Steuerreform zum Streit mit dem Senat gekommen war, hatte sich Nero bemüht, dessen Bedürfnisse zu befriedigen, um die Aristokratie für seine Politik zu gewinnen.

Doch Neros Versuch, die mehrheitlich trägen Senatoren an die Schaltstellen der Verwaltung zu setzen, stieß bekanntlich auf eine derartige Gegnerschaft, daß den Freigelassenen Tür und Tor geöffnet werden mußte. In der Frage des Machtmißbrauchs der Freigelassenen, einem der von Claudius ererbten Probleme, nahm Nero eine auf Ausgleich bedachte Position ein.

Für die wenigen Senatoren, die sich in finanziellen Schwierigkeiten befanden, legte er ein Einkommen in Höhe von 125 000 Sesterzen fest. Zudem stellte er die Gleichberechtigung zwischen den beiden Consuln wieder her, auch für den Fall, daß einer der beiden der Kaiser selbst war, und nahm damit letzterem, sich selbst, die zusätzliche Macht. Außerdem führte er eine Neuregelung im Berufungsverfahren gegen zivilrechtliche Urteile ein. Wer sich mit einem solchen Fall an den Senat wandte, konnte das nicht mehr kostenfrei tun, sondern mußte die gleiche Kaution hinterlegen, wie sie vorher bei direkt an den Kaiser gerichteten Berufungsverfahren üblich war.

Unter Nero taucht auf den Gold- und Silbermünzen auch das Zeichen EX S.C. *(Ex Senatus Consultu)* auf, das seit Augustus nicht mehr in Gebrauch war. Nicht daß der Senat das Münzrecht erlangt hätte; es handelte sich um eine Geste des Respekts. Sie war für das Prestige des Senats nicht unwichtig. Münzen boten, besonders in den entfernten Provinzen des Reiches, eine der wenigen Möglichkeiten für Werbung und Selbstdarstellung.

Neben der Politik des Appeasements gegenüber dem Senat zeichnen sich die ersten Jahre von Neros Herrschaft durch ein optimales Funktionieren der Verwaltung aus. In seiner ersten Rede vor dem Senat hatte Nero versprochen, er werde, anders als Claudius, nicht alle Rechtsfälle an sich ziehen, damit die Arbeit der rechtsprechenden Instanzen nicht behindert werde.

Rechtsstreitigkeiten, die in seine Kompetenz fielen, ging er mit Sorgfalt an.[551] Er milderte das althergebrachte Beschleunigungsgebot, dem zufolge das Urteil noch am Verhandlungstag gesprochen werden mußte, verwandte vor jedem Urteilsspruch wenigstens einen Tag auf seine Bearbeitung und verfaßte eine schriftliche Begründung. Um eine Beeinflussung zu verhindern, durften sich seine Rechtsberater nicht untereinander besprechen. Jeder mußte seine persönliche Meinung niederlegen. Die Stellungnahmen wurden gesammelt und in einer gemeinsamen Denkschrift vorgelegt. Dann zog sich Nero zurück und schrieb das Urteil samt Begründung nieder.[552]

An der Wahrung dieser Rechtsform hielt Nero selbst in den stürmischen Jahren fest, in denen wiederholte Attentate andere Verfahren hätten rechtfertigen können.

Der Kaiser bestimmte auch eine angemessene Vergütung für Anwälte. Die Prozeßkosten sollten jedoch zu Lasten der Staatskasse gehen. Die Rechtsprechung wurde als staatliche Dienstleistung betrachtet, auf die alle Bürger Anspruch haben sollten. Außerdem wurde die Bezahlung der Steuerdenunzianten, die unter Tiberius und seinen Nachfolgern eingesetzt worden waren, erheblich reduziert.

Zwischen 54 und 61 wurden zwölf Statthalter wegen verschiedener Vergehen vor Gericht gestellt, eine im Verhältnis zur Zeit vor und nach Nero relativ große Zahl. Sechs von ihnen wurden freigesprochen, unter den sechs Verurteilten waren drei, die von Nero ernannt worden waren. »Ein gewissenhafter Kaiser konnte kein Interesse daran haben, daß sein Ruf durch die Taten von tyrannischen Statthaltern Schaden nahm.«[553]

Schon 56 verbot der Kaiser den Statthaltern die Ausrichtung von Gladiatorenspielen und Tierhetzen. Zur Finanzierung dieser Veranstaltungen, die dazu dienten, die Beliebtheit beim Volk zu steigern und Unregelmäßigkeiten vergessen zu machen, waren in der Vergangenheit große Geldsummen erpreßt worden. Dieser Unsitte wollte Nero ein Ende setzen.[554]

Der Kaiser kümmerte sich eingehender um eine gute Verwaltung der Provinzen als seine Vorgänger. Er beschäftigte sich mit Kleinigkeiten wie der Regelung des Fischereirechts, aber auch mit großen Problemen. In Ägypten zum Beispiel untersagte er Personen ohne Wohnsitz den Grunderwerb. Davon waren vor allem Römer betroffen, ein weiterer Versuch, den Großgrundbesitz zu beschränken.

57 begann der Kaiser mit Ansiedelungsprogrammen in Süditalien. Er ließ in Capua, Puteoli, Pompeji und Tarentum neue Kolonien für Veteranen gründen. Da jedoch viele Veteranen vorzogen, in die Provinzen zurückzukehren, in denen sie ihren Militärdienst geleistet hatten, gelang das Vorhaben nur unvollständig.

Cassius Dio und Tacitus, der sich weniger deutlich äußert, während Sueton anderer Meinung ist, vertreten die These, die Regierung des Reiches habe zu Beginn von Neros Regierungszeit faktisch in den Händen von Seneca und Burrus gelegen. Cassius Dio schreibt: »Seneca und Burrus übernahmen persönlich die Leitung der Regierung.«[555] Auf diese Weise läßt sich unschwer begründen, daß in den Jahren 54 bis 58 gut regiert wurde – und erst nach dem Sturz dieser beiden Nero und damit Unheil über Stadt und Erdkreis kam.

Diese nicht ungeläufige These stellt den »Versuch der nerokritischen Geschichtsschreibung dar, das positive Bild des Nero der frühen Jahre in Einklang zu bringen mit der ins Monströse verzerrten, karikaturhaften Darstellung des späten Nero, die ihm für die folgenden Jahre zurechtgeschneidert wurde«[556].

Es handelt sich um eine willkürliche Auslegung. Die These kann bestenfalls für die allerersten Monate aufrechterhalten werden, als Nero, zwischen Agrippina und Seneca hin- und hergerissen, sich für Seneca entschied. Als junger Kaiser brauchte er dies, um sich einzugewöhnen und seine Maßnahmen zu treffen. Doch bereits im Verlauf des ersten Jahrs zeichnet sich ein Regierungsstil ab, der eine originelle Handschrift trägt.

Nero *»was a pupil not a puppet«*[557].

Vorliebe für die kleinen Leute

Neros Regierungszeit war durch wirtschaftliche und soziale Dynamiken gekennzeichnet, die sich in Rom wie in den Provinzen bemerkbar machten. In Gallien und Germanien wurde der Prozeß der Romanisierung beschleunigt. Richtig ist allerdings auch, daß in der Staatskasse unter anderem deshalb Ebbe herrschte, weil keine Kriegsbeute abfiel. Der Geldmangel war so groß, daß Nero nach 62 mit einer jährlichen Überweisung von 60 Millionen Sesterzen aus seinem Privatvermögen aushelfen mußte.

Seit 58, das einen Wendepunkt in seiner Herrschaft markiert, verläßt Nero das überkommene Modell der Militärmonarchie und nähert sich einer Herrschaft hellenistischen Typs an. Nach und nach werden dem Senat die bereits ausgehöhlten Rechte genommen. Gleichzeitig setzt Nero seine Versuche fort, diesem Gremium in allen die Senatoren direkt betreffenden Fragen eine gewisse Autonomie zu erhalten. Ein dramatisches Ende findet die Politik der Verständigung erst 66 durch die Verschwörung des Vinicianus.

Wie die Geschichte zeigen sollte, war ein multinationales,

multiethnisches Reich von der Größe des römischen auf eine zentrale Entscheidungsinstanz angewiesen, da es sonst unweigerlich zerfallen wäre. Um Kultur und Ansprüche vor allem der östlichen Provinzen zu berücksichtigen, war andererseits ein Paradigmenwechsel dringend erforderlich. Die traditionelle Denkweise mochte für die Beherrschung einer bäuerlich geprägten Gesellschaft taugen, nicht aber für ein Riesenreich, wie es inzwischen entstanden war.

Für diese Zusammenhänge fehlte den meisten Senatoren das Verständnis. Sie erschöpften sich in einer gereizten, reaktionären Polemik gegen alle, die sie nicht mochten: vor allem gegen die Freigelassenen und die Mitbürger, die Altrom des Philohellenismus verdächtigte.

Nero bewies seinerseits eine Vorliebe für Menschen niedriger Herkunft. Als Kind, zu unverdächtigen Zeiten, trug er die Haare lang wie das Volk. Später blieb er ein leidenschaftlicher Anhänger der grünen Faktion, die beim Volk beliebt war. Er mischte sich unters Volk, und nicht nur, um das Bad in der Menge zu genießen.[558]

Bis zu seiner Heirat mit Poppaea ging er nachts häufig aus, wahrte seine Anonymität, suchte Kneipen auf, um zu erfahren, was die Leute redeten, ein Schwätzchen zu halten und sich ohne Leibwache zu vergnügen.[559]

Es scheint sich um echte und nicht nur um politisch motivierte Zuwendungen gehandelt zu haben: Ist es vielen reichen Menschen nicht klar, was Geld denen bedeutet, die keines haben, war es bei Nero vermutlich anders.

Die römische Plebs bestand aus zwei Gruppen: der *plebs frumentaria* und der *plebs sordida*. Zur *plebs frumentaria* gehörten schätzungsweise etwa 200 000 Arme, die jedoch die Bürgerrechte besaßen und auf fest zugemessene Getreidezuweisungen und Geldzuwendungen *(congiaria)* Anrecht hatten[560], folglich relativ privilegiert waren. Manche Schätzungen gehen von höheren

Zahlen aus; die Zahl der tatsächlich Verarmten lag ungleich höher. Frauen und Kinder dürften bei den Zuteilungen sowieso nicht berücksichtigt worden sein.[561]

In der späten Republik (ab 57 v. u. Z.) hatte es Hungerrevolten des Proletariats gegeben. 39 v. u. Z. wäre Octavian, der spätere Augustus, bei einem Tumult fast gelyncht worden.[562] Die Herren waren gewarnt: Nur öffentliche Gebäude zu subventionieren, Brücken, Häfen, Tempel zu finanzieren war zuwenig. Eine Umverteilung des Bodens zugunsten der Luxusbedürfnisse reicher Bürger und der Maximierung der Vermögen konnte auf Dauer erst recht nicht gutgehen. Olivenbäume und Weinreben anzubauen, Vieh- und Geflügelwirtschaft zu betreiben gefiel nur den Vermögenden. Was für die riesige Mehrheit notwendig war, der Anbau von Getreide, galt demgegenüber als vernachlässigenswert; Getreide stand in Bezug auf Rentabilität erst an sechster Stelle.[563]

Das Hauptnahrungsmittel war mehr und mehr unerschwinglich geworden, die Ernährungslage hatte sich enorm verschlechtert. Zunächst reagierten die Herren mit militärischen Maßnahmen, dann mit regelmäßigen kostenfreien Getreideverteilungen.

Getreide war unabdingbar. Noch die gegenwärtige Pasta-Kultur Italiens zeugt von der Ernährungsweise Roms.[564] Mehlkost, später als gebackenes Brot, zunächst als Brei, ist Grundnahrung. Hinzu treten Bohnen, Rüben, Erbsen, das »Mittagessen der Handwerker«[565], Linsen, Zwiebeln, Knoblauch und wohlfeile Fische, vor allem Sardinen. Öl und oft nur essigsaurer Wein sind Ergänzungen. Fleisch[566], ein mit Lauch gesottener Schafskopf, ein geräucherter Schweinskopf, gilt als Festessen.

Die Angehörigen der *plebs sordida* waren vom Bürgerrecht und von der Unterstützung durch Getreidegaben ausgeschlossen. Sie bildeten in Rom die Mehrheit. Nero versuchte, den Ärmsten zu helfen. Wiederholt warf er die in den staatlichen

Speichern angehäuften Getreidevorräte auf den Markt, um die Preise zu senken und jenen das Leben zu erleichtern, die nicht in den Genuß der Zuwendungen kamen. Während einer Hungersnot im Jahr 64 setzte er die Zuwendungen aus und ließ alles Getreide auf den Markt bringen.[567] Rom profitierte von dieser Maßnahme.

Währungsreform

Nachdem der Senat ausgeschaltet und Nero von Seneca befreit war, gelang ihm 63/64, was er 58 nicht geschafft hatte. Er nahm eine Abwertung der Währung vor.[568]

Bei Neuprägungen wurde der Goldgehalt des *aureus* (100 Sesterzen) von 122,9 auf 114,1 und der Silbergehalt des *denarius* (4 Sesterzen) von 61,46 auf 52,68 Punkte gesenkt. Es war schon früher vorgekommen, daß der Wert der (Silber-)Münzen gesenkt wurde, um die Staatskasse aufzufüllen, doch wurden diese Maßnahmen geheimgehalten. Nero machte dies offiziell und erreichte, daß die Wertminderung akzeptiert wurde, kein einfaches Unterfangen: Nach damaligen Vorstellungen mußten sich Nominalwert und Realwert entsprechen.

Es handelte sich um eine offizielle Abwertung, bei der die Wertminderung in Grenzen gehalten wurde, so daß weder das Einschmelzen alter Münzen zu Goldbarren noch das Horten sich gelohnt hätten, beides Reaktionen, welche die Operation zunichte gemacht hätten.

Ziel der Maßnahme war Neros Wunsch, eine größere Geldmenge in Umlauf zu bringen, um der wirtschaftlichen Depression und der Unterbeschäftigung entgegenzuwirken. Es war kein Zufall, daß die Wertminderung für *aureus* und *denarius* unterschiedlich ausfiel. Denare waren im Umlauf, der *aureus* wurde gehortet. Mittel- und Unterschicht bekamen ihn nicht zu Gesicht. Die Wertverschiebung Gold/Silber von 12/1 auf 11/1 zugunsten des Silbers begünstigte die weniger Begüterten, die im Gegensatz zu den Gold hortenden Oberschichten nur Silber besaßen. Die Reichen sahen ihr Barvermögen dahinschmelzen; es war plötzlich weniger wert als zuvor.

Um zu verhindern, daß sich die Aktion in einer Inflation erschöpfte, verband Nero die Erhöhung der Geldmenge mit Bautätigkeiten, um der Wirtschaft neue Impulse zu geben. Im Verlauf des Wiederaufbaus nach dem Großbrand, über den gleich zu reden sein wird, schuf Nero der Hauptstadt ein neues Gesicht, baute die *Via Sacra*, den *Circus maximus* und den *Porticus Miliarius* wieder auf, dann eine neue *domus* für die Vestalinnen, gab den *Campus Neronianus*, den Celimontanusaquädukt sowie eine neue Tiberbrücke in Auftrag, ließ den Palatin pflastern und begann auf dem Marsfeld ein neues Amphitheater aus Holz. Nebenbei: Das Amphitheater (von griech. *amphi*, doppelt, zweifach) ist eine römische Erfindung: Zwei halbrunde Theater werden zu einem Kreis zusammengefügt – und ein rundes Stadion im modernen Sinn ist fertig.

Die forcierte Bautätigkeit führte zu einem Aufschwung der Ziegelindustrie, der sich positiv auf alle andern Wirtschaftsbereiche auswirkte und der Arbeitslosigkeit und Unterbeschäftigung ein Ende setzte oder sie doch reduzierte. Die jährliche Inflationsrate blieb unter zwei Prozent; so wuchsen Produktion und Handel.

Die Geldabwertung war die wichtigste Maßnahme zur Währungssanierung im ersten Jahrhundert und führte zu einem der dauerhaftesten Erfolge Neros. Das ehemalige Münzgewicht erlangte keine Gültigkeit mehr. Doch zum Tragen kam diese Politik erst, als ihr Erfinder bereits tot war.

19.
FESTE UND SPIELE

Feiertage, Feiertitel

Im Unterschied zu Caligula dachte Nero nicht an eine Monarchie theokratischen Typs, obwohl diese Regierungsform der von Nero zum Vorbild gewählten hellenistischen Kultur entsprochen hätte. Das orientalische Denken wollte nicht auf die Vergöttlichung des Monarchen verzichten. Ohne diese Legitimation wäre seine Souveränität nicht eigentlich zu halten gewesen.

Als Consul Cerialis Anicius 65 den Vorschlag machte, dem Kaiser auf Staatskosten einen Tempel zu errichten, lehnte dieser ab. Nero ließ sich zwar auf Münzen als Gott Apoll darstellen, trat im Amphitheater als Herkules oder Helios auf.[569] Ob dies jedoch – wie die Errichtung des Kolosses bei der *domus aurea* – den Wunsch nach einer Vergöttlichung im strengen Sinn des Kaisermythos ausdrückte, bleibt fraglich. Eher sprechen solche Attitüden für eine Übersteigerung des Herzenswunsches, als Kaiser ein sichtbar anerkannter Künstler zu sein.

Bereits zu Beginn seiner Regierungszeit hatte Nero göttliche Ehren abgelehnt, als sie ihm von der griechischen Gemeinde in Ägypten angetragen wurden. Ein Gott-Kaiser hätte sich so weit wie möglich vom Volk fernhalten müssen. Das stand zu sehr im Widerspruch zum Charakter eines Kaisers, der sich unters Volk mischte und den Grundkonsens erprobte. Tauchten in den östlichen Provinzen Zeichen der Vergöttlichung des Kaisers auf, so erklärten sie sich mit einem Bedürfnis dieser Völker, nicht mit einem dringenden Wunsch Neros.

Dieser war auf Ehrungen, die ihm als Kaiser zuteil wurden, nicht besonders erpicht. Die erste Bemerkung in dieser Richtung hatte er im Senat gemacht, als dieser ihm voreilig seinen

Dank aussprechen wollte: »Wenn ich ihn verdient habe.«[570] Zudem hatte er fürs erste den Titel »Vater des Vaterlandes« *(parens patriae)* abgelehnt sowie den Vorschlag zurückgewiesen, das Jahr solle nicht mit dem Monat Januar, sondern mit seinem Geburtsmonat Dezember beginnen. 55 verhinderte er, daß ihm zu Ehren Gold- und Silberstatuen aufgestellt wurden, 58 wies er das Angebot des Senats zurück, er möge das Consulat auf unbefristete Zeit übernehmen.

Während Claudius sich nicht weniger als 27 Mal zum Imperator ausrufen ließ, um mehr oder weniger wichtige Erfolge zu feiern, wurde Nero dies nur 12 Mal zuteil.

Nero blieb auf eine fast kindliche Weise begierig, als der Künstler anerkannt zu werden, der er seinem Selbstverständnis nach war. Den Ehren, die ihm als Person des öffentlichen Lebens, als Repräsentant der Institution zuteil wurden, konnte er vergleichsweise nicht viel abgewinnen.

Die Neroneen

Nero weiß Feste zu feiern, und er versteht, die Feste anderer zu übertreffen. Ein Vergehen? Das römische Volk, ernst und arbeitsam, häuslich, fand nichts dabei, hin und wieder im Schwindel eines Festes den Kopf zu verlieren.

Ein Fest, dieser »Exzeß von Genuß«[571], stand jedoch nicht unbedingt im Mittelpunkt altrömischen Denkens. Doch konnten die Gestrengen dem Volk nicht alle Feste verbieten. Allenfalls konnten sie versuchen, die Zahl der Festfeiern einzuschränken – und den Festfreudigen von Fall zu Fall die Laune zu vermiesen.

Gute Laune, Spannung, Glück? Nero übernimmt die Sitte, bei Spielen eine Art Lotterie zu veranstalten.[572] Lose werden verschenkt, die Gewinne von verschiedenstem Wert versprechen: Haushaltsgegenstände, Getreidemarken, Prachtgewänder, Gold, Silber, edle Steine und Perlen, Zugtiere, gezähmte Wildtiere. Die Hauptgewinne können sich sehen lassen: Schiffe, Mietshäuser, Landgüter. Kaiser Heliogabal († 222 u. Z.) wiederholt das Verfahren: Ein Los gewann zehn Bären, ein anderes nur zehn Haselmäuse, eines zehn Köpfe Salat, ein anderes zehn Pfund Gold.

Zwar kannten die Römer keinen Sonntag, keinen arbeitsfreien Tag zum Entspannen, dafür standen Festtage zur Verfügung.[573] Die wichtigsten: Am Neujahrstag, am 1. März, an dem die Vestalinnen in ihrem Tempel ein neues Feuer anzündeten und die Bürger ihre Haustüren mit frischem Lorbeer behängten, schenkten die Römer ihren Lieben Schmuckdosen, Spielwürfel, Medaillen, Öllämpchen, die mit der Aufschrift *annum faustum felicem tibi* ein glückliches und erfolgreiches neues Jahr wünschten. Das nächste größere Fest, das Quinquatrienfest, fand zu Ehren der Göttin Minerva statt und währte vom 19. bis 23. März.[574] Das Megalesienfest zu Ehren der Göttin *Magna Mater* nahm die Tage vom 4. bis 10. April ein. Die *Cerialia* zu Ehren der Fruchtbarkeitsgöttin Ceres, die vom 12. bis 19. April dauerten, ließen an den Altären dieser Göttin nur Frauen zu, in weiße Gewänder gehüllt und mit Ährenkränzen geschmückt. Die *Floralia* zu Ehren der Frühlingsgöttin Flora verwandelten Rom vom 28. April bis zum 5. Mai in eine sinnenbetonte Stadt. Die Tische versanken in Blüten, die Menschen tanzten mit Blumengirlanden um den Hals auf den Straßen. Zahlreiche Veranstaltungen, welche die Tierkämpfe parodierten, indem Hetzjagden auf Hasen und Ziegen stattfanden, und die großzügige Verteilung von Geschenken – vor allem von Speisemarken –, waren charakteristisch für die *Floralia*.

Spiele fanden am 12. Mai und am 1. August zu Ehren des Mars, vom 6. bis 13. Juli zu Ehren des Apollo, vom 20. bis 30. Juli zu Ehren der Venus und des Sieges von Gaius Julius Caesar in

Gallien, vom 3. bis 12. Oktober zu Ehren des Augustus und vom 26. Oktober bis zum 1. November zu Ehren des Sulla statt. Die römischen Spiele vom 4. bis 19. September und die plebejischen Spiele vom 4. bis 17. November sorgten dafür, daß den Menschen die spielfreie Zeit nicht zu lang wurde. Im Dezember folgten das Fest der sieben Hügel (11. 12.), das bis ins 7. Jahrhundert v. u. Z. zurückverfolgt werden kann, und die Saturnalien zu Ehren des Saturn (17. bis 23. 12.). An diesen Tagen, an denen kleinere Geschenke wie Figuren aus Ton, aus Marmor, Bronze, Silber oder Gold oder silberne Löffelchen, silberne oder goldene Schüsseln und Pokale gemacht wurden, durften die Sklaven die Rolle der Herren übernehmen. Zudem wurde im Familien- oder Freundschaftskreis – wie uns von Nero und Britannicus bekannt – durch das Los ein Saturnalienkönig bestimmt, dessen Herrschaft sich die Beteiligten zu unterwerfen hatten. Da wurde geschmaust und gezecht, gelärmt, gesungen, um Geld gewürfelt. Letzteres war sonst verboten.

Zu Ehren des Apollo oder des Mithras wurde am 25. Dezember, unserem »Weihnachtsfest«, ein Feuer entzündet. Beim Fest der *Lupercalia* am 15. Februar zu Ehren des italischen Hirtengottes Lupercus wurde am frühen Morgen ein Bock geopfert. Im Laufe des Tages gingen Priester, mit Ziegenfellen umgürtet, durch die Stadt und schlugen, wer ihnen über den Weg lief, mit Riemen aus dem Fell des geopferten Bockes. Kinderlose Frauen ließen sich freiwillig auf die flache Hand schlagen, da dies baldigen Nachwuchs versprach.[575] Nicht vergessen werden darf das Latinerfest, eines der wichtigsten und ältesten Feste, dessen Zeitpunkt jährlich von den Consuln bei ihrem Amtsantritt festgelegt wurde. Auch die Geburtstage des Kaisers gaben Anlaß, tüchtig zu feiern.

Waren es unter Tiberius 88 Tage gewesen, die mit Spielen begangen wurden, nahm die Zahl der Fest- und Feiertage immer mehr zu. Unter Mark Aurel werden 135 Tage im Festkalender aufgeführt sein. Auch die Dauer eines einzelnen Festes, wie sie zu kaiserlichen Ehrentagen, Tempeleinweihungen, zur Feier von Siegen gefeiert wurden, kam nicht selten aus dem Schritt.

Die Kaiser scheinen Schwierigkeiten bekommen zu haben, es allen Seiten recht zu machen: Auf der einen Seite stand Altrom, auf der anderen das Volk, das nicht nur religiöse Gedenktage feiern, sondern auch ausgelassen sein wollte.

60 organisierte Nero die ersten Spiele *(Neronia)*, die wirklich als die seinen bezeichnet werden können und alle fünf Jahre gefeiert werden sollten. Außer einer Würdigung der Rhetorik hatten diese Neroneen nichts Römisches mehr. Sie orientierten sich an griechischen Vorbildern, vor allem an den Pythischen Spielen in Delphi, ohne den Einfluß anderer Kulturen des Reiches auszuschließen. Die Wettbewerbe wiesen drei Sparten auf: Musik, Poesie und Beredsamkeit; Athletik und Gymnastik; Wagenrennen.

Nero ließ ein Theater aus Stein bauen, das zum festen Austragungsort für Veranstaltungen dieser Art bestimmt war und die bisher üblichen provisorisch aufgeschlagenen Ränge und Bühnen ablöste, weil sie teuer und oft auch gefährlich waren. Außerdem weihte er auf dem Marsfeld eine Athletenschule *(gymnasium)* ein, die prächtigste in Rom.[576]

Die Spiele verliefen ohne Zwischenfälle, weil Tänzer, die in der Vergangenheit Unruhen ausgelöst hatten, ausgeschlossen waren. Selbst ein griesgrämiger Tacitus muß zugeben: »Der Freude mehr als der Ausgelassenheit sind in ganzen fünf Jahren ein paar Nächte gewidmet, in denen sich bei dem hellen Fackelschein nichts Unerlaubtes verbergen kann.«[577]

Patriarchale Moral, wie sie im Buche steht: Während Altrom Kriege, blutiges Abschlachten im Amphitheater, Mord und Totschlag ohne große Aufregung hinnimmt, gerät das Fest seiner Jugend unter Generalverdacht. Typisch für altrömische Mentalität: Kriege nutzen dem Landgewinn, mehren das Ansehen

Roms, Ausgelassenheit und Freude müssen sich vor dem Tribunal der Kriegsgewinnler rechtfertigen. Werden Bürger, vor allem junge Bürger, ausgelassen, kommt der Patriarch ins Grübeln. Er kann so etwas nur passabel finden, wenn sichergestellt ist, daß nichts Unerlaubtes passiert. Im übrigen wird nur alle fünf Jahre gefeiert, und die Fackeln brennen hell.

Patriarchen schnüffeln nun einmal. Sie beweisen ihre Moral, indem sie bei anderen nach »Schmutz« suchen.[578] Eine Schande jedoch, diese Moral, die das Kamel schluckt und die Mücke sieht.[579] Jede Moral ist eine Frucht, an welcher der Boden zu erkennen ist, aus dem sie wuchs.[580]

Bis zu seinem eigenen Debüt wartet Nero noch vier Jahre und wählt dann Neapel, die Stadt der griechischen Kultur. »Nur die Griechen haben ein feines Ohr für Musik«, soll er oft gesagt haben.[581] Der Erfolg des Kaisers, der mehrmals auf die Bühne gerufen wird, ist dann beinahe so groß wie der Skandal.

Nun gilt es, das Tabu auch in Rom zu brechen. Die Senatoren befürchten, der Kaiser werde an seinen Neroneen teilnehmen, was den schlimmsten Affront gegen die Tradition bedeutet. Sie bieten ihm von vornherein den Sieg im Gesangswettbewerb an, um einen Auftritt zu verhindern. Nero entgegnet, er sei nicht auf die Fürsprache des Senats angewiesen. Trotzdem zögert er. Es ist gefährlich, die Aristokratie weiter zu reizen. Er verläßt das Theater, doch das Publikum ruft ihn zurück und bittet ihn zu singen. Daraufhin verspricht er, den Zuhörern den Gefallen zu tun: später, in seinen Gärten.

Als die diensttuende Wache die Bitten des Volkes unterstützt, sagt er sein Auftreten zu. Unverzüglich will er seinen Namen in das Verzeichnis der auftretenden Kitharöden eingetragen sehen. Dann zieht er, wie alle, sein Los aus der Urne.[582] Er singt die Niobe, will jedoch nicht, daß bei dieser Gelegenheit Preise verliehen werden, und verschiebt alles auf das folgende Jahr.

Trotz aller Schwärmerei für das Theater und das entsprechende Ambiente behielt Nero seine Pflichten im Auge. Zu Beginn seiner Regierungszeit ergriff er Maßnahmen gegen die Rennfahrer. Nach alter Sitte pflegten sie mit ihren Wagen schreiend durch die Straßen der Stadt zu rasen und dabei Menschen zu gefährden. Dies wurde von Nero, einem ihrer größten Fans, verboten.

Auch seine Vorliebe für die Tänzer hatte ihn 56 nicht daran gehindert, gegen sie vorzugehen. Die Tänzer waren Massenidole. Das führte zu handfesten Auseinandersetzungen zwischen den Fangruppen. Nero machte kurzen Prozeß und schickte die lautstärksten Tänzer zusammen mit ihren glühendsten Verehrern in die Verbannung. Erst 60 wurden ihnen die Rückkehr nach Rom und die Wiederaufnahme ihrer Arbeit gestattet; von Spielen mit religiösem Charakter blieben sie ausgeschlossen.

Das waren die »negativen« Maßnahmen. Und die positiven?

Neros Denken und Tun ist weithin mit Hilfe des Musters Generationenkonflikt zu erklären: Hier dachte, fühlte, handelte ein junger Mann, dem der Senat wie ein Gremium vergreister, vergrämter Männer erschienen sein mußte. Jetzt, nachdem er »erzogen« ist, entdeckt er sich, beginnt, seine Identität zu erahnen.

Was in den meisten Darstellungen nur beiläufig gesehen wird: Der Kaiser ist jung – und heiter. Diesen Reiz des Jugendlichen verzeihen sie ihm nicht, die vom Leben verwundeten Männer im Senat. Ihr Verdacht lebt. Bis sie Nero erlegt haben werden, den Jungen, den Heiteren.

Die Senatoren sind nicht nur alt, sie verteidigen mit Zähnen und Klauen eine Mentalität, deren Orientierungs- und Handlungsmuster unzeitgemäß erscheinen. Von daher gesehen, muß Nero, will er sich treu werden, nicht weniger als eine veritable

Kulturwende anstreben. Was er unternehmen wird, entspricht beiden Kriterien: Generationenkonflikt und Kulturwandel ergeben eine Konterrevolution der Jugend.

Mit ihrer Hilfe will Nero Rom mit der Lebensweise anderer Völker und dadurch mit den kosmopolitischen Anforderungen eines Weltreiches vertraut machen. Der Gesichtskreis des Altrömers, der sein Kapitol für den Nabel und das Heil der Welt hielt, war zu beschränkt.

Tacitus beschwert sich erwartungsgemäß über die »... importierte Zuchtlosigkeit; deren Zweck und Folge es ist, daß man alles, was irgendwo sich verführen lasse oder verführen könne, auch in Rom zu sehen bekommen kann ...«[583] Doch kaum war Tacitus gestorben, erreichte der von Nero eingeleitete Prozeß der Internationalisierung der Sitten und Werte unter Hadrian (117–138) seine Vollendung.[584]

Ein öffentlicher Skandal

Lange schon schwelte das Problem. Altrom grummelte. Dieser Kaiser wird nicht aufzuhalten sein. Er sah sich als Künstler. Das sollten alle erfahren.

Ein Künstler? In seiner *Metaphysik* definiert Aristoteles (384–322 v. u. Z.) das Schöne als Zusammenspiel von Ordnung, Gleichmaß und Begrenztheit. Für die Theorie der Kunst wird Aristoteles bahnbrechend. Insbesondere die drei Leitkategorien der Aristotelischen *Poetik* – *Poiesis*, *Mimesis* und *Katharsis* – prägen die kunstphilosophischen Diskussionen bis heute. Unter dem Schlagwort der *Poiesis* thematisiert Aristoteles die Schöpfung des Künstlers, die *Mimesis* steht für die Darstellungsleistung des Kunstwerks, im Zusammenhang mit der *Katharsis* beschreibt Aristoteles die Wirkungen der Kunstwerke auf ihre Rezipienten. Die Tragödie soll beispielsweise Gefühle des Mitleids und der Furcht erwecken, um das Publikum von diesen Affekten zu befreien und innerlich zu reinigen *(Katharsis)*.

Was taugte Nero als Künstler? Als Sänger und Lyraspieler? Er war ein Profi und verhielt sich so. Als Kind war er im Rahmen einer allgemeinen Ausbildung zur Musik hingeführt worden. Nach seiner Thronbesteigung berief er Terpnus, den besten Lyraspieler der Zeit, an den Hof, um seine Ausbildung zu vervollkommnen.

Dem Philosophen Musonius zufolge hatte Nero einen angenehmen, gedämpften Baß, dem es an Kraft und Volumen fehlte. Sueton nennt Neros Stimme schwach und dumpf *(vox exigua et fusca*[585]*)*; Schmähschriften vergleichen sie mit der Stimme eines heiseren Hahns, mit dem Grollen eines Wespen- und Hummelschwarms[586]. Doch der Kaiser, dieser Möchtegernkünstler »mit dem Organ eines Frosches, aber ausgestattet mit der Macht eines Gottes«[587], verwendet viel Energie darauf, seine vorgeblich »himmlische« Stimme[588] zu stärken. Er unterzieht sich einer strengen Schulung. Stundenlang liegt er auf dem Rücken, mit einer Bleitafel auf der Brust. Er befolgt eine strenge Diät, wie sie die damaligen Experten für Sänger vorschreiben: keine Äpfel und keine frischen Feigen, da sie den Stimmbändern schaden, wenig Brot, dafür getrocknete Feigen und Knoblauch. Um schlank zu bleiben, benutzt Nero Brechmittel und Klistiere.[589]

Nimmt er an Wettbewerben teil, hält er sich an die Regeln. Offensichtlich will er behandelt werden wie alle andern auch. Das ist ausgeschlossen. Nero kann sich auf Dauer nicht darüber hinwegtäuschen, daß es nicht sein Talent ist, sondern seine Position, die ihm Erfolge einbringt.

Gleichwohl befällt ihn immer wieder die Angst, es nicht zu schaffen. Unmittelbar vor dem Auftritt hat er Lampenfieber. Diese Furchtsamkeit und Angst, das Verhalten gegenüber seinen Mitbewerbern und die Ehrfurcht vor den Kampfrichtern sind kaum glaublich.[590]

Neben klassischen Texten sangen die Kitharöden Texte, die sie selbst verfaßt und vertont hatten. So auch Nero. Heute würden wir ihn als Liedermacher bezeichnen. Liedertexte bildeten jedoch nur einen Teil von Neros umfangreicher Produktion. Er fertigte Gelegenheitsverse, religiöse, lyrische, erotische und satirische Gedichte, schrieb zahlreich und mannigfaltig: kleine Tändeleien wie die über Poppaeas Haare, Spottgedichte, lyrische für den Gesang mit der Kithara.[591] Martial, kein Freund Neros, spricht von diesen Gedichten mit Anerkennung. Nebenbei: Unter den Vorwürfen gegen Seneca findet sich der, er mache häufiger selbst Verse, seit Nero Liebe zur Dichtkunst zeige.[592]

Nero verfaßte Dramen und Tragödien (*Attis* und *Die Bacchanten*), für die sein Baß besonders geeignet war. Vor allem die Epik begeisterte ihn. Unter dem Titel *Troica* schrieb er ein Poem über den Trojanischen Krieg, dessen gelungenster Teil den Fall der Stadt schilderte *(Troiae halosis)*.

Als Zweiundzwanzigjähriger hatte er das Werk begonnen. Er beendete es, als er siebenundzwanzig war. Dabei orientierte Nero sich an den Klassikern Homer und Vergil. Sein Stil war jedoch von klassischer Nüchternheit weit entfernt, entsprach nur seinem Geschmack.

Gegen Ende seiner Regierungszeit plant Nero eine Arbeit über die Geschichte Roms, ein episches Gedicht, und spricht darüber mit Freunden. Eines Tages fragt er in Anwesenheit einiger Höflinge den afrikanischen Gelehrten Annaeus Cornutus, wie umfangreich ein solches Gedicht sein müsse. Während Höflinge schmeicheln, selbst vierhundert Bücher seien nicht zu lang, antwortet Cornutus, das sei übertrieben, er halte ein solches Werk insgesamt für undurchführbar. Diesmal nahm Nero es ärgerlich auf, Cornutus setzte keinen Fuß mehr an den Hof. Das Projekt selbst ließ der Kaiser fallen.

Tacitus unterstellt, Nero habe sich Gedichte von Leuten, die Geschick im Verseschmieden besaßen, aber keines, das auffiel, zusammenfügen lassen.[593] Sueton widerlegt: »Es sind Schreib-tafeln und Hefte von ihm in meine Hände gelangt mit einigen bekannten, von seiner eigenen Hand geschriebenen Versen; ihnen konnte man auf den ersten Blick ansehen, daß sie weder entlehnt noch nach dem Diktat eines anderen nachgeschrie-ben, sondern ganz wie von einem, der genau überlegt und aus Eigenem schafft, aufgesetzt sind. Soviel war darin getilgt oder durchgestrichen oder überschrieben.«[594]

War Nero nun ein guter Dichter? Wir kennen sein Werk zu wenig, um gesicherte Aussagen machen zu können. Untersu-chungen von Historikern, Philologen und Schriftstellern, die sich an das schwierige Unternehmen wagten, sind zu Ergebnis-sen gekommen, die für Nero schmeichelhaft sind.[595]

Infolge der nach Neros Tod verhängten Löschung des An-denkens *(damnatio memoriae)*, gegen die der Partherkönig pro-testieren wird, wurde das Werk dieses Kaisers schlecht geredet und vernichtet. Keine nerofreundliche Geschichtsschreibung hat sich erhalten. Was wir von ihm wissen, stammt von seinen Kritikern, Gegnern, Feinden. Von daher gesehen, kann keine Biographie Neros objektiv sein. Wir stehen mit fast leeren Hän-den da.

»Der Hals der Venustaube schimmert bei jeder Bewegung.« Der Ächtung entgangen sind dieser Vers aus Neros Feder und drei Verse aus seiner *Troica*. Die von Persius in einer seiner Sa-tiren zitierten Verse erscheinen eher wie eine Parodie auf Neros Stil, als daß sie von ihm stammten.[596]

Laut Seneca war Nero ein ausgezeichneter Dichter. Da der Philosoph jedoch ein professioneller Schmeichler war, ist diese Würdigung mit Vorsicht zu genießen. Vertrauenswürdiger ist Martial, der Nero nach dessen Tod als gebildeten Kollegen be-zeichnet.[597] Wahrscheinlich kommt dies der Wahrheit am näch-sten.

Nach allem, was wir wissen[598], liebt Nero, der öffentlichen

Anerkennung gegenüber nie gleichgültig, gewählte Wörter und pflegt das Exotische, Sensationelle. Er achtet auf einen leicht-füßigen Rhythmus und legt mehr Wert auf den Klang des Verses als auf dessen Inhalt.

Er verstand sein Geschäft, ein Genie war er nicht. Und er behielt sein Geheimnis für sich, bis ins fortgeschrittene Alter ein Kind bleiben zu können.

Wäre er nicht Kaiser gewesen, hätte Nero als Kitharöde kaum diesen Erfolg gehabt. Allerdings wäre seine künstlerische Betätigung auch nicht ins Lächerliche gezogen worden. Das hatte er genausowenig verdient.

Auch als Schauspieler trat er auf, gab unter anderem den Ödipus, den Herkules, den Muttermörder Orest, bei seiner Vorgeschichte eine fragwürdige Wahl. Er gab Alkmaion, Thyestes, Kreon, Attis. Am liebsten spielte er tragische Rollen. Das muß schon bei der Vorbereitung echt gewirkt haben: Vor einem Auftritt des Herkules Nero soll ein junger Rekrut, der am Bühneneingang Wache stand und seinen Kaiser geschminkt und in Ketten gefesselt sah, herbeigeeilt sein, um Hilfe zu leisten.[599]

Zweifellos gefiel vor allem das Melodram. Nero verkörperte dabei Frauenrollen wie Antigone oder Niobe, die durch den Schmerz über das Massaker an ihren Kindern versteinerte, oder Kanache, deren Kind aus der blutschänderischen Beziehung zu ihrem Bruder den Hunden vorgeworfen wurde.

Und in aristokratischen Kreisen lief das Witzwort um: »Was macht der Kaiser? Er bekommt ein Kind.«

Herbe Enttäuschungen brachte das heißgeliebte Tanzen, in dem Caligula ein Meister gewesen sein soll.[600] Hier stieß Nero an seine Grenzen. Zu seinem Kreis gehörte der Tänzer Paris, ein Freigelassener, der Schönheit mit Grazie, Geschmeidigkeit und Ausdruckskraft vereinte. Paris war ein so hervorragender Pantomime, daß seine Interpretation der Liebesszene zwischen Mars und Venus, bei der er nacheinander beide Rollen spielte, selbst den Philosophen Demetrius davon überzeugte, daß an solchen Darbietungen ohne Chor und Musikbegleitung etwas dran sei.[601]

Paris gab Nero Unterricht. Alle Anstrengungen blieben vergeblich. Nero war zu schwerfällig. Nach einigen Versuchen verzichtete er aufs Tanzen. Paris verblieb in Gunst. Er hatte wagen dürfen, Agrippina zu beschuldigen. Und er hatte von seiner früheren Herrin, Neros Tante Domitia, die Rückerstattung der Summe für seine Freilassung gefordert – und 54 den Prozeß nach einem dezenten Hinweis des Kaisers gewonnen.[602] Erst elf Jahre später ließ Nero ihn hinrichten. Vielleicht war der Kaiser eifersüchtig auf die Kunst des Tänzers.

Siege als Wagenlenker – und als Künstler?

Seit seiner Kindheit war Nero ein leidenschaftlicher Pferdenarr.[603] Er versuchte sich als Wagenlenker – und schlug sich gut. Im Areal der Vatikanischen Gärten hatte er die von Caligula begonnene Rennbahn ausbauen lassen: Wann immer es seine Zeit erlaubte, stellte er seine Übungen an.

Im *Circus maximus* siegt Nero mit seinem Viergespann. Als er es – in Olympia – übertreibt und ein Zehngespann fährt, hat er Pech: Er wird heruntergeschleudert, verletzt sich und muß aufgeben. Verletzungen wurden äußerlich und innerlich mit Ebermist behandelt.[604] Auch Nero soll Asche von Ebermist in Wasser getrunken haben.

Nebenbei: Trotz seines Sturzes soll der Kaiser zum Sieger ausgerufen worden sein. Daraufhin habe er sich mit einer Riesensumme bei den Kampfrichtern bedankt. Sein Nachfolger Galba fordert diese später zurück.[605]

Ausgezeichnete Pferde bekommen im Alter unter Nero ein Gnadenbrot; sie müssen nicht zum Abdecker.[606] Seine Begeisterung für die Grünen geht so weit, daß er grün gekleidet zum

Rennen erscheint. Begeistert stürzt er sich in die Diskussionen der Fans, schimpft wie ein Plebejer. Er hält es wie alle: Kinder können die Stammbäume der besten Pferde hersagen und kennen die Wagenlenker samt ihren Stärken und Schwächen. Wie sie heute alles über Fußballprofis wissen.

Trotzdem sollte nach Neros Willen auch hier ein neuer Geist Einzug halten. Der Kaiser macht nicht nur den Ausschreitungen der Rennfahrer ein Ende, sondern verurteilt auch das Prinzip des Sieges um jeden Preis. Er bestraft Unkorrektheiten, um den sportlichen Charakter des Rennens hervorzuheben und einen fairen Wettkampf zu ermöglichen. Er will auch die Jüngeren zum Zuge kommen lassen und setzt für die Fahrer am Ende ihrer Karriere eine Rente aus. Außerdem hat er schon 54 eine Reform der Preisgelder durchgeführt, um die Verteilung gerechter zu gestalten.

Und die übrige Kunst des Kaisers?

Sosehr Neros künstlerische Auftritte von vielen verurteilt werden, so sehr versetzen sie die Menge in Verzückung. Selbst Tacitus muß, wenn auch mit Zurückhaltung, zugeben: »Und der Stadtpöbel jedenfalls, auch die Schauspieler bei ihrem Gebärdenspiel zu ermutigen gewohnt, klatschte in rhythmischem Takt geregelten Beifall. Man hätte meinen können, sie freuten sich, und vielleicht freuten sie sich wirklich in ihrer Unbekümmertheit um die öffentliche Schande.«[607]

Der spätere Kaiser Vespasian, der sich wenig für Kunst interessierte, soll jedoch weggegangen oder, noch schlimmer, eingeschlafen sein, sooft Nero sang. Der Kaiser war beleidigt, wies Vespasian, den Begleiter in Griechenland, aus der gemeinsamen Wohnung, schloß ihn von Empfängen aus.[608] Trotzdem betraute Nero ihn später damit, den Aufstand in Judäa niederzuschlagen. Ihn interessierte, daß er ein guter Feldherr war.

Sueton behauptet[609], Nero habe seine Konkurrenten bestochen, um die Siegespalme zu erlangen. Auch sei es während der Auftritte des Kaisers verboten gewesen, selbst in größter Not das

Theater zu verlassen, Frauen seien von Wehen überrascht worden und niedergekommen, Männer hätten sich totgestellt und als Leichen wegtragen lassen, um davonzukommen. Geheimagenten sollen die Zuschauer kontrolliert haben, um Desinteressierte zu bestrafen.[610]

Dabei liebte das Volk diesen Kaiser, weil er sich in seiner Mitte aufhielt, begeistert an seinen Vergnügungen teilnahm und sich großzügig zeigte. Nero begrüßte selbst die Ärmsten und kannte ihre Namen, undenkbar für einen Adligen, der solche Leute höchstens mit dem Stock berührt hätte. Außerdem ließ er sich nicht lange bitten. Einmal hatte er in Neapel lange gesungen und war daraufhin in die Thermen gegangen, um sich zu entspannen. Später kam er zurück und schlemmte mit den Musikern. Als die Menge eine Zugabe verlangte, rief er auf griechisch: »Erst will ich ein Schlückchen trinken, dann lasse ich vor euren Ohren was Schönes erklingen.«[611]

Nero fühlt sich zu den Unverstandenen hingezogen, mit denen er sich identifizieren kann. Nach Aristoteles lassen sich die Menschen aus ihren Göttern erraten – und so wohl auch die Dichter aus ihren Helden, »die eben die ihm selber geschaffnen Götter sind. Die starkgeistigen Alten schilderten selten Schwächlinge; ihre Charaktere glichen den alten Helden, welche an den Schultern und an den Knien Löwenköpfe als Zierat hatten.«[612]

Neros Helden im Epos vom Trojanischen Krieg sind weder Achilles noch Hektor, weder Ajax noch Odysseus, sondern der verachtete Paris. In dem schönen Paris, der sportlich, doch nicht kriegerisch ist, die Genüsse des Lebens liebt und als Künstler von richtigen Männern verachtet wird, sieht Nero nicht allein ein Vorbild, das er den Römern vorhalten kann, sondern sich selbst. In seiner tanzenden Phantasie nimmt er Rache an allen, die ihn falsch erzogen, falsch behandelt haben: Sein Paris besiegt die vielbesungenen griechischen und trojanischen Helden.

In Rom war das Amphitheater der Ort, wo die Identifikation des Volkes mit dem Kaiser deutlich zum Ausdruck kam. Dort erkannte das Volk an einer Reihe von Gesten und Zeichen seinen Princeps. Nero verstand es, die Symbiose mit der Menge zu zeigen. Er war, vielleicht vom Großvater Germanicus geerbt, ein Meister der Kommunikation. Als wäre er seiner Zeit um Jahrhunderte voraus, formte er das Spektakel zur politischen Veranstaltung. Wäre es nach ihm gegangen, hätte er die Welt in eine einzige große, ununterbrochene Show verwandelt.[613]

Neros künstlerischer Exhibitionismus entsprach dem Bedürfnis eines verlassenen Kindes nach Zurschaustellung, Anerkennung, Lob. Seit seine Mutter ihn gezwungen hatte, zu lernen, was ein Kaiser braucht, fühlte er sich unterdrückt. Er setzt sich zur Wehr, indem er zu Poesie, Theater, Pferden flüchtet, diesen Rückzugsorten für sein Leben. Im Grunde ist er ausgelassen, zu Streichen und Spielen aufgelegt und steckt voller Lebensfreude.

Zweifellos ist Nero zum Lebemenschen, nicht zum Machtmenschen geboren. Nachdem er die Verantwortung übernommen hat, kommt er zwar seinen Pflichten mit Sorgfalt, Phantasie und Weitsicht nach[614] und verwendet fast bis zu seinem Tod einen Großteil seiner Energie darauf. Doch er trägt schwer daran. Nicht, daß die Aufgabe ihn überforderte, doch er fühlt sich in eine Rolle gepreßt, die seinem Wesen nicht entspricht.

Diese Ausweglosigkeit ist Kern seines Dramas. Niemand wird annehmen, daß ein Drama gut endet.

Nero verspürt das Bedürfnis, sich aus der bedrohlichen Umklammerung zu befreien. Er sucht so oft wie möglich das Weite und flüchtet sich in die Häuser und Villen von Freunden, ohne Wachen, ohne lästiges Gefolge.[615] In seiner Phantasie versetzt er sich in die Figuren, die er auf der Bühne darstellt.

Gegen Ende genügt ihm das nicht mehr. Dann versucht der junge Mann, sich eine andere Identität zu schaffen. Es geht ihm nicht mehr nur darum, eine andere Rolle zu spielen. Er will endlich jemand anderer sein. Das geht so weit, daß er, als alles über ihm zusammenbricht, erklären wird, er könne immer noch mit seiner Kunst weiterleben, selbst wenn er die Macht verliere.

Dabei begriff er nicht, daß er einen Punkt erreicht hatte, wo ihm nur die Alternative blieb zwischen einer Existenz als Kaiser und dem Tod. Erneut war Nero in eine lebensgefährliche Sackgasse geraten.

Obwohl seine Position es ihm leichtgemacht hätte, seine Bedürfnisse zu befriedigen, versucht Nero in den letzten Jahren seines Lebens, zwischen seinen Ansprüchen und seiner Machtposition zu trennen. Die Ansprüche projiziert er auf die freie Kunst. Da entschied nicht die Position, sondern die individuelle Befähigung. Er will als Mensch, als künstlerischer Mensch geschätzt werden, nicht als Kaiser.

Das ist unmöglich. In den Augen der Untertanen fallen Kaiser und Mensch zusammen. Neros Angst besteht darin, daß er nie sicher sein kann, ob seine künstlerischen Triumphe seinem Talent oder seinem Rang zuzurechnen sind. Der Versuch, sich in zwei Personen zu spalten, der Versuch, das Unversöhnliche zu versöhnen, wird ihn müde machen und schließlich das Leben kosten. Wahrscheinlich ist seine sonst unerklärliche Tatenlosigkeit angesichts der sich überstürzenden Ereignisse von 68 mit auf sein Bedürfnis zurückzuführen, sich aus einer Situation zu befreien, die unerträglich geworden ist. Dann wird er nur noch müde sein.

Neben der Frustration, als Künstler nicht unabhängig beurteilt zu werden, tritt in seiner Persönlichkeit noch eine andere mit seiner Rolle verbundene Angst zutage: Die Angst vor der Unmöglichkeit, normal zu sein. Im Grunde hatte er den Wunsch, wie alle andern zu sein und deren Leben zu führen.

Rom ist lebendig, lärmt bei Tag und Nacht. Die in den weitläufigen Palästen hören das kaum, die in den Mietshäusern schon. Und wenn sie nicht schlafen können, gehen sie aus. Grüppchen ziehen durch die Stadt.[616] Hin und wieder finden sich unter den Nachtbummlern Angehörige adeliger Familien, sogar eine Kaisertochter wie Julia oder eine Kaiserin wie Messalina.

Octavia, Neros junge Frau, hat es nicht verstanden, ihn an sich zu binden. Er ist auf der Flucht. Das Gesicht unter einer Filzmütze (oder einer Perücke?) verborgen, eilt er meist allein, manchmal mit Freunden, an die berüchtigtsten Orte, verbringt die Nacht in Kaschemmen.[617]

Rom kennt nicht nur die sogenannten *thermopolia*, Vorläufer der heutigen italienischen Bars, in denen an Schanktischen *(repositoria)* warme Getränke ausgeschenkt werden[618], sondern auch Spielhöllen[619], Bordelle[620] und Wirtshäuser *(tabernae, cauponae)*. Häufig liegen diese in Nähe der Stadttore, der Thermen, der Theater, der Märkte und Foren. Ihre Inhaber und deren Personal genießen nicht den besten Ruf. Der geizige und betrügerische Wirt ist ein fester Typus, eine beständige Figur in der Komödien der Zeit. Die Frauen, die er beschäftigt, sind nicht selten als Prostituierte tätig.

Vornehme Römer lassen sich nicht in solcher Begleitung sehen, betreten keine Tavernen, keine Häuser, die ihre Moral ächtet. Sie achten auf ihren Ruf. Daher finden sich nur Angehörige der unteren Schichten: Fuhrleute, einfache Soldaten, entlaufene Sklaven *(fugitivi)*, denen berufsmäßige Sklavenjäger *(fugitivarii)* nachspüren[621], Spieler, Musikanten, Matrosen, auch Männer, die vor ihren Frauen fliehen. Aber keine Kaiser.

Nebenbei: W. Faulkner meint, für einen Künstler, für einen Schriftsteller zumal, sei das Bordell der beste Wohnort: Ruhe am Vormittag, nachts immer Betrieb und Leben, und zudem gute Beziehungen zur Polizei.[622]

Noch die frühe christliche Literatur stellt Künstler auf eine Stufe mit Schaustellern, Bordellwirten und ähnlichem »Gesindel«. Und da sollte ein Kaiser …?

Nero ist die Ausnahme. Er freut sich, unerkannt unter einer namenlosen Menge zu sein. Dabei kommt es zu Schlägereien. Da er kräftig ist, schließlich hat er auch als Athlet Ambitionen und trainiert jeden Tag, teilt er Prügel aus. Manchmal muß er solche einstecken. Es kommt vor, daß er mit den Spuren dieser nächtlichen Schlägereien im Gesicht in den Palast zurückkehrt.

Einmal hätte er um Haaresbreite ein Auge verloren, ein anderes Mal wird er vom Senator Iulius Montanus zusammengeschlagen, weil er dessen Frau ein gewagtes Kompliment gemacht hat. Tacitus erzählt[623], Montanus habe sich, als er den Kaiser erkannte, schnell entschuldigt, was jedoch fatal gewesen sei, denn daraufhin sei er zum Suizid genötigt worden. Jahre später jedoch ist Iulius Montanus quicklebendig anzutreffen, im wichtigen Amt des Quästors.

Die Episode veranlaßt Nero dazu, sich unauffällig von Leibwächtern begleiten zu lassen. Er verzichtet nicht darauf, sich weiterhin unters Volk zu mischen, in der Öffentlichkeit zu Abend zu essen und auf der Straße stehenzubleiben, um sich zu unterhalten.

Seine Streifzüge räumen mit der verbreiteten Meinung auf, Nero, dem Muttersöhnchen, habe es an Mut gefehlt.[624] Während seines ersten öffentlichen Auftritts in Neapel wurde das Theater durch ein heftiges Erdbeben erschüttert, doch Nero sang sein Stück zu Ende. Danach brachte er den Göttern Opfer dar und hielt es für ein gutes Omen, daß der Erdstoß weder Tote noch Verletzte gefordert hatte.

Provokationen

Bei allem spielt Neros Lust, zu verblüffen, eine Rolle. Provokation macht ihm Spaß. Vielleicht gerade wegen seiner strengen Erziehung bewahrt Nero den unbändigen Instinkt des Kids. Als die Tänzer und ihre Anhänger einmal bei der üblichen Prügelei angekommen waren und der Streit mit Steinen und zertrümmerten Bänken ausgefochten wurde, warf der Kaiser selbst einen Stein und traf einen Prätor.[625]

Schlimm genug, meinen die Bürger. So machen sie es immer: Ist ihnen einer unbequem, verdächtigen sie seine Moral.

Als Aristokraten gegen Ende seiner Regentschaft beginnen, ihn Ahenobarbus zu nennen, und den Namen seines Vaters benutzen, um seine plebejische Herkunft hervorzuheben, erklärt Nero, er werde gerade deshalb seinen Geschlechtsnamen wieder annehmen und den Adoptivnamen ablegen. Das fiele ihm nicht schwer: Im alltäglichen Leben verhält er sich unbefangen. Nichts liegt ihm ferner, als sich wegen seiner Position unnahbar zu geben.

Eines Tages wünscht der gestrenge Philosoph Demetrius aus der Schule der Zyniker die von Nero erbauten und vom Volk gepriesenen[626] Neuen Thermen zu besichtigen. Öffentliche Bäder waren die Freizeitzentren und Spaßbäder.[627] Sie waren Prachtbauten, die Größe und Macht eines Kaisers bezeugen sollten; die unter Diokletian (284–305 u. Z.) errichteten Thermen hatten ein Ausmaß von 350 x 350 Metern. Thermen enthielten Räume für sportliche, kulturelle (Bibliotheken) und allgemein öffentliche Zwecke. Ihre Benutzung stand auch Sklaven offen.

Laut ging es da zu. Seneca[628] beklagt sich über den wirren Lärm, der den Philosophen bedauern läßt, überhaupt Ohren zu haben. Da machen die einen unter Stöhnen ihre Hantelübungen, da klatschen Masseure auf die ölige Haut ihrer Kunden, da zählen Ballspieler laut ihre Punkte, da singen befreite Männer aus vollen Kehlen, da platscht ein Schwimmer nach dem andern ins Wasser, da ertönen die Schmerzensschreie derer, die sich von professionellen Haarausrupfern ihre Achselhöhlen säubern lassen. Und da preisen Kuchenhändler, Wurstverkäufer, Zuckerbäcker ihre Waren an, während Kellner die Gäste in die Kneipen zu locken suchen.

Der Badetrakt *(balneum)* bestand aus kalten, lauwarmen und heißen Baderäumen *(frigidarium, tepidarium, caldarium, natatio)*, die der Reihe nach aufgesucht wurden. Dazu kamen sauna-ähnliche Räume zum Schwitzen *(laconicum, sudatio)*; hier sorgte das Raffinement des Heizsystems für eine ausgeklügelte Zufuhr heißer Luft.[629] Rom vergnügte und erholte sich. Oder die Römer gingen zum Arzt, der seine Sprechstunden in den Thermen abhielt, oder sie besprachen mit Notaren den Abschluß eines Vertrages.[630] Ein solcher Badestandard ist erst wieder im 20. Jahrhundert erreicht worden.

Neros Thermen waren elegant, ihre architektonischen Lösungen revolutionär. Seine Neuen Thermen gelten noch heute als die schönsten, die Rom kannte. Sie lagen in der Nähe des Pantheon. Dessen Vorhalle weist in der linken Reihe drei Säulen aus Neros Thermen auf, die im 17. Jahrhundert hierhergebracht worden sind, um fehlende Säulen zu ersetzen.[631]

Angesichts der Schönheit der Neuen Thermen meint Martial: »Wer ist schlimmer als Nero? Was gibt es Besseres als seine Thermen?«[632] Doch dem Kyniker Demetrius gefallen sie nicht. Er verurteilt sie als unnütz und heißt das Baden unmoralisch. Nach wenigen Schritten soll er fast in Ohnmacht gefallen sein: Er erblickt in der angrenzenden Ringkampfhalle den Kaiser. Dieser ist fast nackt und trällert.

Die Antipathie eines Demetrius und ähnlich ernster Leute wurde von Nero erwidert. Der Kaiser haßt die Scheinheiligen. Er ist überzeugt, daß alle Männer ihre Laster haben, doch viele sie hinter der Maske eines korrekten Benehmens verstecken. Deshalb zeigt er denen gegenüber Nachsicht, die ihre Schwächen zugeben. Neros Freund Petronius dichtet: »Denn wer kennt nicht die Freuden der Venus? Wer verwehrt dem Leib die Wonne im wohligen Bett? Auch der weise Vater Epikur sieht in diesem Spiel den Zweck des Lebens.«[633]

Selbstverständlich fast, daß Petronius, auch er ein Kämpfer

gegen die sexuell aktive Frau, eine Vaterfigur, Epikur, zitiert. Verständlich auch, daß er nur von männlichen Wonnen spricht, doch die der Frauen ausspart. Erklärlich, daß er an anderen Stellen seiner Dichtung die Angst der Männer vor den Frauen thematisiert, näherhin die Angst vor einem Versagen gegenüber den Ansprüchen einer Frau.

Neros Verachtung der Scheinheiligkeit beschränkt sich nicht auf Sexuelles. Er mißtraut dem Laster, das sich als Tugend verkleidet.[634] Er bewundert die paar Menschen, die ihren Prinzipien getreu leben. Als eine Krankheit ihn aufs Bett warf, weil er im Winter in der Quelle der *Acqua Marcia* hatte baden wollen, schmeichelten die Höflinge, das Ende des Römischen Reiches sei gekommen, falls das Schicksal ihm den Tod bestimmt habe.

»Nein«, erwidert Nero, »es gibt einen Mann, der das Reich regieren kann.« – »Wer denn?« – »Publius Memmius Regulus.« Dieser tüchtige Statthalter war mit der schönen Lollia Paulina verheiratet gewesen, der späteren Frau des Caligula und der Favoritin des Kaisers Claudius, die Schmuck aus Smaragden und Perlen im sagenhaften Wert von vier Millionen Sesterzen getragen hat, wie sie durch Juweliersrechnungen beweisen wollte.[635]

Publius Memmius Regulus genießt Ansehen und Anerkennung. Als Neuling *(homo novus)* aus der Provinz gekommen, war er von Tiberius zum Senator ernannt worden, hatte die gesamte Karriere *(cursus honorum)* durchlaufen und beachtliche Charakterfestigkeit bewiesen. Er hatte seine Position nicht ausgenutzt, um sich zu bereichern, ein integrer Mensch und geschickter Politiker.

Wäre Nero der haltlose Prahlhans gewesen, als den ihn manche schildern, hätte er als Nachfolger einen Draufgänger aus seinem Gefolge benannt, der ihm in Neigung und Geschmack näher gestanden hätte. Verantwortungsbewußt nominiert er dagegen Regulus. Tacitus wundert sich, daß Regulus diese Nominierung überlebte, denn nach Neros Genesung hätte er in Lebensgefahr schweben müssen.[636] Doch es lief anders: Nachdem er nochmals zum Consul gewählt worden war, starb Regulus 63 im Bett. Nero hat ihm nichts angetan. Warum auch?

Dieser Kaiser führt ein fröhliches Haus, pflegt einen sinnlichen Stil. Nichts gilt als selbstverständlich, alles wird diskutiert.[637] Philosophen sind Stammgäste: Außer seinen ehemaligen Lehrern Seneca und Chairemon sind die Namen von Cornutus und Telesinus überliefert; von den Musikern die Crème de la crème: Terpnus und Menecrates; der Tänzer Paris; Dichter von Lucanus über Petronius, Calpurnius Siculus, Fabritius Veiento bis zu Cocceius Nerva, dem zukünftigen Kaiser, den Nero den »Tibull der Zeit« nennt.[638]

Er nimmt arme, noch unbekannte Dichter im Palast auf und unterstützt sie großzügig. Den Philosophen, ob sie zu seinem Kreis gehörten oder nicht, hat er Steuerbefreiung gewährt, schlecht gestellten Schauspielern und Athleten greift er unter die Arme. In einem Epigramm eines in Rom lebenden griechischen Dichters heißt es: »Hätte nicht bares Geld mir der Kaiser Nero gegeben, übel, ihr Töchter des Zeus, Musen, erging' es mir dann.«[639]

Zu seinen Freunden ist Nero großzügig. Alle profitieren bis hin zu Seneca, der von Nero viel Geld erhielt. Nero geht es nicht nur um Geld, sondern um Wichtigeres: Er ist zu helfen bereit. Als einmal ein Freund erkrankt, setzt er Himmel und Hölle in Bewegung, um den berühmtesten Arzt aus Ägypten kommen zu lassen.[640]

Reichtum und Geld, meint Nero, könne ein Mann nur genießen, wenn er verschwenderisch damit umginge. Es gehört in der Tat mehr Genie dazu, auszugeben, als zu erwerben.[641] Viele wissen aus ihrem Fleiß und Geld nichts zu machen, als immer wieder Geld und immer wieder Fleiß.

Ein Geizkragen wie sein Vorgänger Tiberius war dieser Kaiser gewiß nicht. Sueton ist der Meinung, daß Nero das Geld durch die Finger rann.[642] Das stimmte nicht. Für schöne Dinge gab er zwar viel Geld aus, war nicht zimperlich: Er hatte eine Schale aus achatähnlichem Material anfertigen lassen, zu einer Million Sesterzen, er liebte Teppiche, die pro Stück vier Millionen kosteten.[643] Nichts Besonderes. Seneca stand nicht zurück: Er soll fünfhundert Tische aus Citrus besessen haben, einer höchst gefragten am Atlas wachsenden Thujaart.[644] Und ein Sklave des Claudius, zu Geld gekommen, nannte eine Schüssel aus 164 Kilo Silber sein eigen.[645]

Neros Freund Otho gelang es mühelos, den Kaiser zu übertreffen. Plutarch berichtet, daß Nero eines Tages ein teures Parfüm benutzte und Otho davon anbot. Daraufhin »ließ dieser bei einem Bankett, zu dem er Nero eingeladen hatte, das gleiche Parfüm in goldenen und silbernen Leitungen, die eigens zu diesem Zweck verlegt worden waren, im Speisesaal zirkulieren«[646]. Ein solcher Luxus schockierte Nero.

Luxus ist relativ. Jedes Zeitalter, jedes Volk, jeder Stand erklärt für Luxus, was ihm selbst entbehrlich zu sein scheint. Altrom tat sich in dieser Hinsicht hervor. Immer wieder zeigt sich die Tendenz, die guten, alten Zeiten zu rühmen und die Gegenwart herabzusetzen. Wie ein roter Faden zieht sich durch die Literatur zur Zeit des Augustus die Klage über die Verschlimmerung der Zeiten. Im alten Rom hatte niemand gewußt, daß es eine Kochkunst gebe. Bis ins Jahr 174 v. u. Z. bereiteten die Hausfrauen die Fladen selbst zu, es gab keine Bäcker in Rom, 115 verbietet ein Edikt die Einfuhr von ausländischen Vögeln, von Muscheln und Haselmäusen.[647] Derlei kann ein Römer nicht essen. Trug die heimische Scholle keine Genüsse?

Ein Verzeichnis der Speisen ist erhalten[648], die bei einem zwischen 73 und 63 v. u. Z. gegebenen Gastmahl von Priestern, einer sprichwörtlichen Schwelgerei, serviert worden sind. Mit einer einzigen Ausnahme ist kein Gericht nichtrömisch, kein einziges ausgefallen. Es gab zur Vorspeise Meerigel, Austern, eine Drossel auf Spargeln, ein Muschelragout, schwarze und weiße Maronen, als nächsten Gang Muscheln und Meerestiere, Lenden von Rehen und Wildschweinen, Geflügel in einer Teigkruste, Purpurschnecken. Als Hauptgang folgten Schweinskopf, Saueuter, Fischfrikassee, Enten gebraten und gesotten, Hasen, verschiedenes Geflügel, eine Süßspeise.

Nebenbei: Das Mästen von Hühnern hatte 161 v. u. Z. soviel Anstoß erregt, daß es untersagt werden mußte.[649] Das Verbot wird dadurch umgangen werden, daß Rom künftig keine Hühner mehr mästet, nur Hähnchen.

Unter Nero, lamentieren die Alten, wird kein Mehlbrei mehr geschätzt. Jetzt muß es etwas Besseres sein, jetzt tragen die Wände einen Bewurf, jetzt reicht kein einzelner Sklave mehr im Hauswesen aus.[650] Dabei ist Rom längst zur Weltstadt geworden, die Epoche des Bauerntums abgeschlossen. Die Gestrengen wollen es nicht wahrhaben: So gelten Federkissen als unmännlicher Luxus, die Kühlung von Speisen und Getränken mit Hilfe von Schnee ebenso.[651] Wir werden heute weder Kopfkissen noch Kühlschränke als Beweise für luxuriösen Lebensstil werten.

Die Ansicht ist freilich weit verbreitet, der Luxus des an Cäsarenwahn leidenden Nero sei ebenso beispiellos wie unmoralisch gewesen. Beispiellos? Caligula übertraf Nero bei weitem. Auch spätere Zeiten wie das *ancien régime* oder die Herrschaft russischer Zaren gewinnen jeden Vergleich mit Nero.[652] Selbst in den Tagen, da Altroms Tugenden angeblich noch etwas galten, finden sich Beispiele für Luxus, mit dem Nero nicht hätte konkurrieren können: Als es Mode war, zerstoßene Perlen in Wein zu lösen und zu trinken, soll ein Verschwender, wie Horaz berichtet, eine einzige Perle in Millionenwert mit wenigen Schlucken zu sich genommen haben.[653] M. Gavius Apicius verpraßte unter Augustus und Tiberius ein ungeheures Vermögen. Als er nachrechnete, wieviel ihm geblieben war, gab er sich den Tod: Mit den paar lumpigen Millionen könne ein Mensch unmöglich leben, soll er gesagt haben.[654]

Nero war mit dem Geld des Staates so vorsichtig, wie er mit dem eigenen freigebig war. Sein Vermögen mußte streng von dem unter dem Saturntempel in Rom verwahrten Staatsschatz *(aerarium Saturni)* getrennt werden. Sollte Geld transferiert werden, dann aus seiner Privatkasse *(fiscus Caesaris)* an die Staatskasse und nicht umgekehrt. Was aus dem guten Vorsatz des Beginns wurde, bleibt freilich unklar. Die gegen Nero gerichteten Vorwürfe schließen stets den ein, der Kaiser verschleudere das Staatsvermögen.

Die Forschungen über die Münze von Alexandria, der wichtigsten des Reiches, belegen, daß Nero während der ersten acht Jahre seiner Regentschaft in Währungsfragen vorsichtig war.[655] Als er 64 eine Politik der großen Ausgaben einleiten muß, so tut er das nach reiflicher Überlegung und mit dem Ziel, die wirtschaftliche Depression zu bekämpfen.

Etwas war geschehen, das neue Perspektiven auf die Vita des Kaisers schafft.

20.
DER BRAND ROMS

Die Ursache

Das Feuer brach in der Nacht vom 18. auf den 19. Juli 64 aus. Auf den Tag genau wie bei dem großen Gallischen Brand des Jahres 390 v. u. Z. Ein Zufall? Berechnende Absicht?

Der Brand ging von einer Stelle aus, wo der *Circus maximus* an den Caelius und den Palatin grenzt, in einem Gebiet, das mit Häusern, Werkstätten, Ladengassen, Marktbuden und leicht brennbaren Warenlagern dicht besetzt war. Geschäfte waren normalerweise einzimmerige Einheiten *(tabernae)*; zum Bürgersteig hin waren sie offen. Sie konnten auch mehrere Etagen und eine große gewölbte zweistöckige Halle aufweisen. Manchmal fanden sich ganze Geschäftskomplexe.

Angefacht von starkem Wind, griff das Feuer auf das Forum Romanum über, auf das *Velabrum*, den Lebensmittelmarkt am Esquilin und das *Forum Boarium*, den Viehmarkt zwischen *Circus maximus* und Tiber.

Auf Roms Märkten waren Güter aus der bekannten Welt in der Nähe zu prüfen[656]: Zitronen, die zu Arzneien und Deodorants verarbeitet wurden, Kirschen, Pfirsiche, Zwiebeln, spanische Wolle, chinesische Seide, bunte Gläser, feine Leinwand, Wein und Austern von den griechischen Inseln, Käse aus den Alpen, Seefische vom Schwarzen Meer. Hier lagerten Kräuter aus Sizilien, aus Afrika. Nach Rom kam aus allen Ländern, aus allen Meeren, was die Saison hervorbrachte, was die Zonen trugen, Flüsse und Seen boten, die Arbeit der Handwerker erzeugte. Kein Wunder, daß Rom sich als Mittelpunkt der Welt verstand.

Jetzt, von einem Augenblick zum anderen, stand alles in Flammen.

»Die ganze Niederung war mit Rauch bedeckt, der wie eine Riesenwolke über der Stadt lagerte; jenseits der grauen Ebene auf den Hügeln standen die Häuser in Flammen. Das Feuer stieg nicht säulenartig empor, wie dies beim Brand eines einzelnen, wenn auch noch so umfangreichen Gebäudes der Fall ist; es glich eher einem langgezogenen Gürtel, ähnlich den Streifen der Morgenröte. Darüber erhob sich eine Rauchmasse, stellenweise tiefschwarz, stellenweise rosig, dann wieder rot wie Blut, in sich selber unheimliches Leben zeigend, hier aufgebläht, dort eingepreßt, sich krümmend wie eine sich windende und drehende Schlange. Diese ungeheure Rauchmasse schien zuweilen den

Feuerstreifen überdecken zu wollen, der dann schmal wurde wie ein Band; doch später beleuchtete das Feuer von unten her den Rauch und verwandelte dessen niedriger liegende Wolken in Feuerwogen. Beide Erscheinungen reichten von einer Seite des Horizonts bis zur anderen und machten dessen unteren Teil unsichtbar, wie zuweilen ein ausgedehnter Wald eine Strecke Landes unsichtbar macht.«[657]

Als der Brand aufflammte, hielt Nero sich in seiner Geburtsstadt Antium auf. Dort fühlte er sich wohl, dort konnte er ein raffiniert verfeinertes Leben führen, wie ein Grieche leben, Gedichte lesen, Theater spielen. Jetzt war geschehen, womit niemand gerechnet hatte. Noch in der gleichen Nacht ließ sich der Kaiser die sechzig Kilometer nach Rom bringen, um erste Vorkehrungen zu treffen und die Rettungseinsätze zu organisieren. Die Feuerwehrleute *(sifonarii, aquarii)* mit ihren Pumpen und Eimern konnten gegen die sich riesig mehrende Feuersbrunst nicht aufkommen. Geschwader von Feuerwehrleuten schaffen es nicht, die Lage zu entschärfen. Auch die heutige Technik hätte nicht ausgereicht, einen solchen Megabrand zu stoppen.[658]

Rom, die einzige Millionenstadt des Reiches, drohte unterzugehen.

Brandbekämpfung

Nero muß am dritten Tag feststellen, daß *Circus maximus*, Caelius und Palatin nicht mehr zu retten sind. Er zieht die Mannschaften ab und konzentriert sie am Esquilin, dem ärmsten Stadtteil mit der höchsten Bevölkerungsdichte. Dann läßt er auf einem breiten Streifen Häuser, Bäume und alles Brennbare abreißen, um dem Feuer keine weitere Nahrung mehr zu geben. Dabei werden Hunderte von Feuerwehrleuten *(vigiles*[659]*)*, Prätorianern, Sklaven eingesetzt.

Zwischen der Feuerfront und dem Esquilin »hatte sich mittlerweile ein Tal aufgetan, das dem Krater eines erloschenen Vulkans glich«[660]. So wurde das Feuer mit Hilfe einer Schneise gestoppt, der Esquilin gerettet. Doch kaum hatte die Bevölkerung nach sechs Tagen und sechs Nächten Zeit aufzuatmen, brach das Feuer in anderen, zum Glück weniger dicht besiedelten Stadtteilen aus. Bis es erlosch, dauerte es nochmals drei Tage.

Von den vierzehn Stadtteilen Roms wurden drei zerstört, *Circus maximus*, Palatin und der »Isis und Serapis« genannte. In sieben hielt sich der Schaden in Grenzen, und nur vier, Esquilin, Porta Capena, Alta Semita und Transtiberim, blieben unversehrt. Gefährdet gewesen war die Stadt infolge ihrer engen Straßen und der sich windenden Gassen mit unregelmäßigen Häuserreihen. Die typische römische Stadt war zwar nach einem rechteckigen Plan erbaut und ähnelte einem militärischen Zeltlager mit zwei Hauptstraßen.[661] Die Stadt war in Blöcke gegliedert, eine Mauer mit Toren umgab sie. Ältere Städte jedoch, die wie Rom vor einer geregelten Stadtplanung gegründet worden waren, glichen einem Labyrinth krummer Straßen.

Insgesamt wurden an die viertausend Mietshäuser aus Holz *(insulae)* zerstört. Auch 132 vornehme Einfamilienhäuser *(domus)* traf dieses Schicksal. Eine solche römische *domus* zeigte in der Regel eine Vorliebe für die axiale Symmetrie, die auch die öffentliche Architektur charakterisierte. Mit der Zeit waren die Häuser immer kunstvoller gestaltet worden. Die Stadtwohnungen der Vornehmen konnten einen ganzen Block einnehmen. Jetzt war alles verloren.

Auch Paläste früherer Feldherrn, noch mit Kriegsbeute gefüllt, und Göttertempel früherer Zeiten wurden Opfer der Flammen. Unersetzliche Kunstwerke, Statuen und Bücher, desgleichen. Hätte Nero selbst den Brand legen lassen, hätte er, der fanatische Sammler, einen Weg gefunden, Kunst, die ihn interessierte, vorher beiseite zu schaffen.

Wahrscheinlich war der Brand durch Fahrlässigkeit entstanden.

Es war Hochsommer. Das Feuer brach in einem verrufenen Viertel zwischen Quirinal, Viminal und Esquilin, der *Subura*, aus. Hier fanden sich Läden, Buden, Kneipen, hier wurde leichtfertig mit Kohlebecken, Öfen, Lampen und Fackeln hantiert. Dabei genügte ein Funke, um Läden und Hütten in Brand zu setzen. Die Wände waren mit Vorrichtungen aus Holz abgestützt.

Ein Feuer barg unter diesen Umständen die am meisten gefürchtete Gefahr.

Katastrophale Brände kannte nicht nur Rom. In einer seiner ersten Reden hatte sich Nero für Bologna eingesetzt, das 53 durch einen Brand zerstört worden war. Lugdunum (Lyon), Hauptstadt Galliens, wurde an einem einzigen Tag ein Raub der Flammen. Der Kaiser hatte Hilfe und beträchtliche Geldsummen zur Verfügung gestellt.[662] Da es diese Unterstützung nicht vergessen hatte, revanchierte sich Lugdunum 64 mit einer Summe von vier Millionen Sesterzen und schloß sich 68 dem Aufstand gegen Nero nicht an.

Rom selbst hatte mehrere Großbrände erlebt[663], wenn auch nicht von so katastrophalem Ausmaß wie 64. Unter Augustus war die Stadt im Jahr 6 durch Brände derart heimgesucht worden, daß der Kaiser sich veranlaßt sah, eine Feuerwehr mit 700 Mann einzurichten. Unter Tiberius brannte 27 das Caeliusviertel, 36 der Aventin, 54 unter Claudius die Bebauung rund um das Marsfeld.

Die Straßen sind voll von hinfälligen Greisen, Kranken, Kindern. Nero sorgt für Notunterkünfte: In den Gärten des Kaisers werden Massenlager errichtet. Ob die Menschen die Tiere der Parks und Tiergehege, Strauße, Flamingos, Schwäne, Pfauen, Gazellen, Antilopen, Hirsche, bereits gejagt und ihr Fleisch verzehrt haben, ist ungewiß. Die Beschaffung von Lebensmitteln für die Tausende, die auf der Straße saßen, wird jedenfalls geregelt. Die Gefahr einer Hungersnot ist beseitigt. Die auf dem Tiber treibenden Leichen werden eingesammelt und verbrannt; sie waren rasch verwest und hatten die Luft mit üblem Geruch erfüllt. Eine Seuche war befürchtet worden; sie trat nicht ein.

Wir kennen ähnliches aus den Bildberichten gegenwärtiger Katastrophenzentren, etwa nach verheerenden Erdbeben. Nicht zuletzt dank der weitläufigen Anlage, die Nero dem Neuen Rom gab, wiederholten sich so umfassende Großbrände nicht mehr.

Das sind Fakten. Doch der Ruf Neros als Brandstifter, der mitten in der Feuersbrunst Lieder gesungen und später einen unvergleichlich luxuriösen Palast gebaut haben soll, ist trotz gegenteiliger Forschungsergebnisse noch nicht behoben.

Der Kaiser soll, so eine Deutung, die Hauptstadt angezündet haben, um eine Vorlage für sein Werk über den Brand Trojas zu finden. Schließlich hatte er noch keine Stadt brennen sehen, und für seine Dichtung reichte die Phantasie offenbar nicht aus.[664]

Oder Nero hatte geplant, Rom niederzubrennen, um eine neue Stadt, seine Stadt, erbauen zu können.[665] Diese hätte *Neronia* oder *Neropolis*[666] geheißen, eine sichtbar gewordene Unsterblichkeit in Gebäuden und Straßen und Palästen.

Oder Nero wollte, so Cassius Dio, seinen »alten Plan verwirklichen, die Stadt und das Reich noch zu seinen Lebzeiten zu zerstören«.[667] Also *tabula rasa*, und Nero der letzte Kaiser Roms überhaupt?

Oder der Kaiser wollte, mittlerweile toll geworden, seine Prätorianer und Gladiatoren und wilden Tiere aus den unterirdischen Gängen *(cunicula)* der Amphitheater, halbirre Löwen mit brennenden Mähnen, wahnsinnig gewordene Elefanten mit angesengten Rüsseln, wütende, halberstickte Auerochsen über Roms Bevölkerung herfallen lassen, um alles Lebendige auszurotten und ein neues Volk zu schaffen, zusammen mit der Neuen Stadt ein Phönix aus der Asche, der Phönix eines Irren.

Oder Nero beabsichtigte, sich an den vielen Christen zu rächen, die er nicht mochte und auf die er die Schuld abzuwälzen hoffte. Daher plante er, die Erinnerung an den Brand im Blut der Christen zu ertränken.[668]

Weit und gut verbreitete Verleumdungen halten sich. Bis heute.

Teil III

Abgebrochener Traum

21.

Der Staatsmann als Brandstifter

Die Mär vom »Antichristen«

Vielleicht hat sich bei der Lektüre die Frage gestellt, weshalb das Christentum und die Christen relativ häufig genannt worden sind. Das ist keine Marotte. Ich mußte vielmehr davon ausgehen, daß unter Neros Herrschaft eine neue Stimme laut wird, eine künftige – nicht nur weltanschauliche – Großmacht sich zu Wort meldet. Sie als eine Bagatelle zu werten und nicht bewußt in die Biographie dieses Kaisers einzubeziehen, entspräche den historischen Erfordernissen nicht.

Christliche Schriftsteller wie der bis ins Mittelalter hinein gelesene Sulpicius Severus († um 420) hielten Nero für den Antichristen und nahmen an, daß er zu gegebener Zeit wiederkehren werde.[669] Diese Überzeugung stützte sich, mangelhaft begründet, auf eine Stelle aus der Offenbarung des Johannes (Apk 13,18), dem einzigen Werk der sogenannten Apokalyptik, das ins Neue Testament aufgenommen wurde. Hier ist von der sogenannten Zahl einer Bestie die Rede: »Wer Verstand hat, überlege: die Zahl der Bestie; denn es ist eines Menschen Zahl, und seine Zahl ist 666.« Genau diese Summe, die sogenannte apokalyptische Zahl, erhielten die Abergläubischen, sobald sie die hebräischen Zahlenzeichen für Neros (Adoptiv-)Namen addierten.

Andere Berechnungsgrundlagen, andere Zahlenspekulationen ergaben andere Möglichkeiten und führten – in erstaunlich detaillierter Konkretion – zu den Kaisern Domitian und Trajan. Die Zuschreibungen mögen wechseln, eines bleibt: Immer soll die Spekulation das als unmittelbar bevorstehend geglaubte Ende der gegenwärtigen Welt und deren (Kaiser-)Herrschaft konkretisieren – und noch mehr: Nach dem Weltende bricht die neue Zeit an. Sie besteht in der gottgewollten Herrschaft der Erwählten. Die sind selbstredend Christen.

Die auf Nero bezogene Deutung ist die unwahrscheinlichste. Zu seinen Lebzeiten gab es die Apokalypse des Johannes gar nicht, eine eigentliche Verfolgung von Christen ebenso wenig. Allenfalls handelte es sich um eine mündliche Überlieferung, um ungeschriebene, gerüchtweise weitergereichte Sprüche, Hoffnungen, Visionen *(agrapha)*.[670] Diese werden bald zum ständig wachsenden Zitatenschatz der Christen beitragen.

Das heute als Apokalypse bekannte Werk, vielleicht die Bearbeitung einer jüdischen Vorlage, wurde Jahrzehnte nach Nero, unter Domitian, verfaßt, um in den Verfolgungen des ausgehenden ersten Jahrhunderts den Christen durch den Ausblick auf den wiederkommenden Herrn Trost zu verschaffen und zugleich auf die dieser Wiederkunft *(Parusie)* vorausgehenden »messianischen Wehen« vorzubereiten. Sein Verfasser soll nach den frühen Kirchenvätern der Evangelist (und Apostel) Johannes gewesen sein. Diese Zuschreibung ist heute aufgegeben. Doch handelt es sich um einen Autor, der über unbestrittene Autorität in Kleinasien verfügt.

Die Apokalypse, erster Versuch einer Geschichtsdeutung in christlichem Sinn, kennt das Neben- und Ineinander einer statisch ruhenden oberen Welt und einer bewegt katastrophalen irdischen, geschichtlichen.[671] Die christliche Gemeinde leidet in der unteren Welt, gehört aber, schon erlöst, der oberen an. Und so wird dieses Buch »die erste christliche Streitschrift gegen die

Zustände im römischen Reich, vor allem gegen den Herrscher-kult Domitians«[672].

Völlig absurd ist die Rückübertragung dieser Schrift auf die Epoche des Kaisers Nero. Die frühe Interpretation der »Offenbarung des Johannes« machte sich zwar detailliert an konkreten kirchen- und weltgeschichtlichen Ereignissen fest – und hatte auch bald Nero, den vorgeblich ersten Christenverfolger, im Auge. Diese von Grund auf irrige Deutung mußte jedoch aufgegeben werden.

Damals waren Rachsucht und handfester Aberglaube am Werk, und die fundamentalistischen Christen waren nicht einmal bibelfest: Der angesprochene Antichrist sollte erst kurz vor dem Weltuntergang, in der »letzten Stunde«, erscheinen und Gott, den Vater wie den Sohn, leugnen (1 Jo 2,18–22). Mittlerweile waren Jahrzehnte seit Neros Tod vergangen. Der Autor hatte den Kaiser nicht beim Namen genannt. Zudem wählt er den Plural und läßt zu seiner Zeit schon viele Antichristen präsent sein (vgl. 1 Jo 4,3). Andererseits hätte die Welt längst untergegangen sein müssen, als die Frommen sich an ihre These machten. Eigentlich stimmt nichts an ihr. Nur der unter Christen fortlebende, immer wieder angestachelte Haß kann die Hand der Autoren geführt haben.

Augustinus und Johannes Chrysostomus[673] sahen sich gezwungen, die These zu bekämpfen. Sie kamen zu dem Schluß, daß Nero vielleicht nicht der Antichrist selbst, wohl aber eine Art Vorwegnahme desselben gewesen sei. Die späte Rache an Nero wird nicht eingestellt.

Doch je mehr sich der Weltuntergang, die Wiederkunft Christi und das Weltgericht verzögerten, desto dringlicher waren christliche Autoren gezwungen, von früheren Zuschreibungen abzugehen und neue Datierungen zu ersinnen. Diese stimmten in keinem einzigen Fall. Während des Mittelalters wurde der Legende vom Antichristen Nero jedoch weithin Glauben geschenkt. Vieles davon hat sich bis ins 21. Jahrhundert gehalten.

Papst Paschalis II. (1099–1118) soll überzeugt gewesen sein, daß die Raben, die auf einem Walnußbaum (einer Pappel? *populus*) an der Grabstätte der Domitier krächzten, Dämonen im Dienste Neros waren.[674] Oder Nero selbst, der hier statt wie die sonstigen Kaiser im Mausoleum des Augustus begraben worden war und dämonisch auf seine Wiederkunft wartete. Der abergläubische Papst ließ das Mausoleum abreißen, den ominösen Baum fällen und 1099 an dieser Stelle eine Kapelle errichten, die später zur Kirche *S. Maria del Popolo* erweitert wurde (1227, 1472).[675] M. Luther hat als junger Mönch 1510/1511 in dem angrenzenden Kloster seines Ordens gewohnt. Jahrhunderte hindurch war der Platz vor der Kirche Schauplatz abstoßender öffentlicher Exekutionen. Noch 1853 wurde hier im Namen des Papstes Pius IX., der mittlerweile seliggesprochen ist, eine Bande Briganten zu Tode geprügelt.[676]

Von der Antike bis in die Neuzeit hinein hegten die Christen eine starke Abneigung gegen Nero, da sie ihn für den ersten Verfolger hielten. Es fiel leicht, für diese These bei Sueton und Tacitus Belege zu finden. Beide zeichnen Neros Porträt bekanntlich in den schwärzesten Farben. Augenzeugen waren sie nicht.

Im übrigen ist längst anerkannt, daß von den vielen mündlichen Versionen eines Tathergangs, die selbst Augenzeugen liefern, nur selten zwei übereinstimmen.

Christliche Historiker haben sich kaum die Mühe gemacht, den persönlichen und politischen Hintergrund der Autoren zu berücksichtigen. Über Tacitus habe ich bereits gesprochen. Und Sueton gehörte zum römischen Rittertum. Als unermüdlicher Sammler von Skandalgeschichten, deren Wahrheitstreue von Fall zu Fall überprüft werden muß, war er kaum zu überbieten. Dabei fehlte ihm jede Voraussetzung zum angemessenen Verständnis für die Tragweite einer Politik, wie Nero sie zu verwirklichen suchte.[677] Seine Mittelstandsideale reichen nicht hin.

Was Sueton und Tacitus über Nero schreiben, wird oft in jedem Detail für bare Münze genommen. Schreiben sie jedoch mit der gleichen Unbekümmertheit auch den Christen, jener Haß provozierenden Schande für das Menschengeschlecht *(odium humani generis)* jede Art von Schändlichkeit zu (*per flagitia invisos*, wegen ihrer Schandtaten verhaßt[678]), wird ihre Glaubwürdigkeit in Frage gestellt.

Quer durch die Jahrhunderte hält sich die Verdammung dieses einen Kaisers Nero. Niemand widerspricht der Verleumdung; niemand widmet dieser Aufgabe eine Schrift. Alles scheint sich an das überkommene Urteil gewöhnt zu haben. Vollends ruiniert wurde Neros Image durch einen in dreißig Sprachen übersetzten Roman des Polen H. Sienkiewicz, ein literarisch wenig bedeutsames, heutzutage in Dutzenden von Romanen mit Leichtigkeit übertroffenes Werk.

Der Verfasser, geübt im Lagerdenken, bedient spekulativ die Klischees, die sein Publikum von ihm erwartet: den Kontrast zwischen dem in seinem Stolz befangenen, dekadenten »Heidentum« und einer demütigen Christengemeinde, die am Schluß nicht nur einen moralischen Sieg davonträgt, den Kontrast zwischen den schlichten Aposteln Petrus und Paulus und dem größenwahnsinnigen Kaiser, den Kontrast zwischen einem gekrönten Dilettanten und den siegreichen Missionaren des Glaubens. Effektvolle Schilderungen fehlen nicht: Der – von Nero gelegte und besungene – Brand, die Verfolgung der Christen, die blutigen Szenen in Circus wie Amphitheater, wo Tausende von Märtyrern gemeuchelt werden oder, noch Kinder und Jungfrauen, als lebende Fackeln dienen.

Das Fazit des Romanciers, sein definitives Klischee: »So zog Nero vorüber, wie Sturm, Feuersbrunst, Krieg und Pest vorüberziehen, aber die Basilika des Petrus herrscht noch von den Höhen des Vatikan über Rom und die Welt.«[679]

Dieser Roman, »ein neues Evangelium für Köchinnen«[680], wurde 1905 mit dem Nobelpreis für Literatur ausgezeichnet. Er schlug damit die Kandidaten L. Tolstoi, R. Kipling, S. Lagerlöf aus dem Feld, eine damals wie heute außerhalb bestimmter Kreise nicht nachzuvollziehende Ehrung. Anatole France, 1921 selbst Nobelpreisträger, bezeichnet den Roman als »stumpfsinnigen Ausdruck des polnischen Neuchristentums«[681]. Mehr war er in der Tat nicht. Die Bewußtseinsindustrie der Epoche tat freilich ihr Möglichstes: Restaurants, Krawatten, Schuhe, Bonbons, Hüte wurden nach dem Roman des H. Sienkiewicz benannt: »*Quo vadis?*«

Auf der Strecke blieb die geschichtliche Wahrheit. Auf diesem Fundament ruhen die Verfilmungen des Stoffes: 1901 durch den Franzosen F. Zecca, 1912 durch E. Guazzoni, der den bis dahin aufwendigsten Stummfilm der Welt inszeniert, 1925 eine Fassung mit E. Jannings als Nero. 1951 erreicht Hollywood den vorläufigen Höhepunkt in seinem Sandalenfilm *Quo vadis?*, der in Peter Ustinov die traditionelle Perspektive auf den Kaiser liefert.

Unter solchen Umständen verwundert es kaum, daß Nero weithin als Brandstifter angesehen wird, als ein Gangster, der Mutter, Bruder, Ehefrau und Lehrer auf dem Gewissen hat und wer weiß wie viele andere noch. Sein Ruf, ein aussichtsloser Fall zu sein, beeindruckt. Warum sollte Nero nicht *en canaille* behandelt werden?

Heutige Erkenntnisse

Die Geschichtsschreibung zeichnet inzwischen ein ausgewogeneres Bild des »schrecklichen Kaisers«. Sie hat Person und Leistung Neros einer kritischen Überprüfung unterzogen. Zumindest was sein öffentliches Wirken betrifft, kommt sie zu einem anderen, den gängigen Einschätzungen entgegengesetzten Urteil.[682]

Freilich: Aussagen können nicht an sich wahrheitsfähig sein, sondern immer nur in einem bestimmten Bedeutungszusammenhang, in dem die verwendeten Begriffe einen eindeutigen Sinn haben.[683] Können wir überhaupt von Wahrheit sprechen, dann nur in dem Sinn, daß wir uns um eine »maximale Glaubwürdigkeit in einer bestimmten Zeitspanne«[684] mühen. Dieser Grundsatz gilt gerade für die traditionellen Meinungen über Nero, wie sie sich noch immer in Büchern und Köpfen finden.

Wie können Forscher sich von diesen Traditionen abwenden und zu neuen Erkenntnissen über Nero kommen, wenn die Quellen, wie immer sie gedreht und gewendet werden mögen, stets die gleichen sind? Also Sueton, Tacitus und in geringerem Umfang auch Cassius Dio, die alle drei befangen sind?

Es ist elend schwer zu lügen, wenn man die Wahrheit nicht kennt (P. Esterházy). Ich gehe davon aus, daß die zur Verfügung stehenden Schriften bewußt oder unbewußt einseitig gehalten sind. Daraus folgt: Was die genannten Autoren für wichtig halten, soll auch ich für wichtig halten, und was sie übergehen, werde ich nie erfahren. Unter diesen Umständen eine Biographie zu schreiben ist also riskant.

Der »Nero in unserem Kopf« ist kaum der wahre, der wirkliche Nero.

Bei der Aufgabe, gleich »Staatsanwälten der Geschichte« auf die Suche nach der Wahrheit zu gehen[685] und womöglich Zweifel an der Glaubwürdigkeit der Zeugen zu begründen, kommt uns allenfalls die Quellenkritik zu Hilfe. Sie ordnet die Autoren in den Zusammenhang ein, in dem ihre Schriften entstanden, arbeitet die persönliche Einstellung der Verfasser heraus und listet die ihren Werken immanenten Widersprüche auf. Was kommt heraus? Bei Tacitus und Cassius Dio, zu schweigen von Sueton, wimmelt es von Entstellungen.

Widersprüche in den Aussagen solcher Autoren aufzuspüren ist Pflichtübung des wie ein Kriminalist forschenden Suchers. Er kann zudem andere Quellen heranziehen: Münzen, archäologische Funde, Inschriften, Rundschreiben, die von Rom in die entferntesten Provinzen geschickt wurden.[686] Auch literarische Texte, die sich direkt oder indirekt auf den jeweiligen Untersuchungszeitraum beziehen, werden berücksichtigt. Schließlich konzentriert sich die Forschung auf die Resultate, die der Kaiser durch seine Politik tatsächlich erzielte. Wird Neros Lebenswerk einer solchen Überprüfung unterzogen, schneidet er nicht schlecht ab. Wer sich hingegen nur auf die Gerüchte Suetons oder die Parteilichkeit des Tacitus verläßt, landet bei der Legende vom Ungeheuer.

Nero war ein Staatsmann, der sich nicht vor anderen Kaisern verstecken muß. Zudem war er ein Visionär, der zu groß für seine Zeit dachte und eine Welt nach seinen Vorstellungen zu gestalten versuchte. Psychisch war er freilich nicht sehr gefestigt, zunächst von einer autoritären Mutter erdrückt, später von der Last, die ihm früh aufgebürdet wurde, nur weil seine Mutter es so gewollt hatte, während er einem Leben für die Kunst vielleicht den Vorzug gegeben hätte.[687] Und er war ein Träumer, der, als die Welt über ihm zusammenbrach und sein Tod geplant war, immer noch glaubte, sich als Künstler seinen Lebensunterhalt verdienen zu können.

Ein Kaiser, der sich als Kitharöde, Schauspieler, Wagenlenker betätigte, an wissenschaftlich-technischen Dingen interessiert war, sich für Entdeckungsreisen begeisterte, grandiose Projekte bewunderte und entwarf, war eine originelle Persönlichkeit. Die ökonomischen und intellektuellen Eliten seiner Zeit hatten kein Verständnis für ihn, oder sie verstanden ihn nur zu gut, jedenfalls bekämpften sie ihn erbittert.[688]

Die Ansicht, Nero sei für den verheerenden Brand verantwortlich, ist aufgegeben. Kein ernstzunehmender Historiker unter den Klassikern und erst recht nicht unter den Modernen behauptet, Nero habe Rom angezündet. Selbst Tacitus beschränkt sich auf die Wiedergabe des in Rom umgehenden Gerüchts, das Feuer sei von Männern des Kaisers gelegt worden. Zudem ist dieses XV. Buch der *Annalen* nur in einer späten Fassung aus dem 11. Jahrhundert erhalten, als sich die Legende vom Brandstifter Nero bereits eingebürgert hatte. Deshalb kann nicht ausgeschlossen werden, daß die Abschrift manipuliert wurde. Im Verlauf des Berichts wird zudem deutlich, daß Tacitus davon ausgeht, daß der Brand zufällig ausgebrochen ist.

Zeitgenössische Schriftsteller und Historiker, selbst so kritisch eingestellte Autoren wie Cluvius Rufus, Flavius Josephus und Martial[689], weisen Nero ebenfalls keine Schuld zu.

Zeugen vom Hörensagen

Die Behauptung, Nero sei der Brandstifter gewesen, wird erst siebzig Jahre nach dem Brand durch den Nicht-Historiker Sueton aufgebracht und ein weiteres Jahrhundert später durch den ebensowenig als Historiker schreibenden Cassius Dio bekräftigt.[690]

Bisher ist kaum aufgefallen, daß die Berichte der antiken Historiker immer genauer, ausführlicher und eindeutiger ausfallen, je weiter das Ereignis zurückliegt.[691] Was für Tacitus ein Gerücht war, wird für Sueton zur Gewißheit: »Denn unter dem Vorwand, daß ihm die Häßlichkeit der alten Bauwerke und die engen und krummen Straßen zuwider seien, zündete er die Stadt an.«[692]

Für Cassius Dio liegt die Absicht dann klar auf der Hand: »Nero wollte einfach seinen alten Plan realisieren, Rom und das Reich noch zu seinen Lebzeiten zu zerstören.«[693] Ein alter Plan Neros? Gewiß nicht. Doch ein Plan des Cassius Dio, diesen Kaiser zu diskreditieren.

Die frühesten christlichen Schriftsteller übergehen die Geschichte vom Brand- und Unruhestifter Nero, obwohl sie daran hätten interessiert sein müssen.[694] Einige Jahrzehnte nach Neros Tod, noch vor Tacitus und Sueton, berichtet der römische Bischof Clemens (88–97) der Gemeinde in Korinth über die erlittene Verfolgung, über Nero als Brandstifter verliert er kein Wort.[695] Auch Tertullian und Lactantius[696], beide schreiben nach Tacitus, schweigen zu diesem Punkt, obwohl sie sich ausführlich mit Neros Regierungszeit beschäftigen und ihn beschuldigen, der erste Christenverfolger gewesen zu sein.

Sueton galt als wenig zitierfähig, zumal bei den Christen. Der Autor der Kaiserbiografien zählte die (angebliche) Verfolgung der Christen zu Neros wenigen Verdiensten.

Der erste christliche Historiker, der Nero die Brandstiftung zur Last legt, ist Sulpicius Severus. In seiner *Chronica* schreibt er zu Beginn des fünften Jahrhunderts: »Er (Nero) schob seine schreckliche Schuld auf die Christen, die fürchterliche Leiden ertragen mußten, obwohl sie unschuldig waren.«[697] Diese Interpretation des Severus ist vermutlich von Kopisten in den Text des Tacitus eingefügt worden. Eine bewußte Verleumdung, eine gewollte Fälschung, nicht die erste und nicht die letzte in der christlichen Literatur.

Die Nero unterstellten Beweggründe sind erfunden. Es wird behauptet, der Kaiser habe für seinen phantastischen Palast, die *domus aurea*, Platz schaffen und die ganze Stadt nach seinen Geschmack neu gestalten wollen.[698] Hier werden Ursache und Wirkung vertauscht. Als Beweis für seine Schuld wird Nero zur Last gelegt, was sein Verdienst war. Der Kaiser ließ nämlich die Stadt nach städtebaulich rationalen und funktionalen Kriterien wiederaufbauen. Hätte er Platz schaffen wollen für seine *domus aurea*, hätte er das Feuer kaum an einer anderen, entlegeneren Stelle legen lassen.

Zudem war ein Kaiser nicht darauf angewiesen, auf solche

Mittel zurückzugreifen, um seine Vorstellungen zu realisieren. Schon damals war es üblich, für öffentliche Zwecke Grundbesitz zu enteignen, und das Oberhaupt des Römischen Reiches, ein beinahe absoluter Monarch, verfügte zur Durchsetzung einer solchen Maßnahme sicher über effektivere Mittel als ein Bürgermeister von heute.[699]

Der Brand zerstörte außer den Besitzungen des Tigellinus auch den kaiserlichen Palast auf dem Palatin, dessen Umgestaltung nach Neros Wünschen eben erst beendet worden war. Selbst wenn Nero seinen alten Palast loswerden wollte, statt ihn in die geplante neue Anlage zu integrieren, hätte er auf jeden Fall die dort befindliche einzigartige Sammlung griechischer und römischer Kunstschätze in Sicherheit gebracht, an der ihm sehr viel gelegen war und die er nun über Nacht verloren hatte.

In der Nacht, als das Feuer ausbrach, war Vollmond. Das war der schlechteste Augenblick für jemanden, der ungestört Feuer legen und dabei weder gesehen noch erkannt werden will.

Das entscheidende Argument ist jedoch, daß Nero der letzte gewesen wäre, der an einer derartigen Katastrophe Interesse haben konnte.[700] Für das römische Volk war der Princeps bekanntlich eine Art Schutzgott. Ihm konnte alles Gute, alles Schlechte zugeschrieben werden, das der Stadt und ihren Bewohnern widerfuhr. Daher konnte das Gerücht entstehen, er sei am Brand schuldig. Nero wußte, daß er auf jeden Fall für ein derartiges Vorkommnis verantwortlich gemacht würde. Im glimpflichsten Fall hätte es geheißen, er bringe Unglück über die Stadt, was seine Popularität gefährden mußte. Das hätte ihm bei der Lage der Dinge gerade noch gefehlt. 64 hatte Nero mit dem Senat gebrochen. Er konnte sich nur auf die Gunst des Volkes stützen. Diese Gunst aus einer sinn- und ziellosen Laune heraus aufs Spiel zu setzen, wäre einer Selbsttötung gleichgekommen.

Auch das in verschiedenen Fassungen auf uns gekommene

infame Gerücht vom singenden Kaiser hat keine reale Basis. Sueton, ein Zeuge vom Hörensagen, macht den Auftritt an einem Turm des Maecenas-Palastes am Esquilin fest.[701] Cassius Dio schmückt aus, Nero habe, in das Gewand des Kitharöden gekleidet, vom höchsten Punkt des Palatins die Feuersbrunst besungen. Dabei stand der Palatin in Flammen, Nero hätte sich nicht dort aufhalten können, ohne in Lebensgefahr zu geraten. Die mittelalterliche Legende verlegt den angeblichen Auftritt auf die Spitze des sogenannten Soldatenturmes *(Torre delle Milizie)*.[702] Diesen gab es zu Zeiten Neros noch nicht.

Alle drei Legenden wissen nichts. Um so eifriger behaupten sie, ein gleichgültiger Nero habe den Brand genossen.

Tacitus liefert unfreiwillig ein anderes Bild von Neros psychischer Verfassung in jenen Tagen. In seinem Bericht über die Verschwörung des Piso von 65 erwähnt er, einer der Verschwörer sei schon ein Jahr zuvor während des Brandes versucht gewesen, Nero zu töten, als er ihn ohne Wache und verrückt vor Angst nachts zwischen den Flammen hin und her irren sah.[703]

Der Brand, von M. Fini zu Recht als Betriebsunfall bezeichnet[704], fügte sich keineswegs »trefflich in seine, Neros, Wirtschaftspolitik«[705]. Er verdarb vielmehr ein Jahr, in dem Nero endlich die ersten Früchte seiner eigenen Politik ernten konnte: »Das Jahr 64 war eines der herausragendsten, vielleicht das erfolgreichste Jahr in Neros Herrschaft überhaupt … In diesem Jahr war die gesamte Schwarzmeerküste vollständig besetzt worden; die Bevölkerung der Maritimen und der Kottischen Alpen hatte das römische Bürgerrecht erhalten; zur gleichen Zeit begann es sich langsam auszuzahlen, daß das Meroitische Äthiopien erschlossen worden war und durch die Entdeckung der Monsunwinde neue Seewege zum Indischen Ozean eröffnet werden konnten.

Zu jener Zeit wurde auch mit dem Bau des schiffbaren Verbindungskanals zwischen dem claudischen Handelshafen Ostia und dem augusteischen Militärhafen am Avernersee begonnen. Da sein finanzieller und ökonomischer Handlungsspielraum dank der Währungsmaßnahmen und der Eroberung neuer Versorgungsgebiete erheblich gewachsen war, sah es ganz so aus, als könne Nero Haß und Antipathie gegen seine Person mit den einsetzenden Erfolgen kompensieren.«[706]

War der Brand von Rom für alle ein schweres Unglück, so stellte er für Nero eine Katastrophe dar. Und doch »ist die Vorstellung eines Kaisers, der singt, während Rom in Flammen steht, den unhaltbaren Gerüchten und den insgesamt tendenziösen Berichten über den Brand zum Trotz zu faszinierend und paßt zu gut in die volkstümliche Phantasie, als daß sie leicht auszurotten wäre«[707]. Gerade Nero zog Getuschel und Geflüster an. Er war ein esoterisch wirkender Mann, ein Kaiser, der sich kaum mit einem Vorgänger vergleichen ließ. Bei ihm war mit allem zu rechnen.

Soweit die Phantastereien. Tatsache ist: Die von Nero eingeleiteten Rettungsmaßnahmen standen einem modernen Katastrophenschutz kaum nach. Tacitus: »Als Trost für die obdachlose, umherirrende Bevölkerung gab er das Marsfeld und die Bauwerke des Agrippa frei und ließ Behelfsbauten errichten, die die hilflose Menge aufnehmen konnten; man schaffte Lebensmittel aus Ostia und den benachbarten Landstädten herbei, und der Preis für das Getreide wurde bis auf drei Sesterzen heruntergesetzt.«[708] Zudem sah Nero zur Aufnahme der Obdachlosen das Pantheon vor, die Thermen, die Portikus des Vipsanius und die *Saepta Iulia*, einen in der *Via Lata*, dem heutigen Corso, gelegenen, 420 Quadratmeter großen Raum.

Der Kaiser ordnete schließlich die Bewachung der zerstörten Stadtteile durch Soldaten an, um den Plünderern Einhalt zu gebieten. Diese waren schon während des Brandes am Werk gewesen und hatten die Rettungsarbeiten behindert.

Nero war, wie gesagt, 64 der Gewinner. Wollte ihm jemand schaden, hätte sich der Brand angeboten. Prätorianer, die nach Cassius Dio – und nur nach ihm – dabei beobachtet wurden, wie sie die Rettungsarbeiten behinderten und das Feuer schürten, hätten dann auf Befehl des Präfekten Faenius Rufus gehandelt. Dieser wurde im Folgejahr als einer der Hauptverantwortlichen der Pisonischen Verschwörung entlarvt.

Wahrscheinlich entfachten die Prätorianer Gegenfeuer, um die Feuersbrunst zu stoppen. Oder ihre Aktion richtete sich gegen die Plünderer, wozu sie von Nero Befehl hatten, und nicht etwa gegen die Rettungsarbeiten. Es ist kaum vorstellbar, daß Faenius Rufus sich derart bloßgestellt hätte, es sei denn, die Verschwörer hätten zusätzlich zur Brandstiftung geplant, das entstandene Chaos und die Panik zu nutzen, um Nero zu töten. Dann hätte jener Tribun Subrius Flavus die Gelegenheit beim Schopf gepackt, der Nero ohne Leibwache inmitten der Flammen antraf. Er tat nichts dergleichen. Offensichtlich waren auch die Verschwörer vom Feuer überrascht worden.

Ein weiterer Beweis dafür, daß eine mögliche Brandstiftung sich gegen den Kaiser richtete, wird in der Tatsache gesehen, daß das Feuer am Palatin ausbrach, wo sich Neros Palast befand. War beabsichtigt, den Kaiser in den Flammen umkommen zu lassen, war das Ganze ohnehin ein Fehlschlag, weil Nero sich zu diesem Zeitpunkt in Antium aufhielt. Den Palast aus demonstrativen Gründen anzuzünden, hätte nur dazu geführt, sich Repressalien auszusetzen.[709]

Die Flammen entstanden aus Fahrlässigkeit, ihre Deutungen nicht. Ob wir wollen oder nicht: Wir müssen uns nach wie vor weniger mit Fakten auseinandersetzen als mit Interpretationsversuchen.

22.

STRAFVERFOLGUNG UND RUFMORD

Das Ende der Stadt

Als die Zeit ins Land ging und der Gerichtsherr Jesus nicht so schnell kam, wie es erwartet worden war, als sich Zweifel mehrten, Resignation, Spott, Zwist, wurden mehr und mehr Stimmen von jenen Radikalen laut, die das Ganze selbst in die Hand nehmen, die Wartezeit abkürzen wollten. Jesus und seine Jünger hatten kein abstraktes Jenseits, keinen Zustand der Seligkeit im Himmel erhofft, sondern das unmittelbare Eingreifen Gottes und eine völlige Umgestaltung der Dinge auf Erden. Wie sich die Christen verhalten sollten, als ihr Gott partout nicht handeln wollte, blieb umstritten.

Kaum sind die ersten christlichen Gemeinden gegründet, gibt es Streit. Die Toleranz Roms in Angelegenheiten der Religion und der Religionen ist für Christen ein Fremdwort. Sie bedrohen, für Römer ein Greuel, ein Skandal, Andersgläubige mit ewigem Feuer. Eine Religion wie das Christentum, dem es seit Anfang um die wahre Lehre, um Orthodoxie und Häresie, um mehr oder weniger radikales Denken und Handeln geht, wird sich aufsplittern. Flügelkämpfe sind notwendig. Kein Wunder, daß bis heute immer wieder die kirchliche Einheit beschworen werden muß. Der Dramatiker C. F. Hebbel (1813–1863), ein leidenschaftlicher Verächter, heißt das Christentum »die Wurzel des Zwiespalts«.[710]

In Rom war es nicht anders gewesen. Gewiß gab es Christen, die nicht gar so radikal waren wie andere. Doch sie galten bald als lau, kompromißlerisch, wenig engagiert. Wer richtig überzeugt zu sein glaubte, dachte anders – und berief sich zäh auf seinen Gott. Gewaltbereite Gruppierungen erwarteten in der Nachfolge des Jesus von Nazareth das Ende der Welt.

Was mit diesem geschehen war, blieb umstrittener, als es heute erscheint. Noch Kirchenlehrer Irenäus († nach 200 u. Z.) glaubt, den Evangelien und der Überlieferung des Apostels Johannes gemäß habe Jesus nicht nur wenige Jahre, sondern zwei Jahrzehnte lang öffentlich gelehrt und sei, fünfzigjährig, unter Kaiser Claudius gekreuzigt worden.[711]

Genug Christen sehnten sich glühend nach der Wiederkunft des Herrn und dem Ende der Welt. Für sie waren diese Ereignisse gleichbedeutend mit Bestrafung der Bösen und Belohnung der Guten. Und sie glaubten, das Ende stehe kurz bevor. Die Welt, in der sie lebten, erschien ihnen zu korrupt, als daß sie fortzubestehen verdiente. Gott war drauf und dran, alles von Grund auf zu ändern. Oder zögerte er?

Fanatismus ist die einzige Willensstärke, zu der auch Schwache und Unsichere gebracht werden können.[712] Für die Radikalsten, die nicht mehr warten wollten, wurde das kaiserliche Rom bevorzugte Zielscheibe. Die Hauptstadt hatte sich nach ihrer Meinung unter Nero weitgehend an Babylon angeglichen. Rom galt als Sodom und Gomorrha. Die Verleumdung durch Fanatiker stand in keinem Verhältnis zur Wirklichkeit: Der Haß dieser Zukurzgekommenen war übermächtig.

Haß traf die Hauptstadt der Welt, die zu erobern die Christen träumten, diese Mitglieder einer aufstrebenden Sekte, der überall widersprochen worden sein soll (Apg 28,22). Vor dieser Eroberung, die eine Neuordnung von Stadt und Weltkreis im Sinne christlicher Militanz nach sich ziehen würde, mußte das alte, das »heidnische« Rom – und ein ebenso glänzender wie bestialischer Kaiser – vernichtet sein, und das nicht nur verbal.

Hatten die Römer dies verdient? Lehrten nicht gerade die Christen den Atheismus? Sie verachteten doch die altrömischen Götter, zeigten sich feindselig gegen den angestammten Glauben Roms, schmähten zunehmend Gottheiten. Hatten jedoch Roms Götter nicht die Größe der Weltmacht bewirkt, das Reich zu einzigartiger Bedeutung emporgehoben, den Staat seit Jahrhunderten beschützt? Wer waren diese Leute, die es wagten, das einmalige Rom niederzumachen? Traf sie der Vorwurf des allgemeinen Menschenhasses nicht zu Recht?

Zu Hilfe kam der Weltsicht des sich spreizenden, selbstgefälligen Sektierertums der gern wiederholte Hinweis auf »das Tier« oder »die Bestie«. Das hatte seine Bedeutung. Noch heute ist im abendländischen Denken die Unterscheidung zwischen Mensch und Tier tief verwurzelt[713] – und dies zu Lasten der – ganz und gar unschuldigen! – Tiere. Werden also die Handlungen eines Menschen tierisch genannt, soll ihre Würde zerstört werden und noch mehr: Ist von Nero, der Bestie, die Rede, bedeutet dies, daß dieser Kaiser längst die Gemeinsamkeit mit den Menschen verlassen hat und zu dem herabgesunken ist, was überhebliches Menschsein tierisch nennt.

Nicht nur Nero ist betroffen. Die Herabwürdigung trifft das »Heidentum« im allgemeinen – und vor allem dessen Hauptstadt. »Das Tier mit den sieben Häuptern und den zehn Hörnern, das aus dem Meer steigt« aus der Offenbarung des Johannes (Apk 13,1) sollte Rom sein, die Stadt auf den sieben Hügeln. Auch wenn der Verfasser aus Vorsicht von Babylon spricht, ist Rom gemeint, und dieses mußte unweigerlich Feuer und Tod erleiden.

War es möglich, daß ein fanatischer Terrorist diese Worte als Aufruf zur direkten Aktion verstanden hatte?

Nein. Die dem Johannes zugeschriebene Apokalypse ist wie gesagt erst um 95, also dreißig Jahre nach dem Brand Roms, entstanden. Kein Fanatiker konnte sie gelesen, aus ihr eine Aufforderung zur Brandstiftung entnommen haben. Diese Feststellung schließt nicht aus, daß apokalyptische Mentalitäten im Schwange gewesen sein konnten, bevor der Verfasser der »Apokalypse des Johannes« sie in seiner Schrift niederlegte.

Es dürfte umgekehrt gewesen sein: Der Brand Roms, ein

geschichtliches Faktum, dessen Kunde durch alle Provinzen lief, wird bestimmte Stellen der »Geheimen Offenbarung« mit beeinflußt haben.

Apokalypse, Endzeitstimmung hin oder her? Was hatten die Christen in Rom zu suchen? Wer so fragt, hat wenig Einblick in die christliche Mentalität: Christen sind zwar (noch!) Mitglieder einer unbedeutenden Sekte, doch die vorgeblich Erwählten verfügen über ein forderndes Selbstbewußtsein. Hier spielt »der bewußteste Auserwählten-Dünkel die Bescheidenheit«[714].

Dieser Dünkel, eine »Gemeinheit der Seele«[715], nimmt ohne weiteres alle Tugenden für sich in Anspruch und betrachtet den Rest der Welt als seinen Widerpart. Aus dieser Zuteilung folgt, was den in Religionsfragen toleranten Römern unverständlich bleibt, ein zwanghafter Bekenntnis- und Missionsdrang. Eine kleine Gruppe macht Mission zur Machtprobe. Sie hebt sich von der römischen Mentalität ab: Hier die Bekehrungsideologie und der Gesinnungszwang, die Quelle des Unredlichen in der Welt sind und bekanntlich blutige Folgen zeitigen werden, und dort die souveräne Geste einer Weltmacht an alle Religionen, sich eigenständig entfalten zu können.

Schon gegen Ende des ersten Jahrhunderts wird die römische Gemeinde eine Vormachtstellung in der jungen Kirche beanspruchen. Es liegt den Christen nicht, sich in einer Provinz zu bescheiden, und sei dies Judäa. Sie wollen das Höchste, sie wollen Rom. Freilich nicht das bestehende.

So erhoffen, fordern und beschreiben sie chiffriert, doch unverhohlen, das Gericht über Babylon. Erst nach dem Gericht über das sich unter diesem Decknamen verbergende Rom soll nach der einschlägigen Lehre von den beiden Weltzeiten der neue Zustand eintreten, die neue Schöpfung, das himmlische Jerusalem, wo die Erwählten herrschen, die Gott nahestehen – und wie selbstverständlich an den Herrn Jesus Christus glauben, der die Rechtgläubigen im Gericht rettet.

Auch ein Abschnitt bei Tacitus, einer der widersprüchlichsten der gesamten *Annalen*, läßt Raum für Interpretationen.[716] Tacitus behauptet, Nero habe einige Christen zu Schuldigen gestempelt, um die Gerüchte, die ihn der Brandstiftung bezichtigten, zu ersticken. Wenig später berichtet er, die ersten Verhörten hätten nicht nur Geständnisse abgelegt, sondern gestanden, bevor sie verhaftet waren.[717]

Wie sahen die Geständnisse aus? Gaben die Verhörten zu, Christen zu sein, oder gestanden sie, den Brand gelegt zu haben? Eigentlich konnten sie nur die Brandstiftung gestehen, denn darauf lautete die Anklage. Nur dafür wurden sie zur Rechenschaft gezogen, nur dafür verurteilt. Nero bestrafte sie, weil er sie, ob nun zu Recht oder zu Unrecht, für die Brandstifter hielt, und auch nur diejenigen, die bei den Prozessen, ob zu Recht oder zu Unrecht, schuldig gesprochen wurden. Es hätte keinen Sinn ergeben, den christlichen Glauben zu gestehen.

Warum die Selbstbezichtigungen? So konnten Fanatiker handeln, die nach Märtyrerruhm strebten. Möglich, daß sie eine Schuld gestanden, die sie nicht auf sich geladen hatten, und in der Erregung durch die Katastrophe die Schuld für den Brand auf sich nahmen, weil sie ihn als Zeichen für das Ende der Welt sahen.[718]

Es ist genausogut möglich, daß die Fanatiker Geständnisse ablegten, weil sie das Verbrechen tatsächlich begangen hatten. Die Spontaneität der ersten Geständnisse läßt vermuten, daß etwas Wahres daran gewesen sein wird. Waren extremistische Christen die Täter, ergibt auch der Angriff auf den Besitz von Nero und Tigellinus einen Sinn. Hatten sie die Absicht, das neue Sodom zu treffen, ist es logisch, daß Nero und Tigellinus in ihren Augen als Symbolfiguren für dieses galten.

Im Gegensatz zu den Verschwörern des folgenden Jahres hatten Menschen, die für ihren Glauben zu allem bereit waren, keine Angst vor Repressalien. Sie waren erpicht darauf.

Doch war das Feuer nicht infolge von Fahrlässigkeit ausgebrochen? Wozu die Überlegungen über eine Brandstiftung?
Über Brandstifter? Wahrscheinlich liegt die Wahrheit in der
Mitte: Das Feuer brach ohne ihr Zutun aus, die christlichen
Ultras taten jedoch alles, um die Löscharbeiten zu behindern,
alles in der frommen Absicht, der Hand des Herrn, die sich zur
Bestrafung des neuen Sodom erhoben hatte, zu Hilfe zu kommen. Unabhängig von der Plünderungsthese würde das auch
jene mysteriös gebliebenen Figuren erklären, die nach Tacitus[719]
während des Brandes umherstreiften, das Feuer neu entfachten
und die Rettungsmannschaften behinderten.

Ein schwerer Vorwurf gegen Christen? Eine unhaltbare Anklage?

Hoffnung auf das Feuer

Frühe Christen standen mit Feuer »zumindest theoretisch auf
vertrautem Fuß«[720]. Hatte Jesus von Nazareth gelitten, war er
gestorben, um eine Welt zu erlösen, schien sein Leiden und Sterben den Radikalen bald zu wenig zu ergeben. Es mußte mehr
sein: Feuer galt nicht nur als Symbol der endzeitlichen Reini-
gung (Katharsis), die alle Sünde der Welt ein für allemal aus-
merzen würde. Feuer war mehr als ein Symbol. Das Böse, die
Bösen mußten real brennen.

So äußern sich, zwei Beispiele von vielen, die Verfasser, die
sich unter dem Namen des Petrus (2 Pt 3,7) und des Johannes
(Apk 14,10; 17,6; 19,20; 20,9) verbergen. Selbst Jesus von Nazareth soll wirkliches Feuer gemeint haben; so wird es ihm später in den Mund gelegt (Mt 3,10; 13,40; 18,8). Und radikaler
Höllenglaube geht bis heute von einem realen Brand aus, nicht
nur von seelischen Schmerzen. Leiden ist zu wenig, alles muß
weg.

Wären die Fanatiker des Weltuntergangs für die Katastrophe

verantwortlich gewesen, würde das erklären, warum Tertullian und Lactantius keine Verbindung zwischen dem Brand von Rom, über den sie sich ausschweigen, und den Verfolgungen durch Nero herstellen. Sie behaupten, daß diese zu einem anderen Zeitpunkt eingesetzt hätten.

Möglicherweise hatten sie ein schlechtes Gewissen[721] und waren nicht davon überzeugt, daß ihre Glaubensbrüder mit dem Brand nichts zu tun hätten. Auffällig ist, daß im Zusammenhang mit der sogenannten Verfolgung durch Nero kein einziger christlicher Märtyrer namentlich genannt wird.

Vielleicht hat ein kleiner Teil der christlichen Gemeinde Roms den Brand als gerechte Strafe für das neue Sodom angesehen. Darüber hinaus gingen radikale Fanatiker vermutlich so weit, ihre Zufriedenheit mit Hymnen, Gesängen und Triumphgeschrei zu äußern. Die Auftritte nahmen solche Formen an, daß Tigellinus einschritt.

Anklagen und Prozesse stützten sich auf die Gesetze Roms gegen Brandstiftung. Die Verfahren nahmen zwei Monate in Anspruch, eine für die pragmatische Justiz Roms relativ lange Prozeßdauer. Die ersten Geständnisse beschuldigen weitere Glaubensbrüder. Angeklagte, Sklaven, werden gefoltert, ein reguläres Prozeßmittel.

Römische Foltermethoden werden mit Hilfe des *equuleus*, einem pferdeähnlichen Foltergerät, auf oder unter dem das Opfer gedehnt wurde, und der *rota* (Rad, Winde) praktiziert; sie dienen wie Haken-, Kämme-, Schnürfolter (*unci, ungulae, cardi* und *cordae*) der Erzwingung von Geständnissen. Das römische Recht möchte freilich die Willkür nach Möglichkeit beseitigen, indem es die Folter auf eine gesetzliche Grundlage stellt. Die Grausamkeit der einzelnen Folter oder Exekution, die ein Kanon an Methoden bietet (Auspeitschen, *flagellum, plumbatae, furca*, Feuerfolter, Säcken, Knochenbrechen, Durstfolter, Hungerfolter, Verstümmelung), ist dadurch nicht behoben. Der römische Folterkanon wurde über die bekannte Welt verbreitet und hinterließ überall Spuren, manchmal bis heute.

Legale Exekutionen

Nicht alle Angeklagten werden zum Tode verurteilt. Einige erhalten geringe Strafen oder werden freigesprochen. Von den ungefähr dreitausend Mitgliedern der christlichen Gemeinde wird höchstens dreihundert Personen der Prozeß gemacht.

Heute erscheinen die verhängten Strafen erschreckend: Die meisten Verurteilten wurden nach Art der sogenannten spiegelnden Strafe lebend verbrannt. Spiegelnde Strafen? So heißen seit alters Strafen, die unter anderem in der Mentalität eines »Auge um Auge, Zahn um Zahn« *(lex talionis)* Gesetzesverletzung und Bestrafung einander anzunähern trachteten und damit den Tatbestand in der Strafe selbst reflektierten. So werden in späteren Zeiten Pranger- und Halsgeigenfolter Geschwätzigkeit und Streitsucht, die Zungentortur Wortbruch und Lästerung, das Abhacken der Schwurfinger den Meineid, Kastrations-, Anal- und Vaginalfolter bestimmte Unzuchtsdelikte spiegelnd strafen.

Brandstiftung forderte den Feuertod heraus. Auf Vorsatz stand seit alters der Tod durch Verbrennen. Dieses wurde auf dem Scheiterhaufen oder mit Hilfe eines mit Harz oder Öl getränkten wollenen Untergewandes (im Volksmund[722]: *tunica molesta*) praktiziert. Die letztere Methode konnte Anlaß für das Gerücht geben, Verurteilte hätten als Fackeln gedient. Doch es ist nur eine gern geschürte und geglaubte Legende, Christen hätten bei den in Rom üblichen Nachtspielen und Wagenrennen als lebende Lichter dazu herhalten müssen, den Circus Neros zu beleuchten.[723] Umgekehrt wurden Foltermethoden, die später von Christen angewandt worden sind, und das sind nicht wenige, höchstwahrscheinlich auf die »Heiden« zurückprojiziert.

Da nach alter Meinung kein anderes Element als das Feuer bösen Zauber und magische Kraft einer »Hexe« (so noch in den Grimmschen Kinder- und Hausmärchen), eines »Ketzers« oder Zauberers, doch auch bestimmte Vergehen wie die Homosexualität und Sodomie so zuverlässig und für immer aus der Gemeinschaft verbannen, völlig zerstören konnte, wurde der Tod auf dem Scheiterhaufen oder unter brennenden Holzscheiten, in einer Grube mit Scheiten oder in einer Hütte und zusammen mit ihr zur eigentlichen, als höchst schimpflich gedeuteten Exekutionsart und Urstrafe für diese Opfergruppen.

Der letzte Grad einer Feuerexekution besteht in der beim Verbrennen eines Menschen entstehenden Verkohlung *(Karbonisation)*, bei der außer der Haut Muskeln, größere Gefäße, selbst Knochen tiefgreifend geschädigt sind. Eine solche Verbrennung zwänge zur Amputation der verkohlten Extremitäten, doch da das klassische Verbrennen auf dem Scheiterhaufen nicht gestoppt wird, sondern die Brennfläche sich ausdehnen und intensivieren muß, führen die Verkohlungen an Kopf und Rumpf neben den Folgen eines Erstickens durch Raucheinwirkung zum Tod.

Gekreuzigt wurden Sklaven und Personen, die keine römischen Bürger waren. Die schon bei Phöniziern, Persern, Assyrern, Ägyptern, Griechen und Römern praktizierte, bis in das 19. Jahrhundert nachzuweisende, Israel als ehrenrühriges Ärgernis (Deut 21,23), Rom als Barbarei geltende, aufgrund christlicher Symbolik bekannteste Exekutionsmethode der Welt sollte einen langsam und qualvoll eintretenden Tod herbeiführen.

Die Kreuze der Antike bestanden entgegen einer verbreiteten Meinung meist aus zwei Balken, die von Fall zu Fall in Form eines T zusammengefügt wurden. Das zunächst einer Geißelung unterzogene Opfer *(crucarius)*, fast immer ein Angehöriger der

Unterschicht, wird von den Tätern, auch sie Sklaven oder Legionäre, gezwungen, den kürzeren Querbalken aus Olivenholz *(patibulum)* zur Richtstätte zu tragen, wo der eigentliche, etwa mannshohe Kreuzespfahl *(arbor infelix, palus)* aufgerichtet ist. Dort wird der zum Kreuzestod Verurteilte meist – eine Vorschrift über die zu verwendende Methode besteht nicht – mit Stricken vom Henker *(carnifex)* und seinen Knechten nackt (das »Lendentuch« ist eine spätere Erfindung) an den Querbalken gehängt. Eine Inschrift *(titulus)* gab manchmal Namen und Straftat des Opfers an; bei Massenhinrichtungen erübrigte sich diese Angabe.

Es sind Fälle bekannt, in denen das Opfer, vor allem wenn es sich mit den Füßen auf einen am Pfahl angebrachten Holzpflock *(sedile)* stützen konnte, noch bis zu fünf Tagen lebte oder sogar lebend wieder abgenommen wurde. Bei der später verwandten Methode der Annagelung trat der Tod früher ein; ob der unter Kaiser Tiberius hingerichtete Jesus von Nazareth angenagelt oder angebunden war, muß entgegen legendärer Ikonographie und ausfernder Reliquienverehrung (»Kreuzesnägel«; Jo 20,25; Ps 22,17) ungeklärt bleiben.

Als Todesursache gilt meist – die Nagelwunden waren nicht tödlich – die unnatürliche Stellung des Körpers, die schreckliche Schmerzen an Kopf und Herz, eine Erstarrung und Lähmung der Glieder, schließlich den Zusammenbruch des Kreislaufs und das Herzversagen bewirkte. Manchen Gekreuzigten werden, um ihren Tod durch Ausbluten zu beschleunigen oder jede Fluchtmöglichkeit auszuschließen, die Füße abgehackt oder die Gebeine zertrümmert (Jo 19,31). Waren die Knochen zerschlagen, sackte der Körper vollends durch.

Hin und wieder wurden die am Kreuz hängenden Opfer gesteinigt oder verbrannt. Der Leichnam des Opfers wird in der Regel nicht bestattet, sondern streunenden Tieren und Vögeln überlassen.

Andere unter Nero wegen Brandstiftung Verurteilte wurden Hunden zum Fraß vorgeworfen. Den Mißbrauch von Tieren anläßlich von Folterhandlungen, die Menschen an Menschen begehen, und bei Hinrichtungen nenne ich Tiertortur. Tiere wurden gezwungen, bei Folterungen und Exekutionen von Menschen mitzuwirken. Es wäre verwunderlich, hätten die Täter, die sämtliche auffindbaren Werkzeuge zum Foltern mißbrauchten oder zu diesem Zweck neue Maschinerien der Marter erfanden, darauf verzichtet, neben Elementen wie Feuer und Wasser auch unwissende und unschuldige Lebewesen auszubeuten. Seit alters finden sich Berichte, die einen entwürdigenden Mißbrauch belegen.

In Rom werden die Opfer – wie im erwähnten Fall – unter anderem Hunden vorgeworfen. Damit Sklaven, die eine solche Tiertortur erleiden sollen, die Tiere nicht verletzen können, werden ihnen zuerst die Zähne ausgehauen und dann die Arme gebrochen.

So schrecklich es anmutet: Alles blieb im Rahmen der damaligen Vorschriften und Gebräuche. Nicht mehr, auch nicht weniger. Trotz aller persönlichen Einwände, die der Kaiser gegen die Todesstrafe haben mochte, ließ Nero äußerste Strenge walten und griff hart durch.[724] War Vorsatz im Spiel, wog das Verbrechen. Die Geständnisse hatten diesen Vorsatz bezeugt. Von Fahrlässigkeit, von zufälligem Ausbruch des Brandes war keine Rede.

Die üble Nachrede, die aus Nero einen Christenschinder, ein Scheusal sondersgleichen macht, hat sich zweitausend Jahre gehalten. Nero hat jedoch mit einer Christenverfolgung nichts zu tun. Was er durchführen ließ, waren reguläre Prozesse gegen Brandstifter, ein stadtrömisches Ereignis.[725] Tacitus und Sueton haben die Verfahren als gerecht und vernünftig beurteilt. Das Christentum stand nicht zur Diskussion. Religiöse Motive spielten nicht einmal eine Nebenrolle. Zudem waren die Christen in

Rom zu gering an der Zahl und zu unbedeutend in der riesigen Stadt, als daß ihre Hinrichtung zur Angelegenheit öffentlichen Interesses hätte werden können. Nero war – wie viele seiner Nachfolger – zu stark, um ernsthaft gegen die neue Sekte kleiner Leute[726] einschreiten zu müssen.

Nero, dessen Andenken in Rom »verblüffend gut«[727] blieb, verurteilte die Christen nicht wegen ihres Glaubens, sondern wegen einer Straftat. Da diese in Rom begangen worden war, beschränkte sich die sogenannte Verfolgung auf die Hauptstadt. In den Provinzen wurde keinem Christen ein Haar gekrümmt. Die angebliche – und bis in die Gegenwart hinein gern geglaubte – Verfolgung blieb räumlich und zeitlich begrenzt und fand mit den Verurteilungen und Hinrichtungen im Jahr 64 ihr Ende.

Allerdings haben spätere Christen sogenannte Märtyrerakten reihenweise gefälscht. Sie sollten belegen, daß Nero auch im übrigen Italien sowie in Gallien blutig verfolgt hatte. Doch sind diese Akten »geschichtlich ohne Wert«[728].

Von einer »ungeheuren Menge«, die Neros Massenhinrichtungen zum Opfer gefallen sein soll, kann keine Rede sein. Da die junge Christengemeinde bescheidene Zahlen aufzuweisen hatte, dürfen wir uns die Menge »nicht gar zu groß vorstellen«, wie christliche Autoren einräumen.[729] Auch in Rom wurde nicht die gesamte christliche Gemeinde verfolgt, sondern nur die Gruppe, die der Brandstiftung verdächtigt wurde. Die anderen, die Mehrheit, wurden in Ruhe gelassen, und zwar nicht etwa, weil es ihnen gelungen wäre, zu entkommen und unterzutauchen. Paulus hielt sich 64 vielleicht in Rom auf, hätte vermutlich den Behörden als Christ bekannt sein können, wurde jedoch nicht angeklagt.

Ohne ausführlich auf das Thema eingehen zu wollen: Während Neros Christenverfolgung mehr als zweifelhaft ist, steht fest, daß Paulus, früher Saulus, Christen verfolgt und ihre Verfolgung gebilligt hat. Das Neue Testament nennt ihn, aus welchen Gründen auch immer, ausdrücklich einen mörderischen Verfolger (Apg 9,21; 26,10f.) – und er sich selbst auch (1 Ko 15,9; Gal 1,13). Im übrigen fanden seine Verfolgungen lange vor Neros Zeiten statt.[730]

Das angebliche institutum neronianum

Tertullians Behauptung, es habe ein *institutum neronianum*, eine Art offizieller Rechtsbelehrung gegeben, die lapidar festlegte, Christsein sei verboten *(non licet esse vos)*, beruht auf einer groben Täuschung.[731] Nero verurteilte wie gesagt einzelne Christen wegen einer genau umschriebenen Straftat. Zudem findet sich von diesem *institutum neronianum* keine Spur. Selbst die christennahe Forschung hat keinen Beweis vorlegen können.

Als Plinius d.J. 112 Statthalter von Bithynien wurde und sich mit dem Problem der Christen konfrontiert sah, bat er Kaiser Trajan um Instruktionen, wie er sich verhalten und welches Verfahren er anwenden solle[732]: »Ich fand nichts anderes als einen verkehrten, maßlosen Aberglauben.« Der Kaiser antwortete, es fänden sich nur Einzelfälle, eine allgemeine Regel könne nicht formuliert werden.

In Wirklichkeit begann die Christenverfolgung Roms unter Domitian. Da dieser Kaiser zur Gottheit erhoben wurde, ergab sich für alle Untertanen die Verpflichtung, ihn wie einen Gott zu verehren. Das konnten Christen nicht akzeptieren. Daraufhin setzte die Verfolgung ein. Sie wurde unter Domitians Nachfolgern Hadrian (117–138 u.Z.), Antoninus Pius (138–161), Mark Aurel (161–180), Septimius Severus (193–211) und Maximinus Thrax (235–238) fortgesetzt.

Diese Kaiser töteten Christen, nicht zuletzt der allgemein gerühmte Mark Aurel. Von ihm sind Selbstbetrachtungen erhalten, die sich immer noch großer Popularität erfreuen. Immer wieder rekapituliert er Gedanken und Ereignisse, ermahnt sich und erstellt philosophische Denkgebäude. Nach der Thronbesteigung nimmt seine philosophische Neigung durchaus nicht ab. Er arbeitet weiterhin an sich, ist auf der Suche nach Weltweisheit. Er widmet sich mit Energie dem öffentlichen Wohl, seine freie Zeit nutzt er jedoch für seine persönliche Philosophie. Manche Altrömer nennen ihn deshalb ein philosophierendes altes Weib.[733]

Mark Aurel läßt Christen verfolgen und töten. Zur Christenverfolgung im eigentlichen Sinn des Wortes, zu einer Verfolgung auf der Grundlage gesetzlicher und juristischer Maßnahmen gegen das Christentum, kam es jedoch erst zur Zeit der Kaiser Decius (249–251 u. Z.) und Diocletian. Gleichwohl bleibt die christliche Greuelpropaganda gegen Nero gnadenlos: Noch Justinian (527–565 u. Z.) wird nach dem Muster dieses »Verfolgerkaisers« als Antichrist beschimpft.[734]

Nebenbei: Unter Decius starb der römische Bischof Fabian (236–250), ein Opfer der Verfolgung, im Gefängnis. Ein Todesurteil war nicht über ihn verhängt. Die alte Kirche wird jedoch bis hin zu ihm von 16 römischen Bischöfen 11 als Märtyrer ausgeben.[735] Dabei war dies kein einziger gewesen. Es sind nur die – Stück für Stück gefälschten – Märtyrerakten, die solches behaupten und denen bis ins 20. Jahrhundert Glauben geschenkt wird. Der *Liber Pontificalis*, die offizielle Papstliste, greift solche Märtyrertode auf – glatte Fälschungen.[736] Im römischen Martyrologium erringt ein Papst nach dem anderen die Märtyrerkrone – erlogen. Doch jeder Verehrungswürdige aus der Zeit vor Constantinus I. »mußte eben Blutzeuge gewesen sein«.[737]

Die Zahl der Verfolgten wurde stets aufgebauscht. Wieder sind es angebliche Akten, die von gräßlichsten Foltern und Hinrichtungen berichten. Ungezählte Schauergeschichten werden ersonnen, alles in allem ein grauenhafter religiöser Kitsch[738] –

zu Lasten der Opfer. Die Christen waten in ihrem Blut, eine Schar tapferer Gestalten zieht freudig dem Märtyrertod entgegen, die Berichte werden von Mal zu Mal heroischer, und immer sind die blutrünstigen »heidnischen« Kaiser schuldig. Nero soll der erste von ihnen gewesen sein.

Dokumente, die den Kaisern die Verantwortung für Verfolgung und Martertod zuschreiben, sind Legion. Doch sie sind meist gefälscht. Die Christen freilich, die sich bei den erlogenen Passionsberichten als Augenzeugen ausgeben, sind kaum zu zählen.[739]

Um so lieber werden die Kaiser schon in der frühen Literatur wütend beschimpft. Kurz nach dem Sieg Constantinus' I., um das Jahr 314 u. Z., schreibt Lactantius, der in der nächsten Umgebung des Kaisers Diocletian unbehelligt geblieben war, eine Hetzschrift mit dem Titel *Über die Todesarten der Verfolger* und rechnet ab. Eine Menge ähnlich haßerfüllter Autoren wird ihm folgen. Den Kaisern werden die blutrünstigsten Schandtaten unterstellt – und diese detailliert beschrieben. Die Kaiser sind Widersacher Gottes, Tyrannen, Bestien wie Nero. Die bisherige Märtyrer- und Verfolgungsideologie ist plötzlich in ihr Gegenteil verkehrt: Jetzt verfolgen Christen selbst. Sie übertreffen, was bisher geschah.

Mit der Zeit erscheinen Erbauungsbücher, Unterhaltungstexte, volkstümliche Legenden, triviale Romane, eine immer unglaublichere Literatur, die gleichwohl gern geglaubt wird, eine Seelen-Nahrung für das Volk. Doch nicht alles ist so erbaulich, wie es geglaubt sein möchte. Und schon gar nicht ist es die historische Wahrheit, die angezielt wird. Es sind unwahre Erfindungen, Bekehrungs- und Stabilisierungsmittel, »Glaubenszeugnisse«. Mit ihrer Hilfe machen Christen Geschichte; ihr Erfolg reicht bis in die Gegenwart.

Christlicher Haß ist effektiv; er versteht sein Handwerk. Die Verfolger müssen ihre Taten schrecklich büßen: Zum Beispiel wird Pontius Pilatus, der Richter Jesu, dessen Frau eine Enkelin des Augustus gewesen sein soll[740], noch über den Tod hinaus verfolgt[741]. Der unter Caligula wahrscheinlich nach Gallien verbannte ehemalige Prokurator soll sich selbst umgebracht haben. Tiber, Rhône und Genfer See sollen seine Leiche ausgespien haben; erst in einem Wasserloch am Fuß des *Mons Fractus*, dem heutigen *Pilatus* bei Luzern, fand er Ruhe. Nach einer anderen Legende geistert Pilatus noch immer in diesem Berg.

Kaiser Valerian (253–260 u. Z.), so behauptet Lactantius[742], bekommt in persischer Gefangenschaft die Haut abgezogen. Diese wird als Souvenir der Sieger rot getüncht, um in einem Göttertempel ausgestellt zu werden. Galerius (305–311 u. Z.) verreckt an Hodenkrebs. Und so geht es Fall für Fall weiter bis zum erbaulichen Schluß des Machwerks: Lactantius preist die Erbarmung Gottes, der »endlich auf seine Erde herabschaut … und sich würdigt, seine Herde, die von reißenden Wölfen verwüstet oder zerstreut war, wiederherzustellen und die bösen Bestien auszurotten«[743].

Seriöse Forschung widerspricht. Sie schätzt die Gesamtzahl der christlichen Märtyrer auf knapp zweitausend – und das in drei Jahrhunderten.[744] Von 250 angeblichen griechischen Martyrien in immerhin 250 Jahren sind nur etwa 20 als historisch erwiesen. Aber auch solche Zahlen sind problematisch. Wird schon aufgerechnet und aufgezählt, muß mitbedacht werden, daß der Vernichtungskampf gegen das »Heidentum« anderthalb Jahrhunderte gewährt hat und mittelalterliche Christen im Verlauf ihrer Pogrome mehr Juden als alle von römischen Kaisern zusammen getöteten Glaubensgenossen in einem einzigen Jahr umbrachten, manchmal an einem einzigen Tag.[745] Die Zahl der Mitchristen, die Karl V., Vorzeigekaiser, Musterchrist, in den Niederlanden töten ließ, wird auf mindestens zehntausend geschätzt.[746]

Selbst christliche Apologeten müssen einräumen, daß »im

2. Jahrhundert noch nicht mit vielen Tausenden von Märtyrern zu rechnen« war.[747] Die Martyrien fanden vielmehr »vereinzelt, sozusagen tropfenweise« statt. Auch Origenes († 253/254 u. Z.), der größte christliche Theologe der Zeit vor Constantinus I., nennt die Zahl der Blutzeugen »klein und leicht zu zählen«[748]. Was bis heute in den Köpfen und in manchen Schulen über die Christenverfolgungen spukt, ist Halbwahrheit, Auslassung, Fälschung. Doch mit Vorsatz.

Nero hat mit alldem nichts zu tun.

Ähnliches gilt für das Problem Judentum. Roms Regierungen kamen den Juden so weit wie nur möglich entgegen. Claudius hatte sie im Jahr 42 geschützt, und Nero schützte sie. Während seiner Herrschaft gelangte ein Jude, Tiberius Julius Alessandro, in eines der höchsten Ämter der kaiserlichen Verwaltung und wurde in Ägypten, der reichsten Provinz, Statthalter.

Doch obwohl der jüdische Glaube den Status einer erlaubten Religion *(religio licita)* und sogar ein eigenes Sabbatprivileg erlangt hatte, sah Altrom in Juden und Christen, deren Unterscheidung ihm schwerfiel, die ganz anderen mitten in der Stadt. Sie standen nun einmal – ohne Aussicht auf Änderung – den römischen Sitten und Traditionen fern *(diversitas morum)*, so daß Seneca die Juden als kriminellste aller Rassen bezeichnen konnte[749].

So weit brauchte die Kritik nicht zu gehen, doch allgemein erschien den Römern wie den Griechen die »fromme Faulenzerei«[750] der Juden wunderlich. Die Sabbatruhe – Seneca: »Diese Leute verlieren den siebten Teil ihres Lebens!«[751] – blieb so unverständlich wie die seltsame Sitte, lange Bärte und Haare zu tragen, oder das Verbot, Schweinefleisch zu essen. Die antike Geschäftigkeit wollte sich keinen freien Tag leisten, der von der Arbeit abhielt – um irgendeines Gottes willen.

Die Weitung der römischen Welt brachte es mit sich, daß

Weltreichsgötter von universalem Format und Anspruch entstanden.[752] Götter gab es genug; in der Regel fand sich jedes Jahr
ein neuer in Rom ein, um für die Zugewanderten zu sorgen. Und
alle Götter waren groß, bedeutend, erhaben. Denn seit eh und
je sind Patriarchen gewohnt, das Göttliche nicht klein und
gewaltlos, sondern allmächtig und todgewaltig zu denken.[753]

Kurios erschien es, daß die Christensekte ähnliche Tage wie
die Juden feierte, die ihre Mitglieder aus religiösen Gründen ar-
beitsfrei stellten. Die neue Sekte war keine anerkannte Religion,
eher schon war sie vom Glauben ihrer Väter abgefallen. Juri-
stisch war sie geheimen Bruderschaften gleichzustellen. Sie verzichtete auf den Umgang mit anderen, hielt sich beiseite *(ami-
xia)*, pflegte ihr Anderssein, hatte etwas Mysteriöses an sich.
Niemand wußte Genaues, viele tuschelten.

Die »Feiern der Liebe« *(agape)*, die Rom nur vom Hörensagen
kannte, boten Anlaß zu Kritik. Sklaven sowie Angehörige der
untersten Klassen und vornehmere Leute, vor allem Männer und
Frauen feierten gemeinsam. Das mußte in der Perspektive
Altroms zu exaltierten Szenen führen. Das Volk von Rom war
den Christen übel gesinnt, da es deren Liebesfeiern mißverstand
und annahm, Christen seien dem Kannibalismus, dem Kinder-
mord, rituellen Orgien und dem Inzest ergeben.[754]

Auch wenn ein besonnener Römer in seinem Urteil nicht so
weit gehen wollte: Die Liebesfeiern wirkten exotisch, entsprachen nicht der Sitte, dem römischen Maß. Sie hatten nichts mit
Würde zu tun: Römer, die auf sich hielten, blieben ihrem Stand,
ihrem Mannsein treu und mischten sich nicht mit anderen
Schichten, nicht mit Frauen.

Und dann die beginnende Rivalität zwischen den Auswärti-
gen! Unverständlich für einen Römer, daß Leute von Tür zu Tür
wanderten, um Mitglieder für ihre Religion zu gewinnen. Missionare, Apostel gar – ein Ding der Unmöglichkeit. Die Stadt
wollte nicht einmal die Begriffe kennen. Kaiser Claudius hatte

die eifrigsten, lautesten, dreistesten »Missionare« der Juden ausweisen und den Römern die Teilnahme an jüdischen Gebetsfeiern untersagen lassen. Im übrigen konnten Tod und Leben eines Menschen von der Fähigkeit der römischen Behörden abhängen, strikt zwischen Juden und Christen zu unterscheiden.[755]

Exklusivität, Geheimnistuerei, Abschottung widersprachen dem römischen Lebensgefühl: In einer Stadt und in einem Reich, die Götter zuhauf kannten, die jeden Menschen zu seinem eigenen beten ließen, die glaubten, in ihrem Gott auch den einen oder anderen wiederzufinden, nur einen einzigen Gott zu verehren, gehörte sich nicht. Für ihn gar Reklame zu machen, ihn gegen alle anderen auszuspielen, weil er der einzige sei: dégoutant.

Doch mit der Zeit befand sich der Staat gegenüber dem Christentum im Stande der Notwehr.[756] Vermutlich würde die römische Religion noch heute leben, wenn es keine Verbote und Verfolgungen durch spätere christliche Kaiser gegeben hätte.[757] Gegenwärtig sind allerdings Anzeichen auszumachen, daß das ein für allemal überwunden geglaubte »Heidentum« sich siegreich zurückmeldet. Unter unseren Augen löst sich jene hauchdünne Schicht, die das Christentum hat über das Leben der Menschen legen dürfen.[758]

Ob Nero im Gegensatz zum Gros der Römer etliche Christen ziemlich gut gekannt haben könnte[759], bleibt fraglich. Durch seine Ehefrau Poppaea hatte er Einblick in interne Fragen des Judentums bekommen, und bei seinen Streifzügen dürfte er Gelegenheit gehabt haben, Christen kennenzulernen. Vielleicht gab es auch Gründe, die sie ihm sympathisch machten. Bekanntlich hatte Nero, weil er, das verzweifelte Kind, sich mit ihnen identifizierte, eine Vorliebe für die Unverstandenen, die Erniedrigten und Beleidigten, für die ärmsten Schichten der Bevölkerung, denen er zumindest seit 58 ein gut Teil seiner Kräfte widmete. Doch ob aus dieser Zuneigung eine mehr als zufällige Kenntnis der Christen abgeleitet werden kann, ist die Frage.

Gegen die neue Sekte einen Prozeß wegen ihres Atheismus zu führen kam Nero nicht in den Sinn. Die meisten Kaiser hatten eine Scheu vor solchen Verfahren. Von Tiberius stammte der Ausspruch, ein Vergehen gegen die Götter sei Angelegenheit der Götter selbst *(deorum iniuriae diis curae)*.[760]

Obwohl Nero im Grunde als areligiös gilt[761], interessiert er sich für verschiedene sinnlich bestimmte östliche Religionen[762], für die syrische Göttin *Dea Syria*, kurze Zeit auch für den iranischen Mithras-Kult[763], der im übrigen unter Kaiser Aurelian (270–275 u. Z.) zur römischen Staatsreligion aufsteigen wird[764]. Die Anhänger dieses Kults glauben an Himmel und Hölle, an die Unsterblichkeit der Seele, an die Auferstehung der Toten und an ein Jüngstes Gericht. Mithras selbst wird als Mittler zwischen seinem Vater, dem Sonnengott, und den Menschen gedeutet.

Zur Zeit Neros zeigt sich eine Tendenz zum positiven Glauben[765], die augusteische Ideologie wirkt nach. Nero selbst wechselt von Fall zu Fall seine Götter. Er kann sich nicht festlegen, will es auch nicht.

Die Geschichte eines römischen Bürgers

Ein Beleg dafür, wie ein Christ unter Nero behandelt wurde, ist die Geschichte des Mannes, der vielleicht – nach dem römischen Grundsatz der drei Namen *(praenomen, nomen, cognomen)* – Lucius Aemilius Paulus geheißen haben könnte.[766]

Dieser ist seinerzeit vom Pferd gefallen und hat sich dabei verletzt. Die *out-of-body-experience*[767] und weitere von ihm geschilderte Symptome stützen die Deutung heutiger Hirnforscher: Infolge einer »Beschädigung des rechten Temporallappens und der Amygdala oder zumindest ihrer corticalen Eingänge aufgrund einer Verletzung, eines Schlaganfalls oder eines epi-

leptischen Anfalls« hat er eine tiefgreifende Persönlichkeitsver-
änderung erfahren.[768] Diese wurde, nachdem aus dem Christenverfolger Saulus der Apostel Paulus geworden war, als sein
Bekehrungserlebnis bei Damaskus[769] gedeutet (Apg 9,3–7;
22,6–11; 26,14).

Dieser Missionar, bekannt für Eifer, Zorn, Haß, hatte bereits
in Lystra (Zoldera in der südöstlichen Türkei) Probleme gehabt.
Hier war er, eher prüde, als Hagestolz lebend, als Fanatiker der
Enthaltsamkeit profiliert, ausgerechnet für den Gott Hermes
(Merkur) gehalten worden (Apg 14,12), der wie kein zweiter als
das Symbol männlicher Potenz und Zeugungslust galt.[770] Auch
Saloniki, Korinth und Philippi bereiteten Paulus Schwierigkeiten. Die römischen Behörden verfolgten die Klagen jedoch
nicht.

Paulus hielt sich 58 in Jerusalem auf. Mitglieder der christlichen Gemeinde, welche die Lage besser einschätzten als er, hatten ihn zur Vorsicht aufgefordert. Doch er ließ sich nicht davon
abbringen, im jüdischen Tempel zu predigen. Von Juden um-
ringt, die ihn lynchen wollten, hätte er sein Leben gelassen. Die
Soldaten des Tribuns Claudius Lysias entrissen ihn der wüten-
den Menge (Apg 23,10).

Paulus ist ein außergewöhnlicher Gefangener. Er ist helleni-
stisch gebildet und kennt sich im römischen Recht aus: »Dürft
ihr einen römischen Bürger wirklich ohne Urteil geißeln lassen?« (Apg 22,25) fragt er fast beiläufig einen Centurio. Dieser
läuft zum Tribun, und der erfährt erstmals von der Tatsache, daß
Paulus von Geburt an Roms Bürgerrechte genießt, die er selbst,
der Tribun, teuer kaufen mußte. Jetzt graut es diesem: Es macht
ihm Angst, daß er an eine Geißelung gedacht hat.

So streng sind Roms Sitten – unter Nero.

Lysias, mittlerweile vorsichtig, hat die Priester des Hohen
Rates, die Führer der Juden, nach dem Vergehen dieses Paulus
gefragt. Und nichts kapiert. Daraufhin läßt er Paulus, wenn

solchen Zahlenangaben zu trauen ist, unter dem Schutz einer überdimensionierten Eskorte von zweihundert Soldaten, zweihundert Bogenschützen und siebzig Reitern zur Residenz des Antonius Felix in Caesarea bringen (Apg 23,23 f.). Ein Komplott droht. Sein Ziel: Paulus den Römern abzujagen (Apg 23,13).

Felix läßt die Ältesten der jüdischen Gemeinde rufen, um die Anklage zu klären. Als zwischen dem Hohenpriester Ananias, einigen Ältesten und dem Anwalt Tertullus auf der einen und Paulus auf der anderen Seite ein endloser Disput entbrennt (Apg 24), sieht sich Felix mit einer Auseinandersetzung konfrontiert, die für einen Römer unverständlich bleiben muß. Ähnlich werden die Evangelien über den Prozeß Jesu berichten: Mit innerjüdischen Glaubensstreitigkeiten konnten die Ankläger Jesu dem Pontius Pilatus nicht kommen[771], daher verklagen sie ihn als Missetäter. Pontius Pilatus nimmt den Prozeß so neutral auf, wie es das römische Recht gebietet (Jo 18,28–19,16).

Da es in Jerusalem zu Tumulten kommt, hält Felix diesen Paulus fest, einerseits, um Zeit zu gewinnen, andererseits, um das Leben des Häftlings zu retten, denn die Menge hätte ihn in Stücke gerissen, hätte Rom ihn freigesetzt. So bleibt Paulus in militärischem Gewahrsam *(custodia militaris)*, einer Haft, die im Vergleich mit der strengen allgemeinen *(custodia publica)* relativ milde ist.[772] Gefangene können Besucher ihrer Wahl empfangen und ein beinahe normales Leben führen (Apg 24,27).

Da Felix, Bruder des unter Kaiser Claudius mächtigen Pallas, korrupt ist, läßt ihn Nero 60 durch Portius Festus ablösen (Apg 24,27). Dieser greift bereits eine Woche nach seinem Amtsantritt den ererbten Fall auf, läßt die Priester aus Jerusalem kommen und hört ihre Anklagen gegen den Dauerhäftling Paulus an.

Er muß auf die jüdische Gemeinde Rücksicht nehmen. Beim wiederholten Verhör, in dem er zu begreifen sucht, worum es eigentlich geht, hilft ihm schließlich der Gefangene selbst aus der Verlegenheit, indem er an den Kaiser appelliert (Apg 25,12).

Paulus, im kleinasiatischen Tarus geboren, ist römischer Bürger *(civis romanus)*.

Römischer Bürger, ein privilegierter Titel, darf sich ein Mann heißen, der privatrechtlich mit seinesgleichen nach den Regeln des römischen Rechtes agieren kann, bei Eheschließungen, Käufen und Verkäufen, Darlehen, Prozessen.[773] Und er ist in der *res publica* Angehöriger des römischen Volkes. Also solcher genießt er politische Rechte wie das Wahlrecht und den Anspruch auf ein Gerichtsverfahren.

Paulus hat das Recht, sich in höchster Instanz an den Kaiser selbst zu wenden *(ius provocationis)*. Die Eigenschaft als Bürger Roms erlaubt es, nach Bedarf jenen Schutzschild aufzurichten, den römische Bürger im Reich beanspruchen dürfen. Das steht nicht nur auf dem Papier. Der Rechtssinn Roms garantiert das unverbrüchliche Privileg.

Und nochmals: Auch unter Nero.

Festus war zufrieden: »An den Kaiser hast du appelliert, zum Kaiser sollst du ziehen.« (Apg 25,12) Der Kaiser, Nero, ist zum rettenden Stichwort geworden. Festus hat nichts dagegen, und Paulus erst recht nicht. Offensichtlich hat er keine Angst, in Rom verhört zu werden. Ein so weit gereister Mann, der Tag für Tag auch vom Kaiser gehört haben muß, ein Missionar, der Tausende von Kilometern auf Roms Straßen gewandert ist und gewiß tausend Begegnungen hinter sich hat, zeigt nicht die geringste Angst vor Nero.[774]

So bestialisch kann dieser Kaiser nicht gewesen sein. Von Paulus kein Wort.

Gemeinsam mit anderen Gefangenen wird Paulus nach Italien eingeschifft, vom Centurio Julius bewacht, einem altgedienten Soldaten. Insgesamt sind 276 Menschen auf dem Getreideschiff (Apg 27,1–28,14). Der Centurio schließt mit dem interessanten Gefangenen Freundschaft, behandelt ihn respektvoll.

Die Reise verläuft so abenteuerlich wie die Odyssee des Homer, nach deren Vorgaben sie konstruiert ist.[775] Das Schiff wird gewechselt, es kommt einmal zum Schiffbruch, und erst Ende 60 langt Paulus, wenn überhaupt, in Rom an. Dort mietet er, falls es sich nicht um eine Legende handelt, eine Wohnung und wartet auf seinen Prozeß. Er steht unter Hausarrest, kann aber Besucher empfangen und mit allem Freimut predigen (Apg 28,30 f.).

Neros Herrschaft ließ das zu.

Zwei Jahre lang soll Paulus dieses Leben geführt haben, dann bricht die Erzählung der Apostelgeschichte abrupt ab. Hört mit dem Ende des biblischen Berichtes auch das wissenswerte Leben des Paulus auf? Dann hätte er einen »fahleren, beiläufigeren Abgang« als jede andere bedeutende Person der Antike.[776] Immerhin findet sich keine Silbe mehr. Leeres Papier, Schweigen überall: Kein Missionsvorhaben, keine Reisepläne, kein Martyrium, kein Tod in Rom. Spätere Berichte, Paulus sei in Spanien tätig geworden und endlich nach Kleinasien zurückgekehrt, sind legendär.

Oder geht die Geschichte dieses römischen Bürgers weiter? Nach den erwähnten zwei Jahren soll unter dem Vorsitz des Afranius Burrus, des Lehrers des jungen Nero, sein Prozeß stattgefunden haben und er freigesprochen worden sein. Wieder eine plumpe Täuschung: Burrus ist bereits 62 verstorben.

Von den Legenden einmal mehr zu den Fakten: Die bis in die Gegenwart hinein politisch heikle und geschichtlich folgenreiche Passage aus dem sogenannten Römerbrief des Paulus (13,1–7) zeigt, daß Nero keineswegs christenfeindlich eingestellt war. Die Meinung, der genannte Brief des Apostels enthalte eine Kampfansage an Nero, zumal Paulus hier so stark wie nirgends sonst die königliche Abstammung Jesu betone und auch sonst mit »imperatorischen Zuschreibungen« nicht geize, ist nicht zu halten.[777] Paulus greift Nero zum einen nicht an, es sei denn sehr verklausuliert. Zum anderen entwickelt er eine politische Theologie anderer Art, und dies keineswegs verklausuliert: Er fordert ohne Wenn und Aber zum Gehorsam gegen die Obrigkeit und damit gegen Nero auf.

Doch die spätere christliche Literatur schlägt auf Nero ein, bezeichnet ihn als verrückt und blutrünstig. So fiel es leichter, den Prozessen, in denen die Christen Roms schuldig gesprochen wurden, die Legitimität abzusprechen.

Nero nach einem Klischee zu interpretieren gerät zu einer *christlich* zu nennenden Attitüde, angefangen beim Kirchenlehrer Hieronymus (* um 347)[778] bis hin zum ehemaligen Münchner Kardinal M. Faulhaber († 1952)[779]. Selbst der Vorzeigekaiser des frühen Christentums, Constantinus I., wird wegen seiner Morde an Frau und Sohn »Nero des Bosporus« geheißen.[780]

Es bleibt dabei: Immer wieder taucht ein Popanz namens Nero auf, längst eine Chiffre, ein Synonym für Brutalität und Bestialität, um die unterste Stufe des Menschseins zu charakterisieren. Durch Wiederholung solcher Verdächtigungen wird allerdings nichts wahr.

Starb der Märtyrer im Bett?

Von einem Tod des Paulus in Rom, von einer Exekution gar, womöglich durch das Richtschwert eines – in Griechenland weilenden – Nero, wird in zeitgenössischen Quellen nicht berichtet. Doch während die Zeitgenossen schweigen, fertigt die fromme Überlieferung aus dem Apostel einen Märtyrer. Bis heute hat sich nichts daran geändert.

Was aber, ein ketzerisch klingender Gedanke, wenn dieser Paulus schlicht im Bett gestorben wäre? Einfach so wie andere Menschen auch? Dann wären zweitausend Jahre christliche Märtyrergeschichte entlarvt. Dann könnten die dem angeblichen

Märtyrer zugelegten Symbole, so das ominöse Schwert des römischen Henkers, wie es in abertausend Abhandlungen und Abbildungen der christlichen Hagiographie erscheint, als das erkannt werden, was sie sind: Erfindungen einer späteren Zeit, ein erklecklich frommer Betrug.

Die in Rom noch immer gezeigten Schauplätze und Reliquien, die sich auf Paulus beziehen, sind als unecht zu bezeichnen. Sie gehören auf den Schuttberg der sogenannten Apostellegenden, die fromme Seelen, doch nicht die historische Forschung befriedigen können: das angebliche Grab des Paulus in der römischen Hauptkirche *S. Paolo fuori le mura*, die Kirche *S. Paolo alle tre fontane*, die im 5. Jahrhundert über dem angeblichen Schauplatz der Enthauptung errichtet wurde, die Säule, an der Paulus angebunden gewesen sein soll.

Wurde mittlerweile der berüchtigte »Stachel im Fleisch« des Paulus (2 Ko 12,7) als falsche Reliquie entlarvt, so gilt dies nicht für alle Reliquien dieses Mannes. So werden die angeblichen »Betsteine der Apostel Petrus und Paulus« gezeigt, zwei Basaltsteine, auf denen diese niedergekniet sein sollen, um die Bestrafung des Magiers Simon zu erbitten. Auf diese Steine bezieht sich eine der skurrilsten Legenden, die dazu dienen sollte, die Hinrichtung der beiden Christenführer unter Nero zu belegen.

Simon (Apg 8,18–24) war den Aposteln vorgeblich nach Rom gefolgt[781], hatte Zauberkunststücke vollbracht, Wunder gewirkt. Schließlich erbot er sich, in Anwesenheit des Kaisers zu fliegen. Das war den beiden zuviel: Sie baten Gott, Simon abstürzen zu lassen. Das geschah, der Magier wurde am Boden zerschmettert. Und Nero ließ angeblich Petrus und Paulus verhaften und exekutieren, weil sie den Flug des Magiers unterbrochen und ein sensationelles Schaustück verhindert hatten.

Die römische Kirche *S. Francesca Romana*, früher *S. Maria Nuova*, zeigt im rechten Querschiff die zwei in die Wand eingelassenen Steine *(silices apostolici)*. Noch sollen die Abdrücke der Apostelknie zu erkennen sein.

Nach Apg 19,11 f. wirkte Gott auch durch Paulus Wunder. So wurden Schweißtücher und Wäschestücke, die er benutzte, zu Kranken gebracht, und die Krankheiten wichen, böse Geister fuhren aus. Unter so legendären Umständen war es unausweichlich, daß Reliquien wie der Gürtel des Paulus auftauchten. Auch Gebäudereliquien wurden bald verehrt, so ein Privathaus in Rom, in dem Paulus die erwähnten zwei Jahre lang wohnte; der Saal wurde noch im 20. Jahrhundert gezeigt.

Paulus soll auf dem Weg zur Richtstätte eine Witwe namens Plantilla um ein Tuch gebeten haben, mit dem er seine Augen verhüllen konnte. Nachdem der Scharfrichter sein Werk getan hatte – diese Szene ist auf einer Haupttür zum Petersdom aus der Mitte des 15. Jahrhunderts wiedergegeben –, sprang der Kopf des Heiligen dreimal von der Erde auf und hinterließ jedesmal eine Quelle; das Wasser soll noch bei der Kirche *S. Paolo alle tre fontane* fließen. Die Hände des frisch Exekutierten faßten das Tuch, fingen darin das eigene Blut auf und gaben das Tuch schön gefaltet der Witwe Plantilla zurück. Was Wunder: Ein Stück dieses Kopftuches wird in der Kirche *S. Agnese* an der *Piazza Navona* in Rom verwahrt.

Die Gräber des Petrus wie des Paulus, über die so viel geschrieben worden ist, daß eine Bibliothek gefüllt werden könnte[782], werden von einer frommen Überlieferung in Rom lokalisiert. Für ihre Existenz gibt es jedoch – wie für die Hinrichtung der beiden unter Nero – noch immer keine Beweise. Nur die höchst umstrittenen Berichte des ersten Kirchenhistorikers Eusebios von Caesarea († 319 u. Z.) oder der römische Festkalender von 354 wollen sie – zweihundert Jahre später – kennen.[783]

Ob Petrus in Rom war, bleibt fraglich. Sein Aufenthalt in der Hauptstadt ist noch nicht bewiesen[784]. Um so kritischer ist den

Berichten zu begegnen, die nicht nur seine Gemeindeleitung in der Metropole, sein Amt als »erster Papst«, seine Exekution im Circus in den Vatikanischen Gärten behaupten.

Was Apologeten zu berichten wissen, ist erfunden[785]: »Ob Pomponia dort gewohnt hat, wissen wir nicht. Aber wir können uns vorstellen, daß sie die Apostel Petrus und Paulus aus nächster Nähe gekannt hat, auch Marcus, Lukas, Linus, Clemens, daß sie die Verfolgung unter Nero miterlebt und an den frischen Gräbern der Apostel gestanden hat. Was hätte diese Frau uns alles erzählen können!«

Ich gehe davon aus, daß diese Frau gar nichts hätte erzählen können. Es gab weder über Petrus noch über die Verfolgung durch Nero etwas zu berichten. Doch vielleicht bringt mein Urteil nicht die notwendige Vorstellungskraft jener Autoren auf. Wer über Nero als Christenverfolger und über frische Apostelgräber berichten will, muß über eine gehörige Portion Phantasie verfügen.

23.
DAS ACHTE WELTWUNDER

Wiederaufbau

Nero ließ Rom energisch, ohne Rücksicht auf die Folgeschäden einer massiven Geldentwertung und unter städtebaulichen Gesichtspunkten wieder aufbauen, denen Fachleute Bewunderung zollen.[786]

»Die Stadtviertel, die die Palastanlage übrigließ, wurden nicht, wie nach dem Gallischen Brand, ohne jede Besonderheit und planlos bebaut, sondern mit sorgsam ausgemessenen Häuserzeilen und breiten Straßen dazwischen; auch beschränkte man die Höhe der Häuser, ließ Innenhöfe frei und fügte Säulengänge an, die die Vorderseite der Mietshäuser beschatten sollten. Diese Säulengänge versprach Nero aus eigenen Mitteln zu errichten und die Bauplätze den Besitzern abgeräumt zu übergeben. Auch setzte er Preise entsprechend dem Stand jedes einzelnen und seinen Vermögensverhältnissen aus und begrenzte die Zeit, innerhalb deren sie dies nach Fertigstellung der Paläste oder Mietshäuser erhalten konnten.

Zur Aufnahme des Trümmerschutts bestimmte er die Sümpfe von Ostia; die Schiffe, die das Getreide den Tiber stromauf schafften, sollten mit Schutt beladen zurückkehren; die Gebäude selbst sollten zu einem bestimmten Teil ohne Balken aus gediegenem Gabiner- oder Albanergestein errichtet werden, weil dieser Stein feuerfest ist; ferner wurden, damit das von Privatpersonen nach Gutdünken angezapfte Wasser um so reichlicher und an mehr Stellen für die Öffentlichkeit fließe, Aufseher bestellt; Geräte zum Feuerlöschen mußte jeder in seinem Vorhof haben; schließlich durften die Gebäude keine gemeinsamen Wände haben, sondern jeweils eigene Mauern ringsum.«[787]

Was Tacitus schildert, ist erstaunlich modern. Wir könnten Neros Regeln weithin den heutigen Brandschutzbestimmungen entnehmen: das Verbot der Holzbauweise »zu einem bestimmten Teil« der Häuser, die Vorschrift, feuerfeste Materialien zu verwenden und Feuerlöscher in jedem Haus zu halten, die Errichtung von Brandmauern, die öffentliche Sorge um Löschwasser.

Löschwasser? Rom, Stadt der Bäder, Springbrunnen, Fischteiche, hatte Wasser genug – bis heute blieb es so: Die Römer lieben frisches Wasser. Ihre Kaiser wußten, was sie zu tun hatten, ließen Quellen aufspüren, planten Aquädukte, schritten gegen Wasserdiebstahl ein. Im späten 1. Jahrhundert u. Z. führten Wasserwege in der Gesamtlänge von 430 Kilometern in die Stadt, wo sie in einem Druckleitungsnetz aus Bleirohren über das

Stadtgebiet verteilt wurden; Blei wurde in zigtausend Tonnen verbaut. Jedes bessere Haus besaß Reservoirs (*castella aquae*), Röhrenleitungen, reichlichen Wasserzufluß[788] – und zahlte dafür eine Steuer (*vectigal*)[789]. Auch Wasserklosetts waren verbreitet. In die Provinzen drang diese Errungenschaft dagegen nur langsam vor. Dort waren Nachtstühle (*lasana*) in Gebrauch, die von einem eigens dafür bestellten Sklaven (*lasanophorus*) entleert wurden.[790]

Die gewerbliche Nutzung von Wasser war abgabepflichtig. Betriebe mit hohem Wasserverbrauch wie Färbereien und Gerbereien wurden mit Brauchwasser versorgt, um kein Trinkwasser zu vergeuden. Das Trinkwasser war von außergewöhnlicher Qualität, der römische Gaumen anspruchsvoll und verwöhnt. So wurden beispielsweise für die Versorgung des damaligen Köln eigene Aquädukte angelegt (»Römerkanal«), die das sehr gute Quellwasser aus der Eifel heranführten, täglich 20 Millionen Liter, rund 1 200 Liter pro Kopf, etwa die achtfache Menge von heute.[791]

Rom ist zu Recht stolz und hebt seinen praktischen Sinn von den anderen ab. Ein Direktor der römischen Wasserwerke, Frontinus, schreibt um 100 u. Z.: »Mit diesen so zahlreichen und so notwendigen Wasserbauten kannst du natürlich vergleichen die überflüssigen Pyramiden oder die nutzlosen, weithin gerühmten Werke der Griechen!«[792]

Wollten wir die Fülle der Wasser ermessen, die zum öffentlichen Gebrauch in Bädern, Teichen, Kanälen, Palästen, Gärten, vorstädtischen Landhäusern fließen, die Entfernungen messen, die sie zurücklegen, die aufgeführten Bogen, die durchgegrabenen Berge, nivellierten Täler, so müßten wir zugeben, auf der ganzen Welt nie etwas Staunenswerteres gesehen zu haben.[793]

Und auch sonst: Vor dem Brand waren viele Häuser in Rom gefährliche Wolkenkratzer gewesen, Wohntürme mit mehreren Stockwerken, die häufig einstürzten. Nero legte eine maximale

Gebäudehöhe von fünfundzwanzig Metern fest. Säulengänge wurden eingeführt, weil wegen der geringeren Gebäudehöhe, der breiteren Straßen und der größeren Freiflächen ein Sonnenschutz notwendig wurde. Besondere Aufmerksamkeit widmete Nero den ärmeren Vierteln und ließ auch dort, wo es nicht gebrannt hatte, Hütten durch Bauten ersetzen, deren Treppen von den unten liegenden Geschäften unabhängig waren und die über Balkone verfügten, deren Boden und Balustrade aus Steinmörtel bestanden und mit Ziegelfliesen belegt waren.[794]

Ziegel? Der Adel stand dem Handwerk wie dem Handel zwar grundsätzlich distanziert gegenüber. Sein Vermögen bestand vor allem im Landbesitz und in städtischen Immobilien. Die Großgrundbesitzer hatten jedoch ein Interesse daran, die Rohstoffvorkommen auf ihren Gütern ausbeuten zu lassen. So entstehen Ziegeleien und Töpfereien; zur Zeit Neros setzt sich der gebrannte Ziegel als wichtigstes Baumaterial Roms durch.

Die Bauunternehmer freuten sich. Der Boom bescherte ihnen, die sich auch als Immobilienmakler betätigten und die horrenden Grundstückspreise der Stadt für ihre Spekulationen nutzten, Dutzende von Villen an der See.

Rom wurde wieder zur ersten Stadt der Welt. In baulicher Hinsicht war es das lange nicht gewesen. Noch um 92 v. u. Z. hatte kein öffentliches Gebäude in der Welthauptstadt Marmorsäulen aufgewiesen.[795] Jetzt ereignete sich eines der größten Wunder in der Geschichte der Stadt: Paläste, Häuser, Villen, Gärten glänzten vor Stolz. Die Grundstückspreise lagen wie gesagt um ein vielfaches höher als im restlichen Italien.

Als die Arbeiten zum Wiederaufbau Roms beendet waren, begann der Kaiser mit einem großangelegten Programm für öffentliche Gebäude, das im Zusammenhang mit seiner Ende 63/ Anfang 64 begonnenen Währungspolitik gesehen werden muß. Nero ließ andere Städte nach römischem Vorbild neu gestalten. Umfangreiche Bauvorhaben wurden unter anderem in Leptis

Magna (Libyen) angepackt, große Sorgfalt wurde auf den Ausbau und die Verbesserung des gesamten Straßennetzes in Italien und in den Provinzen verwandt.[796]

Auch der Hafen Ostia mußte ausgebaut werden. Wenige Metropolen verfügten über einen so ungünstigen Ankerplatz wie Rom. Bei schlechtem Wetter war es praktisch unmöglich, Getreideschiffe zu entladen. Entweder konnten sie nicht richtig festgemacht werden, oder der Transport der Ladung vom Schiff aufs Land gestaltete sich so schwierig, daß große Mengen Getreide ins Meer fielen. Bei der ständig angespannten Versorgungslage Roms ein unhaltbarer Zustand. Kaiser Claudius hatte unter größten Anstrengungen, unter anderem der Aufnahme teurer Kredite, versucht, die Hafenanlagen umzubauen und zu befestigen.

Nebenbei: »Hafen« könnte im übertragenen Sinn freilich ein Symbol für die Heimat des Staatsschiffs darstellen.[797] Dieses ist den Gefährdungen des Meeres entronnen, im sicheren Hafen zur Ruhe gekommen. Und noch weiter übertragen: Männer fühlen sich sicher, wenn sie die brausenden Wogen überwunden haben: Wogen sind im patriarchalen Sprachritual häufige Metaphern für die als chaotisch empfundenen Frauen und deren »wilde, unersättliche Sexualität«, der Männer nun einmal nicht gewachsen sind und die sie gerade deswegen, schwierig genug, zu beruhigen haben.

Seneca, der Lehrer: »Auf dies unergründlich tiefe und ruhelose Meer hinausgeschleudert, wo Woge sich auf Woge drängt, die uns bald in plötzlichem Anschwellen hoch zum Glück erheben, bald zu um so schrecklicherem Verderben herabstürzen und ohne Anlaß umhertreiben, da können wir nirgendwo an einem zuverlässigen Ort vor Anker gehen. Wir schweben und wogen unstet, stürzen übereinander und erleiden hier und dort Schiffbruch; immerfort sind wir in Angst.«[798]

Römische Männer bleiben besser auf dem Land, auf der angestammten Scholle. Ihre Straßen, aufgrund militärischer Bedürfnisse angelegt und vorangetrieben, sind Voraussetzung für den internationalen Handel und Kulturaustausch, die sich über weite Teile des Reichs, über Europa, Nordafrika und den Nahen Osten erstrecken. Bis ins 19. Jahrhundert hinein waren nie wieder so viele Menschen so relativ bequem und weit unterwegs wie zur Zeit des Imperium Romanum.

Ein Hauptproblem für alle Kaiser blieb die Versorgung der Hauptstadt mit Lebensmitteln. Um sie zu verbessern, entwarf Nero zwei Großprojekte. Das erste war der Bau eines Kanals zwischen Ostia und Rom und die Eingliederung des Hafens in die Hauptstadt. Das zweite hing mit dem ersten zusammen und sah ein komplexes Kanalsystem vor. Nero wollte die Fahrten an den Küsten entlang vermeiden helfen und die Schiffe direkt von Puteoli nach Rom fahren lassen. Seine Experten planten einen Kanal, der von Puteoli zunächst zum Avernersee und dann direkt nach Ostia führen sollte. Von dort sollte der Kanal Ostia–Rom genutzt werden.

Das Kanalwerk sollte eine Länge von hundert Kilometern haben. Es setzte die Trockenlegung der Sümpfe voraus. Das Projekt geriet ins Stocken, als beim Durchstich durch die Hügel am Avernersee unüberwindliche Schwierigkeiten auftraten. So mußte sich Nero damit begnügen, den Bau eines von Säulengängen umgebenen gedeckten Schwimmbades in Gang zu setzen, das sich vom Kap Misenum bis zum Avernersee erstrecken sollte.[799] Auch dieses Projekt wurde nach seinem Tod nicht mehr weitergeführt.

Der Neue Palast

Waren diese Pläne schon gigantisch, so wird ein anderes Bauvorhaben alles in den Schatten stellen, was Rom bisher kennengelernt hatte. Nero plant nichts Geringeres, als das achte Weltwunder Gestalt annehmen zu lassen, eine Baumaßnahme ohne

Beispiel. Der Plan, einen Neuen Palast errichten zu lassen, und dies in kürzester Zeit, hält bis hin zu den Bauten der Gegenwart jeden Vergleich aus.

Kaiser hatten das große Geld, Nero hatte die große Idee.

Tacitus bezeichnete Nero in seiner Art, Außerordentliches zu wünschen, als einen Menschen, der gierig auf Unglaubliches war *(incredibilium cupitor)*.[800] Nero wurde vom Unvorstellbaren, Unmöglichen angezogen. Seine von Sueton wiedergegebene Behauptung[801], kein Herrscher vor ihm habe gewußt, was er sich alles erlauben könne, muß in diesen Zusammenhang gestellt werden.

Das Übermaß als Heilmittel zu gebrauchen ist einer der feineren Griffe in der Lebenskunst.[802]

Nero hatte Geschmack, Gewohnheiten und Laster, wie wir sie von den *signori* der Renaissance kennen.[803] Kein Gewand trug er zweimal. Seine Fischnetze – er ging gern fischen, während er die Jagd nicht liebte – mußten ungewöhnlich sein: Gewebe aus Gold-, Purpur- und Seidenfäden. Die Tischgerätschaften waren luxuriös. Becher und Tassen waren aus Flußspat, einem seltenen Mineral aus Carmania (Kenna/Iran), das einen feinen Duft verströmte.[804] Für eine einzige Tasse bezahlte er einmal eine Million Sesterzen. Um ein anderes Stück dieser Art, das seinem Freund Petronius gehörte und 300 000 Sesterzen wert war, bemühte er sich. Doch Petronius wollte es nicht herausrücken. Bevor er sich das Leben nehmen mußte, da er in eine Verschwörung verwickelt war, soll er die Tasse zerschlagen haben, damit sie nicht doch noch in den Besitz des Kaisers gelange.[805]

Die Baupolitik der iulisch-claudischen Zeit charakterisiert die einzelnen Kaiser prägnant – zum Beispiel Tiberius als Minimalbauherren oder Caligula als engagierten Kurzbauherren.[806] Vor diesem Hintergrund erweist sich die Baupolitik Neros als eine gar nicht abseitige Nutzung von Handlungsspielräumen.

Die Kaisertreuen der Epoche argumentierten, eine Republik,

in der alle möglichen Leute gefragt werden mußten und diskutiert wurde bis zum Überfluß, könne bei weitem nicht so große
Pläne verfolgen wie ein Inhaber der kaiserlichen Macht. Daher
seien seit eh und je alle wirklichen Aufträge von Einzelherr-
schern vergeben worden. Die berühmten sieben Weltwunder –
was waren sie anderes als die realisierten Träume von Autokra-
ten?

Nero wollte das achte Wunder. Das Meisterwerk seiner Baupolitik ist die bis heute zu Recht berühmte *domus aurea*, sein
Goldenes Haus. Dieser Palast wurde nicht nur wegen seiner un-
vergleichlichen Pracht so genannt, er wies vergoldete Räume auf
und war weithin mit einer goldenen Haut überzogen. Für den
Bau wurde ein großer Teil des Stadtzentrums in einen gigantischen Landsitz verwandelt, der dem Kaiser zur Verfügung stehen würde. Das durch ein riesiges Feuer vernichtete Zentrum
der Hauptstadt sollte nicht einfach wiederaufgebaut werden. Es
war, nicht unklug, neu zu gestalten.

Die phantastische Anlage sollte Macht demonstrieren und
stabilisieren, das Volk faszinieren und für seinen Kaiser einnehmen, Besucher und Gäste verblüffen. Die *domus aurea* war
Neros Antwort auf seine Kritiker.

Hier glückt, so F. Stini, einem einmaligen Kaiser die Gratwanderung zwischen *liberalitas* und *modestia* nicht mehr. Nach
dem Brand Roms zu versuchen, Muße *(otium)* zu suchen und
dafür ein immenses Gelände in Anspruch zu nehmen, in dem
die Landschaft um das Zentralgebäude der Villa arrangiert
wurde, war zu viel. Nero, in vielem ein Kind geblieben, mußte
immer wieder protzen, sein Spielzeug vorzeigen. Er schaffte es
nicht, seine Macht, sein Geld, seinen Stil auch einmal zu verbergen und stillen Gewinn daraus zu ziehen.

Der Neue Palast, ein ganzer Komplex mit einem Haupthaus
in der Größe mehrerer Fußballfelder, liegt auf dem heutigen
Colle Oppio. Er besetzte damals ein Viertel der antiken Stadt

und umschloß einen guten Teil dreier der sieben Hügel Roms, alle am linken Tiberufer gelegen, nämlich Teile des Esquilinus, des Palatinus und des Caelius. Ein Palast wurde errichtet, der allein etwa zehn Hektar umfaßte. Zum Vergleich: Die Anlage des Buckinghampalastes in London bringt es auf zwei Hektar. Freilich: Bereits gegen Ende der Regierung des Tiberius hatte ein Palast, der mit seinen Gärten und Parks nur einen Hektar einnahm, als enge Wohnung gegolten.[807] Seneca sprach von Palästen, die Städten glichen und die Ausmaße von Landgütern aufwiesen.[808]

»Die im römischen Wesen tief begründete, durch die Weltherrschaft aufs höchste entwickelte Richtung auf das Imposante und Kolossale, die leicht ins Maßlose und Ungeheure ausschweifte, konnte sich in der ›Massenhaftigkeit und Weiträumigkeit‹ der Gebäude, und nicht bloß der öffentlichen, volles Genüge tun. Mit dem Triebe, die eigene Existenz würdig, glanzvoll und prächtig zu gestalten und darzustellen, verband sich die stolze Lust des Triumphs über scheinbar unübersteigliche Hindernisse und die durch die Sklaverei genährte und gesteigerte Gewohnheit, selbst augenblickliche Launen und Phantasien zu verwirklichen.«[809]

Und während manch Kleiner sich vom Frosch zum Ochsen aufblasen wollte, wie Horaz und Martial höhnten[810], stand nach einem berühmten Sprichwort die *domus aurea* nicht einfach in Rom – sie war Rom. Die Hauptstadt bestand aus einem einzigen Haus, so hatte der Kaiser es gewollt. Bauen und Herrschen sind eins.

Ein phantastischer Bau

Entworfen wurde die *domus aurea* von den beiden hervorragendenen italischen Architekten Severus und Celer, die dank Neros Freigebigkeit und Zuspruch ihrer Phantasie freien Lauf lassen konnten. Eine Gruppe fähigster Techniker stand ihnen zur Seite. Der ganze Komplex, nach hellenistischen Vorstellungen wie nach den Vorbildern orientalischer Dynastien und der höfischen Paläste von Alexandria errichtet, trägt Neros Handschrift und ist Ausdruck seines Geschmacks: »Der Palast ... entsprach genau der Lebensauffassung des Kaisers: eine fröhliche, romantische, leichte Anlage, in der die Kunst den Ton angab.«[811]

Das einsame Kind erfüllt sich seinen Traum. Es ist bei sich in seinem Haus.

Was hat dieser Bau damals bewegt? Die Bautätigkeit des Kaisers beseitigt von neuem die Arbeitslosigkeit in der Stadt. Tagelöhner werden, wie auch im Ausbau der Hafenanlagen, eingesetzt. Tausend Mann mauern Tag für Tag. Vielleicht standen ihre Bauhütten in Neros Park.

Die bewunderte Antike ist nicht nur das Werk von Herrschern, von Philosophen, Feldherrn. Sie ist in größerem Umfang die Leistung von namenlosen Menschen, die Tag für Tag bis zum Umfallen gearbeitet haben: »Die grandiosen Schöpfungen der alten Welt sind ein Produkt aus millionenfachen Erschöpfungen.«[812] Die Ruinen, die wir heute betrachten, in Rom und anderswo, sind Resultate des Ruins zahlloser Menschen- und Tierkörper. Was wir bewundern, sind überwältigende Monumente und Zeugnisse großer Baukunst, doch auch Denkmäler für die antike Menschenverachtung, Friedhöfe unvorstellbaren Elends.

»Das große Rom ist voll von Triumphbögen. Wer errichtete sie? Über wen triumphierten die Cäsaren?«[813]

Zwischen sechs und zehn Millionen Ziegel sind nach Neros Plan verbaut worden. Es beeindruckt noch heute, wie schnell Rom bauen konnte: Selbst die riesige *domus aurea* erforderte nur eine Bauzeit von knapp vier Jahren. Das wäre heute kaum zu schaffen. Wir halten keine Sklaven mehr. Doch wahrscheinlich würden manche sie halten, wäre dies gesellschaftlich und kulturell in unseren Breiten nicht geächtet.

Das Baumaterial (*opus caementitium*, Zement, Gußmörtel-Beton aus Kalk, Sand, Füllsteinen[814]), auch beim späteren Pantheon wie beim Colosseum verwendet, wirkt phänomenal. Noch zweitausend Jahre später ist es gut erhalten. Das Material hält, was es verspricht, Beschädigungen stammen von Menschen.

Der Römerbeton hat die Architektur revolutioniert. Er erlaubte, Gebäude zu konstruieren, die vorher unmöglich erbaut werden konnten. Nun konnten gewaltige Räume mit großen Gewölben gedeckt werden, und das architektonische Design löste sich von den geradlinigen Mustern, die bisher benutzt worden waren. Betongewölbe machten die Konstruktion der Amphitheater und Bäder möglich. Weil Betonmauern und Decken in Gußformen gestaltet wurden, waren die Architekten ermutigt, mit unregelmäßigen Formen zu experimentieren.

Eine römische Mauer besteht in der Regel aus einem Mörtelkern, ihre Außenwände werden mit einem ansehnlicheren Baumaterial verkleidet, mit gebrannten Ziegeln (*opus testaceum*), behauenen Steinquadern, Tuffstein. Doch auch diese Schicht wird, vor allem bei Repräsentationsbauten, mit Marmor verkleidet. Unter Nero werden sogar Phantasiemarmore hergestellt: Bunte Adern sind in Tafeln anders gefärbter Gesteinsarten eingefügt.[815]

Marmor wird in riesigen Mengen aus den Provinzen herbeigeschafft, eine unglaubliche logistische Leistung, eine Demonstration des Imperiums. Die intakte Militärorganisation und das perfekte Straßennetz schaffen die Voraussetzungen für die Transporte.

Das gesamte Areal wurde durch eine gelungene Abwechslung von bebauten und unbebauten Flächen, Pälasten und Wäldchen, Tempeln und Teichen, Defilees von erlesenen griechischen Statuen (»marmornen Gärten«), Kolonnaden, Wiesen, Grotten gestaltet. Zudem fanden sich Felder, Weinberge, Weiden, wilde und zahme Tiere aller Arten. Offenbar war alles nicht zuletzt als grüne Lunge für die Großstadt angelegt. Die Römer waren allgemein bekannt für ihre Liebe zur anmutigen Natur (*amoeni-*

tas). Sie verlangten, aus Dunst und Staub, Lärm[816] und Getümmel der Großstadt in die Einsamkeit, Stille und Frische der Natur zu entkommen[817]. Ihr Kaiser holte sich die Natur ins Haus.

Als symbolisches Zentrum erhob sich der Tempel der Fortuna, für den als Baumaterial ein in Kleinasien neu entdeckter Stein benutzt worden war, der so durchsichtig war, daß das Licht durchschimmerte. Es sollte die Fortuna sein: Nero benötigte den Wirbelwind des Glücks zum Atmen.

Der Komplex umfaßte mehrere Paläste mit Tausenden von Räumen, Gästehäuser, Gesellschaftsräume, Bäder, Sporthallen, Theater. Er war Bestandteil der ausgedehnten Palastanlagen, die sich über Palatin, Esquilin und Caelius auf einer Fläche von insgesamt etwa achtzig Hektar erstreckten. In ihrer Mitte lag jener – mit einem Meer verglichene – künstliche See Neros *(stagnum Neronis)*, der unter Trajan zubetoniert werden wird. Die Senke zwischen dem *Mons Oppius*, einem der beiden Gipfel des Esquilin, und dem Palatin war für die Anlage eines Sees geeignet, für eine künstliche Anlage, denn bei Ausgrabungen zwischen dem Colosseum und dem Konstantinsbogen kamen Fundamentreste von Wohnhäusern aus republikanischer Zeit zutage.

Nero hat von Sklaven auch beim heutigen Subiaco drei künstliche Seen *(Simbruina Stagna)* anlegen und an deren Ufer eine grandiose Villa erbauen lassen. Der Ort, mittlerweile ein malerisches, mittelalterliches Städtchen, hat seinen Namen von diesen Seen, in denen Nero mit goldenen Netzen fischte *(Sublaqueum*, unter den Seen); das Stadtwappen zeigt die Seen des Kaisers noch heute.[818]

Im Zentralgebäude versuchte Nero, die beiden in Campanien vorkommenden Villenformen zu verbinden. Für den Seesitz *(villa maritima* vs. *villa rustica)* wurde der See angelegt. Die *domus aurea* mit ihrer fast vierhundert Meter langen Front auf den See hin dürfte eine Art überdimensionierter Gartenpavillon gewesen sein, der dem kultivierten Beisammensein und dem intellektuellen Austausch diente. So sind bis heute keine Räume und Vorrichtungen aufgetaucht, die an eine ständige Bewohnung denken lassen. Zumindest fehlen Türen, viele Toiletten *(latrinae)*, Heizungsanlagen.

In den Räumen des Palastes fanden entgegen der über Jahrhunderte hinweg verbreiteten Gerüchte der Nero-Gegner, die von Übergriffen selbst auf Patrizierfrauen sprechen, keine ununterbrochenen Orgien statt. Dagegen gab der Kaiser eigene Arbeitssessen und empfing private Gäste wie Staatsbesuche. Oft fanden sich Hunderte ein, die von einem tausendköpfigen Personal umsorgt wurden.

Die *domus aurea* war mit der neuesten Technologie bestückt. Manche ihrer Erfindungen ging auf Jahrhunderte hinaus, wenn nicht für immer, verloren. Im Musiksaal findet sich die größte Wasserorgel *(hydraulis)*, die je gebaut wurde, ein Lieblingsinstrument des Kaisers. In anderen Sälen bestehen die Decken aus durchbrochenem Elfenbein, über dem bewegliche Scheiben liegen, so daß Blumen auf die Gäste herabregnen konnten. Aus verborgenen Röhren werden die Besucher mit Duftessenzen besprüht, eine Art antiker Sprinkleranlage.[819] In den Bädern fließt ein Gemisch aus Salz- und Schwefelwasser. Dieses stammt aus dem Meer sowie aus Quellen in den Bergen und wird über Aquädukte in den Palastbereich geleitet.

Seneca berichtet, Roms Reiche hätten Badezimmer ohne große, helle Fenster, die keinen Blick aus der Badewanne auf Felder und Seen erlaubten, als Bäder für Nachtschmetterlinge verspottet.[820] Neros Goldenes Haus erregte in dieser Hinsicht keine Bewunderung; es bot üblichen Luxus.

Der Palast selbst hatte drei Stockwerke und bestand aus zwei langen, asymmetrischen Flügeln, die durch einen sechseckigen Hof mit Säulengang *(Peristyl)* verbunden wurden. An diesem Hof befand sich der mit mehrfarbigen Stukkaturen und Wandmalereien geschmückte Hauptsaal, auch Halle des Goldenen

Gewölbes genannt. Im längeren der beiden Flügel lagen im zweiten Stock, dem *piano nobile*, die Wohntrakte von Nero und Poppaea. Manche Räume waren mit Perlmutt und Schmucksteinen ausgelegt, sie glitzerten und funkelten wie Gold.

In einem anderen Flügel wurde die Zimmerflucht durch einen großen, achteckigen Saal unterbrochen, für den Nero den Entwurf der Architekten ändern ließ. Hier soll der Kaiser selbst zur Kithara gegriffen haben, während seine Gäste sich in den Seitennischen kulinarischen Genüssen hingeben konnten. Ein angegliedertes Quell- und Brunnengebäude *(Nymphäum)* sorgte für Kühle. Es war nach hellenistischem Vorbild gestaltet, mit Meeresmuscheln und anderen Dekorationselementen geschmückt und ähnlich auch in den kaiserlichen Villen von Baiae und Tibur (Tivoli) anzutreffen.

Der Achteck-Bau ist eines der ersten bekannten Beispiele für die Verwendung von Backstein und Beton in einem anspruchsvollen Maßstab und aufgrund verschiedener Einzelheiten architekturgeschichtlich interessant. Wie später das kreisrunde Pantheon, erhielt auch das Achteck sein Licht durch eine Öffnung in der Mitte der Kuppel. Weiteres Licht drang durch eine Reihe kleiner, heute nicht mehr sichtbarer Öffnungen in dem kreisförmigen Kranz oder Rand zwischen Mauerwerk und Gewölbe. Die Wände wurden in Erdgeschoßhöhe von breiten Zwischenräumen unterbrochen, zwischen denen schmale Pfeiler mit vorgelegten Säulen standen. Die Öffnungen an den drei südlichen Seiten des Achtecks zeigten auf die vordere Kolonnade und auf den dahinterliegenden Park.

Jeweils die beiden nächsten Öffnungen zu beiden Seiten führten in gewölbte Räume, von denen zwei kreuzförmig und zwei rechteckig waren. Die achte Öffnung an der Rückseite des Raumes zeigte eine Reihe von Stufen, über die mitten durch den Saal Wasser floß. Dieses war in Becken als Regenwasser gesammelt oder über Aquädukte herangeführt worden.

Das Schmuckstück der *domus aurea* ist dieser Bankettsaal. Eine bis dahin unbekannte Bautechnik wurde angewandt, erstmals eine runde Kuppel auf einen achteckigen Grundriß gesetzt, ein architektonisches Wunder. Dies war die Voraussetzung, um beispielsweise die Kuppel der Peterskirche errichten zu können.

Die Decke des Saals drehte sich wie das Weltall. »Es ist viel darüber gerätselt worden, ob der ganze Saal sich karussellartig drehte, oder ob sich nur die kugelförmige Decke bewegte. Auf jeden Fall muß die Antriebskraft von einer beachtlichen Energiequelle gespeist worden sein, die wahrscheinlich das Prinzip der Wassermühle und das der Wasseruhr verband. Auf jeden Fall war die Vorrichtung der letzte Schrei des technischen Fortschritts.«[821]

Die Verbindung von Außen- und Innenraum war so geschickt gelöst, daß das Sonnenlicht auf diesen spiegelnden Flächen vielfach reflektiert wurde. Dadurch entstand der Eindruck, das Licht komme nicht von außen, sondern sei in den Sälen bereits eingeschlossen. Alles zeugt vom Können der beiden Architekten, die den Akzent auf die Innenraumwirkung setzten, während der Palast von außen kaum gegliedert war und nur mit seinem Bleidach wie ein Meer in der Sonne glänzte.

Der Zugangsweg war zwei Kilometer lang. Er wurde von drei Säulenreihen gesäumt. Wahrscheinlich im Eingangsbereich, an der Vorhalle *(vestibulum)*, wurde eine fünfunddreißig Meter hohe Statue des Kaisers aufgestellt, Nero von den Strahlen der Sonne gekrönt, ein Koloß aus Bronze, das gigantischste Denkmal, das es je gab. Es übertraf selbst den berühmten Koloß von Rhodos aus dem dritten Jahrhundert v. u. Z., eines der sieben Weltwunder der Antike, um drei Meter. Das war so geplant.

Nero war der Größte. Sein Vorvorgänger Caligula, den Rom zu seinen Lebzeiten als Gott, als Jupiters Zwilling, feiern mußte, hatte in seinem Tempel eine Statue aufstellen lassen, die nur dreimal so groß war wie er selbst, doch aus reinem Gold. Jeden Tag mußten ihr neue Gewänder angelegt werden.

Der neronianische Koloß, dessen Haupt (aus Marmor?) später von Fall zu Fall durch den Kopf des jeweiligen Kaisers ersetzt wurde, gibt im 8. Jahrhundert dem Amphitheater *(amphitheatrum Flavium)* den volkstümlichen Namen. Unter diesem ist das *Colosseum*, eines der erhabensten Werke Roms und Vorläufer aller Mammutstadien der Welt, heute bekannt. Die Aussagekraft des Symbolischen: Ausgerechnet über der grandiosesten Palast- und Gartenanlage Neros wird das Colosseum errichtet werden, dieses – zu Lasten der neronianischen Bauten – im kollektiven Gedächtnis verankerte Synonym für Rom.

In der *domus aurea* hatte Nero das Zentrum einer Welthauptstadt errichtet. Das Volk staunte. Die Extravaganz seines Kaisers faszinierte. Seine Unsterblichkeit war gesichert. Nur die Mehrzahl der Senatoren, denen Neros Verachtung galt, fand alles unverzeihlich.

Sammlungen, Fresken, Stukkatur

In seinem Neuen Palast hatte Nero, ein manischer Kunstliebhaber, eine Sammlung griechischer Meisterwerke ausstellen lassen. Der Kaiser soll in seinem Privatmuseum eigenhändig Werke des Praxiteles und anderer Bildhauer aufgestellt haben, die er zu enormen Preisen erworben oder in förmlichen Razzien aufgespürt hatte. Sein Kunstkommissar, der Freigelassene Acratus, hatte »die ganze Welt bereist und kein Dorf ausgelassen«. Nur das geliebte Rhodos, Insel des Sonnengottes Helios, war verschont geblieben.[822]

Der Kaiser ließ die Räume seines Palastes vom Maler Fabullus dekorieren. Dieser galt als größter Künstler der Zeit und besonderer Snob: Selbst wenn er auf das Gerüst stieg, um die Wände und Decken zu dekorieren, legte er seine Toga, dieses unpraktische, doch die Identität des Römers bestätigende Kleidungsstück, nicht ab. Die Farben des Fabullus, Dunkelrot, Azurblau, Indigo, Zinnober, sind berühmt.

In dem erwähnten Achteck-Bau haben sich allerdings keine Fresken erhalten. Demgegenüber zeigen der Achilles-Saal sowie der Hektor-und-Andromache-Saal, in dem wahrscheinlich die Laokoon-Gruppe aufgefunden wurde, szenische Darstellungen, denen die Restauration überraschende Frische und Klarheit zurückgegeben hat. Eingefügt in das phantastische Dekorationssystem aus Architekturelementen, Blumen- und Tiermotiven, stehen sie für jenen Vierten pompejanischen Stil, dessen rotgrundige Vergleichsbeispiele eine Periode kurz vor der Katastrophe im August 79 markieren. Der Vierte oder Phantastische Stil (63–79 u. Z.) war der letzte und komplexeste vor dem Ausbruch des Vesuvs.

Architektonische Motive waren populär, doch sie wurden nicht mehr in einer vernünftigen Perspektive dargestellt. Statt dessen schmückten phantastische Strukturen die Wände. Die Formen, die Architektur, die Perspektiven verlassen mehr und mehr die Wirklichkeit und beladen sich mit ornamentalen Elementen. Die Zentren der Wandgemälde schildern mythologische Themen, obgleich auch Szenen aus dem täglichen Leben, Porträts und andere Themen bekannt sind.

Inhaltlich wird hier, in der Malerei der *domus aurea*, auf die Ilias des Homer und damit auf den Mythos von Rom als dem neuen, auf der Asche des alten erstandenen Troja angespielt. Nero stützt damit jenen Gründungsmythos, der in Aeneas, dem Sohn der Venus, und dessen Sohn Ascanius (Julius) die Grundlagen für die Stadt Rom und das iulisch-claudische Kaiserhaus geschaffen glauben will. Fast nebenbei wird durch den Bezug auf die Asche Trojas daran erinnert, daß die Errichtung der *domus aurea* erst durch den Brand Roms möglich wurde.

Der häufig dargestellte Gott Dionysos ruft das Thema Wiedergeburt in Erinnerung, das in unmittelbarem Zusammenhang zum Sonnenkult stand. Er wiederum fügt sich in die von Nero nachhaltig betriebene Selbststilisierung als Sonnengott ein, der die gesamte Innenausstattung dienstbar gemacht wurde. Böden und Wände waren bekanntlich mit spiegelndem Marmor verkleidet, ganze Raumteile, ganze Wände mit goldenen Platten verblendet.

Als »Groteske« bezeichnen wir die dekorative Verbindung von Architektur-, Pflanzen- und Tiermotiven. Darüber hinaus umfaßt der Begriff einen wesentlichen Teil der Geschichte des Goldenen Hauses. Denn der immense Bau blieb bei Neros Tod unvollendet, und die Begeisterung für den Palast hielt nur bis zu diesem Zeitpunkt an. Aufgrund der Knappheit an Bauland – oder, wahrscheinlicher, wegen der verhängten Auslöschung des Andenkens an Nero *(damnatio memoriae)* – wurde ein Großteil der Gebäude abgerissen. Kunstwerke waren bereits geplündert worden, Marmor war entfernt.

Kaiser Trajan, der den Vorgänger ausstechen und dessen angeblich unpopuläres Erbe nicht antreten wollte, beauftragte den Architekten Apollodorus von Damaskus mit der Errichtung einer Thermenanlage. Sie sollte fast zehn Hektar Grundfläche messen. In der Tat bedeckte sie einen Großteil des *Mons Oppius* zwischen dem Colosseum und der *Subura*, in der das große Feuer ausgebrochen war.

Viele Bauten wurden eingeebnet, um als Fundament der Thermen zu dienen. Diese wurden mit ihrem Südteil, der zum Colosseum hin orientiert ist, über der Residenz Neros errichtet und benutzten deren Mauern als Substruktionen. Der anfallende Bauschutt aus den oberen Etagen des Palastes wurde im Erdgeschoß und in den Kellern verstopft. Noch heute verdunkeln die Unterbauten der Thermen, die in die Räume der *domus aurea* hineinreichen, Neros Haus. Diese Maßnahmen haben die Erinnerung an diesen Kaiser und seinen Neuen Palast auf Jahrhunderte hinaus unterdrückt. Doch waren sie auch mit daran schuld, daß wenigstens Teile der Anlage erhalten blieben.

Erst ab 1480 werden die Räume und deren Ausmalung wiederentdeckt. Ein archäologischer Traum beginnt wahr zu werden. Was zum Vorschein kommt, wirkt noch immer wie Aladins Höhle. Ein ähnlicher Sensationswert kommt erst den Jahrhunderte später entdeckten Fresken in Pompeji und Herculaneum zu. Weil der genaue Hergang, die Maßnahmen des Trajan, im 15. Jahrhundert nicht bekannt war, wurden die neronianischen Räume für unterirdisch angelegte Gemächer (grotti) gehalten. Ihre Bemalung wurde folglich als Grottenmalerei (grottesche) bezeichnet.

Ihre neuerliche Beliebtheit verdanken die Grotesken dem Umstand, daß sofort nach Entdeckung der Malereien alles, was in Rom Rang und Namen hatte, herbeieilte, um die populären Ausgrabungsarbeiten mitzuverfolgen und sich die Entdeckungen anzuschauen.[823] Unter den Schaulustigen waren Ghirlandaio, Pinturicchio, Raffael; manche prominente Besucher haben signierte Graffitti hinterlassen.

Die ganz in Weiß gehaltenen Wanddekorationen der *domus aurea* übten auf Raffael (1483–1520), seine Schüler und viele andere Künstler der Renaissance, jener Zeit klassischer Nostalgie, nachhaltigen Einfluß aus. An Auftraggebern fehlte es nicht: Römische Aristokraten und Kardinäle waren interessiert, die neue Maltechnik und deren Inhalte in ihren Palästen wiederzufinden. In modifizierter Form hält die neronianische Wanddekoration, eine künstlerische Sensation der Zeit, auch in den Fresken und Stukkaturen der Loggien im Vatikan, in dem von Katharina de' Medici errichteten *Palazzo Madama*, in der Engelsburg und in der Galerie Franz' I. in Fontainebleau Einzug.

Als 1506 in der *domus aurea* die Laokoon-Gruppe entdeckt wird, entfacht der Fund eine ähnliche Begeisterung. Plinius d. Ä. hatte im Jahrhundert Neros die Schönheit dieser Skulptur gerühmt, des großartigsten aller zu seiner Zeit bekannter Werke. Und nur weil er die 1,84 Meter hohe Skulptur detailliert beschrieben hatte, war es möglich gewesen, das absolute Meisterwerk hellenistischer Bildhauerkunst (um 50 v. u. Z.) zu identifizieren. In der Renaissance beeindruckte die Skulptur Michelangelo und seine Künstlerkollegen und zog alle nachfolgenden Generationen in ihren Bann. G. E. Lessing hat 1766 über sie eine kunsttheoretische Betrachtung geschrieben.

Sensation der Entdeckung

Und die Folgezeit?

In der zweiten Hälfte des 17. Jahrhunderts gräbt Pietro Sante Bartoli einige Räume aus und veröffentlicht eine Serie von Nachbildungen der neronianischen Fresken. Ähnliches unternimmt 1774 der römische Antiquar Mirri. Solange Rom freilich die Hauptstadt des Kirchenstaats ist, kümmern sich die Päpste, von Clemens XIII. Rezzonico (1758–1769) abgesehen, wenig um die Probleme eines neronianischen Palastes.

Ohnedies weiß niemand Richtiges mit den düsteren Räumen anzufangen, deren Fenster verstopft sind; manche schießen mit Hakenbüchsen in die Decken, um bemalte Fragmente ergattern zu können.[824] Zwischen 1811 und 1814 gräbt der Architekt A. De Romanis fünfzig Räume aus. Ende des 18. Jahrhunderts nistet sich in den Ruinen der Thermen eine Salpeterfabrik ein. Nach deren Untergang wird der lange unterirdische Gang bis in die dreißiger Jahre des 20. Jahrhunderts zum Abladen von Erdreich benutzt.

Erste vorsichtige Grabungen hatten freilich schon Anfang dieses Jahrhunderts begonnen, auch 1939 und 1954–1957 fanden solche statt. Doch erst seit den achtziger Jahren wird der Palast systematisch erforscht. Die Ergebnisse werden aus gutem

Grund lange geheimgehalten. Denn was sich den Archäologen im Dämmerlicht zeigt, ist atemberaubend. Zahlreiche Mosaiken und Fresken werden entdeckt. Teilweise sind sie unter dicken Kalkschichten, einer weißen Patina, verborgen, doch zum großen Teil in gutem Zustand.

Roms Antikenverwaltung hatte einfach mit der Entrümpelung des Kryptoportikus begonnen, den Nero angelegt hatte, um den alten Kaiserpalast mit seinem neuen zu verbinden. Völlig unerwartet wurde bei dieser an sich wenig Aufsehen erregenden Arbeit eine in die Substruktionen einbezogene Mauer der *domus aurea* freigelegt, und ein großartiges Fresko wurde sichtbar. Es ist neun Quadratmeter groß und einzigartig auf der Welt.

Von den archäologischen Entdeckungen, die in den letzten Jahren in Rom gemacht wurden, fand der Fund dieses Freskos mit dem Abbild einer antiken Stadt die größte Resonanz in den Medien. Seit 1848, als in der *Via Graziosa*, der heutigen *Via Cavour*, die jetzt in den Vatikanischen Museen gezeigten augusteischen Malereien mit Landschaften ans Tageslicht kamen, voll mit Szenen, die von der Odyssee inspiriert sind, hat in Rom kein antikes Fresko so großes Interesse hervorgerufen.

Seine Veduten zeigen Teile von Panoramen, die sich, ähnlich Sinnestäuschungen, zwischen den phantastischen, auf die Wände gemalten Architekturen öffnen. Auch ist in diesem Zusammenhang an die Malereien des 3. Jahrhunderts in der Villa unter der Kirche *S. Maria Maggiore* zu denken, die Landschaften mit Häusern und bäuerliche Tätigkeiten zeigen. Ein noch späteres Beispiel stellt die Mosaiklandkarte von Madaba in Jordanien dar, die auf summarische Weise eine Reihe von Städten zeigt. Verloren sind jene Bilder, die diesem Fresko besser entsprachen. Wir kennen Beispiele aus der Literatur, Bilder der eroberten Städte, welche die Feldherrn der späten Republik im Triumphzug mitzuführen pflegten.

Das Fresko muß als äußerst anspruchsvolles Werk angesehen

werden, sowohl der Dimensionen wegen, als auch aufgrund der Wahl des Sujets. Eine aus der Vogelperspektive gesehene, mit Türmen bewehrte kreisförmige Stadtmauer ist zu erkennen, ein strahlend blauer Fluß außerhalb der Mauer, über den eine befestigte Brücke führt. Innerhalb der Mauer befindet sich ein Theater, dahinter ein Tempel und eine Statue des Apoll mit der Kithara.

Vom Bühnengebäude des Theaters weg erstreckt sich ein Areal mit Säulenhallen. Eine Wohngegend schließt sich an, dann ein Palast, eine Art Akropolis. Angesichts der detailreichen Darstellung stellt sich die Frage, ob es sich hier um die Darstellung einer realen Stadt handelt. Einige römische Archäologen wollten in der Abbildung Rom erkennen. Interessanter ist eine andere Perspektive: Da das Fresko auf eine Wand gemalt ist, die Teil eines großen Porticus gewesen sein muß, liegt die Annahme nahe, daß hier eine Reihe römischer Städte in ähnlicher Weise abgebildet waren. Die symbolische Darstellung von Städten oder Völkerschaften des Reichs war ein Thema, das sich in der Kunst der frühen Kaiserzeit großer Beliebtheit erfreute. Es könnte sich also um einen Zyklus mit Darstellungen der verschiedenen unter dem Schutz des Kaisers vereinten Städte des Reiches handeln. Tatsächlich wurde eine Kamera durch eine Öffnung in der Wand geschoben, um die Rückseite erforschen zu können. Auch hier zeigte sich ein Fresko. Für weitere Überraschungen ist gesorgt.

Die topographische Situation der *domus aurea* hatte dazu geführt, daß sie zu Beginn der achtziger Jahre für das Publikum gesperrt werden mußte. Aussalzungen, eindringendes Regenwasser, Baumwurzeln, Mikroorganismen hatten die polychromen Stukkaturen und Fresken schwer beschädigt. Noch heute bleibt die Lage prekär. Infolge der Ausgrabungen ist die Stabilität des Baus beeinträchtigt, zumal sich nach wie vor darüber der Park des *Colle Oppio* mit seinem alten Baumbestand und den Resten der Thermen erstreckt. Die Antikenverwaltung Roms plant, das Gebiet abzugraben und die durch eine Straße zerschnittenen Thermen wieder als Einheit kenntlich zu machen.

Auch unter der Erde bleibt ausreichend Arbeit. Zur Zeit ist nur ein Fünftel der hundertfünfzig bekannten Räume zugänglich. Weitere Räume warten darauf, ausgegraben zu werden. Von den 30 000 Quadratmetern bemalter Wände in den 10–11 Meter hohen Räumen sind erst an die 1 200 Quadratmeter restauriert.

Seit Juni 1999/April 2000 können Besucher den Palast besichtigen. Ersatzweise stehen Computergrafiken zur Verfügung, die im Internet zugänglich sind. Freilich können diese kaum den »Hauch sagenhafter Vergangenheit«[825] wiedergeben, der über Räumen und Fresken liegt, die Nero mit eigenen Augen gesehen hat.

Als dieser nach Abschluß der Arbeiten die *domus aurea*, seine Caprice[826], in Besitz nahm, soll er nach Sueton[827], von sich selbst überwältigt, mehrmals die legendär gewordenen Worte gerufen haben: »Endlich fange ich an, wie ein Mensch zu wohnen!«

Die verächtlichen Interpretationen des Satzes reichen bis zum definitiven Beweis für den Größenwahn des Kaisers. Ich denke meinerseits an eine von Freude überschäumende Äußerung eines jungen, stolzen Mannes, die keiner eigenen Interpretation bedarf. Ich vermute auch die Selbstbestätigung des verletzten Kindes, endlich etwas Identisches geschaffen zu haben, also zum Menschen geworden zu sein. Vielleicht ist der Satz als eine Mischung aus allem zu verstehen, was diesen Kaiser ausmachte: Neros Natur bildete eine schwer zugängliche und daher immer wieder als seltsam bis verrückt ausgegebene Mixtur zwischen Renaissancefürst und lebensfrohem Jungen. Er war adlig und plebejisch in einem, Regent und Rebell.

Menschen fühlen sich frei, wenn sie tun können, was sie zuvor wollten. (D. Hume[828])

Die von Nero geprägte Epoche war eine Zeit echter künstlerischer Leistungen. Hierfür war in erster Linie der Geschmack des Kaisers verantwortlich.[829] Skeptiker können sich die Münzen anschauen, die während seiner Regierungszeit geprägt wurden und um die Nero sich in allen Details kümmerte. Ihnen vertraute er einen Teil seiner Propaganda an. Nach Meinung von Experten sind es in künstlerischer Hinsicht die schönsten Münzen, die Rom hervorgebracht hat.[830] Sie gehören zu den besten, welche die Welt je sah.

24.
DAS KOMPLOTT DES ANWALTS

Nachricht vom Adel

Im Morgengrauen des 19. April 65 kommt Milichus, ein Freigelassener des Senators Flavius Scaevinus, in den Palast und verlangt den Kaiser zu sprechen, da er »wichtige und schreckliche Nachrichten« zu überbringen habe.[831] Zunächst wird er zu Staatssekretär Epaphroditus, dann zu Nero geführt. Diesem erklärt er, es gebe einen Plan zu seiner Ermordung. Damit beginnt die Aufdeckung jenes Komplotts, das als die Pisonische Verschwörung in die Geschichte eingehen wird.

Im Frühjahr 65 schien alles ruhig zu sein. Kurz zuvor war der Konflikt mit den Parthern zur Zufriedenheit beider Großmächte beigelegt worden. An den Grenzen des Reiches herrschte Friede, der Wiederaufbau Roms war fast beendet. Die einzigen Ereignisse von Belang waren der gescheiterte Fluchtversuch einer Gruppe von Gladiatoren aus Praeneste und der Untergang einiger bei Misenum vom Sturm überraschter Schiffe.

Doch unter der Asche schwelte das Feuer. Der Grundkonsens zwischen Princeps und Senat war Geschichte. Spätestens nachdem 58 seine Steuerreform zu Fall gebracht worden war, hatte Nero begriffen, daß der Senat von ihm verlangte, die Interessen des Adels zu vertreten. Die Decke der Eintracht aller *(concordia ordinum)* war dünn.

Nero wollte das Spiel des Senats nicht spielen.[832] 60 war das Kürzel EX S. C. *(Ex Senatus Consultu)* von den Münzen verschwunden. Seit 61 gewährte Nero den Senatoren nur noch die üblichen zwei Consulate. Dann benannte er für Ämter, deren Vergabe wie die der Statthalterschaften in den Provinzen bei ihm lag, immer häufiger neue Männer, Ritter, Berufssoldaten und Leute aus der Provinz. 62 distanzierte er sich von Seneca, dem Führer der konservativen Mehrheit. Die Währungsreform von 63/64 ging zu Lasten der Großgrundbesitzer.

Der Grundkonsens Roms war gefährdet, eine Reaktion lag in der Luft.

Tigellinus verstärkte die Schar seiner Geheimagenten und machte aus Rom eine Stadt voller Augen und Ohren. Diese Maßnahmen trugen dazu bei, die Gemüter noch mehr zu erbittern. Eine Gruppe von Verschwörern war bereits seit Anfang 64, wenn nicht seit Senecas Sturz, am Werk. Sie beschloß, die Reihen zu schließen und die Sache zu beschleunigen.

Zu dieser Gruppe, einem zusammengewürfelten Haufen, zählten Senatoren, Tribunen, Consuln. Auch war es gelungen, den Prätorianerpräfekten Faenius Rufus zu gewinnen, auf dessen Hilfe nicht verzichtet werden durfte, sollte das Komplott gelingen. Freilich: Der Mann, der als Namensgeber des Unternehmens auftritt, verfügt über wenig einschlägige Qualitäten.

Ein Herr namens Piso

Gaius Calpurnius Piso, hochgewachsen, von gefälligem Aussehen, redegewandt, war Anwalt. Seine Familie, wahrscheinlich die angesehenste unter denen des Adels, besaß in der Nähe der heutigen Basilika *S. Giovanni in Laterano*, damals eine der angesehensten Gegenden der Hauptstadt, ihre Villen; die Grundmauern sind mittlerweile von Archäologen identifiziert.[833]

Piso war verschwenderisch. Er liebte das schöne Leben, schrieb Gedichte, trat in tragischen Rollen auf. Er war eng mit Nero befreundet und gehörte zu den Senatoren, die dieser zum Theater überredet hatte. Piso war auch als Fechter, Ball- und Brettspieler *(latruncularius*[834]*)* hervorgetreten. Er soll die Kithara so gut gespielt haben, daß seine Bewunderer schmeichelten, Apoll selbst habe ihn unterrichtet.[835]

Piso war Nero in mancher Hinsicht zu ähnlich. Er lief damit Gefahr, daß Rom dem Original nachtrauern könnte. Der Anwalt hatte sich nicht selbst an die Spitze der Verschwörung gestellt, sondern war gedrängt worden. Er fühlte sich geschmeichelt, seine Eitelkeit war stärker als die Angst vor dem Mißerfolg. Dabei blieb er zögerlich, übertrug sein Zaudern auf andere Verschwörer.[836]

In das Vorhaben kam Bewegung, als die Freigelassene Epicharis, Geliebte des Annaeus Mela, eines Bruders von Seneca, zu der Gruppe stieß. Ihre Bemühungen, die Verschwörer durch Reden anzufeuern, waren ergebnislos geblieben. »Schließlich ihrer Laschheit überdrüssig, war sie bemüht, während sie sich in Kampanien aufhielt, die Flotte in Misenum in ihrer Treue wankend zu machen.«[837] Doch ihr Engagement entsprach nicht ihrer Klugheit. Sie setzte auf den falschen Mann: Volusius Proculus, der am Mordversuch an Agrippina beteiligt gewesen war, hatte zwar überall herumerzählt, daß er dafür vom Kaiser nicht angemessen belohnt worden sei. Dadurch ließ sich Epicharis möglicherweise verleiten, ihn für die Verschwörung gewinnen zu wollen. Doch kaum hatte Proculus sie angehört, ließ er sie festnehmen. Nero, mittlerweile unterrichtet, griff zu: Epicharis wurde Proculus gegenübergestellt.

Aussage stand gegen Aussage. Nach römischem Recht lag

kein Beweis vor, auch wenn sich ein hochrangiger Offizier und eine ehemalige Sklavin, ein Mann und eine Frau gegenüberstanden. Nero beschloß, keine Untersuchung einzuleiten. Epicharis blieb dennoch in Gewahrsam. Namen nannte sie nicht.

Die Festnahme der Freigelassenen und die Angst, daß sie doch noch reden könnte, trieben die Verschwörer zur Eile. Zunächst dachten sie daran, das Attentat in Pisos Villa in Baiae zu begehen. Nero hielt sich häufig dort auf, um sich zu erholen. Da er gegen seinen Freund Piso keinen Verdacht hegte, kam er stets allein und ohne Wache. Der Plan, diese Gelegenheit für einen Mord zu nutzen, war nicht unklug, doch Piso widersprach: Ein Verbrechen, das die Gesetze der Gastfreundschaft verletzte, hätte ihn das Gesicht verlieren lassen. Kein guter Anfang für einen Kaiser.

So wurde beschlossen, am Abschlußtag der im April stattfindenden Cerealien zur Tat zu schreiten. Nach Fertigstellung der *domus aurea* verließ Nero nur noch selten das Palastgelände. Auf die Teilnahme an den Spielen verzichtete er indes nicht.[838]

Das Getümmel im *Circus maximus* sollte genutzt werden: Senator Plautius Lateranus, ein Baum von einem Mann, würde sich Nero nähern, als wolle er eine Bitte vortragen, sich ihm zu Füßen werfen und ihn zu Boden reißen. Dann sollten Tribunen und Centurionen eingreifen und den Kaiser töten.

Senator Scaevinus beanspruchte den Hauptanteil am Attentat. Er wollte mit einem Dolch den ersten Stoß führen. Diesen Dolch hatte er im Tempel der Fortuna entwendet. Nun zeigte er ihn bei den Verschwörern herum. Das war keine glückliche Idee: Eine Verschwörung sollte nichts mit Angeberei zu tun haben.

Der Plan sah weiter vor, daß Piso zunächst beim Tempel der Ceres die Ereignisse abwarten und nach vollbrachter Tat von Rufus abgeholt werden solle, um zu den Prätorianern gebracht zu werden. Dabei sollte ihn Antonia, die älteste Tochter des Kaisers Claudius, begleiten, da sie als Nachfahrin des Augustus von hochadliger Herkunft war und die Operation legitimieren konnte.

Alles ist bis ins letzte geplant. Senator Scaevinus plaudert.

Der ominöse Dolch

Stunden vor dem für den Mord an Nero vorgesehenen Stichtag verfaßt Scaevinus sein Testament, hat eine Unterredung mit dem Verschwörer Antonius Natalis, läßt von dem Freigelassenen Milichus den Dolch schärfen, gibt ein Bankett, läßt seine Sklaven frei. Und als hätten diese konkludenten Handlungen noch nicht genügt: Er befiehlt dem Milichus, blutstillende Verbände bereitzulegen.

Es braucht nicht viel, um zu verstehen, was sich vorbereitet. Milichus versteht. Der Gedanke an eine Belohnung blitzt auf. Milichus erzählt alles brühwarm seiner Frau und fragt sie um Rat. Tacitus[839], der wohl gern von einem geglückten Attentat berichtet hätte, schiebt denn auch die Schuld nicht der Vorbereitung durch Stümper zu, sondern einer Frau: »Der Rat kam von einem Weib und empfahl darum das Schlechtere. Denn sie machte ihm obendrein Angst: Viele Freigelassene und Sklaven hätten doch dabeigestanden, die dasselbe gesehen hätten. Das Schweigen eines einzelnen werde nichts nützen, doch die Belohnung allein dem zufallen, der anderen mit der Anzeige zuvorkomme.«

Milichus eilt zum Kaiser und redet. Scaevinus wird auf der Stelle vorgeladen und verteidigt sich nicht ungeschickt. Für ihn wie schon für seinen Vater sei der Dolch ein Kultobjekt, Milichus habe ihn entwendet; auch habe er schon zu anderen Gelegenheiten sein Testament gemacht und sich von seinen Dienern befreit; er habe stets ein sorgloses Leben geführt und großzügige Bankette gegeben, was dem Princeps wohl kaum mißfalle. Im übrigen leugne er, das Bereitlegen von Verbänden befohlen zu haben. Milichus habe dies erfunden, um seine Beschuldigung zu stützen, in Wirklichkeit sei sie haltlos.

Während Scaevinus mit fester Stimme spricht, fixiert er seinen Diener, so daß dieser völlig verwirrt reagiert. Nero will die Sache schon auf sich beruhen lassen. Da bringt die Frau des Milichus ein entscheidendes Detail ins Spiel: das geheime Treffen des Senators mit Antonius Natalis. Der Kaiser läßt diesen kommen. Diesmal ist der Verhörexperte Tigellinus zugegen. Natalis wird getrennt verhört, seine Aussage stimmt mit der des Scaevinus nicht überein. Tigellinus sagt Natalis Straffreiheit zu, falls er spricht. Natalis nennt die Namen Piso und Seneca. Jetzt ist kein Halten mehr, jeder denunziert jeden, um den eigenen Kopf zu retten.

Die einzige, die ihre Würde bewahrt, ist eine Frau. Epicharis, niemand sonst, wird der Folter unterworfen. Doch obwohl sie einen ganzen Nachmittag von den Männern des Tigellinus gemartert wird, leugnet sie. Und »als sie am folgenden (Tag) wieder zu denselben Foltern geschleppt wird, und zwar auf einem Tragstuhl, denn sie konnte auf ihren ausgerenkten Füßen nicht mehr stehen, bindet sie ihr Brusttuch, das sie abgestreift hatte, wie eine Schlinge um die Stuhllehne, steckt ihren Hals hinein und preßt, indem sie ihr ganzes Körpergewicht einsetzt, den ohnehin schwachen Lebensatem aus«[840].

Eine Frau in Rom.

Ausnahmezustand

Der Kaiser läßt Stadtmauern und Einfallstraßen von seinen germanischen Soldaten besetzen. Der Consul Plautius Lateranus wird vom Tribun Statius getötet; so verlangt es das Gesetz. Wurde ein Offizier zum Verräter, verwirkte er das Recht auf den Freitod und mußte die Schande ertragen, von einem Offizier minderen Ranges, der als Henker fungierte, exekutiert zu werden.

Da er entdeckt ist, bringt sich Piso um. Ein Freitod, in unserer Geschichte immer wieder anzutreffen, gilt im Altertum nicht als ungewöhnlich. Kyniker wie Stoiker halten den Suizid nicht nur für zulässig, sondern sehen in ihm die höchste Bestätigung der menschlichen Willensfreiheit.[841]

Nero schickt schließlich den Tribun Gaius Silvanus zu dem vier Meilen vor der Stadt gelegenen Landsitz Senecas. Dieser war der »große Alte« hinter der Verschwörung. Vielleicht noch mehr: Piso wäre als Kaiser und Alternative zu Nero nicht präsentabel gewesen. Nicht umsonst hatte Subrius Flavus, einer der Verschwörer, gesagt, es wäre absurd, »wenn wir einen Kitharaspieler beseitigten und ein Tragöde nachfolgte«.[842]

Gut möglich, daß Seneca an der Spitze einer Verschwörung in der Verschwörung stand. Subrius Flavus hatte eine geheime Zusammenkunft der Offiziere organisiert und dabei erklärt, Piso sei ein Trottel. Wäre Nero erst einmal aus dem Weg geschafft, müsse auch Piso beseitigt werden, damit Seneca zum Kaiser ausgerufen werden könne. Dies hält Tacitus für ein Gerücht, Plinius d. Ä. und Cassius Dio nicht.[843]

Um keinen Verdacht zu erregen, hatte sich Faenius Rufus bei den Verhören besonders unbarmherzig gezeigt. Doch er fällt dem Senator Scaevinus zum Opfer. Als Rufus ihn mit der Frage bedrängt, ob es noch weitere Komplizen gebe, antwortet Scaevinus: »Niemand weiß das besser als du.« Faenius Rufus beginnt zu stottern und wird von Cassius, einem riesigen Soldaten aus Neros Wache, in Ketten gelegt.

Dann kommt Subrius Flavus, ein Soldat, der sich »nie mit verweichlichten Zivilisten zu seiner solchen Tat verbündet haben« will[844], an die Reihe. Als Nero ihn fragt, warum er seinen militärischen Treueid (fides) gebrochen habe, soll er geantwortet haben: »Ich haßte dich. Keiner von den Soldaten war dir treuer, solange du es verdientest, geliebt zu werden: Zu hassen begann ich dich, nachdem du zum Mörder deiner Mutter und deiner Gattin, zum Wagenlenker und Schauspieler und Brandstifter geworden warst.«[845]

Diese Antwort, dieser Dialog ist von Tacitus nach den eigenen Vorstellungen komponiert. Tacitus nimmt unter anderem vorweg, was noch nicht spruchreif ist: die angebliche Brandstiftung. Doch nichts soll Nero mehr getroffen haben. Der Kaiser kannte Subrius Flavus als integren Soldaten. Mit der Reaktion der Adligen hatte Nero wahrscheinlich gerechnet. Doch beim Heer glaubte der Kaiser beliebt zu sein.

Nero gab das Heft trotz alldem nicht aus der Hand. Der Prozeß endete nicht mit einem Blutbad. Insgesamt wurden siebzig Personen angeklagt, darunter neunzehn Senatoren, sieben Ritter und elf Offiziere. Zwanzig Todesurteile und dreizehn Verbannungen wurden ausgesprochen, vier höhere Offiziere aus dem Dienst entlassen, neunzehn Angeklagte freigesprochen. Gaius Silvanus nahm sich das Leben, obwohl er freigesprochen worden war. Den Kronzeugen Antonius Natalis und Cervarius Proculus wurde vergeben. Der Dichter Lucanus wurde zum Tode verurteilt.

Tacitus behauptet, Nero habe die Verschwörung genutzt, um den verhaßten Konsul Vestinus Atticus ohne Prozeß zu beseitigen. Der Kaiser soll gute Gründe gehabt haben. Vestinus, der eine scharfe Zunge führte, hatte sich nie zurückgehalten. Zudem war Vestinus mit Statilia Messalina verheiratet, die Tacitus zufolge schon Neros Geliebte gewesen sein soll.[846]

Doch Nero war mit Poppaea verheiratet, die ihr zweites Kind erwartete und die der Kaiser liebte. Unwahrscheinlich, daß er Messalinas Geliebter war. Zudem hatte Nero Vestinus zum Konsul nominiert. Das hätte er kaum getan, wenn er ihn aus dem Weg zu räumen vorhatte.

Der Tribun Gerellianus erschien mit Soldaten und in Begleitung des kaiserlichen Arztes im Haus des Vestinus. Dieser saß mit Freunden beim Essen. Er wurde ins Schlafzimmer gebracht, und in Anwesenheit des Arztes wurden ihm die Adern geöffnet. Die Freunde wurden laufengelassen. Nero meinte, sie hätten »genug Strafe erlitten für das Mahl beim Consul«[847].

Der Kaiser sorgte dafür, daß Zweifel an der Vorschriftsmäßigkeit der Verfahren erst gar nicht aufkamen: »Indes hielt Nero nach Einberufung des Senates eine Ansprache vor den Vätern, erließ ein Edikt an das Volk und fügte ihm die in Buchform zusammengefaßten Anzeigen und Geständnisse der Verurteilten bei.«[848]

Neuorientierungen

Der Geheimdienst, allen voran Tigellinus, blieb auf der Hut. Beamte von bedrohten Kaisern führen keine Dispute. Sie schicken Berichte an die Zentrale, eine Verschwörung drohe oder sei bereits aufgedeckt, die Schuldigen seien bestraft, Ruhe und Ordnung wieder hergestellt.

Und wenn es beim besten Willen keine Rebellion aufzudecken gibt, packt solche Beamte eine spezifische Unruhe: Sie malen sich aus, sie könnten etwas übersehen haben. Denn es kann nicht angehen, daß alle Bürger zufrieden sind und keine Änderung wollen. Also ist der Geheimdienst zu aktivieren, und die Spione müssen angetrieben werden. Sie sind durch Untätigkeit wahrscheinlich schon leichtsinnig geworden und kommen ihren Pflichten nicht mehr richtig nach.[849]

Finden sich keine Verschwörungen, müssen sie erfunden werden. Und der Kaiser wird fast schon moralisch zum Eingreifen genötigt. Es kann ihm, der einen Plan zur Beglückung Roms hat, zwar nicht daran liegen, alle umzubringen. Doch manche schon.

Die Verschwörung des Piso hatte folglich ihre Konsequenzen.[850] Der Consular Petronius Turpillianus und der designierte

Consul und spätere Kaiser Cocceius Nerva (96–98 u. Z.), dem der Kaiser wie dem Tigellinus eine Statue auf dem Forum aufstellen ließ, erreichten neue Positionen. Die Prätorianer erhielten 2 000 Sesterzen pro Kopf und kostenlose Getreiderationen. Milichus bekam die erwartete Belohnung und durfte den Titel eines »Retters« führen. Nymphidius Sabinus erhielt die Insignien des Consuls. Er nahm wenig später an der Seite des Tigellinus die Stelle als Prätorianerpräfekt ein.

Das war die folgenreichste Veränderung.

Nymphidius Sabinus war der Sohn des Gladiators Martianus und einer Freigelassenen namens Nymphidia, der Tochter einer Schneiderin und des unter Claudius mächtigen Staatssekretärs Callistus. Diese Nymphidia lebte locker. Sabinus selbst behauptete, der Sohn Caligulas zu sein.[851] Tacitus hält dies nicht für ausgeschlossen. Von Caligula hatte Sabinus die Figur, und es war denkbar, »daß sich C. Caesar, der für Huren eine Vorliebe hatte, mit dessen Mutter abgegeben hat«[852].

Es verwundert nicht, daß Tacitus ein negatives Bild von Sabinus zeichnet. Hier melden sich die in der römischen Aristokratie verbreiteten Vorurteile gegen alle Amtsinhaber, die plebejischer oder gar illegitimer Herkunft waren. Außer diesen Bettgeschichten wissen wir über Sabinus fast nichts. Wahrscheinlich war auch er Experte für öffentliche Sicherheit und sollte ein Gegengewicht zur Übermacht des Geheimdienstchefs Tigellinus bilden.

Diese Besetzung war verhängnisvoll: Nymphidius Sabinus wird bei Neros Sturz die entscheidende Rolle spielen. Er hat vermutlich sogar geplant, den Thron zu erben.

Die Verschwörung des Piso zeigt weitere Auswirkungen. Monate später werden Annaeus Mela, Claudia Antonia und Petronius gestürzt. Petronius war unter anderem »Schiedsrichter in Fragen des feinen Geschmacks« *(arbiter elegantiae)* und Neros Berater gewesen. Jetzt aber läßt der enttäuschte Freund dem

Kaiser eine Schrift zukommen, in der er Neros Erscheinung verhöhnt und seine Taten detailliert auflistet.

»Rom verstopft sich die Ohren, wenn es dich hört, die Welt verlacht dich ... Lebe wohl, aber singe nicht, morde, doch mache keine Verse, vergifte, aber tanze nicht, zünde Städte an, aber schlage nicht die Kithara!« So hat der Romancier H. Sienkiewicz den Brief des Petronius effektvoll wiedergegeben[853]: Nero ist nicht als Kaiser lächerlich gemacht, sondern, was ihn ungleich mehr treffen muß, als Künstler.

Ein solcher wollte Nero sein, seiner Berufung zum Künstler leben, dieser in den Augen seiner Mutter fruchtlosen Berufung, dieser rätselhaftesten Berufung überhaupt, der ein Mensch das Leben widmet, ohne etwas dafür zu erwarten. Sie trägt er von Geburt an in sich. Es ist lebensfeindlich, gegen sie zu kämpfen. Wer glaubt, ohne zu schreiben, zu singen, zu spielen leben zu können, sollte gar nicht spielen, schreiben, singen.

Mela, Geliebter der Epicharis, Senecas Bruder und Vater des Lucanus, stand zu drei Verschwörern in engster Beziehung. Er gehörte fast selbstverständlich zum Komplott. Das gleiche gilt für Antonia, Tochter des Claudius, die nach Neros Ermordung Piso zu den Prätorianern hatte begleiten sollen.

Sueton behauptet, Nero habe Antonia töten lassen, weil die Tochter des Claudius ihn nicht heiraten wollte.[854] Diese Behauptung ist nicht gestützt. Nero hatte bereits Octavia geheiratet gehabt, auch sie eine Tochter des Claudius. Außerdem ist die Annahme absurd, daß der Kaiser eine Ehefrau hätte wählen sollen, deren Schwester er hatte ermorden lassen.

Im Fall des Petronius soll es sich um eine Racheaktion des Tigellinus gehandelt haben.[855] Das ist fraglich: Tigellinus war nicht mehr als ein Befehlsempfänger. Er besaß kaum die Autorität, Nero ohne triftigen Grund zur Beseitigung eines Freundes zu veranlassen.

Petronius wird von einem Sklaven des Scaevinus angeklagt,

zum Kreis der Verschwörer gehört zu haben. Er verteidigt sich unzureichend und wird zum Tod verurteilt. Zwar folgt er Nero bis nach Cuma, um ihn zu erweichen. Doch der Kaiser empfängt ihn nicht. Daraufhin nimmt Petronius sich das Leben.

Anders lag der Fall bei Thrasea Paetus. Der sittenstrenge und unbescholtene Senator gehörte bis 58 zu Neros Mitarbeitern, 56 war er Consul gewesen und anschließend zum *Quindecim-*
virn ernannt worden, einem Mitglied des Priesterkollegiums, das die Aufsicht über die Sybillinischen Bücher führte, die in Notzeiten Roms eingesehen und gedeutet wurden[856]. Im Senat genoß Thrasea Ansehen.

Ab 58 begann Paetus das zunehmend senatsfeindliche Regime zu bekämpfen, allerdings ungeschickt. Bei nebensächlichen Fragen betrieb er im Senat Haarspaltereien, die seine Freunde zur Verzweiflung trieben. Ging es um wichtige Dinge, Beratungen von Krieg und Frieden, Steuern und Gesetzen, hielt er den Mund.

Er hatte aber Mut. Bei der Nachricht von Agrippinas Tod verließ er als einziger demonstrativ die Curie und gab damit zu verstehen, daß er nicht im geringsten den Erklärungen Neros und Senecas glaubte. Er war auch der einzige, der Neros Auftritt bei den Juvenalien öffentlich kritisierte. Obwohl Nero ihn für einen unerträglichen Griesgram hielt, respektierte er Thrasea, weil er eine Art Bewunderung für die Unbestechlichen hegte. Um Thrasea jedoch den Verdruß über seine Obstruktion zu verstehen zu geben, hatte Nero ihm 63 bekanntlich die Teilnahme an den Festlichkeiten anläßlich der Geburt seiner Tochter Claudia untersagt.

Thrasea nahm den Hinweis wörtlich, mißverstand seine Bedeutung und blieb den Senatssitzungen fortan fern. Daraufhin machte sich Nero daran, das Verhältnis zu kitten. Der Erfolg war nicht von Dauer, Thrasea nahm den passiven Widerstand wieder auf. Seine Halsstarrigkeit wurde sprichwörtlich, und Rom diskutierte, was Thrasea eigentlich *nicht* getan habe.

Thraseas Verhalten führte dazu, daß sich Unzufriedene um ihn sammelten, vor allem die seit Senecas Rückzug führungslosen Vertreter der konservativen Aristokratie. Thraseas Benehmen fand Nachahmer. Sollte dies nicht auch für seine Denkweise gelten? Gab es nicht schon Leute, welche die Geburtstage der Mörder Caesars, Brutus und Cassius, festlich begingen? Schauten die Monarchisten nicht beiseite, wenn der Kaiser, der nicht der ihre war, sondern irgendein Künstler, zur Sitzung des Senats kam?

Doch Nero war nach dem Brand von Rom und der Pisonischen Verschwörung nicht mehr der Nero von 63. Mit dem Adel hatte er gebrochen. Er zeigte sich nicht mehr bereit, ein Verhalten wie das des Thrasea hinzunehmen. Zu Beginn des Prozesses gegen diesen bezichtigte Nero, ohne Namen zu nennen, die Senatoren der bewußten und dauernden Abwesenheit. Voller List betraute er Cossutianus Capito, zu dessen früherer Verurteilung Thrasea beigetragen hatte, mit der Anklage gegen diesen. Capito war erst einige Jahre zuvor rehabilitiert worden.

Er trug drei Anklagepunkte vor[857]: Thrasea habe seit Jahren die Curie nicht mehr betreten; seit einem Jahr nehme er sein Amt als *Quindecimvir* nicht mehr wahr und bleibe den entsprechenden Zeremonien des Priesterkollegiums fern: Aufruhr sei dies und Parteiung, Hochverrat. Es wäre akzeptabel, sogar gerecht gewesen, hätte Thrasea einzelne Maßnahmen kritisiert, dazu seien Senatoren da. Doch nicht zu tolerieren sei ein Schweigen, das pauschal verdamme: »Ist es der Friede rings in der Welt oder sind es die von den Heeren ohne Verluste errungenen Siege, die ihm mißfielen?«

Thrasea bleibt sich treu, verweigert die Verteidigung, verharrt im Widerstand. Er kommt nicht einmal in die Curie. Der Senat verurteilt ihn wegen Hochverrats zum Tode.

Bei Gnaeus Domitius Corbulo, dem berühmtesten General[858], der Feldzüge von Friesland bis Armenien geführt hatte, und den Gebrüdern Scribonus mußte der Kaiser vorsichtiger vorgehen. Sie verfügten über Streitkräfte, die ihn leicht hätten hinwegfegen können, Corbulo über die mächtige Armee in Armenien und die Brüder Scribonus über je drei Legionen. Nero wird nach Griechenland reisen und tun, als wenn nichts wäre. Von dort wird er eine Botschaft an Corbulo schicken, in der er ihn nach Griechenland einlädt. Corbulo geht in Kenchreai, dem Hafen von Korinth, von Bord. Da wird ihm der Befehl zur Selbsttötung übergeben. »Das habe ich verdient!« *(»Axios!«)* soll der Feldherr gerufen haben. Niemand hat erfahren, ob er damit meinte, er sei naiv gewesen, als er Nero vertraute und sich von seinen Truppen entfernte, oder ob er damit seine Beteiligung an der Verschwörung zugeben wollte.

Mit List wurden auch die Brüder Scribonus aus dem Weg geräumt. Auch sie wurden nach Griechenland gelockt und bei der Ankunft angehalten, sich das Leben zu nehmen.

Der Senat existierte für Nero faktisch nicht mehr.[859] Die Liste der Toten adliger Abstammung, die auf das Konto des Kaisers gehen, ist lang. Doch ist zu berücksichtigen, daß alle außer Thrasea an Verschwörungen beteiligt waren, welche die Ermordung des Kaisers zum Ziel hatten. Auch wurde die Zahl der Toten und der Verfolgten wahrscheinlich dem eigenen Schmerz oder der eigenen Rachewut der Angehörigen gemäß hochgesetzt. Noch eins: Claudius war nie solchen Angriffen ausgesetzt wie Nero. Trotzdem hatte er fünfunddreißig Senatoren und nicht weniger als dreihundert Ritter in den Tod geschickt.[860]

Und was war aus Seneca geworden? Nero hatte weithin aufgeräumt. Sollte er den ehemaligen Lehrer und Ersatzvater übersehen haben?

25.
ABSCHIED VON SENECA

Endgültige Gleichgültigkeit

Im Jahr 62, in dem Burrus gestorben, Octavia verstoßen worden war und Nero Poppaea geheiratet hatte, war der Bruch mit Seneca vollzogen worden. Poppaea hatte als Feindin des Philosophen gegolten, und Seneca wohl verstanden, daß er seit einiger Zeit verspielt hatte. Sein Einfluß auf den Kaiser, der ohne Umschweife seinen antiaristokratischen Weg ging, tendierte gegen null. Ein noch deutlicheres Anzeichen war, daß Nero ihn mehr und mehr gemieden hatte.

Seneca fühlte sich bedroht: durch die immer deutlicher zutage tretende Gleichgültigkeit des Kaisers einerseits und durch die wachsende Feindseligkeit des Senats andererseits, der ihn als Helfershelfer des Regimes betrachtete und um seine Verstrickung in die Affäre Agrippina wußte. Zweifellos war Agrippina verhaßt gewesen, doch hinderte das die Gegner Neros nicht daran, den Muttermord als Mittel für ihre Propaganda einzusetzen.

Jetzt, wo er nicht mehr wie früher die Protektion des Kaisers genießt, wird Seneca erneut wegen seines Vermögens angegriffen. Bekanntlich hatte Publius Suillius schon 58 die Frage gestellt, auf welche Philosophie sich einer wohl stütze, der innerhalb von vier Jahren dreihundert Millionen Sesterzen zusammengerafft habe.

Als Seneca dies zu Ohren gekommen war, stürzte er zu Nero, um den Kopf des Suillius zu fordern. Vor die Entscheidung zwischen Seneca und Suillius gestellt, war Nero keine Wahl geblieben: Suillius war wegen einiger Denunziationen unter Claudius angeklagt und vor Gericht gestellt, schließlich auf die Balearen ins durchaus komfortable Exil geschickt worden. Seneca war nicht zufrieden gewesen und hatte dem Senat eingeredet, er müsse Nerullinus, den Sohn des Suillius, wegen Erpressung anklagen. Hier hatte Nero Einspruch erhoben, weil Kinder nicht für die Taten der Eltern büßen sollten.

Das alles war in Rom nicht vergessen, gerade beim Kaiser nicht. Seneca galt zwar immer noch als Hauptberater des Kaisers, doch er mußte einsehen, daß ihm diese Stellung keinerlei Vorteil mehr brachte, ihn vielmehr zum potentiellen Opfer aristokratischer Vergeltungsaktionen machte. Diese kündigten sich wie ein fernes Gewitter an.

Deshalb hatte Seneca den Zeitpunkt für gekommen erachtet, sich von Nero zu distanzieren, seine Unbescholtenheit wiederherzustellen und, mit gebührender Vorsicht und je nach Lage der Dinge, auf die andere Seite zu wechseln.

Er hatte Nero um eine Unterredung gebeten. Seine Absicht war es gewesen, den Rücktritt und die Rückgabe der Gelder anzubieten, die ihm der Kaiser im Laufe der Jahre hatte zukommen lassen.[861] Aller Wahrscheinlichkeit nach würde Nero nicht den Rücktritt, wohl aber die Rückgabe ablehnen. Wie die Sache auch ausgehen mochte, für Seneca hätte es sich ausgezahlt[862]: Infolge dieses Angebots würde er zum gegebenen Zeitpunkt, wann immer das sein mochte, mit einer mehr oder weniger weißen Weste dastehen.

Seneca biedert sich an. Tacitus zitiert: »Befiehl, daß mein Vermögen durch deine Prokuratoren verwaltet, daß es deinem Eigentum zugeschlagen werde! Aber ich will mich nicht selbst in Armut hinunterstoßen; vielmehr werde ich, wenn ich das weggegeben habe, von dessen Glanz ich geblendet werde, die Zeit, die bisher der Verwaltung der Gärten gründlich kennengelernt: so können wir älteren Freunde den Anspruch auf ein ruhiges Dasein erheben. Auch dies wird zu deinem Ruhm beitragen, daß du solche Männer in höchste

Stellen berufen hast, die auch ein bescheidenes Los ertragen können.«[863]

Nero beweist, daß er die Lektion des Meisters gelernt hat. Er antwortet im gleichen Ton: »Daß ich auf deine vorbereitete Rede aus dem Stegreif erwidern kann, ist das erste, was ich als Geschenk von dir besitze, der du mich nicht nur vorher bekannte, sondern auch unvermutete Themen zu entwickeln gelehrt hast. Mein Urahn Augustus hat es dem Agrippa und Maecenas gestattet, sich nach den Anstrengungen der Muße hinzugeben, war aber selbst schon in einem Alter, wo sein Ansehen alles rechtfertigte, was er zuteilte, was und von welcher Beschaffenheit auch immer es war; und trotzdem hat er keinem die von ihm gegebenen Belohnungen weggenommen. Im Krieg und in Gefahren hatten sie sie verdient; darin ging die Jugendzeit des Augustus ganz auf. Auch mir hättest du dich mit dem Schwert in der Hand nicht versagt, hätte ich die Waffen führen müssen; weil es aber die Verhältnisse der Gegenwart forderten, hast du mit Überlegung, Rat und Belehrungen mich als Knaben, dann als jungen Mann gefördert. So werden jedenfalls deine Verdienste um mich, solange mein Leben währt, unvergessen sein: Was du von mir hast, Gärten und Einkünfte und Landgüter, ist den Fügungen des Zufalls unterworfen. Und mögen diese Gaben auch reich erscheinen, so haben doch sehr viele, die dir an Fähigkeiten keinesfalls gleichkommen, noch mehr erhalten.«[864]

Seneca war zufrieden gewesen. Er hatte bekommen, was er wollte. Er hatte angeboten, sein Vermögen dranzugeben – für einen entsprechend werbewirksamen Einsatz würde er sorgen. Sein Rücktritt war faktisch vollzogen, auch wenn Nero ihn formal zurückgewiesen hatte. Seneca hatte sich demonstrativ auf seine Landgüter zurückgezogen.

Senecas Ausscheiden war freilich keine besondere Bedeutung mehr zugekommen. Nero hatte es verstanden, ihn zu ersetzen. Nun aber war die Verschwörung des Piso aufgedeckt worden. Senecas Beteiligung stand außer Zweifel, gleichgültig, ob er tatsächlich hatte Kaiser werden oder wieder die Rolle des großen Ratgebers spielen wollen.

Der Kronzeuge Antonius Natalis hatte ausgesagt, er habe Seneca Pisos Einladung zu häufigeren Gesprächen überbracht. Seneca habe geantwortet, er sei alt, gebrechlich, unbeweglich, doch seien nicht viele Gespräche nötig, da »im übrigen sein Wohlbefinden vom Wohlergehen Pisos abhänge«[865]. In der anspielungsreichen Sprache Senecas, der sich darauf verstand, sich nicht mehr als notwendig zu äußern, bedeutete die verschlüsselte Botschaft an Piso, daß dieser mit Unterstützung rechnen könne. Mehr hatte Seneca Piso auch deshalb nicht mitzuteilen, weil er vermutlich dabei war, mit Offizieren auszuhandeln, wie Piso im geeigneten Augenblick auszuschalten sei.

Ein Zufall? An dem Tag, für den die Ermordung Neros geplant war, kehrte Seneca aus Kampanien zurück, wo er sich vorgeblich zur Entspannung aufhielt und von wo er sich nur ungern entfernte. Offensichtlich war er nach Rom gekommen, um sich für die Verschwörer zur Verfügung zu halten.[866]

Schon 62 hatte Nero erfahren, Seneca schmiede ein Komplott gegen ihn. Der Philosoph hatte sich energisch verteidigt, und Nero ihm geglaubt. Im Zuge der 65 aufgedeckten Verschwörung erhielt die damalige Anzeige neues Gewicht. Unmittelbar nach seinem Rückzug aufs Land hatte Seneca gegen den Kaiser zu konspirieren begonnen.

Jetzt war es genug.

Am Abend des 19. April 65 steht der Tribun Gaius Silvanus vor dem Philosophen, der mit seiner Frau Pompeia Paulina und zwei Freunden beim Abendessen sitzt, und verlangt im Namen des Kaisers Rechenschaft. Seneca verteidigt sich, so gut er kann. Der Tribun kehrt zu Nero und Tigellinus zurück und erstattet Bericht. Die beiden glauben kein Wort. Nero fragt: »Hat er die Absicht geäußert, sich das Leben zu nehmen?« Der Tribun antwortet, Seneca denke, so sein Eindruck, nicht im entferntesten an einen Freitod.[867]

»Dann geh noch einmal zu ihm. Sage ihm, daß er sterben muß.« Der Tribun weiß, daß alles zu Ende ist. Er fragt den Prätorianerpräfekten Faenius Rufus um Rat, wie er sich verhalten solle. Auch er selbst war ja mit den Verschwörern im Bunde. Da das Komplott inzwischen entdeckt, doch sein Name noch nicht gefallen ist, rät Rufus ihm, er solle die Anordnung des Kaisers ausführen. Silvanus bringt den Mut nicht auf: Seneca, der weiß, daß er zu den Verschwörern gehört, noch einmal gegenübertreten? Ihm das Todesurteil verkünden? Nein. Silvanus bleibt zu Hause und schickt einen Centurio mit einigen Soldaten *(milites gregarii)* vorbei. Seneca bittet, sein Testament machen zu dürfen. Der Centurio sagt nein.

Bei dem Versuch, Seneca einen Tod anzudichten, der eines Philosophen würdig sein und dem des Sokrates gleichen soll[868], wird die Erzählung des Tacitus, der Seneca einen würdigen Abgang in die Geschichte schreiben will[869], ausgesprochen weitschweifig. Seneca soll im Zusammenhang mit dem Testament zu seinen Freunden gesagt haben, »da er gehindert werde, sich für ihre Verdienste dankbar zu erweisen, hinterlasse er ihnen das einzige und dennoch Schönste, was er besitze, das Bild seines Lebens«.[870] Dann tröstet er die Anwesenden, vor allem seine Frau. Paulina sagt, sie wolle den Ruhm des Märtyrertums mit ihm teilen. So lassen sich beide an Handgelenken und Beinen die Adern öffnen. Da sie jedoch alt sind, fließt das Blut nur langsam. Der Kaiser wird informiert.

»Nero war frei von persönlichem Haß gegen Paulina (…) und

befahl, ihren Tod zu verhindern.«[871] Als Paulina davon erfährt, ändert sie ihre Meinung und läßt ihre Wunden verbinden. Sie wird ihren Mann um Jahre überleben, »leichenblaß an Gesicht und Körper«.

Die Haltung der Frau Senecas ist verständlich. Freilich hatte es in Rom auch andere Frauen gegeben. Sie waren ihren Männern oder Söhnen ins Exil gefolgt oder hatten sich tapfer für deren Rechte geschlagen.[872] Auch in den Freitod waren Frauen gegangen, wenn sie glaubten, ihre Ehre verloren zu haben.[873]

Da sich Senecas Tod in die Länge zieht, läßt er seinen Freund, den Arzt Annaeus Statius, rufen. Er soll ihm – ganz sokratisch, ganz typisiert – ein Gift verabreichen, »mit dem die vom Volksgericht der Athener Verurteilten hingerichtet wurden«[874]. Doch selbst das Gift wirkt nicht. Daraufhin wird Seneca von seinen Freunden in ein Dampfbad gebracht. Dort erstickt er.

26.
Kein Feldherr, niemals

Militärische Milde

Nero war Künstler – er wollte es zumindest sein –, auch ein Staatsmann von einiger Bedeutung. Ein Militär war er nicht. Damit auch kein Römer, wie ihn die augusteische Ideologie wünschte. In dem historiengestützten Roman von R. v. Ranke-Graves nimmt sich diese Einschätzung so aus: »Es war ein eigentümlicher Anblick, ihn militärische Übungen mit Speer, Schwert und Schild machen zu sehen. Er handhabe sie genau nach den Vorschriften und wie sein Lehrer ihm das beigebracht hatte. Trotzdem sah es wie der Waffentanz in einem Ballett aus.«[875]

Gewiß eine romanhafte Schilderung, doch ihr Kern entspricht der Wirklichkeit. Für Krieg und militärische Dinge hatte Nero nichts übrig. Er übernahm nie persönlich den Oberbefehl über das Heer, die traditionellen Truppenbesuche schenkte er sich. Bevorzugte er die Soldaten finanziell, dann im Rahmen einer Politik, die darauf zielte, feste Einkommen zu garantieren.[876] Nero behielt die Steuerbefreiung für die Truppe bei, allerdings nur für Soldaten, die keiner anderen Arbeit nachgingen.[877]

Unangemessen, daraus den Schluß zu ziehen, er habe sich um Außenpolitik nicht gekümmert oder sei nicht in der Lage gewesen, militärische Probleme zu bewältigen. Auf diesem Gebiet verfolgt er die von Augustus eingeschlagene defensive Strategie, die auf diplomatische Einflußnahme statt auf Angriff setzt. Mit Hilfe dieser moderaten Politik, die Verhandlungen der Intervention vorzieht, ohne letztere auszuschließen, erzielt Nero Erfolge, die seinen Vorgängern versagt blieben.

Gut lief es sogar im Konflikt mit den Parthern. Parthien umfaßte den heutigen Iran und Irak, erstreckte sich im Osten bis in die so gut wie unbekannten Weiten Asiens. Unter den Ländern, die an das Römische Reich grenzten, war Parthien die einzige Macht, die es mit Rom aufnehmen konnte. 53 v. u. Z. hatte Rom eine Invasion versucht und sieben Legionen eingebüßt. 37/36 v. u. Z. wurde noch ein erfolgloser Versuch unternommen. Parthien war nicht einzunehmen.

Die armenische Frage

Zwischen dem römischen Reich und Parthien lag Armenien. Keine Supermacht konnte zulassen, daß dieses Land von der anderen Seite vereinnahmt wurde. Der Besitz Armeniens hätte den Parthern den Weg nach Syrien, einer der reichsten Provinzen des Reiches, eröffnet.[878]

Weder Parther noch Römer dachten ernsthaft an eine Annexion. Sie hätte einen Krieg ausgelöst, an dem beide Seiten kein Interesse haben konnten. So beschränkten sich Römer wie Parther auf den Versuch, Vasallen als Könige einzusetzen. Dieses Hin und Her führte zu einer Serie von Staatsstreichen.

Als Nero die Nachfolge von Claudius antrat, war es dem Partherkönig Vologaeses gerade gelungen, seinen Bruder Tyridates zum König von Armenien zu machen. Zuvor war der Thron mit romfreundlichen Herrschern besetzt gewesen.

Mit Tyridates konnte sich Rom auf keinen Fall zufriedengeben, und schon gar nicht ein junger Kaiser, der auf sein Prestige bedacht sein mußte. So nahm ein Konflikt seinen Anfang, der neun Jahre dauern sollte. Das Ergebnis wird beiden Seiten schmecken: Tyridates bleibt König von Armenien. Doch er verdankt seine Herrschaft nicht mehr den Parthern, sondern Rom.

Nero hatte Tyridates über diplomatische Kanäle angeregt, er solle eine Bittschrift an ihn richten. Auf diese Art könne er mit Roms Einverständnis auf dem Thron bleiben. Offensichtlich rechneten Nero und seine Berater damit, daß eine Pro-forma-Unterwerfung ausreiche, die Römer davon zu überzeugen, daß sie einen Sieg errungen hätten. Die Finte mißlang. Vologaeses spielte nicht mit. Offensichtlich mußte es wieder Krieg sein.

Neros erste militärische Maßnahme war die Ernennung von Domitius Corbulo, dem fähigsten Heerführer Roms. Corbulo hatte unter Claudius ein Kommando in Germanien innegehabt und war Statthalter von Kappadokien und Galatien gewesen. Als General demonstrierte er Stärke und wünschte »lieber den Kriegszustand als den wirklichen Krieg«[879].

Der richtige Mann für einen Konflikt, der nicht auf die Spitze getrieben werden sollte. Corbulo entließ alle Soldaten, die nicht mehr einsatzfähig waren, hob an Ort und Stelle Rekruten aus und erhöhte die Zahl der Legionen auf drei. Um Disziplin und Widerstandskraft der Truppe zu stärken, ließ er sie den Winter in Zelten verbringen. Eingefangene Deserteure wurden exekutiert.

Im Frühjahr 58 begannen die Operationen. Bei der armenischen Hauptstadt Artaxata stellte sich Corbulo dem König Tyridates zum Kampf. Dieser räumte das Feld, und Artaxata wurde zerstört. 59 marschierte Corbulo nach Tigranokerta, der zweiten Hauptstadt des Reiches. Die Stadt wurde besetzt, doch nicht verwüstet. Da Corbulo auf keinen nennenswerten Widerstand stieß, wäre er gern nach Osten weitergezogen und hätte Armenien zur Provinz gemacht. Doch Nero stoppte den General. Ein Vormarsch hätte zu direkten Auseinandersetzungen mit den Parthern geführt.

Armenien sollte nur ein Protektorat werden. Corbulo erhielt den Befehl, einen kappadokischen Prinzen auf den Thron zu setzen, der in Rom gelebt hatte und 60 den Namen Tigranes V. annahm. Die Parther zeigten sich nicht einverstanden, zumal Tigranes 61 die Unvorsichtigkeit beging, eigenmächtig das zum Einflußbereich der Parther gehörende benachbarte Adiabene (Assyrien) anzugreifen. Vologaeses ordnete die Mobilmachung an und beauftragte den Adligen Monaeses und den adiabenischen König Monobazos, Tigranes zu vertreiben. Das reichte, um sich nach einigem Hin und Her auf einen Kompromiß zu einigen: Römer wie Parther zogen sich aus Armenien zurück. Tigranes wurde gestürzt, verjagt, vergessen.

In der Zwischenzeit verzichtete Corbulo auf den Oberbefehl und erbat von Nero die Entsendung eines Generals, der die armenische Front übernehmen sollte. Cesennius Paetus erreichte im Winter 62 das Einsatzgebiet und brachte eine neue Legion mit, die 5. *Macedonica*. Da Paetus ungestümer war als sein Kollege, wollte er die Parther sofort zum Kampf fordern und hatte Corbulo gebeten, ihm zu Hilfe zu kommen. Ob Corbulo sich absichtlich Zeit ließ oder nicht, ist nicht klar. So stellte sich Vologaeses im Frühjahr 62 in Randeia, im Taurosgebirge, dem Kampf mit Paetus und siegte. Der Römer erbat den freien Abzug der überlebenden Truppen. Vologaeses nahm an, da auch er nicht die Absicht hatte, bis zum Letzten zu gehen.

Für die Römer eine schmachvolle Niederlage, zumal die Soldaten beim Verlassen des Schlachtfeldes mit Beschimpfungen überhäuft worden waren. Alle glaubten, daß Paetus, der den Kaiser und die römischen Feldzeichen in Mißkredit gebracht hatte, eine schlimme Zeit bevorstünde. Doch dem besiegten Heerführer wurde keine Strafe auferlegt. Tacitus schreibt, daß »sich der Kaiser damit begnügte, ihn mit Spottreden zu verhöhnen, etwa mit folgenden Worten: Er verzeihe ihm auf der Stelle, damit er, der so sehr zur Angst neige, nicht durch lange Ungewißheit noch krank werde«[880].

Vologaeses wollte inzwischen verhandeln: Die Parther seien bereit, Armenien zu räumen, falls Tyridates als König anerkannt werde. Da Corbulo einverstanden war, wurde die Sache zur Entscheidung dem Kaiser übergeben. Im Frühjahr 62 traf eine ablehnende Antwort ein. Nero betraute Corbulo erneut mit dem Gesamtkommando und schickte ihm aus Pannonien die 15. Legion und weitere Truppen, damit er die Verluste des Paetus ausgleichen konnte. Corbulos Heer wuchs auf 60000 Mann an. Das demonstrative Muskelspiel reichte, um Vologaeses zur Annahme der Lösung zu bewegen, die Nero angestrebt hatte. Die Römer würden Tyridates auf dem armenischen Thron akzeptieren, doch seine Herrschaft sollte unter dem Protektorat von Rom stehen.

Soweit die militärische Seite.

Ein König auf Reisen

Was geplant war, sollte die Welt erfahren. Tyridates würde in einer Zeremonie, die den König unmißverständlich als Untertan des römischen Kaisers auswies, von Nero in Rom gekrönt werden. Die ersten Vorbereitungen wurden 63 in Corbulos Lager getroffen. Tyridates legte die armenische Krone einem Kaiserbildnis zu Füßen und verpflichtete sich, sie erst aus den Händen des Kaisers wieder in Empfang zu nehmen.

Seine Reise nach Rom fand 66 statt. Sie dauerte neun Monate. Tyridates durfte als Priester der Zarathustra-Religion nicht länger als vierundzwanzig Stunden zur See fahren, sonst hätte er das Meer verunreinigt. So blieb nur der Landweg.

Die Landreise des Tyridates soll der Ursprung der biblischen Legende vom Besuch der Magier beim neugeborenen Jesus in Bethlehem gewesen sein (Mt 2,1–12).[881] Der angebliche Besuch der Heiligen Drei Könige, deren unechte Reliquien nach einigen Irrfahrten 1164 in Köln gelandet sind, wo sie noch immer verehrt werden, erweckte ungläubiges Staunen. So wird es, diesmal mit einer realen, nicht legendären Grundlage, auch im Fall der Reise des Tyridates gewesen sein: Ohren und Augen der Menschen blieben offen. Es gab etwas zu sehen, zu hören, zu bereden. Ein bizarres Schauspiel, ganz nach Neros Geschmack.

Neben dem König zu Pferde reist seine Ehefrau, die anstelle eines Schleiers eine goldene Maske trägt. Es folgen Potentaten, jeder mit Gefolge und Geschenken, die Leibwache bilden außer römischen Soldaten dreitausend parthische und armenische Ritter. Ein Konvoi aus Menschen, Wagen und Tieren, wie ihn die Welt noch nicht gesehen hat.

Die Reise ist ein sensationell teures Ereignis. Sie wird von Rom bezahlt und kostet 800 000 Sesterzen pro Tag. Hinzu kommen, wie vereinbart, 200 Millionen Sesterzen für Geschenke. Die Kosten für die Reise und die anschließenden Feierlichkeiten belaufen sich auf eine Jahreseinnahme des römischen Staates.[882] Doch das Geld ist gut angelegt. Reist der Bruder des Partherkönigs, ein Nachfahre jener seit Urzeiten mit den Römern verfeindeten Arsakiden, um die halbe Welt, so stellt dies eine propagandistisch zu nutzende Meisterleistung der Diplomatie Roms dar.

Eine Karawane zieht von Artaxata durch Kleinasien, durchquert den Balkan, erreicht Oberitalien und wendet sich nach Ancona, wo sie von Nero erwartet wird. Mit den Triumphinsignien angetan, setzt sich der Kaiser in einem zweispännigen Wagen an die Spitze des Zuges und geleitet ihn nach Rom.

Dort ist erst vor kurzem der Wiederaufbau beendet worden. Die ganze Stadt ist festlich beflaggt und an wichtigen Punkten mit Golddekorationen geschmückt. Die Krönungszeremonie findet auf dem Forum statt. Außer Nero sind der Senat und die Prätorianer anwesend. Während Tyridates dem Kaiser, seinem Gott, Gehorsam gelobt, wird seine Rede für das Volk simultan ins Lateinische übersetzt.

Nero antwortet: »Du hast wohl daran getan, selbst zu kommen, um dich meiner Gegenwart zu erfreuen. Nicht dein Vater hat dir dieses Königreich hinterlassen; und deine Brüder, die es dir gaben, konnten es nicht für dich beschützen. Sondern dies ist mein gnädiges Geschenk an dich, und ich mache dich zum König von Armenien, damit du und deine Brüder lernen, daß ich die Macht habe, Reiche zu geben und Reiche zu nehmen.«[883]

Dann setzt er Tyridates die Krone auf, nimmt die Kithara zur Hand und improvisiert ein Lied für den Gast, der ziemlich verdutzt ist über den singenden Kaiser.[884] Doch ist diese künstlerische Einlage kein Ausdruck einer gestörten Persönlichkeit, sondern ein durchdachter Zug[885]: Nero versucht, symbolisch den Krieg durch die Kunst zu ersetzen.

Tyridates hat Magier mitgebracht, die, typisch orientalisch, vor Nero niederfallen, ihre Geschenke ausbreiten und ihn anbeten. Erneut stellen sich Assoziationen mit der sogenannten Kindheitsgeschichte des Evangelisten ein (Mt 2,11 f.).

Später, so munkeln Gegner, sollen sich Tyridates und Nero zusammengetan haben, um schwärzeste Magie zu betreiben.[886] Geisterbeschwörung hieß das Stichwort. Sie sollte am besten gegenüber Seelen von Menschen wirken, die vor der ihnen bestimmten Zeit zu Tode gekommen waren. Also dachten die Eingeweihten an die Opfer von Morden. Und da sich solche nicht immer fanden, sollen die Zauberer selbst dafür gesorgt haben, daß »Seelenmaterial« zur Verfügung stand. Die krause Logik unterschob daher dem Kaiser, zusammen mit Tyridates Kinder ermordet und womöglich gegessen zu haben – und nicht nur Kinder. Ein Mann wie Nero, dem »Menschen zu schlachten höchst erwünscht war«, mußte notwendig ein unappetitlicher Magier gewesen sein. Besonders häufig soll er den Geist der Mutter Agrippina beschworen haben, nicht ohne ihr Menschenopfer darzubringen.

Triumph, Triumph

Die gesamten Feierlichkeiten um Tyridates waren auf Neros Wunsch, der vom Spätsommer 66 an den Titel *Imperator Nero Claudius Caesar Augustus Germanicus* trägt, wie ein militärischer Siegeszug *(triumphus)* gestaltet worden. Einen solchen pflegte der Senat nach etruskischer Tradition siegreichen Feldherrn bei ihrer Rückkehr nach Rom zu gewähren. Die Erlaubnis war an Bedingungen geknüpft, von denen allerdings dispensiert werden konnte.

Der potentielle Triumphator sollte einmal Consul gewesen sein, er mußte den Oberfehl tatsächlich innegehabt haben. Auch mußte er die den Römern äußerst wichtige Vogelschau vor der Schlacht selbst vorgenommen haben; wie die Magistrate hatte auch ein Feldherr die Kompetenz, die Götter um Zustimmung zu einem staatlichen Akt zu bitten *(auspicium)*. Dabei wurden Hühner auf ihr Freßverhalten getestet, um aus diesem ein Omen abzuleiten. Der Feldherr warf den Vögeln unter Mithilfe eines eigenen Hühnerpriesters Kuchenstücke vor. Zeigten die Hühner keinen Hunger, war die Schlacht so gut wie verloren. Stürzten sie sich auf den Kuchen und fraßen so gierig, daß Brocken aus dem Schnabel fielen, galt das als gutes Zeichen.

Zudem mußte der Triumphator gegen auswärtige Feinde gekämpft haben und nicht gegen aufrührerische Mitbürger oder gegen schon früher unterworfene Völker. Der Krieg durfte nicht der Wiedergewinnung von Gebieten dienen, die Rom bereits erobert hatte. Er mußte die Herrschaft Roms auf neue Territorien ausdehnen. Der Kampf selbst sollte in offener Schlacht und nicht passiv, etwa durch Aushungern des Feindes, entschieden worden sein. Die Verluste mußten möglichst gering ausgefallen sein und zu denen des Feindes in einem bestimmten Verhältnis stehen. Schließlich mußte der Sieg so vollständig sein, daß der Feldherr seine Truppen, ohne die Eroberung zu gefährden, nach Rom zurückführen und am Triumphzug teilnehmen lassen konnte.

Ursprünglich hatte es sich beim *triumphus* um einen Akt mit sakraler Bedeutung gehandelt: Der Feldherr löste die zu Beginn des Feldzugs abgelegten Gelübde ein, befreite sich und sein Heer vom Unsegen und den Greueln des Krieges und brachte dem Jupiter auf dem Kapitol, zu dessen Tempel er hatte auf den Knien hochrutschen müssen, Opfer dar.[887]

Später überwog die prunkvolle Ehrung des Triumphators. Dieser hatte sich hin und wieder Gesicht, Hals, Arme und Beine nach alter Sitte leuchtend rot bemalt, trug das palmenbestickte, wollene Untergewand *(tunica palmata, picta)*, eine Purpurtoga und den Lorbeerkranz *(corona laurea)*. So zog er, von Senatoren, Consuln und Magistratsbeamten begleitet, mit Kampf- und Beutewagen durch die Stadt. Seine Beutestücke, darunter die Kriegsgefangenen, wurden unter dem Schall von Trompeten und Flöten dem Senat und Volk von Rom vorgeführt. Kaiser Claudius, siegreich in Britannien, führte bei seinem Zug Hirsche aus jenem Land mit. Dazu kamen Elefanten, die noch Caligula angeschafft hatte und die nach dessen Tod im Hafen von Ostia Lasten geschleppt hatten, bevor sie im Krieg eingesetzt worden waren. Auch Kamele fanden sich im Zug, zudem das Skelett eines gestrandeten Wals, ein halb aufgeschnittener Bau voller Biber und ein Walroß, das die Soldaten gefangen hatten, als es sich am Strand ausruhte.[888]

Nicht alles war so amüsant: Claudius ließ die gefangenen Britannier im Amphitheater als Gladiatoren kämpfen. Auf diese Weise löste er das Problem, ungeliebte Esser auf längere Zeit verköstigen zu müssen.[889]

Hinter dem Triumphator stand in der Regel ein Sklave auf dem Festwagen und mahnte den Feldherrn, er solle nicht vergessen, daß er ein Sterblicher sei. Die mitmarschierenden Soldaten, die Anteile am Beutegeld erhalten hatten, intonierten freche und obszöne Lieder, um den Neid der Götter abzuwenden. Einmal wurde Gaius Julius Caesar als Glatzkopf und Ehebrecher verspottet, vor dem die Römer am besten ihre Frauen versteckten.[890]

Nach alter Sitte folgte dem Triumphzug ein *triumphus* der Lächerlichkeit, voller Komödianten und Spaßmacher. Dieser parodierte bis ins Detail hinein den Zug der Würdigen, Ernsten und Strengen. Seine Beutewagen waren gefüllt mit Abfällen, altem Eisen, Müll. Seine Gefangenen waren Kleinwüchsige, Mißgebildete, Wasserköpfe.

Bis in die Nacht hinein feierte alles in Roms Kneipen weiter. Meist schlossen sich dreitägige Feste an, Wagenrennen im Circus, Gladiatorenkämpfe in den Amphitheatern.

Noch heute werden in den USA ähnliche Siegesfeiern in Form sogenannter Konfettiparaden veranstaltet: für militärische Sieger (General Schwartzkopf 1991 aus Anlaß des Golfkriegs), für sonstige Leistungen (Astronaut J. Glenn 1962).

Nero wollte demonstrieren, daß dem auf friedlichem Weg Erreichten die gleiche politische Bedeutung, wenn nicht größere, zukomme wie den durch Schlachten errungenen Siegen.[891] In dieser Beziehung hatte der Triumph von 66 durchaus Ähnlichkeit mit dem von 68. Dann wird Nero, nachdem er erfolgreich von den griechischen Spielen zurückgekehrt war, vor allem die Gleich-wertigkeit von künstlerisch-sportlichem Kampfspiel *(agon)* und eigentlich kriegerischer Auseinandersetzung *(certamen)* hervor-heben. Die beiden Triumphzüge von 66 und 68 bekräftigten die politische und kulturelle – nichtkriegerische – Ausrichtung einer Regierung.

Zum Abschluß der Feierlichkeiten schließt Nero als Zeichen dafür, daß an allen Grenzen des Reiches Frieden herrsche, die Doppeltüren des Janustempels an der Nordseite des Forums. In der römischen Geschichte gelingt es nur drei Kaisern – Augu-stus, Nero und Vespasian –, diese Türen eine Zeitlang geschlos-sen zu halten.

Doch in den traditionell kriegerisch eingestellten Männer-bünden Roms dürfte diese Tatsache kaum als Verdienst Neros gewürdigt worden sein. Tacitus, der ihre Meinung stets ange-messen vertritt, läßt schlecht verhohlene Verachtung durch-klingen.[892]

pax neroniana

Neben der Währungsreform und dem Aufbau der kaiserlichen Verwaltung gehörte der Friede mit den Parthern zu Neros dauer-haftesten Erfolgen. Der Friede hielt ein halbes Jahrhundert, nicht nur für die damalige Zeit ein langer Zeitraum. Das große Können Roms konkretisierte sich auch hierin: Der bewährte Grundsatz, nach dem sich besiegte Gemeinwesen am besten dem Staatenbund unter Roms Führung anschlossen, wurde ge-nau beobachtet. Nero reiht sich in die Tradition ein.

Die Staatskunst Roms: Niemals zuvor und niemals danach ist es wieder gelungen, innerhalb eines so ausgedehnten, von so ver-schiedenen Völkern, Sprachen und Kulturen erfüllten Raumes eine solche Eintracht, ein solches Zusammengehörigkeitsgefühl zu wecken und zu erhalten.[893]

»Bei dieser Gelegenheit zeigte sich Nero einfallsreich und geschickt. Indem er ausnahmsweise den römischen Alleinanspruch auf die Beherrschung der ›bewohnten Welt‹ hintanstellte, war es ihm gelungen, die althergebrachte, erbarmungslose Rivalität mit den Parthern durch eine solide Allianz zu ersetzen.«[894] Die Parther hielten Rom lange die Treue. Sie nutzten weder den Aufstand in Judäa noch die Krise, die nach Neros Tod das Reich erschütterte, zu ihrem Vorteil. Sie bemühten sich, auch mit den Nachfolgekaisern gute Beziehungen zu pflegen. Erst fünfzig Jahre später setzten mit der Expansionspolitik Trajans die Feindseligkeiten wieder ein. Diese Politik wird Rom das größte Flächenausmaß seiner Geschichte und dem Kaiser als einzigem unter allen römischen Kaisern 114 u. Z. den Ehrennamen *Optimus* eintragen.[895]

Weitere Eroberungen Neros wie die der Kottischen Alpen und des Kleinreichs Pontus Polemoniacus waren kaum der Rede wert. Auch in diesen Fällen gab es kein Blutvergießen. Die Kottischen Alpen, ein kleiner Staat mit der Hauptstadt Segusia (Susa), fiel friedlich an Rom, als König Kotys ohne Erben starb. Was das kleine, doch strategisch wichtige Reich Pontus am Schwarzen Meer betrifft, so dankte König Polemon einfach ab.

Nero wird nie ein Freund des Krieges. Er interessiert sich um so mehr für Entdeckungen jeder Art, weil sie Geografie und Naturwissenschaft voranbrachten und den Handel förderten. Gewiß ist dieses Interesse außer durch seinen Lehrer Chairemon auch durch Seneca gefördert worden, der sich für naturwissenschaftliche Untersuchungen begeisterte.

Roms Anspruch, die gesamte bekannte und bewohnte Welt *(orbis terrarum)* zu beherrschen, hat sich lange Zeit in militärischen Expeditionen konkretisiert. Unter Nero beginnt diese Form der Beherrschung einer anderen Platz zu machen: der Erforschung.

Der Kaiser macht sich daran, das größte Naturrätsel Afrikas, den Ursprung des Nil, zu ergründen. 61 (das Datum ist unsicher) organisiert er eine Expedition.[896] Seine Forscher erreichen Ägypten, überschreiten beim ersten Nilkatarakt (heute am Assuan-Staudamm) die südliche Reichsgrenze, passieren den Zusammenfluß von Nil und Atbara und erreichen Merod (Bakarwiga), die Hauptstadt von Napáta, mit der die Römer bereits Handelsbeziehungen unterhalten. Von hier brechen sie in Richtung Süden auf, müssen jedoch im Sudd, dem Süden des heutigen Sudans, vor riesigen Sümpfen haltmachen. Sie haben jenseits der Reichsgrenzen 1500 Kilometer Luftlinie zurückgelegt.[897] Verschiedene nubische Stämme werden erst durch die Nilexpedition Neros bekannt.[898]

Die Kundschafter kehren aus einem Territorium zurück, das erst 1800 Jahre später erneut erforscht werden wird.[899] Sie erzählen von seltsamen Tieren wie Nashörnern, Papageien und Pavianen mit Hundegesichtern. Brachten sie auch Sagen von mißgestalteten Menschen, Zwergen ohne Ohren, mit einem fast zugewachsenen Mund, mit nach Rom[900], so deswegen, weil der Sitz der Fabelgeschöpfe stets jenseits der Grenzen des Bekannten, Beforschten, Besetzten liegt.

Unter Nero drangen Schiffe noch weiter vor, bis nach Sansibar. Im Norden kamen die römischen Emissäre bis ins Baltikum, das Nero interessierte, weil von dort der Bernstein kam, mit dem er die Requisiten seiner Schauspiele ausstattete. Auf seiner Reise nach Griechenland wird er den Ausoniussee ausloten lassen, weil dieser nach einer Sage keinen Grund haben sollte. Der Kaiser finanzierte lange Zeit auch Ausgrabungen in Karthago, um den Schatz der Königin Dido zu finden.

66 wurden Teile von Corbulos Truppen abkommandiert und als Kundschafter in den Kaukasus geschickt. Auf ihre Berichte gestützt, prüft Nero die Möglichkeit, eine Expedition auszurichten, weil er die Okkupation des getreidereichen Territoriums plante. Die regelmäßige Getreideversorgung war eines der größ-

ten Probleme Roms. Aus ausgesuchten Rekruten wurde eine neue Legion, die 1. *Italica*, gebildet. Das Projekt zerschlug sich jedoch nach Neros Tod.

Im letzten Jahr seiner Regierung plante der Kaiser, auf den Spuren Alexanders des Großen eine Expedition nach China zu unternehmen. Und eine rätselhafte Notiz bei Sueton gibt eine Wahrsagung wieder: Nero soll prophezeit worden sein, er erlange die vollständige Herrschaft über den Osten und speziell über Jerusalem.

Entdeckungsreisen waren besser als Eroberungen, Diplomatie war besser als Krieg. Dieser war nur zu führen, wenn es für die Sicherung der Grenzen unumgänglich war. Ähnliche Prinzipien versuchte Nero auch in der Kulturpolitik zu verwirklichen.

Der von ihm favorisierte Kult des Apoll hatte politische und kulturelle Implikationen. Apoll stellte den strahlenden, ewig schönen und jugendlichen Gott dar. Was lag Nero, immer in den Zwanzigern, näher, als seine Regierung unter diesen Schutz zu stellen und noch mehr: sich selber – wie in der Dekoration seines späteren Neuen Palastes (*domus aurea*) – als einen so jungen Gott zu begreifen?

In der römischen wie in der hellenistischen Welt wurde Apoll (Phöbus) gleichermaßen als Gottheit verehrt. Mit der Anleihe in seinem geliebten Griechenland beabsichtigte Nero hervorzuheben, daß er sich selbst als Kaiser aller Völker sah, nicht nur als Herrscher Roms. Dieses sollte wahrscheinlich die Hauptstadt der Welt bleiben, doch die Provinzen hatten das Recht, mit gleicher Sorgfalt regiert zu werden. Außerdem war Apoll der Gott der Künste, der Medizin, der Gesundheit, der Harmonie und somit des Friedens.

Nero förderte eine friedliebende Einstellung, sei es durch Hofschriftsteller wie Calpurnius Siculus, sei es durch die Gestaltung von Münzen, Inschriften und Statuen, die eine Form der Propaganda darstellten. Die Politik des Kaisers war Teil einer authentischen Kulturwende, die künstlerisch-sportliche statt roh-militärische Leistungen favorisierte. Altrom hatte freilich durch Militarismus, Imperialismus und Eroberungspolitik sein Glück gemacht. Wer wie dieser verweichlichte Kaiser den Frieden liebte und förderte, paßte nicht zu Rom.

Neros Friedensliebe spiegelte seinen Charakter. Es mag unglaubwürdig klingen, daß einer, der als Tyrann, als Herrscher in einem der unmenschlichsten Terrorsysteme der Geschichte gilt, nicht blutrünstig war. Doch Nero verachtete Krieg, grausame Spiele, Hinrichtungen. Sein Verhalten änderte sich nur, wenn er Angst bekam, auch wenn zugegeben werden muß, daß er leicht Angst bekam.[901]

Das einsame, das verlassene Kind?

Blut, kein Tod

Nero zählte nicht zu jenen Menschen, die das Leiden ihrer Opfer genießen. Er verachtete die Kriegstreiberei, er wandte sich gegen die Vergeudung von Menschenleben: Die Gladiatorenkämpfe durften nicht bis zum bitteren Ende geführt werden. Wesentlich mehr Aufsehen als dieses Verbot erregte freilich die Tatsache, daß der Kaiser den Ritterstand zum Objekt der Schauspiele herbwürdigte: »… weder Stand noch Geschlecht, weder Reichtum noch makelloser Ruf vermochten damals gegenüber dem kaiserlichen Belieben vor der Schmach der Bühne und der Arena zu schützen.«[902]

»Ein entsittlichender Einfluß«? Nicht unbedingt, doch immer wieder dasselbe, immer wieder unerhört, immer wieder ein Beitrag zum Sturz Neros.

In keiner Monarchie der Welt war der Herrscher so oft und so intensiv einem »Auge in Auge« mit der zeremoniell versammelten Bürgerschaft seiner Hauptstadt ausgesetzt[903]; viele an-

dere Möglichkeiten gab es nicht[904]. Ein Kaiser opferte ein er-
kleckliches Quantum seiner Zeit für die Anwesenheit in Circus,
Stadion, Theater und Amphitheater – und für Nero galt das ganz
besonders. Mit einer Einschränkung: Er brauchte seine Zeit
nicht zu opfern, er schenkte sie dem Volk. Dieses nahm dan-
kend an. War der Kaiser durch andere Staatsgeschäfte verhindert, galt es als angemessen, daß er sich entschuldigte.[905] Nero
soll nie gefehlt haben.

Beim Kampf der Gladiatoren, ursprünglich wohl aus den
Menschenopfern am Grab eines Vornehmen hervorgegangen[906],
war der Männerbund des Soldatentums auch in Friedenszeiten
zum Greifen nahe. Hier kämpfte Mann gegen Mann. Doch nicht
mit den gleichen Waffen. Ungleich spannender war es, wenn
Speer gegen Schwert oder Schwert gegen Streitaxt oder Speer
gegen Keule kämpften.

Besonders beliebt war in der Kaiserzeit der Kampf zwischen
dem *Hoplomachus* und dem *Murmillo*, der barfuß focht. Zu seinem Schutz war er mit einem Visierhelm, der als Verzierung
einen Fisch aufwies, einem großen, ovalen Schild und einem langen, geraden Schwert versehen, während sein Gegner, dessen
Kennzeichen der mit wallenden Büschen von Pfauen- oder
Straußenfedern geschmückte Visierhelm ist, zu seiner Verteidigung eine metallene Brustplatte, einen Panzerhandschuh am
Schwertarm, eine Beinschiene am linken Bein, einen großen,
rechteckigen Schild und ein kurzes Schwert besaß.

Ein anderes beliebtes Kampfpaar stellten der *secutor* und der
retiarius dar. Der erstere besaß einen Schild, ein Schwert und
einen enganliegenden glatten Helm, der dem Netz des Gegners
keinen Angriffspunkt bot. Dieser schützte seinen Körper dagegen nur durch einen Armpanzer, der mit einem festen Schulter-
schild verbunden war, hinter dem er notfalls den nicht mit einem
Helm geschützten Kopf verbergen konnte. Seine Angriffswaf-
fen waren das Wurfnetz, das er über den Gegner werfen mußte,

und der Dreizack (Forellenstecher) oder ein langer Dolch, um den von ihm im Netz gefangenen Gegner zu töten.

Andere spezialisierte Gladiatoren kämpften mit Bogen und Speer, die *laquearii* benutzten als Waffe das Lasso *(laqueus)*, die s*agittarii* (Bogenschützen) Pfeil und Bogen, die *dimachaeri* zwei Dolche *(machaerae)* und die *velites* die Lanze. Die Bewaffung der *andabatites*, die in geschlossenen Helmen ohne Augenlöcher, also blind, gegeneinander antreten und die sich rein auf ihr Gehör oder Gespür verlassen mußten, ist unbekannt.

Da der Kampf zwischen dem *retiarius* und dem *secutor* oft lange dauerte, weil er mit gleichwertigen Waffen geführt wurde, trat meist nur ein einziges Paar Kämpfer auf. Und während ein solcher Kampf spannend blieb, mußte in anderen Fällen oft ein eigener Zuchtmeister *(lorarius)* eingesetzt werden, der die allzu zögerlichen Kämpfer mit Peitschenhieben so lange aufeinander hetzte, bis sie sich bereit fanden, auf Leben und Tod zu kämpfen, und das zügig wie möglich.

Kinder spielten damals auf den Straßen und Plätzen »Gladiatoren«[907], wie sie bei uns gelegentlich noch immer »Räuber und Gendarm«, »Cowboy und Indianer«, »Ritter und Knappe« spielen.

Kein Wunder, daß sich unter den Zuschauern Parteien bildeten. Diese, den Faktionen des Circus entfernt ähnlich, taten sich nicht nur als Fans bestimmter Kämpfer hervor. Sie setzten auf die verschiedenen Waffen; selbst die Kaiser Caligula und Titus zählten sich zu den Anhängern dieser oder jener Waffe.[908] Von Nero wird nichts berichtet, ein Symptom.

Gefragt waren spezielle Wagenkämpfer *(essedarii)*, die sich von schnellen Streitwagen aus bekämpften, eine Auseinandersetzung, die viel Übung und Geschick erforderte. Sie führten ein langes Schwert, umkreisten sich in engen Schleifen und versuchten, den Gegner aus dem von Galliern und Britanniern erfundenen Wagen *(essedum)* zu stoßen, ihn zu verletzen oder seine Zügel zu durchtrennen. Getötet mußte keiner werden. Wer aus dem Wagen stürzte, galt als besiegt und war dem Todeszeichen des kaiserlichen Daumens ausgeliefert. An eben diesem Zeichen konnte das Volk ablesen, ob der Herrscher zureichend milde war. Fehlte ihm diese *clementia*, konnte es geschehen, daß das Volk, Garant der Billigkeit *(aequitas)*, ihn mahnte.[909] Vorstellungen von einer blutgierigen Masse, der ein noch blutrünstigerer Nero willfahrt, zählen zur Phantasie Hollywoods.

Die Gladiatoren waren professionelle Kämpfer niederer Herkunft, die in eigenen Ausbildungsstätten (so an der *Via Labicana*) geschult worden waren, aber auch verlorene Menschen aller Art, Barbaren, Landesfeinde, Sklaven, Gefangene. Das Recht der Herren, Sklaven in die Arena zu verkaufen,[910] war unbeschränkt. Zudem kamen Raubmörder, Diebe, Betrüger, die zur schweren Strafe des Gladiatorenkampfs *(ad ludum)*, einer der Bergwerksstrafe gleichgesetzten Sanktion, verurteilt worden waren[911], und mancher unschuldig Festgenommene zu dem zweifelhaften Vergnügen, das Leben im Amphitheater bei einem aussichtslosen Kampf verlieren zu müssen.

Nero versucht, allzu blutigen Exzessen Einhalt zu gebieten. Doch es ist nicht die Zeit für Träume, und Pazifisten sind an den Kampfesorten nicht gern gesehen.

Viele Kämpfer mußten mit Peitschen in den Kampf getrieben werden. Waren sie gefallen, wurde mit glühenden Zangen geprüft, ob sie wirklich tot waren und nicht nur heuchelten. Schließlich wurden die Leiber in eine Totenkammer geschleppt. War noch Leben in einem Menschen, wurde ihm mit einem speziellen Hammer der Schädel eingeschlagen. In den Kampfpausen schaufelten Knaben den blutgetränkten Boden um, Sklaven schütteten frische Streu auf, den »Sand des Mars«[912].

Die Existenz dieser Menschen galt der römischen Gesellschaft entweder als gleichgültig oder schädlich. Manche Römer lobten die einfache und preiswerte Methode, die Gefängnisse zu leeren und sie wieder füllen zu lassen, um immer wieder neues »Material« für Kämpfe und Tierhatzen zu haben. Kaiser Claudius, ein Freund grausamer Spiele, hatte willkürlich das gesetzliche Maß einer Strafe überschritten.[913] An einem von ihm 52 veranstalteten Schiffskampf waren 19000 Bewaffnete beteiligt; nach Tacitus handelte es sich ausschließlich um Verurteilte.

Von Nero hören wir nichts Entsprechendes.

Die Zuschauer sind nicht unbedingt mit diesem Kaiser zufrieden. Doch sie bekommen ihre Unterhaltung, ihre Mahlzeiten. Nebenbei: Auch bei der Verbrennung einer »Hexe« im christlichen Palermo des 18. Jahrhunderts wurden die vornehmsten Zuschauerinnen mit Speiseeis und Sorbet bedient.[914]

Ob alle Kämpfer in der Gladiatorenschule glücklich waren, bleibt dahingestellt: Von Ausbruchsversuchen, Selbsttötungen, harten Züchtigungen und Kettenstrafen wird berichtet.[915] Berühmte Gladiatoren, die viele Kämpfe siegreich beendet hatten, führten jedoch kein schlechtes Leben. Sie bekamen ein im Vergleich zur Kost der Armen Roms schmackhaftes Essen, auch wenn dieses unsere heutigen Vorstellungen nicht erfüllt. Bewährte Ärzte achteten auf die Diät der Kämpfer, Chirurgen nahmen sich der Verletzungen an, Sklaven (unctores) sorgten für die Einreibungen vor dem Kampf. Das Essen enthielt nach neueren Erkenntnissen wenig Fleisch, sondern überwiegend Bohnen. Da die Gladiatoren viele Hiebe aufzufangen hatten, mußten sie sich eine dicke Fettschicht anfuttern; sie sollen Unmengen von Hülsenfrüchten und Gerstenbrei verdrückt haben. Offensichtlich glichen die so Gemästeten (bordearii) weniger Bodybuildern als Sumo-Ringern.

Hier wurden Außenseiter zu Helden, die alle möglichen Voyeurismen bedienten. Die erotische Ausstrahlung der eher beleibten als muskulösen Männer tat ein Übriges; auch hier findet sich eine Parallele zu den Sumo-Kämpfern. Begeisterte Zuschauer überhäuften die Gladiatoren mit Geschenken, Damen aus patrizischem Adel verschmähten ihre Dienste im Bett keineswegs, Statuen wurden ihnen errichtet, und überlebten die Gladiatoren lange genug, konnten sie sich freikaufen, Besitz erwerben, eine geachtete Familie gründen. Vorher hatten sie zumeist ehelos gelebt. Richtigen Männern fehlt nichts, wenn Frauen fehlen.

Nero beschenkte einen Gladiator im fischbekrönten Helm (*murmillo*) mit einem Palast und Besitztümern von Feldherren, die einen Triumph gefeiert hatten.[916] Gladiatoren wurden von Dichtern besungen, ihre Porträts fanden sich auf Töpfen und Tassen, Lampen, Gläsern, Siegelringen wieder, ihre Leistungen wurden von den jeweiligen Fans in aberhundert Graffitti gelobt. Spuren von Inschriften, oft entfernt und von frechen Händen erneuert, sind bis heute erhalten.

Gladiatorenkämpfe stellten die Bedrohung der römischen Ordnung durch Kriminelle und äußere Feinde nach.[917] Der Sieg, kraft dessen sich die Ordnung behauptete und die Sicherheit der Bürger gewährleistet wurde, verdankte sich der Überlegenheit von Training, Disziplin, Todesverachtung.

Manche Kaiser bemühten sich nicht zuletzt aus diesem Grund, in der Führung der Gladiatorenwaffen Fertigkeiten zu erwerben. Caligula, Titus, Hadrian gehörten dazu, Nero nicht. Unter ihm entwickelten sich die Kämpfe immer mehr zu harmlosen Fechtpartien, das Publikum verlor das Interesse.[918] Es wollte Tote sehen.

Schließlich wurden die Gladiatorenkämpfe nach und nach eingestellt. Erst Jahrzehnte später tauchen sie wieder auf: Das *Colosseum*, als propagandistisches Mittel hervorragend zu nutzen, steht symbolisch für das, was geschehen wird. Allein bei seiner Einweihung, die achtzig Tage hindurch gefeiert wird, sollen fünftausend Tiere gezeigt, insgesamt über neuntausend getötet worden sein. Woher kamen sie? Jede Provinz sandte ihre seltensten und wildesten Tiere nach Rom[919]; Löwen, Panther,

Strauße, Krokodile, Nilpferde waren keine Seltenheit. Die in Köln stationierte Legion fing pro Jahr fünfzig Bären in den Wäldern Germaniens.

Die Tierhatz *(venatio)* »inszenierte den Kampf der kulturellen Ordnung gegen die Natur; je universaler der Anspruch der römischen Herrschaft galt, desto exotischer die in der Arena vernichtete Tierwelt«[920]. Ganze Truppen *(familiae)* von Tierkämpfern finden sich zusammen, werden gemeinsam in eigenen Schulen ausgebildet.[921]

Es wird nicht nur getötet. Rom will die Tiere seines Erdkreises auch sehen: Seehunde werden abgerichtet, das Volk mit Rufen und Gesten zu begrüßen, Löwen werden dazu gebracht, in der Arena Hasen zu fangen, sie aber nicht zu töten, Elefanten erlernen die Gebärde der Verehrung vor dem Kaiser. Elefanten sind die Lieblinge Roms[922]; alles empfand eine Art Zärtlichkeit gegenüber diesen Tieren, in deren Sanftheit und Gelehrigkeit sich nach allgemeiner Meinung menschliches Verhalten widerspiegelte.

Zu sehen, zu hetzen gibt es jetzt genug. Achtzig Eingänge stehen jetzt offen, die Sitzplätze im Colosseum werden nicht bezahlt, sondern nach sozialer Stellung vergeben; Senatoren werden bevorzugt, Frauen und Sklaven sitzen ganz hinten, ganz oben. Zu den Wettkämpfen der Athleten waren Frauen, so wenigstens bei Augustus, überhaupt nicht zugelassen.

Da Nero den Geschmack des Volkes nicht ignorieren konnte, ersetzte er die Gladiatorenkämpfe durch Tierhetzen. So sollen zu seiner Zeit Bären gegen Seehunde angetreten sein. Der Kaiser ersetzt die Gladiatorenkämpfe, die 300 000 Tote in drei Jahrhunderten fordern, auch durch phantasievolle Aufführungen, bei denen Wasserspiele und technische Kunststücke im Vordergrund stehen.

Bei einer dieser Aufführungen war ein Ritter auf einem Elefanten zu sehen, der auf einer Seilkonstruktion in der Luft schwebte. Häufig war es Nero selbst, der aufgrund seines Interesses für technische Neuerungen gewagte Lösungen anregte.[923]

Erst wenn bedacht wird, daß unter Augustus mindestens zehntausend Gladiatoren dazu gezwungen wurden[924], sich gegenseitig umzubringen oder gräßlich zu verstümmeln, um die Menge zu unterhalten, kann Neros Versuch, auch in diesem Bereich Einstellung und Sitten der Römer zu verändern, gewürdigt werden.

Noch eins: »Man muß sich eigentlich darüber wundern, und es ist ganz merkwürdig, daß Nero nichts so geduldig ertrug wie die Schimpfreden und Schmähungen der Leute.«[925] Nach Agrippinas Ermordung waren beispielsweise an den Mauern Roms boshafte Spottgedichte aufgetaucht.

»Neues Exempel: Nero ist der, der die eigene Mutter tötete!«

»Nero, Orest, Alkmäon: Muttermörder!«

»Wahrlich! Ein echter Sproß von Aeneas' Stamme ist Nero: Schafft' er die Mutter doch, jener den Vater beiseit'.«

Nero sollte durch den Hinweis auf Aeneas, von dem der Gründungsmythos Roms das iulische Kaiserhaus ableitete, beleidigt werden. Doch er ließ, wie Sueton berichtet, keine besonderen Nachforschungen nach den Urhebern anstellen. Er verhinderte sogar die härtere Bestrafung jener, die bereits angezeigt worden waren.

Schmähschriften, die von ihren Lesern mit kleinen, geheimen Festen begangen werden können, sind oft Vorboten obrigkeitlicher Gewalt. Sie versetzen in Anspannung, und vor allem die Jäger werden aufgeregt. Den Kaiser lächerlich zu machen, ihn zu schmähen, das zeugt von Unbotmäßigkeit, das ist politisches Ereignis, das muß bestraft werden.

Doch Nero will nicht. Gleich großmütig behandelte er den Kyniker Isidorus, als dieser ihn einmal auf der Straße heftig beschimpfte. Unbeschadet davon kam auch der Schauspieler

Datus, als er Nero in einem Stück anklagte, nicht nur Agrippina, sondern auch Claudius umgebracht zu haben und das gleiche Schicksal für den Senat zu planen.

62 las der Prätor Antistius öffentlich aus seinen Gedichten, die gewagte Äußerungen über den Kaiser enthielten. Diesmal lag der Fall anders, weil die Beleidigung von einer Person ausging, die ein öffentliches Amt bekleidete. Seit Augustus konnte ein solcher Angriff auf den Kaiser als Hochverrat angesehen werden. Antistius wurde angezeigt, im Senat vor Gericht gestellt und für schuldig befunden. Die Todesstrafe drohte.

Thrasea Paetus, der im Senat Autorität besaß, widersprach und plädierte für Verbannung. Die Senatoren kamen zu keiner Entscheidung. Nero gab Thrasea darin recht, daß die Todesstrafe durch Geißelung barbarisch sei, und kündigte an, daß er die Strafe abmildern werde, auch wenn der Senat für die Todesstrafe stimme. Nachdem das geklärt war, fügte er hinzu, die Senatoren könnten frei entscheiden und den unvorsichtigen Prätor sogar freisprechen. Antistius kam in der Tat mit dem Exil davon.

Grundsätzlich widerstrebte es dem Kaiser, Vergehen zu bestrafen, die wir heute als Gesinnungstaten bezeichnen würden[926], jedenfalls solange er selbst die Zielscheibe war. Waren hingegen andere tangiert, mußte er Forderungen Rechnung tragen. Als der Schriftsteller Fabritius Veiento, einer seiner besten Freunde, beschuldigt wurde, Schmähschriften gegen Senatoren und Priester verfaßt zu haben, zog er den Fall an sich, verbannte Veiento, nachdem dessen Schuld erwiesen war, aus Italien und ordnete die Verbrennung der Schriften an.

Von Nero stammt der berühmte Satz »Wenn ich bloß nicht schreiben könnte!« *(quam vellem nescire litteras!)*. Ihn soll er gesagt haben, als ihm das erste Todesurteil zur Unterschrift vorgelegt wurde. Die Anekdote wird von Seneca in *De clementia* erzählt.[927] Wenn möglich, sah Nero von einer Strafverfolgung ab, war das nicht möglich, griff er zur milderen Strafe; hatte er die Wahl zwischen Todesstrafe und Exil, entschied er sich für letzteres; die Todesstrafe verhängte er nur, wenn es sich nicht vermeiden ließ, bei Schwerverbrechen oder bei Attentaten wie im Fall der Adelsverschwörungen. Den Adligen ließ er dabei die Möglichkeit zum Freitod, um ihnen die öffentliche Hinrichtung zu ersparen.

Die zum Tod Verurteilten traf in der Regel eine doppelte Schmach: Sie wurden vor aller Augen exekutiert, und dann wurden ihre nackten Körper über die Gemonischen Treppen am Kapitol *(Gemoniae)*, die in der Nähe des Staatsgefängnisses lagen, zum Tiber geschleppt. Oder zur Abschreckung tagelang auf den Stufen der *Gemoniae* liegengelassen.

Es mag unwichtig erscheinen, für die Mentalität der Antike war es das nicht, gab doch erst der Tod dem Leben den entscheidenden Sinn. Ein würdevoller Tod konnte ein erfolgreiches Leben krönen, ein gescheitertes wettmachen. Er öffnete den Weg zum Ruhm. Für die Menschen der Antike war Ruhm erstrebenswerter als Erfolg. Nur der Ruhm hatte für die Nachwelt Bestand, der Erfolg blieb auf die vergängliche Gegenwart beschränkt. Ruhm zu erlangen war ihre Art, sich unsterblich zu fühlen, und um die schmale Pforte der Unsterblichkeit durchschreiten zu können, war ein würdevoller Tod unabdingbar wichtig. Der Inbegriff eines würdigen Todes war neben dem Tod auf dem Schlachtfeld der gelassene Freitod.[928] Das Beispiel des Sokrates machte Schule.

Nero wird die Probe aufs Exempel zu bestehen haben.

27.

Eine dritte Heirat

Weder Fisch noch Fleisch

Nach Poppaea heiratet Nero im Mai 66 die elegante Statilia Messalina II., für die es die fünfte Ehe ist.[929] Wir wissen wenig über sie. Die dritte Ehe des Kaisers bleibt kinderlos.

Aus Neros »Sexualleben« sind vier Frauen mit Namen bekannt. Drei, Octavia, Poppaea und Statilia Messalina, heiratete er, die vierte, Acte, wollte er heiraten. Eine vergleichsweise nicht eben berauschende Bilanz.[930] Trotzdem behaupteten sich die Skandalgeschichten. Kurz bevor er zum Suizid gezwungen wurde, weil er in die Pisonische Verschwörung verwickelt war, hatte Petronius bekanntlich dem Kaiser eine ausführliche Aufstellung aller extravaganten Aktivitäten geschickt und die Namen aller genannt, die daran beteiligt waren. Petronius hatte jedoch alles aus zweiter Hand. Er selbst hatte keinen Zutritt zu den tatsächlichen oder vermeintlichen Orgien des Kaisers.[931]

Ein bisexuelles Leben oder gar »eine Frau auf dem Thron«?

Der kaiserliche Hof, ein vielfach abgestuftes, umfangreiches Diener- und Beamtenpersonal, war von Augustus nach Art eines großen römischen Privathauses gestaltet worden.[932] Damals konnte sich Kaiserin Livia noch als Matrone *(mater familias)* gebärden, die auf altrömische Zucht sah. Doch mit der Zeit nahm der Hof den Charakter der fürstlichen Haushalte an, die aus dem Orient bekannt waren und unwiderstehlich wirkten. Formen und Sitten des Hofes wurden luxuriöser und ausgefallener; entsprechend wirkten sie auf den Geld- wie Geblütsadel zurück.

Von Neros Barbier Thalamus, von seinem Mundschenk Pythagoras sprach Rom noch ein Vierteljahrhundert nach dem Tode des Kaisers.[933] Und einer seiner Zahlmeister *(dispensatores)* konnte sich nach Beendigung des armenischen Krieges von Nero für die immense Summe von dreizehn Millionen Sesterzen freikaufen, in den Augen vieler Römer eine Ungeheuerlichkeit.[934]

Was der Kaiser und sein Hof taten oder unterließen, wirkte weithin stilbildend: Neros frühe Übungsreden lösten beispielsweise einen gewaltigen Eifer für das Studium der Rhetorik aus, seine Liebe zur Musik hatte zumindest anfangs eine ähnliche Wirkung, seine berühmte Diät »verschaffte dem Schnittlauch Ansehen«[935].

Und seine Exzesse?

Sueton will sie Jahrzehnte später kennen: »Das Spiel bestand darin, daß er in das Fell eines wilden Tieres genäht aus einem Käfig herausgelassen wurde und in diesem Aufzug auf die Schamteile der an den Pfahl gebundenen Männer und Frauen losstürzte.«[936] Das kann so nicht gewesen sein[937]: Kein Kaiser, nicht einmal Nero, wäre so verrückt gewesen, sich in einen Käfig sperren zu lassen, der schnell zum Grab werden konnte.

Verleumdungen, zunächst ein Lüftchen, dann ein Sturm, waren in einer Stadt wie Rom an der Tagesordnung. Am meisten waren die Ereignisse am Hof der Nachrede ausgesetzt. Knapp den zweiten Rang erreichten Tuscheleien über Liebesverhältnisse, gleichgültig, ob zwischen Männern und Frauen oder Männern und Männern oder Frauen und Frauen. Properz meinte, das Gerede sei über schöne Frauen als eine Art Buße für eben diese Schönheit verhängt.[938] Es ließ sich nichts gegen den Klatsch unternehmen, das blieb bis heute so.

Gesichert ist, daß Nero bisexuell lebte. Sueton schreibt: »… dann ließ er sich endlich von seinem Freigelassenen Doryphorus zur Strecke bringen.«[939] In Wirklichkeit war es einer aus der Schar der Lieblingspagen *(delicati)*. Er hieß Pythagoras, und Nero heiratete ihn. Bei der Hochzeitszeremonie übernahm der Kaiser die Rolle der Ehefrau. Tacitus berichtet: »Man hüllte den Imperator in den Brautschleier, schickte Vogelbeschauer, Mitgift, Ehebett und Hochzeitsfackeln. Überhaupt war alles zur Schau gestellt, was selbst bei einer Frau die Nacht verhüllt.«[940]

Der Hof, eine Maschine zur Produktion von Gerüchten, kann nicht leben, wenn er nicht Vermutungen, Wahrscheinlichkeiten, Meinungen streut. Und Sueton, der jedes Gerücht gern wiedergibt, weiß im besagten Fall noch mehr als alle anderen: Nero soll bei dieser Gelegenheit »auch Töne und Aufschreie einer deflorierten Jungfrau nachgeahmt« haben.[941]

Später heiratete der Kaiser, diesmal in der Rolle des Ehemanns, den Eunuchen Sporus. Dieser war ein beklemmend schöner Mann und sah angeblich Poppaea ähnlich, die zu diesem Zeitpunkt bereits verstorben war.[942] Offensichtlich fehlte ihm nicht viel, um eine Frau zu sein. Sueton in diesem Zusammenhang über Nero: »Den jungen Sporus ließ er entmannen und versuchte sogar eine Geschlechtsumwandlung vorzunehmen. Er stattete ihn mit einer Mitgift aus, ließ ihm den roten Brautschleier umlegen und vollzog mit ihm feierlich die Hochzeitszeremonien. Dann ließ er ihn in prächtigem Zug in seinen Palast geleiten und hielt ihn dort wie seine Gemahlin ... Er prostituierte sich selbst in einem solchen Ausmaß, daß sozusagen keine Körperstelle an ihm mehr ohne Makel war.«[943]

Nach dieser Hochzeit kam das Bonmot auf: »Es wäre ein Glück gewesen, hätte auch Neros Vater Domitius eine solche Gemahlin gehabt.«[944]

Hat es sich bei diesen Hochzeitszeremonien um mystische Initiationsriten des Mithras- und Mâ-Bellona-Kultes gehandelt?[945] Kaum. Die Hochzeit mit Sporus fand erst 67 statt. Nero zeigte nach einigen Versuchen, sich an östlichen Riten zu orientieren, da schon kein Interesse mehr an Religion.[946]

Wahr ist, daß Nero *auch* Männer liebte.[947] Das war bei Römern und Griechen nicht ungewöhnlich. Auch Seneca liebte junge Männer. Cassius Dio unterstellt dem Philosophen sogar, daß er derjenige war, der seinen Schüler Lucius Domitius in die Pädophilie eingeführt habe.[948] Der Skandal bestand darin, die Beziehungen öffentlich zu machen. Doch »gerade das ist bester Nero-Stil«.[949] Der Kaiser lebte inzwischen, wie er wollte.

Die Verdammung der Homosexualität – der Begriff selbst stammt aus dem 19. Jahrhundert[950] – etabliert sich erst mit dem Aufstieg des Christentums, das sein mönchisches Männerideal durchsetzen will. Eine förmliche »Sodom-Mythe« entwickelt sich Jahrhunderte nach Nero, als die gleichgeschlechtliche Zuneigung diskriminiert werden soll.[951]

Nero lebt nach einem anderen Zeitgeist. Aus dem Jungen, der gegängelt worden war, ist ein selbständig handelnder Mann geworden, der sich keinen Deut darum schert, was andere von ihm halten. Dennoch kennt er Benehmen. Nero ist kein Säufer und kein Vielfraß. Er ißt nicht unmäßig wie Claudius, der unter den Tisch fiel und einschlief.[952] Die Quellen überliefern keine Episode dieser Art. Betrank Nero sich, dann nicht öffentlich. Am nächsten Morgen war er wieder im Lot.

Zudem unterwarf sich der Kaiser den Eßvorschriften für Tänzer und Sänger. Um seine Stimme zu bessern, hielt er eine Öl- und Schnittlauchdiät ein, eine Zumutung für den Hof, doch eine Anregung für manche Römer.[953] Auch trieb der Kaiser viel Gymnastik, den griechischen Sitten getreu, die er in Rom einführen wollte. Deshalb war er auch kaum alkoholkrank wie Tiberius. Vielmehr ist Nero die Erfindung eines etwas kryptischen alkoholfreien Getränks zu verdanken. Diese *decocta* (*aqua*), schlichtes Wasser, das zuerst gekocht und dann in einem Glasbehälter im Schnee gekühlt wurde, war für einen Lebenskünstler eine echte Schande. Die Erfindung geht vermutlich auf eine selbstentwickelte Künstlerdiät Neros zurück.

Nero verfügte lange Zeit über eine ausgezeichnete Gesundheit. In den vierzehn Jahren seiner Herrschaft war er nur dreimal krank. Er war also fast gar nicht angeschlagen, zumal wenn bedacht wird, wie aufreibend sein Leben gewesen sein muß. Es spielte sich zwischen Regierungsgeschäften, Schriftstellerei, künstlerischen Auftritten, Training, Pferderennen, nächtlichen Ausflügen und, wenn nur wenig von den Gerüchten und Behauptungen wahr ist, zwischen Orgien und Gelagen ab. Auf die Dauer war das zuviel.

Doch auch die große Seuche des Jahres 65 hat Nero unbeschadet überstanden. In diesem furchtbaren Herbst war kein Geschlecht, kein Stand, kein Alter verschont geblieben.[954] Die Häuser und Wohnungen waren voll von Leichen, in den Straßen lösten sich die Leichenzüge ab. Römische Totenbücher nannten dreißigtausend Tote. Sklaven und ganz Unvermögende waren nicht mitgezählt; sie hatten sich eine Bestattung, die im offiziellen Totenbuch vermerkt worden wäre, gar nicht leisten können.

Allerdings: Die Gesundheit des Kaisers wird durch einen kaum vorstellbaren Zustand der Erschöpfung geschädigt sein. Es handelt sich um eine Krankheit zum Tode.

28.
AUF DER REISE ZUR IDENTITÄT

Kinderträume

Es ist keine Flucht aus Angst vor weiteren Attentaten nach der Verschwörung des Piso.[955] Es ist eine Herzenssache. Im Spätsommer 66 erfüllt sich Nero den Wunsch aus Kindertagen: eine Reise nach Griechenland, seit 146 v. u. Z. eine römische Provinz.

Ein Jahr will er dort verbringen. Nie zuvor ist ein Kaiser so lange von Rom fortgeblieben.

Nero hatte bisher Rom kaum verlassen. Ein Abstecher nach Ancona, um Tyridates zu empfangen, Stippvisiten in Neapel und Baiae, die Sommeraufenthalte zum Baden in Antium, einige kurze Schiffsfahrten längs der Küsten von Latium und Kampanien. Das war alles. Einige Jahre zuvor hatte Nero seinen Plan noch am Tag der Abreise nach Alexandria fallenlassen, weil ihn gefahrdrohende Vorzeichen abgeschreckt hatten: Im Tempel der Vesta hatte er sich gesetzt und beim Aufstehen war er mit einem Zipfel seiner Toga hängengeblieben. Daraufhin war es ihm so schwarz vor Augen geworden, daß er nicht mehr deutlich sehen konnte.[956]

64 hatte er eine Reise nach Ägypten geplant. Alles war vorbereitet, er hatte versichert, seine Abwesenheit werde nicht lange dauern und Rom sei auf jeden Fall in guten Händen. Doch das Volk erhob Einspruch. Es liebte diesen Kaiser, der für Vergnügen sorgte, und fürchtete, daß die Lebensmittel in seiner Abwesenheit knapp werden könnten. So gab er seine Reisepläne auf, wobei er wiederholt erklärte, das römische Volk besitze die oberste Gewalt über ihn, und er müsse gehorchen, wenn es ihn zurückhalte.[957]

Diesmal war er entschlossen, nicht länger zu warten, obwohl der Zeitpunkt ungünstig war. Infolge einer Verschwörung war die Treue der Kommandeure, vielleicht der Truppen selbst, in Frage gestellt. Doch Nero wollte nicht hören. Vielleicht spürte er, daß er keine Zeit mehr zu verlieren hatte.

Die Reise nach Griechenland sollte der krönende Abschluß jener Kulturwende werden, mit deren Hilfe er versucht hatte, die römischen Sitten im hellenistischen Sinn zu verändern. Selbst die geplante Länge seines Aufenthaltes war Programm. Sie sollte die Gleichberechtigung zwischen westlichen und östlichen Ländern unterstreichen und die universale Ausrichtung des Reiches und seines Kaisers bezeugen.

Es mußte Griechenland sein. Hier verehrten die Römer das Land, von dem alle Kultur ausgegangen war.[958] Sie schätzten es wegen seines Alters, wegen seines Ruhms. Das historische Interesse der Römer übertraf jedes andere: Griechenlands Vergangenheit, seine Taten, Ereignisse, Sagen faszinierten. Von allen Ländern zog Griechenland die meisten Touristen an. Hier konnten die kuriosesten Schaustücke bestaunt werden: das Ei der Leda, das in einem Tempel zu Sparta von der Decke hing, ein Kelch, der nach der Brust der schönen Helena geformt war, ein von Agamemnon der Artemis geweihtes Schiff und das versteinerte Boot der Phäaken, das Odysseus nach Ithaka gebracht hatte.[959] Fremdenführer erklärten die Sehenswürdigkeiten der jeweiligen Orte.

Ging ein Kaiser auf Reisen, bewegte er sich in einer Kolonne, die mehrere hundert Wagen zählte.[960] Neros Begleitung bestand aus tausend Prätorianern und einem bunten Gefolge von angeblich fünftausend Personen. Heerführer, Gelehrte, Musiker, Sänger, Kostümbildner und Senatoren gehörten dazu. Außerdem hatte Nero seine Frau Statilia Messalina, den Eunuchen Sporus, seinen Privatsekretär Epaphroditus, den Schatzmeister Phoebus, den Zeremonienmeister der Spiele Cluvius Rufus, den Offizier Vespasian und den Geheimdienstler Tigellinus bei sich.

In Rom waren Nymphidius Sabinus und die Freigelassenen Helius und Polyclitus, in der Haßliteratur nur »Knechte« genannt[961], zurückgeblieben, um sich der Verwaltung anzunehmen. Vor seiner Abreise hat Nero sich geweigert, mit den Senatoren die traditionellen Abschiedsküsse zu wechseln; nach seiner Rückkehr macht er es ebenso. Eine schwere Verletzung der Sitte.

Doch ein junger Mann küßt keine Greise, nicht einmal wenn die tägliche Küsserei bei Hofe, die Tiberius aus Furcht vor Ansteckung abgeschafft hatte, wieder üblich wird.[962] Und nicht nur am Hof. Martial wird klagen, der Unsitte »Küßchen, Küßchen« sei in Rom so gut wie nicht zu entkommen.[963]

Römische Straßen sind erhalten; so solide baute Rom. Seit Kaiser Claudius sorgt ein Ausbesserungsdienst für die regelmäßige Instandhaltung. Schon seit etwa 300 v. u. Z. hatte der Straßenbau bei den Eroberern höchste Priorität genossen. Straßen erhielten Meilensteine, die nicht nur der Angabe von Entfernungen dienten, sondern in allen Provinzen des Reichs, von Britannien bis nach Syrien, von Spanien bis an den Rhein, vom Nil bis zum Atlantik Bezüge zum Zentrum herstellten. Wer Straßen nutzte, konnte in einer Zeit des Friedens wie unter Nero davon ausgehen, nicht ausgeraubt, versklavt oder getötet zu werden.

Straßen sind »Strukturlinien der Macht«[964]. Diese »Rollbahnen für das Rad der Geschichte« sind für Soldaten, Kriegsmaterialien, Nachschub ausgelegt, die an wechselnde Standorte gelangen mußten. Straßen dienen auch Handwerkern, Studenten, Händlern, Touristen von und nach Rom, Regierungsbeamten, der von Augustus eingerichteten Staatspost (*cursus publicus*) – und damit dem Hin und Her von Informationen aus allen Teilen des Reichs.

Wie schnell kamen die Benutzer voran? Boten zu Fuß garantierten nach Cicero die Zustellung eines Briefes von Rom nach Pompeji in drei bis fünf Tagen. Die Marschleistung eines Soldaten mit Gepäck betrug etwa dreißig Kilometer pro Tag. Die staatliche Wagenpost soll viel schneller vorangekommen sein; eine Tagesleistung von 180 Kilometern gilt als normal.[965] Reiche Römer, auf Reisen in Bäder und Luftkurorte[966] oder einfach auf der Flucht vor Langeweile, benutzen eigene Reisewagen (*carrus*), luxuriös eingerichtet und manchmal zum Schlafen geeignet (*carrura dormitoria*[967]). Ihre Spurbreite beträgt in der Regel 1,43 Meter. Später wird sie auf die englischen Postkutschen übertragen werden und von denen auf die Eisenbahn.[968]

Der Luxus römischer Reisewagen wurde in der Kaiserzeit hochgetrieben: Nicht wenige waren mit Gold und Silber beschlagen, mit Verzierungen, die den Wert eines Landgutes erreichen konnten. Tafelgeschirr aus feinstem Material, auch aus Gold, wurde mitgeführt, dazu Gefäße von hohem Kunstwert, die nicht gefahren werden durften, sondern getragen werden mußten, weil sie dem Rütteln eines Wagens nicht standhielten.[969] Nero soll mit tausend Wagen gereist sein, die Hufeisen seiner Maultiere waren aus Silber, die Maultiertreiber trugen rote Röcke, Vorreiter und Läufer waren reich geschmückt. Poppaea hatte seinerzeit ihre Zugtiere mit Gold beschlagen lassen und Eselinnen mit sich geführt, um täglich in deren Milch baden zu können.[970]

Große Reisen wie die des Kaisers nach Griechenland werden sorgfältig vorbereitet. Karten, Verzeichnisse von Militärposten *(stationes)* und Nachtquartieren *(mansiones)* werden benutzt, die Auskunft geben über Entfernungen, empfehlenswerte Routen, Gasthäuser am Weg und Stationen zum Pferdewechsel *(mutationes)*.[971] Nach diesen Stationen werden die Entfernungen angegeben; durchschnittlich liegen die *mutationes* 37 Kilometer auseinander. Nero hatte 61 durch den Statthalter von Thrakien an den Heerstraßen eigene herrschaftliche Häuser *(praetoria)* für Regierungsbeamte einrichten lassen, da die gewöhnlichen Gasthäuser – rauchige Schankräume, verwanzte Lager, schlimmes Volk – diesen nicht zusagten.[972]

Nach der Anfahrt mit der Wagenkolonne stachen Neros Schiffe in See. Ein Admiral *(praefectus classis)* kommandierte die Flotte. Zur See zu fahren blieb den Römern allerdings höchst verdächtig. In ihrem Traum vom Goldenen Zeitalter war ewiger Frühling in Blumen und Blüten, Seeabenteuer kamen nicht vor. Sich aufs Meer zu begeben war unnatürlich, trug verderbliche Sitten ein.

Die Seefahrt war nötig, doch nicht lustig: Kein Kompaß, kein

Segeln gegen den Wind. Die Schiffe tasteten sich an Küsten entlang, orientierten sich an Sternen[973], wagten sich unwillig hinaus. Kein Wunder, daß an den Hafenmauern Opferaltäre zu finden waren. Kapitän *(gubernator)* und Passagiere taten gut daran, dem Neptun zu opfern. Kein Wunder auch, daß die Seeleute der Weltmacht Rom als abergläubisch galten: Hätte sich ein schlimmes Vorzeichen gezeigt, etwa eine Krähe oder Elster auf Masten oder Segeln, wäre das Auslaufen verschoben worden; auch ein neues Opfer hätte dargebracht werden müssen.

Trotz der tiefsitzenden Abneigung der frühen Römer gegen die Seefahrt beherrschte ihre Kriegs- und Handelsflotte bald das Mittelmeer. Die Seemacht Karthago war 146 v. u. Z. endgültig niedergerungen. Rom sah ein, daß keine Hungersnot den Bürgern etwas anhaben konnte, solange es die Meere beherrschte. Seine Handelsschiffe waren extrem tragfähig. Sie beförderten bis zu 35 000 Hektoliter Getreide aus den Provinzen, trugen bis zu 10 000 Amphoren mit Öl oder Wein, schleppten die geraubten tonnenschweren Obelisken in die Heimathafen, transportierten Kampfelefanten nach Britannien. Vermutlich wurde die Größe solcher Schiffe erst im 19. Jahrhundert wieder erreicht.[974]

Ein Seefahrervolk werden die Römer nicht. Es sind immer nur Ausnahmen: Caligula hatte mit ungeheurem Aufwand ein palastähnliches Prunkschiff erbauen lassen. Es wies Säulenhallen, Bäder, Gärten auf. Der Kaiser fuhr unter Musik und Gesang die Küste entlang.[975] Die Römer aber reisen, ein antikes Volk von Touristen, lieber über Land, nutzen ihre Straßen, sind darauf aus, Verborgenes und Entlegenes kennenzulernen. Mit den Schiffen haben sie es nicht. Auch wenn Seneca ahnt, daß in späterer Zeit der Ozean keine unüberwindliche Schranke mehr darstellen werde: Mehr als eine Ahnung war den Römern nicht beschieden.[976] Die Kanaren, die Madeiragruppe, nicht allzu weit von der Küste entfernt, blieben ihnen fremd. Anderen schon damals nicht.

Bis Griechenland reichte es. Anfang Oktober 66 landet Nero auf Korfu und gibt beim Jupiter Cassius in Korkyra sein erstes Konzert.[977] Danach tritt er in Nikopolis und bei den Spielen von Aktium auf, die Augustus anläßlich des Sieges über Antonius und Cleopatra gestiftet hatte. Neros Ziel war jedoch Korinth, faktisch die Metropole Griechenlands. Die Stadt der Aphrodite übertraf durch die Schönheit ihrer Lage selbst Athen. Von ihr aus werden sich römische Sitten wie Gladiatorenspiele und Tierhetzen über Griechenland verbreiten. Die Stadt verfügt über die zwei Häfen Lechaion und Kenchreai, der eine nach Osten ausgerichtet, in den Orient, der andere nach Westen, nach Rom. Hier liegen unzählige Schiffe vor Anker, die Masten stehen gedrängt wie Rohre im Schilf.

Doch: »Das antike Korinth konnte nicht gutgehen. Korinth war eine himmlisch situierte Siedlung in einer irdischen Welt. Die Lage bedeutete von vornherein immer wiederkehrende Niederlagen. Die Idealität des Platzes, von der Natur im doppelten Sinne vorgegeben, wurde in regelmäßigen Abständen ad absurdum geführt und zur Katastrophe. Man kokettiert nicht mit der Geographie. Korinth lag, bis auf Rufweite, zwischen zwei Meeren, aber es lag auch mitten im Strom der Geschichte, schlimmer noch: in einer der wildesten Stromschnellen antiker Historie. Die Gründung Korinths glich dem Versuch, eine Mühle an der engsten, reißendsten Stelle eines Sturzbaches zu bauen. Hier war etwas abzumahlen, hier drehte sich, rascher als sonstwo, das Rad des Handels zwischen Nord und Süd; nur wurde alle paar Jahrzehnte die Mühle selbst mitgerissen, fortgeschwemmt, weggespült. Just da, wo die Welt so schmal war, daß die Geschichte nicht ausweichen konnte, stellte sich ihr Korinth geschäftstüchtig in den Weg.«[978]

Diese Stadt und ihr Land fallen von einem Krieg in den anderen, Athen droht nicht nur von weitem, und schließlich, im Jahr 146 v. u. Z., macht Rom Korinth dem Erdboden gleich, tötet die Bewohner oder schickt sie auf die Sklavenmärkte. Ein Jahrhundert lang bleibt das Trümmerfeld menschenleer. Erst Caesar plant 46/44 v. u. Z. den Wiederaufbau als Kolonie *Laus Julia Corinthus*. Auf Staatskosten werden Bauten errichtet, Veteranen und Besitzlose bekommen Land geschenkt, damit sie bleiben. Die Folge: Mitten in Griechenland sprechen Menschen Latein. Mit der Zeit finden sich Händler, Kaufleute, Handwerker. Die Hausse nährt die Hausse. Korinth wird zur üppigen Stadt, ihre Amtssprache bleibt Latein.

Korinth ist, als Nero eintrifft, jung. Die Stadt wirkt nicht nur römisch, sie bietet auch alle Annehmlichkeiten, die dem römischen Leben lieb sind. Hier residiert der Statthalter Roms, etwa 100 000 Einwohner leben hier. Das ist viel, auch wenn antike Zahlenangaben mit Vorsicht aufgenommen werden müssen. Zum Vergleich: Die Mehrzahl der Städte im Reich waren Kleinstädte wie Pompeji mit 2 000 bis 15 000 Einwohnern.[979] Mittelgroße Städte – Ostia, Köln, London – hatten zwischen 25 000 und 50 000 Einwohner, Ephesos, Pergamon, Smyrna, die Metropolen der Provinz Asia, und die späteren Zentren Lyon, Trier, Mailand zählten bis zu 100 000 Einwohner, noch mehr wiesen Alexandria, Antiochia, später Konstantinopel auf.

Korinth ist nicht nur die größte, sondern auch die glänzendste Stadt der Provinz Achaia. Die City der römischen Stadt kann wieder besichtigt werden; sie wurde in den letzten 120 Jahren freigelegt.[980] Rekonstruktionsskizzen, Gewölbereste, Grundmauern erlauben einen Besuch in der Stadt, die Nero liebte.

Der Kaiser macht Korinth aus politischen und kulturellen Gründen zu seiner Residenz auf griechischem Boden. Das bei den konservativen Senatoren verhaßte Korinth – »korinthisch leben heißt sittenlos leben«, sagt das Sprichwort – repräsentiert das moderne, hellenistische Griechenland. Es ist von östlicher Kultur durchdrungen, während Athen, Sparta und Eleusis, die Nero meidet, für das klassische Griechenland stehen.

Nero verbringt den Winter in Korinth und bleibt bis zum April 67.

Diese Pause nutzt er, um wichtige Staatsfragen anzugehen. Zu Beginn des Jahres erteilt er Vespasian den Auftrag, den in Judäa ausgebrochenen Aufstand niederzuschlagen. Vespasian, Sohn eines Zollbeamten, gehörte zu dem Personenkreis, dem Nero allein noch zu vertrauen beschlossen hatte. Wenngleich Vespasian nicht adlig war, so besaß er doch die Eigenschaften eines guten Heerführers. Mit Hilfe seines Sohnes Titus, auch er ein künftiger Kaiser, wird er den Aufstand in Judäa unter Kontrolle bringen. Dem Triumphzug seines Oberbefehlshabers wird Nero allerdings nicht mehr beiwohnen können: Als der Feldzug mit der Rückeroberung Jerusalems beendet wird, ist Nero bereits tot.

Tournee eines Kaisers

Neros Griechenlandreise ist eine künstlerische Unternehmung. Monatelang kann der Kaiser vergessen, daß er Kaiser ist. Im Frühjahr und Sommer nimmt er als Sänger und Wagenlenker an den vier panhellenischen Spielen teil: an den Olympischen in Pisa (Elis), den Pythischen in Delphi, den Isthmischen in Korinth und den Nemeischen. Ihm zu Gefallen werden sie alle in einem einzigen Jahr abgehalten. Selbst das Programm wird geändert. Bei den Olympischen Spielen finden erstmals musikalische Wettbewerbe statt. Nero kann als Kitharöde auftreten.

Der Kaiser gewinnt bei sämtlichen Spielen und bringt es auf 1 808 Medaillen. Er besiegt alle berühmten zeitgenössischen Musiker, darunter seinen Lehrmeister Terpnus, nach Sueton der damals ausgezeichnetste Virtuose[981]. Nero hat sein Ziel erreicht: Er ist Sieger in allen vier großen Spielen *(Periodonikes)* geworden.

Sueton[982] berichtet gewohnt hämisch, Nero habe alle Spuren anderer Sieger in den heiligen Spielen beseitigen, ihre Statuen stürzen und an Haken in die Latrinen schleifen lassen. Dieser Kaiser will der einzige Sieger sein. Das einsame Kind hat es den andern endlich gezeigt.

Das stärkste Heilmittel in der Apotheke der menschlichen Seelen? Der Sieg.

Nero freut sich wie ein Kind. Doch er vergißt nicht, die mit den Siegen verbundenen Geldprämien einzulösen. Seine Kassen sind leer. Gebannt schauten die Völker des Reiches zu: Der Herr der westlichen Welt ist zum Berufskünstler geworden. Er hat das in seinen Augen einzig Richtige gelernt: verkehrt, das heißt richtig herum zu leben. Und damit verfängt er sich in den Schlingen seines Schicksals.

Doch »die Poesie ist der einzige konkrete Hinweis für die Existenz des Menschen« (L. Cardoza y Aragón).[983]

Das griechische Großprojekt

Nero kehrt nach Korinth zurück und beginnt ein grandioses Werk, das er schon lange plant – und von dem alle, die diesen Kaiser zu kennen glauben, so gut wie nichts wissen wollen: den Durchstich der Landenge von Korinth. Schon siebenhundert Jahre früher hatte Periandros, Tyrann von Korinth, mit dem Projekt geliebäugelt.[984] Auch Caligula hatte nachgedacht. Es war nichts dabei herausgekommen.

Der Isthmus, die Wespentaille Griechenlands[985], ist nur sechs Kilometer breit; der südlich gelegene Peloponnes, ein gewaltig aufgeblasener Ballon, ist größer als das nordgriechische Territorium. Genau südlich der Landenge hatte Korinth Posten bezogen, unter wechselnden Namen, mit wechselnden Gestalten. Langsam mußte etwas geschehen, die berühmte Landenge ist ein Nadelöhr.

Zwar hat sich zwischen den beiden Meeren Korinths eine gepflasterte Bahn etabliert. Dieser *Diolkos* erlaubt es, leichtere oder zuvor entladene Schiffe auf flachen Rollen über den Land-rücken zu ziehen. Doch das ist eine sehr mühselige Angelegen-heit. Und je mehr der Schiffsverkehr zu Land zunimmt, desto eifriger wird die Idee eines Kanals diskutiert.

Caesar hatte Pläne ausarbeiten lassen. Ägyptische und römi-sche Experten ließen das Vorhaben platzen[986]: Der Wasserspiegel des korinthischen Golfs im Westen war höher als der des saroni-schen Golfs im Osten, und Caesars Fachleute befürchteten nach einem eventuellen Durchstich die Katastrophe. So werde die na-hegelegene Insel Ägina unweigerlich von den Wasserfluten ver-schlungen werden. Also ließ Rom die Finger von dem Projekt.

Nero schert sich nicht um solche Ängste. Er läßt Ingenieure und Geologen nach Korinth kommen, um die Chancen des Pro-jekts zu prüfen und den Verlauf des Kanals festzulegen. Um einen schiffbaren Kanal zu schaffen, wird es nötig sein, das Gelände auf einer Länge von sechs Kilometern bis auf eine Tiefe von achtzig Metern auszuheben. Das verspricht eine Sisyphusarbeit zu wer-den. Doch die Vorteile des Vorhabens liegen auf der Hand: Das Umschiffen der Peloponnes würde überflüssig, die Entfernung zum Osten sich verringern, der Handel profitieren.

Trotzdem hat das Projekt viele Gegner. Die einen schieben religiöse Gründe vor und argumentieren, wenn die Götter an dieser Stelle eine Landenge gewollt hätten und keinen Meeres-arm, gebe es dafür sicher einen Grund. Andere graben die alten Befürchtungen aus, nach dem Ausheben des Kanals könne sich ein Meer ins andere ergießen und das Festland überfluten.

Und es gibt Leute, die am bestehenden Zustand, mit den bei-den Häfen und dem *Diolkos*, viel Geld verdienen. Käme der Kanal, wäre diese stetig fließende Quelle von heute auf morgen versiegt. Daher stimmen die Besitzer der Lagerhäuser und Ge-schäfte an den beiden Häfen, einflußreiche Ratsherren, gegen den Plan des Kaisers.

Was tun? Nach damaligem Wissensstand geht Nero davon

aus, daß alle Meere auf dem gleichen Niveau liegen, und nach letzten Beratungen mit seinen Technikern läßt er beginnen. Vespasian muß sechstausend Kriegsgefangene schicken. Dazu kommen Prätorianer und einige Tausend zur Strafarbeit Verurteilte, die Nero aus allen Winkeln des Reiches hat kommen lassen. Insgesamt sind es an die zehntausend Arbeitskräfte.

Der Kaiser tut den ersten Spatenstich, standesgemäß mit einem goldenen Spaten, und trägt die ausgegrabene Erde publikumswirksam in einem Korb auf seinen Schultern weg.[987]

Die Lästerzungen verstummen jedoch nicht. Es ist wie beim großen Brand. Cassius Dio behauptet später, Nero habe das Projekt aus Langeweile betrieben.[988] Doch seit 64 war die Realisierung großer Bauvorhaben Bestandteil von Neros Politik. Der Bau des Kanals von Korinth liegt auf dieser Linie. Ihn auf eine Grille oder, schlimmer noch, auf Langeweile oder auf Größenwahn zurückzuführen ist ungerecht.

Andere Quellen sind objektiver als Cassius Dio. Flavius Philostratos hielt das Kanalprojekt für die wichtigste Entscheidung aus der Regierungszeit Neros, Philostratos aus Lemnos betonte die zu erwartenden Handelserleichterungen, selbst Sueton bedenkt das Projekt »mit nicht geringem Lob«[989], und Plinius d. Ä. († 79 u. Z.), als Naturwissenschaftler eine besondere Autorität, hielt das Vorhaben sogar für notwendig[990]. Auch heutige Historiker nennen den Plan »genial und nützlich«[991].

Mit dem Durchstich wird im Westen beim Hafen von Lechaion begonnen. Ein Fünftel des Kanals wird ausgehoben. Neros Tod bricht alles ab. Seine Nachfolger lassen das Projekt fallen. 1800 Jahre ruht der Plan. Dann werden die Arbeiten, die von 1881 bis 1893 dauern, an der gleichen Stelle wiederaufgenommen, an der Nero begann. Der Kanal, sechs Kilometer lang, fünfundzwanzig Meter breit, acht Meter tief, an einer Stelle von sechzig Meter hohen Wänden flankiert[992], nimmt den Verlauf, den Neros Techniker vorgesehen hatten.

Mitte November schickt Nero ein Rundschreiben an alle griechischen Städte, damit sich möglichst viele Bürger in Korinth versammeln: Er hat große Dinge zu verkünden. Am 28. November 67 erscheint der Kaiser im überfüllten Stadion von Korinth und erklärt Griechenland für unabhängig. Diese Entscheidung macht Geschichte. Es war schon vorgekommen, daß hier und da einer Stadt die Unabhängigkeit verliehen wurde, doch nie einer ganzen Provinz.

Es handelte sich nicht um die vollständige Freiheit, die Außenpolitik unterstand weiterhin Rom. Doch es war auch keine bloße Geste, denn kaum wurde Vespasian Kaiser, hatte er nichts Eiligeres zu tun, als Neros Entscheidung rückgängig zu machen.

Nach der Unabhängigkeitserklärung durch Nero unterstand Griechenland nicht länger einem römischen Statthalter und brauchte keine Abgaben mehr zu zahlen. Wie verarmt das Land sein mochte, es blieb ideelles Zentrum der östlichen Welt. Rom sollte dies offiziell anerkennen und sich für das große Erbe der Griechen bedanken. Nero stärkte den Prozeß der Hellenisierung des Reiches, an der er nach Kräften arbeitete.[993]

Der Text von Neros Rede ist auf einer Bronzetafel erhalten, die in Karditsa in Böotien nordöstlich von Athen gefunden wurde. Der wichtigste Absatz: »Unerwartet, Männer von Griechenland, ist das Geschenk, das ich euch machen will – mag auch einer Freigebigkeit wie der meinen Unerwartetes fremd sein –, unerwartet und so groß, daß ihr nie hättet hoffen können, darum zu bitten. Oh, hätte ich euch meine Gunst erzeigen können, da Hellas noch in seiner Blüte stand, auf daß sich noch mehr von euch an meiner Gnade freuen könnten! Nicht aus Mitleid indes, allein aus Wohlwollen erweise ich euch nun diese Wohltat, und euren Göttern sei Dank, deren Schutz und Geleit ich allzeit erfahren habe zu Wasser und zu Lande, daß sie mir Gelegenheit geben zu solcher Wohltat. Andere Kaiser haben Städte freigelassen: Nero allein eine ganze Provinz.«[994]

Die Entscheidung fand in Griechenland und der östlichen Welt enthusiastische Zustimmung. Auf griechischen Münzen wurde der Kaiser zum Befreier Jupiter proklamiert. Münzen aus Apollonia am Ionischen Meer grüßten den Schutzherrn Griechenlands. In Alexandria wurde er mit Apoll, Poseidon und dem olympischen Jupiter verglichen. Die nachhaltige Dankbarkeit bei griechischen Intellektuellen auch späterer Zeit war diesem Kaiser sicher.

Wie Plutarch und Pausanias belegen, wurde das Andenken des andernorts verfluchten Nero von den Griechen stets in Ehren gehalten.[995] Nero hatte einen beachtlichen diplomatischen Erfolg erzielt, der die Treue der östlichen Völker zu ihm und zum Reich festigte. Die Unabhängigkeit Griechenlands kostete Rom wenig und war für die Griechen vorteilhaft: »Die Provinz war arm und brachte nur geringe Erträge; doch für die Griechen war die Abgabenfreiheit alles andere als unbedeutend.«[996]

Suetons Häme vergißt nicht zu erwähnen, daß Nero auch seine Preisrichter nicht vergessen hatte: Sie erhielten von ihm ein spezielles Geschenk: das römische Bürgerrecht.[997]

29.
ROMS REALITÄTEN

Unzufriedenheit

So glatt die Sache in Griechenland lief, so sehr hakte es in Rom. Helius hatte Nero wiederholt zur Rückkehr gedrängt. Die Berichte waren nicht beruhigend: Der Adel pflegte seinen Groll und genoß infolge der Abwesenheit des Kaisers Handlungsfreiheit. Das Volk begann zu murren, da die Getreideschiffe unregelmäßig kamen; einige waren für den Krieg in Judäa beschlagnahmt worden. In Neros Schicksalsjahr 68 wird der Unwille des Volkes bei einer Hungersnot noch gesteigert, als bekannt wird, ein Schiff aus Alexandria habe kein Getreide an Bord, sondern Nilsand für die Ringschule des Kaisers.[998]

In dieser Episode findet der Zwiespalt sichtbaren Ausdruck: Nero gilt weniger als Kaiser denn als Künstler. Entsprechend handelt er. Das kann nicht gutgehen. Auch im Heer nimmt die Unzufriedenheit zu. Die Staatskasse ist mit der Zahlung des Soldes in Rückstand geraten. Eine brisante Nachricht. Ohne Rückhalt im Militär war ein Kaiser verloren. Was würden die Prätorianer machen? Sie hatten Nero auf den Thron gehoben. Würden sie ihn auch stürzen?

Nero hatte nicht hören wollen. Er plante sogar, seine Reise fortzusetzen und nach Ägypten, vielleicht bis Syrien und Armenien zu reisen. Der Kaiser hatte seine Gründe: Die Künstler Ägyptens, vor allem die in Alexandria, waren im Spiel der Saiten- und der Blasinstrumente besonders geschickt. Auch die Teilnahme eines bis zur Raserei engagierten Volkes an Wagenrennen war sprichwörtlich.[999]

Angeblich wollte Nero sogar die Hauptstadt in den Osten verlegen, nach Alexandria, der zweitgrößten Stadt des Reichs. Die Bevölkerung dieser Handels- und Fabrikstadt galt freilich als übermütig. Die Alexandriner wußten, daß Rom auf Ägypten, die Kornkammer des Reichs, angewiesen war – und auf die Häfen der Stadt, von wo aus das Getreide verschifft wurde.[1000]

Vielleicht dachte der Kaiser an ein zweites politisches Zentrum. Doch er versuchte kaum, »die politische Struktur des Reiches zu sprengen, sondern die konservative römische Mentalität«[1001].

Altrom traute seinen Ohren nicht. Die heimische Hauptstadt aufgeben? In den Osten ziehen? Zu den dreisten Schaustellern aus Alexandria?

Als Helius alarmiert im Januar 68 nach Griechenland eilt und Nero beschwört, zurückzukehren, zögert dieser nicht länger, hat es plötzlich eilig. Jetzt sind ihm die Augen geöffnet. Dennoch bleibt er in seinem Herzen Künstler. Das kaiserliche Amt ist Pflicht, nicht mehr. Doch sie muß erfüllt werden. Mitten im Winter sticht der Kaiser in See, entgeht um Haaresbreite dem Schiffbruch, läßt den Matrosen die Peitsche geben und schafft die Überfahrt statt der üblichen zwanzig in sieben Tagen. Er landet, fährt nach Neapel, wo er sich kurz aufhält, und reist über Antium nach Rom.

Die Hauptstadt empfängt ihn entgegen allen Befürchtungen gut gestimmt. Wo er vorbeifährt, schwenken Bürger Fähnchen. Der Kaiser wird ihnen dennoch seltsam vorgekommen sein: Sein Haar ist alles andere als das übliche römische Kurzhaar. Es reicht bis zum Rücken. Nero, ein Triumphator der Kunst, nicht des Krieges, trägt ein purpurrotes Gewand und einen funkelnden, mit goldenen Sternen besetzten Mantel *(chlamys)*, auf dem Kopf den olympischen Kranz, in der Rechten den pythischen. Dabei steht er gemeinsam mit dem berühmten, von ihm in Griechenland besiegten Kitharöden Diodorus auf einem vergoldeten, von zwei weißen Pferden gezogenen Wagen, sinnigerweise dem des Augustus.[1002] Hinter ihm ziehen Claqueure einher, die Soldaten seines Triumphs. Konfekt *(bellaria)* und Siegesschleifen *(lemnisci)* fliegen durch die Luft; alles ist, wie es sich gehört.

Oder doch nicht? Benötigt ein hungerndes Volk, ein gereizter Senat einen solchen Künstler?

Ob der Kaiser eitel war? Im landläufigen Sinne schon, doch wenn unter Eitelkeit die Furcht verstanden wird, original zu erscheinen[1003], war Nero es nicht. Und jetzt sieht alles nach einem Triumphzug aus, wie er Feldherrn zustand. Doch wer war hier Feldherr? Dieser Kaiser, der »bei allem, was er tat, seinen Stimmlehrer neben sich hatte, um ihn an die Schonung seiner Lungen zu erinnern«[1004], hatte keinen Krieg geführt, keine

Schlacht gewonnen. Er ließ sich als Künstler feiern. Soldaten trugen neben den 1 808 Siegeskränzen Schilder, die die Orte seiner Siege und die Namen der unterlegenen Konkurrenten bezeichneten. Es folgten Senatoren und Ritter. Die Menge geriet in Verzückung, verbrannte Weihrauch und klatschte ihm zu: »Salve, Sieger von Olympia! Salve, Sieger von Pythia! Augustus! Augustus! Apoll Nero! Herkules Nero! Einziger Gewinner aller Wettkämpfe! Einziger und höchster Herr! Augustus! Augustus!«

Das ist die Schauseite. Nero sieht die andere nicht. Er hat die Absicht, den Feierlichkeiten den Charakter eines militärischen Triumphes zu geben, der siegreichen Heerführern vorbehalten ist. Nur soll diesmal nicht der Sieg der Waffen, sondern der Sieg der Kunst gefeiert werden: »Es war tatsächlich eine Leistung, den klassischen blutrünstigen Triumphzug zu friedlichen Zwecken umfunktioniert zu haben.«[1005]

Nero will den traditionellen *triumphus* nicht parodieren. Er unterstreicht, wie schon zwei Jahre zuvor bei den Feierlichkeiten zu Ehren des Tyridates, daß er die friedlichen Siege für ebenso wichtig hält wie die militärischen. Das bedeutet für ihn die Krönung seiner gesamten Politik, eine Botschaft an die Nachkommen. Sie wird kein Gehör finden. Altrom verschließt Augen und Ohren sofort wieder mit Verachtung, mit Haß.

Letzter Triumph, letzte Rebellion

Der Zug folgte der üblichen Route, zog am Forum Romanum vorbei, doch statt zum Kapitol, dem Ziel- und Höhepunkt militärischer Triumphzüge, bog er zum Palatin ab, wo Nero in einem Tempel Apoll, dem Gott der Künste, seine Siegeskränze als Opfer darbrachte.

Da er jedoch ohne sie nicht sein kann, befiehlt er sie in seine

Schlafräume. Sie erweisen sich als sperrig. Nero läßt sie an dem von Ramses II. in Heliopolis errichteten und von Augustus nach Rom überführten 24 Meter hohen Obelisken aus Granit am *Circus maximus* anbringen. Der Obelisk steht heute in der Mitte der *Piazza del Popolo*.

Der Erfolg in Griechenland, der Triumph zu Rom waren Neros Apotheose (M. Fini).

Er hat den Zenit überschritten, den Orgasmus des Triumphs genossen. Und er scheint das zu ahnen, nachdem wieder Ruhe eingekehrt ist. Jetzt machen sich vermehrt die Anzeichen eines Burnout-Syndroms bemerkbar. Nero erscheint nicht nur krank, er ist mehr als krank, er ist müde. Er spürt offenbar das enorme Gewicht seines Lebens in seinem Körper. Und er ist müde geworden, gegen das wirkliche Leben in ihm anzukämpfen. Er hat kaum mehr die Energie, diesen einmaligen Roman zu Ende zu leben.

So erschöpft, energielos und seltsam ausgebrannt kennen ihn die Seinen nicht. Von außen betrachtet, wirkt er reizbar, deprimiert, unzufrieden. Er leidet unter Panikattacken, schrickt schon durch eine laute Vogelstimme auf, bricht immer wieder zusammen.[1006]

Wer die Symptome nicht einschätzen kann, spricht leicht von Grausamkeit, nimmt Defizite an, die für einen ausgemachten Gewalttäter sprechen: Hyperaktivität, mangelnde Impulskontrolle, tiefe innere Unsicherheit, Gefühl der Bedrohtheit, ausgesprochen niedrige Frustrationsschwelle.[1007]

Das alles trifft nicht zu. Grausam ist Nero vor allem sich selber gegenüber. Das rächt sich.

Solange Nero er selbst sein konnte und wollte, lebte er beherzt, toll, achtete wenig auf Gesundheit, Leben, Ehre. Auf einmal fühlt er sich verlassen wie als Kind. Ebenso plötzlich fallen Einsamkeit, Furcht, Unlust auf ihn. Nero leidet an allem Erlebten und Nichterlebten, eine Kreatur, die sich vor einem Geraschel, einem Schatten fürchtet.[1008]

Das Burn-out-Syndrom lässt sich nicht auf eine einzige Ursache zurückführen und entwickelt sich über einen längeren Zeitraum hinweg.[1009] Ausschlaggebend ist das Persönlichkeitsprofil des betroffenen Menschen und eine Vielzahl von Aufgaben. Im Falle Neros handelte es sich um zwanghaft übernommene Verantwortlichkeiten: zum einen als Kaiser, zum anderen als Künstler. In beiden Fällen mußte er der Beste sein. Im ersten Fall hatte es die Mutter gewollt, im zweiten er selbst. Die Doppelbelastung, die Bürde der höchsten Macht und die seines künstlerischen Anspruchs, kann er auf Dauer nicht tragen. Erschöpfung wird ihn einholen und seinen Tod beschleunigen.

Nach Rom zurückgekehrt, besucht er Theater und Konzerte, deren Clou fast immer sein Auftritt ist. Bei den Wettbewerben, an denen er in dieser letzten Zeit teilnimmt, ist er sogar hin und wieder bereit, eine Niederlage hinzunehmen. Jetzt wo er *Periodonikes* ist, glaubt er sich das leisten zu können. Doch wahrscheinlich kann er nicht mehr anders. Er kann nicht immer nur siegen.

Seine Doppelrolle als Kaiser und professioneller Künstler bringt nach und nach seine Anhänger in ernsthafte Verlegenheit, ihn selbst in paradoxe Situationen. So bietet ihm der Prätor Aulus Larcius eine Million Sesterzen, damit er bei ihm zu Hause auftrete. Nero lehnt das Angebot ab.[1010] Und Tigellinus läßt den unvorsichtigen Larcius vorladen und zwingen, die Summe als Preis für sein Leben herauszurücken.

Alles wirkt auf einmal krankhaft. Die Krankheit mit Größenwahn zu umschreiben, geht in die Irre. Wir sehen wie in einen Spiegel: Alles ist seitenverkehrt. Vielleicht ist das, was wir sehen, gerade nicht so, wie wir es sehen: Größenwahn ist Angst, Sucht nach Vergnügen ist Müdigkeit.

Das immer noch verletzte Kind. Hat Nero nicht lernen dürfen, seiner Person Wertschätzung entgegenzubringen? Muß er immer nur Anerkennung durch andere suchen? Offensichtlich muß er.

Der Kaiser ist unentwegt tätig. Offenbar will er nicht den Eindruck erwecken, er sei müde und ausgebrannt. Obwohl er kein Konzert ausläßt, verzichtet er nicht auf seine Projekte. So bereitet er eine Expedition in den Kaukasus vor. Zwei Jahre zuvor hat er einige Abteilungen des Heeres zur Erforschung des Gebietes ausgeschickt. Jetzt will er es besetzen und hat schon mit der Aushebung von Truppen begonnen.

Während seiner Regierungszeit hatte Nero sich bemüht, aus dem Schwarzen Meer ein römisches Binnenmeer zu machen. Die Besetzung des Kaukasus sollte dieses Werk vollenden.[1011] Sie war als erste Etappe eines weit ehrgeizigeren Vorhabens gedacht. Nach der Unterwerfung der wilden Stämme im Kaukasus wollte Nero persönlich die Expedition leiten, die das Kaspische Meer umgehen, nach Rußland vorstoßen und auf den Spuren Alexanders des Großen, dem Nero gleichzukommen gedachte, bis nach China vordringen sollte.

Alles ist eine Spur zu groß. Alles wird zu schwer.

Die Entscheidung, dem großen Makedonier nachzueifern, war ein letzter provokatorischer Akt. Alexander war bei den römischen Intellektuellen nicht beliebt: Seneca hielt ihn für leicht verrückt[1012], und Lucanus für einen unglücklichen Größenwahnsinnigen[1013].

Nero hingegen gefiel an Alexander, was die Konservativen störte: Ihn faszinierten nicht so sehr Alexanders Siege, sondern seine Visionen, sein Verlangen, die Grenzen des Unbekannten zu überschreiten. So hatte Neros Vorhaben, abgesehen von der Absicht, die römische Herrschaft am Schwarzen Meer zu konsolidieren, kaum militärischen Charakter. Es zielte auf die Erforschung unbekannter Gebiete.

Das Vorhaben kam Mitte März zum Erliegen.

Der Statthalter der Provinz *Gallia Lugdunensis*, Gaius Iulius

Vindex, edler gallischer Abkunft, hatte den Gehorsam gegen den Kaiser aufgekündigt. Nero hielt sich in Neapel auf und maß der Sache keine Bedeutung bei. Vindex verfügte nur über wenige Truppen, und die nerotreue Provinzhauptstadt Lugdunum (Lyon) hatte sich dem Aufstand des Statthalters nicht angeschlossen. Allerdings hätte zumindest die Tatsache stutzig machen müssen, daß es sich bei dem Rebellen um jenen Vindex handelte, den Nero selbst ernannt hatte, weil er seinen Mut, seine Hartnäckigkeit und seine Intelligenz schätzte.

Doch der Kaiser bleibt eine weitere Woche in Neapel, reibt sich zwischen Ringkampfschule und Theater auf, weicht der Entscheidung aus. Er wirkt unerklärlich müde. Er ist jedoch davon überzeugt, daß er kein Dilettant, sondern ein wahrer Künstler und ein Kenner vom Fach ist. Die Überzeugung, er sei zum Künstler geboren, eine *idée fixe*, beherrscht ihn bis zuletzt. Nichts versetzt ihn beim Aufstand des Vindex so sehr in Wut wie dessen Proklamation, er sei ein miserabler Kitharöde, ein elender Komponist.[1014]

Helius und Polyclitus melden, die Lage in Rom sei ernst. Wie viele Kräfte Vindex zur Verfügung habe, sei gleichgültig. Nero müsse beachten, daß erstmals ein Statthalter offen rebelliert habe. Daraufhin wendet sich der Kaiser an den Senat, entschuldigt seine Abwesenheit mit einem Halsleiden und fordert die Senatoren auf, Vindex zu verurteilen.

Business as usual. Der Kaiser kehrt in die Hauptstadt zurück und ruft seine Ratgeber zusammen. Die Beratung ist kurz, »den Rest des Tages verbrachte er mit der Besichtigung und Prüfung von Wasserorgeln neuester Konstruktion. Er zeigte sogar die einzelnen Teile vor, sprach über Verhältnis und Schwierigkeit des Mechanismus der Instrumente«[1015], gab die Zusicherung, sie bei nächster Gelegenheit im Theater vorzuführen und fügte ironisch hinzu: »wenn Vindex es erlaubt«. Nero soll auch gelobt haben, falls es gelänge, des Komplotts Herr zu werden, sich beim

Siegesfest auf der Wasserorgel hören zu lassen.[1016] Heutige Musikarchäologen versuchen gerade, die Wirkweise und den Klang solcher Instrumente zu erkunden – und sie zu spielen.

In der Zwischenzeit war Vindex nicht untätig gewesen. In einer Botschaft an Galba, den Statthalter der Provinz *Hispania Tarraconensis*, dem heutigen östlichen Spanien, hatte er diesen aufgefordert, sich dem Aufstand anzuschließen, und ihm seine Unterstützung zugesagt, wenn er bereit sei, sich zum Kaiser ausrufen zu lassen.

Den steinreichen, homosexuellen Senator Servius Sulpicius Galba, der inzwischen 73 Jahre alt war, hatte Nero 60 zum Statthalter in Spanien ernannt, als sein Verhältnis zum Senat noch einigermaßen in Ordnung war. Galba hatte sich auf diesem Posten durch eine Mischung von Grausamkeit und Nachgiebigkeit hervorgetan. Sein Motto war: »Niemand kann wegen seines Nichtstuns zur Rechenschaft gezogen werden.«[1017] Deshalb hatte er gute Gründe, Neros Zorn zu fürchten.

Galba war farblos, furchtsam, die Botschaft des Vindex machte ihm angst. Was tun? Verriet er den Kaiser, riskierte er seinen Kopf, verriet er ihn nicht, riskierte er ihn auch. Er versuchte, Zeit zu gewinnen.

Dann wendet er sich im spanischen Cartagena an seine Truppen. Er will sie veranlassen, gegen Rom zu ziehen. In diesem Zusammenhang läßt er, als stumme Ankläger Neros, möglichst viele Porträts von Männern aufstellen, die dem Kaiser zum Opfer gefallen sind.[1018] Das *happening* spornt an, nimmt zumindest etwas die Angst.

Doch jetzt meldet sich die Gegenseite zu Wort. Der Statthalter von Aquitanien (Südwestfrankreich) fordert Galba auf, ihm gegen Vindex beizustehen. Legat Titus Vinius weist Galba darauf hin, daß jede Diskussion über eine solche Anfrage Hochverrat sei: Er müsse sich auf der Stelle entscheiden. Doch sind es nicht diese Argumente, die Galba wecken, sondern die

Aufforderung aus Rom, endlich zu handeln. Die Revolte war von Provinzen ausgegangen, ihr geistiges Zentrum war die Aristokratie in Rom.

Eine bestimmte Deutung ist sich sicher: Nero sollte sich künftig nicht mehr davon überzeugen dürfen, »bis zu welcher Stufe die Römer gesunken, wie lange sie seine blutige Herrschaft zu tragen gewillt«[1019] waren. Der Senat, bisher vor dem Kaiser in die Knie gegangen, ist entschlossen, sich diesen Jungen vom Hals zu schaffen.

30.

ERSCHÖPFUNG

Grundkonsens und Haß

Noch immer wird über die eigentlichen Ursachen von Neros Scheitern diskutiert.

Roms Herrschaftssystem funktionierte bekanntlich nur, wenn der Grundkonsens zwischen Senat, Volk, Heer auf der einen und dem Kaiser auf der anderen Seite bewahrt wurde.[1020] Ein Kaiser war gehalten, seinem Gegenüber immer wieder zu beweisen, daß er der Rollenerwartung an einen guten Herrscher genügte. Freilich verstanden die drei Sektoren des Gegenübers jeweils etwas anderes unter diesem Ideal: Der Senat wünschte sich einen traditionsstarken Ersten unter Gleichen, das Volk einen milden, großzügigen Herrscher, der für die beiden wichtigsten Bedürfnisse sorgte, für Brot und Spiele *(panem et circenses)*, das Heer war an einem tüchtigen Kriegsherrn interessiert.

Nero hatte meist die Wünsche des Volkes bedient, nicht die des Senats oder, abgeschwächt, die der Legionen. Damit stand er unter den Kaisern nicht allein: Da jeder der drei Sektoren auf seiner besonderen Beziehung zum Kaiser beharrte und sich seine Erwartungen nicht nehmen lassen wollte, waren alle Kaiser tendenziell überfordert.[1021] Zwar schwächte diese Überforderung der einzelnen Personen die Monarchie als solche kaum, sie machte jedoch das System selbst krisenanfällig, sobald sich ein Kaiser dem unablässigen Konsens nicht stellen konnte oder wollte.

Für Brot hatte Nero gesorgt, über die kaiserliche Regelung von Getreideversorgung und -preis *(annona)*, die Preisanstiege und Engpässe korrigierte. Wer gar kostenlose Getreiderationen für sich beanspruchen konnte *(plebs frumentaria)*, genoß die Ehre, dem Kaiser näher zu sein als die anderen. Dieser sorgte doch sichtbar und höchstpersönlich für einen. Und in den Spielen, die der Kaiser gab, wurde die geforderte Nähe noch deutlicher bezeugt.

Die Spiele, Neros Spiele, hatten auf eine geradezu rituelle Weise die Verbundenheit zwischen Kaiser und Volk demonstriert. Kein Gedanke daran, daß das Volk entpolitisiert worden wäre, kein Gedanke, daß in den Spielen nur Blutdurst und Schaulust gestillt worden wären. Nero hatte das Gegenteil bewiesen: Seine Spiele erhoben einen höheren Anspruch. Drängte sich das Volk in seine Amphitheater und Circusse, bezeugte es eine gemeinschaftsbezogene, politische Verbundenheit mit dem Princeps.[1022]

Erst später setzt eine moralisierende Deutung dieser Spiele ein, und die Perspektive auf Nero wird verzerrt. Es ist immer möglich, einen Schuldigen zu finden, um nicht selbst als solcher dazustehen. Dieser Kaiser muß für einen Übergang herhalten: Der Grundkonsens löst sich auf, der moralische Grundanspruch tritt an seine Stelle. Moralisten, wenn auch oft von ethischer Flexibilität geprägt, gewinnen die Oberhand. An Nero entscheidet sich, so gesehen, die Stellung auch zu Rom und seinem Gemeinwesen.

Kein Geschichtsschreiber Roms hat von Ausschreitungen im Circus oder im Amphitheater berichtet.[1023] Das ist erstaunlich. Neros *Circus maximus*, das größte jemals zur Unterhaltung errichtete Bauwerk der Welt, faßte 250000 Menschen. Ein Vergleich mit heutigen Fußballstadien bietet sich an: Rom hält sich an die Ordnung, Exzesse sind unbekannt. Diese Tatsache ist im Ritual der Spiele begründet.

Wird die intensive und kontinuierliche Kommunikation der Beherrschten mit dem Herrscher zum Kriterium von Politik erhoben, dann »hat es wohl in der Weltgeschichte kaum eine Gruppe gegeben, die so politisiert war wie die stadtrömische Plebs«[1024]. Den Rahmen für diese Kommunikation gaben die Spiele ab; hier wurde der Konsens zwischen Kaiser und Volk augenfällig.

Wer wäre in dieser Hinsicht ein fähigerer Kaiser gewesen als Nero?

Die Senatoren haßten ihn wegen seiner volksfreundlichen Politik. Das hätte nicht ausgereicht. Der Haß mußte sich mit einer allgemeineren Unzufriedenheit verbinden, um den Grundkonsens aufzukündigen.

Die These, Nero sei an wirtschaftlichen Schwierigkeiten gescheitert, überzeugt nicht.[1025] Richtig ist, daß die Staatskasse wegen Neros Ausgabenpolitik seit 64 leer war, doch das Reich stand in Blüte. Zudem ging die Revolte von Gallien aus, das unter Nero einen Aufschwung erlebte. Falls es aufgrund der Geldknappheit Probleme gab, spielten sie eine untergeordnete Rolle.

Auch Neros Grausamkeit, so oft sie kolportiert und so wenig sie belegt wird, kann nicht der Grund für seinen Sturz gewesen sein. Dieses Argument wurde erst nach seinem Tod aufgebauscht. Nero handelte nicht grausamer als seine Vorgänger Caligula und Claudius. Und er strafte kleine Gruppen. Doch gerade damit hatte er Pech. Die Gruppen gehörten jener Schicht und Religion an, die seine ersten Biographen faszinierte.[1026] Daher sind es zunehmend die Christen, die brutal verhört, in Tierfelle genäht und grausam gemartert werden.[1027] Es werden ihrer im Lauf der Jahrhunderte immer mehr. An den Tatsachen ändern diese Behauptungen nichts.

Am Ende brachte Nero der Skandal zu Fall, den sein Versuch einer Kulturwende hervorrief. Das Experiment wirkte tödlich. Nicht nur sich selbst öffentlich als Künstler zu präsentieren, sondern das Reich zu entromanisieren und zu entprovinzialisieren, unter der italischen Bevölkerung die griechische Erziehung (paideia) zu verbreiten, ein Zentrum des Reiches nach Osten zu verlagern[1028], all das mußte lebensbedrohliche Folgen haben.

Wer herkömmliche Sitten bricht, gilt als Verbrecher. »Tötet ihn in seinem Palast!« sollen die Verschwörer gerufen haben. Weg mit ihm! Weg mit seinem Weltwunder, der domus aurea! Das sind die Devisen der nächsten Zeit. Sie sind konsequent. Der Übeltäter und alles, was an ihn erinnert, muß aus der Mitte der Guten entfernt werden. Niemand mehr, nichts mehr soll von Erinnerungen verwüstet sein. Eine archaische Forderung, damit Rom wieder sein kann, wie es war.

Altrom wird siegen. Nero hat sich zu weit vorgewagt und der römertümelnden Mentalität zuviel Änderung zugemutet. Selbst die ihm wohlgesinnten Kreise waren überfordert. Sein Sturz und das endgültige Scheitern seiner Kulturwende fallen zusammen. Der Status quo triumphiert.

Warum ist das so gewesen?

Die herkömmliche Auffassung vom Menschen geht davon aus, daß Menschen sich ändern, falls ihnen überzeugende Argumente für eine solche Verhaltensänderung geliefert werden.[1029] Daher sind Appelle an die Einsicht so beliebt. Doch sie bewirken, genauer betrachtet, in den meisten Fällen nichts. Denn Menschen handeln nicht nur rational. Bei ihren Entscheidungen spielen unbewußte Prozesse eine wichtige Rolle.

Deshalb formuliert heutige Forschung bestimmte »Einschränkungen« *(constraints)* des rationalen menschlichen Verhaltens: Der Besitztumseffekt zum Beispiel läßt Menschen dazu tendieren, dasjenige, was sie besitzen, höher einzuschätzen als das, was sie durch Verhaltensänderung erreichen können. Ein weiterer Faktor ist die Angst vor dem Risiko des Neuen, die sich in einem beträchtlichen Beharrungsvermögen niederschlägt. Zudem ist menschliches Handeln kurzsichtig: Nahe liegende Ziele werden eher verfolgt als ferner liegende, unabhängig davon, ob für die letzteren die besseren Argumente sprechen.

Die von Vindex und Galba in den Tagen der Revolte ausgegebenen Münzen liefern Hinweise auf die Richtigkeit dieser Einschätzung: Sie beschwören Rom, sprechen von Wiedergeburt und Restauration. Gesiegt haben demnach, bis auf weiteres, die altrömische Überlieferung, die Kurzsichtigkeit im Nahziel, die Furcht vor dem Risiko, der Besitztumseffekt.

Doch der vermeintliche Sieg besagt nicht alles: Neros Beliebtheit blieb so groß, daß bald eine Konterlegende entstand. Aus Gründen, die denen der christlichen Autoren diametral entgegengesetzt waren, weigerte sich das Volk – nach Art der Legende über Elvis Presley – zu glauben, daß Nero wirklich tot sei.[1030]

Neros Nachfolger, Otho, wird im Schauspiel als Nero begrüßt werden.[1031] Er wird diese Bezeichnung nicht zurückweisen, um sich das Volk für die drei Monate seines gesichtslosen Kaisertums[1032] zu erhalten. Und als zwei Jahre nach Neros Tod der erste falsche Nero auftaucht, ruft das große Aufregung hervor. Ein zweiter läßt nicht lange auf sich warten, und noch zwanzig Jahre später tritt der dritte Pseudo-Nero auf. Viele Jahre lang bringt das Volk im Frühjahr und im Sommer Blumen zum Grab jenes Mannes, dessen Name offiziell verurteilt sein soll. Neros Andenken lebt fort.

Ist dies auf die verschwenderische Freigebigkeit dieses Kaisers zurückzuführen? Sie wurde konkret bei Schauspielen und Festen, dem besten Maßstab für Roms Größe. Zum Vergleich: Der kauzige Tiberius hatte dem schaulustigen Pöbel seine Verachtung bewiesen, indem er gar keine Schauspiele gab. Unter Nero war alles anders. Tacitus meint freilich, der gemeine Haufe, an Circus und Theater gewöhnt, sei bloß begierig nach Gerüchten gewesen.[1033]

Zurück in die Wirklichkeit des Jahres 68. Am 2. April beschließt Galba zu handeln. In einer Proklamation stellt er sich gegen Nero und bezeichnet sich als Vertreter des Senats und des römischen Volkes. Mit von der Partie ist Otho, Statthalter von Lusitanien, Neros alter Freund. Die Treue halten Nero auf der Iberischen Halbinsel der Statthalter von Baetica, Obultronius Sabinus, und dessen Legat Cornelius Marcellus, den Galba, der als Kaiser ein Blutbad anrichten wird, nach Neros Tod beseitigt.

Als die Nachricht von Galbas Proklamation eintrifft, wird Nero ohnmächtig. Ein weiteres Symptom. Das Puzzle zum Tod aus Erschöpfung setzt sich grausam konsequent zusammen.

Als der Kaiser wieder zu sich kommt, sagt er zu seiner alten Amme, die ihn zu trösten sucht: »Es ist aus mit mir!« Merkwürdig, was er jetzt weiß. Als hätte er nicht schon vorher schlimme Komplotte gemeistert, ist er diesmal überzeugt, daß das Ende bevorsteht.

Dann erholt er sich, improvisiert Verse, in denen er die Anführer der Rebellion verspottet, und geht am Abend wie üblich und für ihn typisch ins Theater. Dort ist er abgelenkt von seiner Todeskrankheit, dort braucht er nicht nachzudenken, dort findet er Zeit, einem Schauspieler, der ihm gefallen hat, einen Glückwunsch zu schicken.

Am nächsten Tag beginnt er, Gegenmaßnahmen einzuleiten. Er läßt Galba vom Senat zum Feind erklären und trifft die notwendigen Vorkehrungen. Er unterstellt Petronius Turpillianus und Rubrius Gallus die Legionen, die für den geplanten Kaukasusfeldzug bereits von der Donau und aus Bithynien abgezogen worden sind, sowie die für ihre Ergebenheit gegenüber dem Kaiser berühmte 14. Legion und läßt sie in Norditalien in Stellung bringen. Zur Verteidigung von Lugdunum entsendet er die neue Phalanx *Alexander der Große*. Außerdem wird am Kap Misenum unter den Seeleuten mit der Aushebung einer weiteren Legion begonnen. Wie im Ausnahmezustand üblich, übernimmt Nero Ende April allein das Consulat.

So tut er geschäftig alles Notwendige. Doch ihm fehlt die rechte Überzeugung. Alles bleibt halbherzig. Hat er keine Lust mehr, sich und seine Sache zu verteidigen? Möglicherweise erträgt er die doppelt belastende Situation nicht mehr – Kaiser aus Pflicht, Künstler aus Berufung – und hegt im Unterbewußtsein den Wunsch, sich zu befreien. Ein Symptom.

Sein Schicksal hängt weniger von seinen matten Aktionen ab als vom Statthalter der Provinz Obergermanien *(Germania superior)*. Die einzige größere, aus drei Legionen bestehende Truppenkonzentration im Westteil des Reiches befand sich am Rhein und stand unter dem Kommando des Lucius Verginius Rufus. Mit seinen zahlreichen Truppen lag dieser den Aufständischen am nächsten. Der Ausgang des Kampfes hing davon ab, wie er sich verhalten würde. Vindex hatte Rufus aufgefordert, sich dem Komplott anzuschließen.

Nero übt keinen Druck aus. Rufus weiß selbst, daß es seine Pflicht ist, gegen Vindex vorzugehen. Das tut er auch, allerdings ausgesprochen langsam. Ende Mai stellt er sich eher unwillig und kompromißbereit in Vesantium (Besançon) der Schlacht mit

Vindex, der 20000 bunt zusammengewürfelte Männer zusammengebracht hat.

Rufus trägt einen leichten Sieg davon. Vindex, der den Tod seiner Landsleute nicht überleben will, stürzt sich in sein Schwert. Als Galba davon erfährt, beschwört er Rufus, sich auf seine Seite zu schlagen. Nachdem er eine Abfuhr erhalten hat, zieht er sich auf die Iberische Halbinsel zurück, verschanzt sich mit einer einzigen Legion und rechnet mit dem Schlimmsten.

Die Rheintruppen stehen hinter dem Kaiser. Die Statthalter von Dalmatien und Pannonien ergreifen für ihn Partei. Auch die östlichen Provinzen bleiben treu. Andere Statthalter halten sich zurück und warten auf ein entschiedenes Vorgehen.

Möglicherweise hätte es genügt, an der Spitze einer ergebenen Legion gegen Galba zu marschieren; Nero hätte leichtes Spiel gehabt. Doch er verhält sich so, daß selbst seine Anhänger konsterniert sind. Je mehr Zeit vergeht, desto mehr Anzeichen von Unsicherheit und beinahe selbstmörderischer Apathie zeigen sich.

Neros Verhalten ist kaum dazu angetan, Vertrauen einzuflößen. Er verspürt die Ausweichneigung des Kindes. Er liebäugelt mit dem Plan, sich nach Ägypten zurückzuziehen und von dort aus zu regieren oder das Reich mit Galba zu teilen. Dann denkt er wieder daran, alles aufzugeben. Denn schließlich, meint er, »kann ich immer mit der Kunst meinen Lebensunterhalt verdienen«[1034].

Alles halb so schlimm? Ein abgedankter Kaiser, der als Schauspieler auftritt? Ein Mitglied des Kaiserhauses, das seine Zukunft von der Gunst der Zuhörer abhängig macht? Ein Machthaber, der nur noch singen will?

Neros Verhalten entmutigt die Freunde und gibt den Gegnern Auftrieb. Bei anderer Gelegenheit sagt der junge Kaiser, als er auf die Schulter eines Vertrauten gestützt (!) das Speisezimmer verläßt, »sobald er nur den Fuß auf gallische Erde gesetzt habe, wolle er unbewaffnet den Heeren entgegentreten und nichts weiter tun als weinen. Hätte er dadurch die Rebellen dazu gebracht, daß sie ihre Taten bereuten, werde er tags darauf fröhlichen Herzens im Kreise fröhlicher Leute die Siegeslieder vortragen, an deren Abfassung er sich schon jetzt machen müsse.«[1035]

Nero ist abgedreht. Er hat den Kontakt zur Realität verloren, zieht sich auf sich selbst zurück, weist immer typischere Symptome auf: Antriebsschwäche, Unlust und die Neigung, sich auf und davon zu machen, einen anderen Beruf zu ergreifen. Es sieht aus, als handle es sich um einen zunehmenden Erschöpfungszustand, um depressive Verstimmungen, um eine Reaktion auf anhaltende schwere Belastungen, welche die Kompensationsmöglichkeiten dieses Menschen erschöpft haben.

Mediziner nehmen ein Phasenmodell zu Hilfe, um auf das Vorliegen eines solchen Erschöpfungssyndroms schließen zu können[1036]: Meist sind intelligente und engagierte Menschen betroffen. Anfangs bestimmen Enthusiasmus und Ideenreichtum, hohe Erwartungen und Selbstbestätigung durch Leistung das Bild. Die Engagierten brennen für ihre Sache, wollen alles, was sie als ihre Aufgabe begreifen, perfekt machen. Nach dem Abklingen der ersten Begeisterungswogen, manchmal nach Jahren, nach Jahrzehnten, wächst die Erkenntnis, nicht alles erreichen zu können, was geplant war.

Trotz Stagnation und Frustration glaubt der Betroffene, seine Aufgaben mit verstärktem Einsatz bewältigen zu können. Er entwickelt einen Tunnelblick: Nichts mehr scheint den Gefährdeten wirklich zu interessieren. Mit Ausnahme seiner eigenen Aufgabenstellung. Er nimmt am Leben nur noch physisch teil, beteiligt sich nicht innerlich. Er vernachlässigt Familie und Freunde, kapselt sich ab. Dabei verspürt er Hoffnungslosigkeit und Apathie. Das Gefühl der inneren Leere wird unerträglich. Vereinsamung und »wie abgestorben sein« sind vorherrschende Gefühle. Depression breitet sich aus.

Am liebsten fliehen. Nichts mehr spüren. Doch Rom kennt keinen abgedankten Kaiser. Nur einen toten.[1037]

Gewiß kann ich Neros Zustand in seinem letzten Lebenshalbjahr nicht mit Hilfe einer Ferndiagnose ergründen. Von daher gesehen ist meine Annahme, der Kaiser habe sich mehr und mehr den erwähnten Phasen nachbewegt, nicht eigentlich zu belegen. Und doch fällt auf, wie oft sich verschiedene bisher kaum erklärte Handlungen und psychische Situationen Neros mit Hilfe dieser Arbeitshypothese deuten lassen.

Die Welt da draußen geht ihren Gang. Sie nimmt immer seltener Rücksicht auf einen Kaiser, der in seinen Entscheidungen gelähmt erscheint. Die noch unschlüssigen Statthalter wenden sich nach und nach Galba zu. Auch unter den Getreuen wächst der Zweifel, ob Nero fähig und bereit sei, der Situation die Stirn zu bieten.

Inzwischen hat der Kaiser nennenswerte Teile des Heeres gegen sich aufgebracht. Nicht unwichtig ist in diesem Zusammenhang, daß er im Gegensatz zu seinen Vorgängern die Truppen nie besucht, kein Schlachtfeld betreten hat und seit seiner schlichten militärischen Ausbildung, die er in seiner Jugend von Burrus erhalten hatte, keine Waffe mehr angerührt hat.[1038]

Altroms Männern fehlte es an der Gelegenheit zu großen Kriegen und Siegen. Sie hatten, als Soldaten von Geblüt, bei Kriegen stets ein gutes Gewissen; niemand brauchte sie dieses erst zu lehren.[1039]

Auf den Wänden in Rom tauchen beleidigende, spöttische Inschriften auf. Auf dem Scheitel einer für Nero errichteten Statue wird ein Lockenschmuck und eine Inschrift angebracht, die besagt, »jetzt sei der wahre Wettkampf da, er möge endlich sich ergeben«. Ein anderes Graffito lautet: »Selbst die Hähne hat er durch sein Singen aufgeweckt.«

Nero glaubt, beim Volk immer noch beliebt zu sein. Unter seinen Papieren wird sich der Entwurf für einen Appell finden.

Tatsächlich war er der Princeps dieses Volkes, doch »das Proletariat hatte mehr Gewicht, wenn es gegen, als wenn es für etwas war«[1040].

Galba, der sich in seinem Versteck aufhält, ist ähnlich unentschieden wie der Kaiser. Doch Tigellinus bringt sich als erster in Sicherheit, entschuldigt sich mit Krankheit, verschwindet aus Rom. Er ist wirklich krebskrank, doch er unternimmt nichts, den Kaiser zu retten. Für diese Untätigkeit wird der Prätorianerpräfekt von Galba belohnt werden, der ihm das Leben schenkt, obwohl die Menge seinen Kopf fordert.

Otho, der mit seiner Adoption durch Galba gerechnet hat, wird im Vierkaiserjahr 69, in dem nach Neros Tod alle widerstreitenden Kräfte freigesetzt sind, Galba aus dem Amt drängen und an dessen Ermordung beteiligt sein. Der konservative Senat rührt keine Hand. Nach seiner Niederlage gegen Vitellius tötet sich Otho am 16. April 69. Plutarch hat Biographien über ihn und Galba geschrieben. Sie sind erhalten.

Auch Tigellinus wird enden wie Otho: Neros Anhänger jagen ihn, weil sie ihm seinen Verrat, Neros Feinde, weil sie ihm seine Verbrechen nicht verzeihen. Als er in den Bädern von Sinuessa im südlichen Latium aufgespürt wird, wo er sich mit Dirnen vergnügt, wird er sich die Kehle durchtrennen.

Vorerst kommt der zweite Prätorianerpräfekt ins Spiel. Nymphidius Sabinus bleibt und übernimmt die entscheidende Rolle. Seine Funktion wird in den Quellen freilich unterbewertet, »als könne man nicht zugeben, daß eine derart niederträchtige Person, die sich zudem später noch den Verrat an Galba zuschulden kommen ließ, über Neros Sturz entschied«[1041].

Nymphidius Sabinus siegt mit Hilfe der Lüge. Er setzt Gerüchte in Umlauf, um einen erschöpften Kaiser davon zu überzeugen, daß das gesamte Heer gegen ihn sei und jede Loyalität (fides) aufgekündigt habe.

Nichts stimmt. Doch da der Kaiser isoliert ist und nichts gegen den Verlust seiner Kommunikation tut, bekommt er es mit der Angst zu tun, seiner Feindin seit Kindestagen: »Nero wurde mehr durch Botschaften und Gerüchte als mit Waffengewalt gestürzt.«[1042] Der Verräter hat eine typische Eigenschaft Neros ausgenutzt: Der Kaiser mißt persönlichen Gesprächen und Ratschlägen mehr Bedeutung bei als der politischen Realität.[1043] Das einsame Kind braucht offenbar solche Dialoge, solche Bezugspersonen. Schlimm, wenn diese es verraten. Dann bleibt Nero ganz allein.

Nachdem Nymphidius Sabinus den Kaiser bearbeitet hat, bringt er ihn dazu, die *domus aurea* zu verlassen und sich in einen Palast bei den Servilianischen Gärten zu begeben. Dort läßt er ihn zurück, eilt mit Senatoren, mit denen er sich einig ist, zum Prätorianerlager und greift zur nächsten Lüge: Nero sei längst nach Ägypten geflohen. Im Namen Galbas verspricht der Verräter den Soldaten Geld und veranlaßt sie, Galba zum Kaiser auszurufen. 30 000 Sesterzen für jeden Prätorianer, 6 000 für jeden Legionär, das ist der Judaslohn. Galba zahlt nie.[1044]

Ein würdeloser Tod?

Im Palast ist es still geworden. Diese Stille wirkt wie eine unsichtbare Substanz, die sich mit der Luft einatmen läßt. Sie schafft jedoch kein Leben, keine Ruhe.

Nero ist fast allein. Die wachhabenden Prätorianer sind auf und davon. Sie haben mitgenommen, so viel sie tragen konnten. Auch die goldene Kapsel, in der Gift versteckt war, ist nicht mehr da. Nur Phaon, Epaphroditus, Neophitus und Sporus sind geblieben. Statilia Messalina, Neros Ehefrau, hat sich aus dem Staub gemacht. Neros Nachfolger Otho trägt ihr später die Ehe an; sie lehnt ab. Die letzten Berichte über sie stammen aus dem Jahr 70.[1045]

Was die kommenden Ereignisse betrifft, kann man nur auf den viele Jahrzehnte später schreibenden Sueton zurückgreifen. Dieser Zeuge vom Hörensagen neigt dazu, ein möglichst demütigendes Bild von Neros letzten Stunden zu zeichnen.[1046] Die eingeforderte *Katharsis*, der erbauliche Schluß eines theatralischen Lebens, fällt aus. Statt dessen kommen die Klischees über den Tod des Frivolen ins Spiel: Dr. Faust, Don Juan grüßen. Einmal gelebt wie ein Dämon, als Dämon gestorben – das gelingt nicht jedem. Der Ehre wäre genug getan durch einen anständigen Tod. Dem Unwürdigen wird ein würdeloser Tod zugedacht.

Freilich: Weder Galba noch Otho und Vitellius, die Nachfolger Neros, werden in Würde sterben.[1047] Zudem ist das Gerede bezüglich des Todes der Herrschenden immer wild. Und bald jubeln die Gegner, die Verräter, der machtlose Tote wird verspottet werden. Der Jubel scheint noch ehrlicher als bei den sonstigen Todesfällen in Rom.

Da ihm kein Gift mehr zur Verfügung steht, schickt Nero Boten aus, um den Gladiator Spiculus oder den erstbesten herbeizuschaffen, der bereit ist, ihn zu töten. Da niemand anzutreffen ist, ruft der Kaiser: »Habe ich weder Freund noch Feind?«[1048]

Nero handelt unüberlegt, voller Resignation. Er plant zwar völlig naiv, in Trauergewändern vor den Senat zu treten, um durch Tränen eine Umkehr zu erreichen. Doch er hält sich an seine Angst, an seine Müdigkeit und denkt nicht einmal daran, sein eigentlicher Fehler, sich um jene Kohorten der Garde zu kümmern, die ihm geblieben sind. Auch die Rheinarmee hält ihm die Treue, die Flotte in Misenum ebenso, aber Nero unternimmt nichts. Er informiert sich nicht über das, was ihm geblieben ist. Dies Versäumnis wiegt schwer. Wir wissen freilich nicht, warum er in der entscheidenden Stunde so unentschlossen blieb. Im nachhinein sind Ratschläge wohlfeil.

Die Chancen sind nicht wahrgenommen, für immer vertan. Jetzt geht es schnell. Der getreue Phaon bietet Nero sein wenige Kilometer vor der Stadt zwischen der *Via Salaria* und der *Via Nomentana* gelegenes kleines Landgut an. Zu Pferde macht sich die Gruppe auf den Weg. Der Kaiser hat sich einen verschossenen Mantel übergeworfen und die Mütze aufgesetzt, die er bei seinen nächtlichen Ausflügen benutzte, um nicht erkannt zu werden. Als er in der Nähe des Prätorianerlagers vorbeikommt, soll er gehört haben, wie die Soldaten Galba zum Kaiser ausriefen. Und aus einer am Straßenrand stehenden Gruppe hört er angeblich jemanden, als er ihn und seine vier Freunde vorbeireiten sah, sagen: »Die setzen Nero nach.« Ein Veteran von den Prätorianern hingegen begrüßt ihn, als er ihn erkennt.

Beim Hintereingang des Landhauses angekommen, der gewählt wird, um nicht aufzufallen, muß die Gruppe die Pferde zurücklassen. Nun heißt es, durch Gebüsch und Dornensträucher zu Fuß weiterzugehen. Phaon breitet seinen Mantel aus, damit Nero, der wieder einmal barfuß ist, darauf gehen kann. Die fünf kommen nur langsam voran. Als sie zu einer Sandgrube gelangen, bittet Phaon seinen Kaiser, sich hier zu verstecken, bis die andern einen Weg gebahnt haben.

Nero weigert sich. Er bleibt eine Weile stehen, dann geht er zwischen die Dornen, zerfetzt Mantel und Haut, gelangt auf allen vieren in einen Geheimraum, der zum Haus gehört. Hier kann er sich auf ein Lager werfen. Seine Freigelassenen dringen in ihn, er solle seinem Leben auf der Stelle ein Ende machen, um sich dem Schimpf zu entziehen, der durch Galbas Häscher droht.

Er zögert. Den Verlust der Macht hätte er wohl als Befreiung erlebt, doch sterben will er nicht. Er phantasiert, Künstler bis zuletzt, über eine Flucht. Seine Begleiter konfrontieren ihn mit der Realität: Er muß sterben.

So befiehlt er, eine Grube auszuheben, die seinen Körpermaßen angepaßt ist, womöglich ein paar Marmorstücke zu sammeln, Wasser und Kleinholz herbeizuschaffen, damit seiner

Leiche die letzte Ehre erwiesen werden könne. Während diese Befehle ausgeführt werden, ruft er angeblich immer wieder: »Welch ein Virtuose stirbt mit mir *(qualis artifex pereo)*!«[1049] Auch das eines jener letzten Worte, wie sie verehrten oder verhaßten Toten in den Mund gelegt werden. »Welch ein Kaiser stirbt mit mir!« hat Nero nicht rufen dürfen.

Parallelen zwischen Nero und Augustus? »Jener fürchterliche Mensch«[1050], Augustus, ließ kurz vor dem Sterben seine Maske fallen, als er zu verstehen gab, daß er eine Komödie gespielt hatte. Er hatte den Vater des Vaterlandes gegeben und die Weisheit auf dem Thron. Jetzt, kurz vor dem Tod, soll er gerufen haben: »Spendet Beifall, Freunde, die Komödie ist aus! *(Plaudite, amici, comoedia finita est!)*«

Neros vollständiger Titel in dieser Stunde: *Imperator Nero Claudius Caesar Augustus Germanicus, Pontifex maximus, Tribuniciae potestatis XIV, Imperator XIII, Consul V, Pater patriae.* Imposant. Vergebens.

Ein Bote bringt die Nachricht, der Kaiser sei vom Senat zum Hochverräter und Staatsfeind *(hostis populi romani, hostis patriae)* erklärt worden und alles suche nach ihm, um nach dem Brauch der Vorfahren die Strafe zu vollziehen. Um den Mut zum Freitod zu finden, läßt sich Nero erklären, worin diese Strafe besteht. Als er erfährt, daß das Opfer nackt mit dem Hals in eine Gabel geschlossen und mit Ruten zu Tode gepeitscht werde, ergreift er den Dolch, prüft die Schneide, steckt ihn zurück und meint, seine Stunde sei noch nicht gekommen. Was hatte Vergil gedichtet, auf dessen Verse sich Rom stützt? Einmal stirbt jeder, doch es muß zu seiner eigenen Stunde sein *(stat sua cuique dies)*.[1051]

Da sprengen Reiter heran, die Nero lebend fangen sollen. Als er sie hört, zitiert der Kaiser den Vers des Homer: »Von schnellfüßigen Pferden trifft der Hufschlag mir die Ohren.«[1052] Dann spricht er sich in geradezu altrömischer Diktion Mut zu: »Mit

Schimpf und Schande lebe ich! Das schickt sich nicht für Nero, das schickt sich nicht. Es gilt, den Verstand zu gebrauchen. Auf, ermanne dich!«

Der Akt des Sterbens ist weniger bedeutend, als es die Pietät behauptet. Der Sterbende hat in seinem Leben meist wichtigere Dinge verloren, als er hier drangeben muß.[1053]

Der Dreißigjährige greift zum Dolch, stößt ihn halb in die Kehle. Epaphroditus vollendet den Stoß. Ein Centurio stürzt herein. Er sieht Nero liegen und versucht, die Wunde zu verbinden, um den Kaiser lebend zu fangen. Dieser mißdeutet die Geste: »Treue *(fides)*! Zu spät!«

Der 9. Juni 68.

Anmerkungen

Teil I

1 T. Hantos, Die Republik, in: J. Martin (Hg.), Das alte Rom. Geschichte und Kultur des Imperium Romanum (München 1994),
103.

2 E. Meyer, nach: H. Widmer, Römische Welt (Biberstein 1994), 21.

3 L. Friedlaender, Sittengeschichte Roms (Wien 1934), 8.

4 Friedlaender, l.c., 20.

5 Plautus, Übersetzung von W. Ludwig, bei: Widmer, Römische
Welt, 23.

6 H. Kühner, Latium. Land im Schatten Roms (Köln 1967), 156.

7 Kühner, l.c., 22, beispielsweise zu Ludwig Richter.

8 F. Nietzsche, Die fröhliche Wissenschaft, III 240, in: K. Schlechta
(Hg.), Werke in sechs Bänden (München 1980), III, 154 f.

9 M. Lucentini et alii, Rom. Wege in die Stadt (Augsburg 1995), 220.

10 Friedlaender, l.c., 108.

11 Hantos, l.c., 108.

12 Friedlaender, l.c., 83.

13 Vgl. A. C. Carpiceci, Pompeji heute und vor 2000 Jahren (Firenze
2000), 86.

14 Friedlaender, l.c., 130.

15 W. Eder, Die Geschichte des Imperium Romanum, in: J. Martin
(Hg.), Das alte Rom. Geschichte und Kultur des Imperium Romanum (München 1994), 44.

16 Eder, l.c., 43.

17 H. Widmer, Lebendige Antike (Biberstein 1994), 13.

18 Zum Ganzen: M. Vogt-Lüerssen, Neros Mutter. Agrippina die
Jüngere und ihre Zeit (Mainz–Kostheim 2001), passim.

19 Friedlaender, l.c., 87 und 89.

20 G. Graichen, Wo Arminius die Römer schlug, in: G. Graichen –
H. H. Hinrichs (Hg.), C 14 – Vorstoß in die Vergangenheit. Archäologische Entdeckungen in Deutschland (München 1999),
195.

21 Sueton, Caligula, XIII.

22 Sueton, Caligula, L.

23 Sueton, Caligula, XXX.

24 Friedlaender, l.c., 247.

25 N. Hatebur, Antikes Patriarchat und Frauenfeindlichkeit. Entwurf einer nicht-patriarchalen Kultursoziologie (Münster 1987),
37.

26 Vgl. G. García Márquez, Leben, um davon zu erzählen (Köln
2002), 91.

27 Hatebur, l.c., 50.

28 E. Borneman, Das Patriarchat. Ursprung und Zukunft unseres
Gesellschaftssystems (Frankfurt/M. 1975), 357.

29 R. Schlesier, Humaniora. Eine Kolumne, in: Merkur 38 (1984),
822.

30 Hatebur, l.c., 14.

31 Vgl. Carpiceci, l.c., 107 zu den entsprechenden Inschriften im
sogenannten *Haus des Moralisten*.

32 Hatebur, l.c., 104.

33 Friedlaender, l.c., 317.

34 E. Flaig, Das politische System des Principats, in: J. Martin (Hg.),
Das alte Rom. Geschichte und Kultur des Imperium Romanum
(München 1994), 117.

35 Flaig, l.c., 118.

36 C. Ransmayr, Die letzte Welt (Nördlingen 1988), 294.

37 Hatebur, l.c., 105.

38 Friedlaender, l.c., 258.

39 Vgl. auch Sueton, Tiberius, XLIII und XLIV.

40 R. v. Ranke-Graves, Ich, Claudius, Kaiser und Gott (München
2003), 40.

41 Friedlaender, l.c., 256.

42 Friedlaender, l.c., 235.

43 Graichen, l.c., 182: eine »stadtbekannte Nymphomanin«.

44 Lucentini, l.c., 215.

45 M. Kaser, Römische Rechtsgeschichte (Göttingen1967), 119.

46 Die Angaben verdanke ich M. Vogt. Die autobiographischen Notizen sind nicht mehr erhalten.

47 G. Roth, Aus Sicht des Gehirns (Frankfurt a. M. 2003), 72.

48 Roth, l.c., 83.

49 Nietzsche, Morgenröte IV 307, in: Werke, l.c., II, 1191.

50 Nietzsche, Menschliches, Allzumenschliches. Vermischte Meinungen und Sprüche, II 145, in: Werke, l.c., II, 792.

51 M. Fini, Nero. Zweitausend Jahre Verleumdung (München 1994), 11. Ich stütze mich durchgehend auf dieses Werk.

52 K. Deschner, Kriminalgeschichte des Christentums. Bd. I Die Frühzeit (Reinbek 1986), 213–285.

53 Friedlaender, l.c., 486.

54 Sueton, Nero, V.

55 Vgl. zu solchen *stories* über den Ahenobarbus: R. v. Ranke-Graves, Ich, Claudius, Kaiser und Gott (München 2003), 400 f. Dazu eine Bemerkung. Wer sich wundert, bekannte Autoren zitiert zu finden, deren Werke nicht in jeder Universitätsbibliothek zu finden sind, obwohl sie auf wissenschaftlichen Grundlagen beruhen: Ich beabsichtige nicht, eine Dissertation über Nero zu schreiben. Da ich seit über dreißig Jahren Inhaber eines Lehrstuhls bin, hatte ich genügend Gelegenheit, meine Bereitschaft unter Beweis zu stellen, Fußnoten zu sammeln. Hier möchte ich auch auflockernde Literatur benutzen, die einen Blick auf das Milieu erlaubt. Dieser Blick ist nicht nur Wissenschaftlern möglich, im Gegenteil. Zudem zitiere ich lateinische wie griechische Schriftsteller nicht im Original, sondern nach zugänglichen Übersetzungen. Getrost: Ich selbst habe Latein und Griechisch zu lesen, zu schreiben – und, Latein, zu sprechen – gelernt.

56 So noch der Kirchenvater Hippolyt, bei: J. v. Uthmann, In dieser Weltgegend fühlt sich jeder Dritte zum Religionsstifter berufen, in: R. Niemann (Hg.), Von Pontius zu Pilatus (Stuttgart 1996), 93.

57 Nietzsche, Menschliches, Allzumenschliches. Anzeichen höherer und niederer Kultur, I, 259, in: Werke, l.c., II, 605.

58 Plinius, Naturalis historia 7, 139 f. Vgl. Hantos, l.c., 100.

59 Hatebur, l.c., 76 f.

60 Vgl. Nietzsche, Menschliches, Allzumenschliches. Vermischte Meinungen und Sprüche, II 307, in: Werke, l.c., II, 846.

61 Roth, l.c., 94.

62 Nietzsche, Aus dem Nachlaß der Achtzigerjahre, in: Werke, l.c., VI, 528.

63 Hatebur, l.c., 77 (L. Mumford).

64 C. Guittard, Die römische Religion, in: J. Martin (Hg.), Das alte Rom. Geschichte und Kultur des Imperium Romanum (München 1994), 276.

65 Friedlaender, l.c., 106.

66 Hatebur, l.c., 77.

67 Friedlaender, l.c., 255.

68 Friedlaender, l.c., 966.

69 Ovid, Ars amatoria, I 637.

70 Friedlaender, l.c., 968.

71 Friedlaender, l.c., 907.

72 Lactantius, bei: Friedlaender, l.c., 966.

73 Nietzsche, Der Antichrist 59, in: Werke, l.c., IV, 1230 f.

74 Friedlaender, l.c., 1015.

75 Ovid, Ars amatoria, I 280–282.

76 Friedlaender, l.c., 738.

77 Friedlaender, l.c., 732.

78 Carpiceci, l.c., 80: Das sogenannte Haus des Siricus in Pompeji trägt am Eingang die Inschrift *salve lucrum* (Willkommen dem Verdienst), vielleicht als Devise der Bewohner in den letzten Jahren vor der Katastrophe des Jahres 79 u. Z.

79 Hatebur, l.c., 74.

80 Hatebur, l.c., 75 A. 193.

81 Friedlaender, l.c., 108.

82 García Márquez, l.c., 229.

83 Carpiceci, l.c., 41: Zu Ehren des *garum*-Fabrikanten Umbricius Scaurus fanden Gladiatorenspiele in Pompeji statt. Heute ist sein Grab an der *via dei sepolcri* zu finden.

84 Friedlaender, l.c., 815.

85 Ovid, Ars amatoria, III 430.

86 H. Schneider, Wirtschaft und Verkehr, in: J. Martin (Hg.), Das Alte Rom. Geschichte und Kultur des Imperium Romanum (München 1994), 242.

87 H.-J. Gehrke, Die römische Gesellschaft, in: J. Martin (Hg.), Das Alte Rom. Geschichte und Kultur des Imperium Romanum (München 1994), 178.

88 H. Hort, Der Tempelschatz im Spargelbeet, in: G. Graichen – H. H. Hinrichs (Hg.), C 14 – Vorstoß in die Vergangenheit. Archäologische Entdeckungen in Deutschland (München 1999), 244, geht sogar vom zweieinhalbfachen Jahressold aus.

89 Hort, l.c., 243.

90 Friedlaender, l.c., 730.

91 H.-G. Pflaum, Das römische Kaiserreich, in: Propyläen Weltgeschichte (Hg. G. Mann – A. Heuss – A. Nitschke), Bd. IV 2 Rom. Die römische Welt (Frankfurt/M.–Berlin–Wien 1976), 333.

92 Friedlaender, l.c., 652.

93 Nietzsche, Menschliches, Allzumenschliches. Weib und Kind, I 379, in: Werke, l.c., II, 647.

94 E. Badinter, Die Mutterliebe. Geschichte eines Gefühls vom 17. Jahrhundert bis heute (München–Zürich 1982), passim.

95 Nietzsche, Menschliches, Allzumenschliches. Der Mensch mit sich allein, I 523, in: Werke, l.c., II, 699.

96 Nietzsche, Menschliches, Allzumenschliches. Weib und Kind, I 423, in: Werke, l.c., II, 657.

97 Vgl. R. Kaufmann,Gebrannte Kinder. Die Jugend in der Nachkriegszeit (München 1966), 115, 119, 170–175.

98 Roth, l.c., 115.

99 Roth, l.c., 108.

100 Roth, l.c., 152.

101 M. Papirowski, Nero. Plädoyer für eine Bestie, in: H.-C. Huf (Hg.) Sphinx 3. Geheimnisse der Geschichte (Bergisch Gladbach 1999), 184.

102 Sueton, Nero, XXII, 1.

103 Friedlaender, l.c., 458.

104 Sueton, Nero, XXII, 2.

105 Bei: Widmer, Lebendige Antike, 78. Vgl. Friedlaender, l.c., 465 und 504.

106 Flaig, l.c., 129–132.

107 Friedlaender, l.c., 454.

108 Flaig, l.c., 119f.

109 Flaig, l.c., 119.

110 Vgl. Carpiceci, l.c., 86.

111 Friedlaender, l.c., 431.

112 Bei: Friedlaender, l.c., 423.

113 K. Deschner, Kriminalgeschichte des Christentums, Bd. III. Die
    alte Kirche. Fälschung, Verdummung, Ausbeutung, Vernichtung
    (Reinbek 1990), 358 f.; vgl. Friedlaender, l.c., 251 und 535. Zu
    Ovid in diesem Zusammenhang: Friedlaender, l.c., 503 und 251 f.

114 Friedlaender, l.c., 252.

115 Carpiceci, l.c., 86.

116 Friedlaender, l.c., 453.

117 Vgl. Deschner , l.c., III, 504 f.

118 Deschner, l.c., III, 359.

119 Salvian, bei: Friedlaender, l.c., 454.

120 Deschner, l.c., III, 355.

121 Deschner, l.c., I, 194 ff.

122 Bei: Deschner, l.c., III, 357.

123 W. Krause, bei: Deschner, l.c., I, 194.

124 Nietzsche, Morgenröte I 80, in: Werke, l.c., II, 1066.

125 Nietzsche, Morgenröte I 76, in: Werke, l.c., II, 1062.

126 Schneider, l.c., 435.

127 K. Deschner, Kriminalgeschichte des Christentums, Bd. II Die
    Spätantike (Reinbek 1988), 561 f.

128 Rhetor Choricius im 6. Jahrhundert u. Z., bei: Friedlaender, l.c.,
    455.

129 Friedlaender, l.c., 972.

130 Friedlaender, l.c., 606.

131 Friedlaender, l.c., 461.

132 Carpiceci, l.c., 90.

133 Widmer, Römische Welt, 126.

134 Friedlaender, l.c., 461.

135 Friedlaender, l.c., 427.

136 Friedlaender, l.c., 334.

137 Friedlaender, l.c., 460.

138 Friedlaender, l.c., 447.

139 Vgl. Ranke-Graves, l.c., 403 f.

140 Kühner, l.c., 155.

141 Hantos, l.c., 116.

142 Friedlaender, l.c., 448.

143 Friedlaender, l.c., 453.

144 Sueton, Caligula, LV.

145 Friedlaender, l.c., 450.

146 Friedlaender, l.c., 450.

147 Sueton, Nero, XXII, 1.

148 García Márquez, l.c., 103.

149 Friedlaender, l.c., 450.

150 Friedlaender, l.c., 455.

151 Friedlaender, l.c., 456.

152 Dazu: M. Oliphant, Atlas der Alten Welt (München 1995), 128.

153 Ranke-Graves, l.c., 402.

154 Vgl. Carpiceci, l.c., 80 mit Beispielen zum sogenannten »Haus mit Balkon«.

155 Carpiceci, l.c., 99.

156 Die Angaben verdanke ich M. Vogt.

157 Friedlaender, l.c., 152.

158 IX 68. Zitiert bei: Widmer, Römische Welt, 144.

159 Friedlaender, l.c., 601.

160 Friedlaender, l.c., 427.

161 Friedlaender, l.c., 841.

162 Friedlaender, l.c., 846.

163 Tacitus, bei: Friedlaender, l.c., 972.

164 Zitiert bei: Widmer, Lebendige Antike, 92.

165 Kleists Werke (B. Markwardt, Hg., Leipzig o.J.), III, 328–333.

166 K. Heldmann, Die römische Literatur, in: J. Martin (Hg.), Das alte Rom. Geschichte und Kultur des Imperium Romanum (München 1994), 402.

167 H. I. Marrou, Geschichte der Erziehung im klassischen Altertum (München 1977), 502; Hatebur, l.c., 115.

168 Roth, l.c., 93.

169 García Márquez, l.c., 118.

170 Friedlaender, l.c., 985.

171 Zur Astrologie hingegen: Friedlaender, l.c., 186 ff.

172 Seneca, Quaestiones naturales 7,1. Vgl. R. Chevallier, Wissenschaft und Technik, in: J. Martin (Hg.), Das alte Rom. Geschichte und Kultur des Imperium Romanum (München 1994), 321.

173 Vgl. P. Zanker, Bilderwelt und Gesellschaft im Imperium Romanum, in: J. Martin (Hg.), Das alte Rom. Geschichte und Kultur des Imperium Romanum (München 1994), 386 (Mumienporträt der Alina, Berlin, Ägyptisches Museum).

174 Juvenal, Sat VI, bei: Hatebur, l.c., 45.

175 Hatebur, l.c., 47.

176 Juvenal, Sat. VI, zitiert nach: Hatebur, l.c., 95.

177 Nietzsche, Die fröhliche Wissenschaft, I 43, in: Werke, l.c., III, 67.

178 Friedlaender, l.c., 250.

179 Hatebur, l.c., 56.

180 Tacitus, Annalen, XI, 27.

181 A. Strindberg, Herrn Bengts Frau (München 1919), 332.

182 A. Schopenhauer, Parerga und Paralipomena, II, XXVII § 365 (Hg. L. Lütkehaus, Zürich 1988), 528.

183 Friedlaender, l.c., 49: Die Abkunft stützt sich auf den gleichnamigen König Arkadiens.

184 Fini, l.c., 24 f.

185 S. de Beauvoir, Das andere Geschlecht. Sitte und Sexus der Frau (München o. J.), 415.

186 Tacitus, Annalen, XII 7.

187 Grundsätzlich hierzu: Friedlaender, l.c., 316.

188 Vgl. zum Ganzen: W. Eck, Agrippina, die Stadtgründerin Kölns (Köln 1993).

189 Vgl. Ranke-Graves, l.c., 451.

190 Nietzsche, Die fröhliche Wissenschaft. Scherz, List und Rache 34, in: Werke, l.c., III, 25.

191 Fini, l.c., 38.

192 Vgl. Hatebur, l.c., 37.

193 Friedlaender, l.c., 997, auch zum folgenden. Zur Stoa grundsätzlich auch: M. Hossenfelder, Stoa, Epikureismus und Skepsis (München 1995); P. Veyne, Weisheit und Altruismus (Frankfurt a. M. 1993)

194 Friedlaender, l.c., 970, auch zum folgenden.

195 Cassius Dio, Römische Geschichte, 61, 92, bei: Fini, l.c., 39.

196 Tacitus, Annalen, XIII 42.

197 Nietzsche, Aus dem Nachlaß der Achtzigerjahre, in: Werke, l.c., VI, 469.

198 Nietzsche, Menschliches, Allzumenschliches. Ein Blick auf den Staat, I 469, in: Werke, l.c., II, 678.

199 Friedlaender, l.c., 1004.

200 Fini, l.c., 21.

201 Nietzsche, Menschliches, Allzumenschliches. Der Wanderer und sein Schatten, II 52, in: Werke, l.c., II 902.

202 Carpiceci, l.c., 84: Marcellus war der Patron von Pompeji, am *forum triangulare* der Stadt wurde seiner gedacht.

203 Hatebur, l.c., 114.

204 Carpiceci, l.c., 88.

205 Friedlaender, l.c., 502.

206 Widmer, Römische Welt, 119.

207 Friedlaender, l.c., 452.

208 Friedlaender, l.c., 517.

209 Friedlaender, l.c., 518 f.

210 Friedlaender, l.c., 441.

211 Friedlaender, l.c., 522.

212 Widmer, Römische Welt., 121.

213 Cicero, Vom pflichtgemäßen Handeln *(De officiis)* I 57, bei: Hatebur, l.c., 54.

214 Q.C. Metellus, in: Aulus Gallicus, Noctes Atticae IV, 4, Par. 1–4.

215 Hort, l.c., 242.

216 Friedlaender, l.c., 241.

217 Ranke-Graves, l.c., 32.

218 Sueton, Claudius, XXI und XXX.

219 Kaiserin Livia soll nach einem Gladiatorenkampf an ihren Mann Augustus geschrieben haben: »Das unmännliche Benehmen, das Claudius gestern dadurch zeigte, daß er beim Anblick von zwei kämpfenden Männern in Ohnmacht fiel – zu schweigen von dem grotesken Zucken seiner Hände und seines Kopfes, das bei einer so feierlichen Gelegenheit zu Ehren seines Vaters besonders peinlich und unwürdig war –, hatte wenigstens den Vorteil, daß wir ein für allemal die Entscheidung treffen können: ... Claudius ist völlig ungeeignet, ... in der Öffentlichkeit zu erscheinen.« (Ranke-Graves, l.c., 80 f.).

220 Fini, l.c., 25.

221 Tacitus, Annalen, XII 41.

222 Friedlaender, l.c., 363.

223 Ranke-Graves, l.c., 455.

224 Friedlaender, l.c., 233.

225 Friedlaender, l.c., 237 f.

226 Friedlaender, l.c., 234 f.

227 Ovid, Ars amatoria, II 677–679.

228 Seneca, bei: Hatebur, l.c., 67 Anm. 162.

229 G. Duby, Ritter, Frau und Priester. Die Ehe im feudalen Frankreich (Frankfurt/M. 1985), 250.

230 J. Habermas, Arbeit, Freizeit, Konsum ('s-Gravenhage 1973), 46.

231 Nietzsche, Menschliches, Allzumenschliches. Weib und Kind, I, 389, in: Werke, l.c., II, 648.

232 S. Przybyszewski, Androgyne (Berlin 1900), in: Studienausgabe Bd. 1 De profundis und andere Erzählungen (M.M. Schardt [Hg.], Paderborn 1990), 116.

233 Ovid, Ars amatoria, II 233 f.

234 Friedlaender, l.c., 216.

235 Friedlaender, l.c., 219.

236 Hatebur, l.c., 91.

237 Properz, bei: Friedlaender, l.c., 247. Vgl. Kühner, l.c., 318.

238 Ovid, bei: Friedlaender, l.c., 247.

239 Seneca, bei: Friedlaender, l.c., 248.

240 Seneca, bei: Friedlaender, l.c., 249.

241 Friedlaender, l.c., 246.

242 Friedlaender, l.c., 468.

243 Hatebur, l.c., 90.

244 Hatebur, l.c., 92.

245 Hatebur, l.c., 98.

246 Ovid, Ars amatoria, I 93 und 95.

247 Friedlaender, l.c., 245.

248 Friedlaender, l.c., 256.

249 Vgl. Hatebur, l.c., 36 und 40 f.

250 Hatebur, l.c., 64 f.

251 M. Weber, Die sozialen Gründe des Untergangs der antiken Kultur, in: Ders., Soziologie – Universalgeschichte, Analysen, Politik (Hg. J. Winckelmann, Stuttgart 1973), 9.

252 H. Sienkiewicz, Quo vadis? (Dortmund 1986), 118.

253 Sueton, Claudius, XIII als Beispiel.

254 Pflaum, l.c., 383 f.

255 Die Angaben verdanke ich W. Plambeck, Hamburg.

256 Sueton, Caligula, IL.

257 Friedlaender, l.c., 65 f., auch zum folgenden.

258 Fini, l.c., 27.

259 Papirowski, l.c., 184.

260 Fini, l.c., 41.

261 Plinius d. Ä., bei: Friedlaender, l.c., 1017.

262 Friedlaender, l.c., 970 und 1018.

263 Bei: Friedlaender, l.c., 1025.

264 W. Fricke, Ein biblischer Biedermann, in: R. Niemann (Hg.), Von Pontius zu Pilatus (Stuttgart 1996), 55.

265 Deschner, l.c., III, 27.

266 Deschner, l.c., III., 13.

267 Pausanias, bei: Deschner, l.c., III, 27.

268 Deschner, l.c., III, 83 ff., 155 ff. und 120.

269 Zum Ganzen: M. Fuhrmann, Seneca und Kaiser Nero (Berlin 1997), passim.

270 Fini, l.c., 41.

271 Hantos, l.c., 103.

272 Guittard, l.c., 286.

273 Zum Ganzen: Deschner, l.c., I, 241 ff.

274 Zum folgenden: Alle Angaben verdanke ich M. Vogt.

275 Sueton, Nero, X, 1–2; vgl. XI, 1.

276 Friedlaender, l.c., 68.

277 Tacitus, Historien, 20, 1.

278 Friedlaender, l.c., 74.

279 Sueton, Otho II, bei: Fini, l.c., 106.

280 Sienkiewicz, l..c., 52.

281 T. Hopfner: Das Sexualleben der Griechen und Römer. Von den Anfängen bis ins 6. Jahrhundert nach Christus, Bd. 1 (Prag 1938), 229.

282 Fini, l.c., 106.

283 Der Romancier H. Sienkiewicz (l.c., 25) macht aus dieser Frau in völlig abwegiger Weise eine frühe Christin.

284 Sueton, Nero, XXVIII.

285 Fini, l.c., 109.

286 Nietzsche, Menschliches, Allzumenschliches. Vermischte Meinungen und Sprüche, II 77, in: Werke, l.c., II, 767.

287 Hildebrandt, l.c., 245.

288 Hildebrandt, l.c., 166.

289 Johannes I. Chrysostomus, bei: Deschner, l.c., III, 341.

290 Heldmann, l.c., 426.

291 Kühner, l.c., 188, führt Ovids Verbannung auf diese Affäre des Dichters zurück. Vgl. Ransmayr, l.c., 310.

292 Ovid, Ars amatoria, I 4.

293 Ovid, Ars amatoria, I 37 f.

294 Ovid, Ars amatoria, I 59.

295 Ovid, Ars amatoria, I 141.

296 Ovid, Ars amatoria, I 89 f. und 100.

297 Ovid, Ars amatoria, I 274.

298 Friedlaender, l.c., 216.

299 Vgl. Nietzsche, Aus dem Nachlaß der Achtzigerjahre, in: Werke, l.c., VI, 699 f.

300 Nietzsche, Aus dem Nachlaß der Achtzigerjahre, in: Werke, l.c., VI, 827.

301 Nietzsche, Der Antichrist 21, in: Werke, l.c., IV, 1181.

302 Friedlaender, l.c., 60.

303 Fini, l.c., 107; Friedlaender, l.c., 61.

304 Ranke-Graves, l.c., 19.

305 Vgl. auch Sueton, Augustus, LXIX.

306 Vgl. Hatebur, l.c., 36.

307 Hatebur, l.c., 109.

308 O. Kiefer, Kulturgeschichte Roms. Unter besonderer Berücksichtigung der römischen Sitten (Berlin 1933), 213.

309 Fini, l.c., 108.

310 Pflaum, l.c., 331.

311 M. Grant, Nero (München 1978), 28.

312 Papirowski, l.c., 186.

313 Fini, l.c., 121.

314 Papirowski, l.c., 188.

315 Tacitus, Annalen, XIII 5.

316 Tacitus, Annalen, XIII 4.

317 Friedlaender, l.c., 82.

318 Friedlaender, l.c., 255.

319 Fini, l.c., 124, auch zum folgenden.

320 Tacitus, Annalen, XIII 21.

TEIL II

321 Jean Paul, Vorschule der Ästhetik (Hamburg 1804), § 56.

322 Friedländer, l.c., 800.

323 P. Zanker, Bilderwelt und Gesellschaft im Imperium Romanum, in: J. Martin (Hg.), Das Alte Rom. Geschichte und Kultur des Imperium Romanum (München 1994), 370.

324 Carpiceci, l.c., 17: Auch eine Statue Neros findet sich unter denen des Kaiserhauses auf dem Gelände des Forums in Pompeji. Für Caligula ist ein eigener Triumphbogen errichtet, der bis zur Katastrophe der Stadt eine große Statue des Kaisers zeigt (l.c., 33).

325 Zanker, l.c., 371.

326 Jean Paul, l.c., § 56.

327 Ranke-Graves, l.c., 402 f.

328 Sienkiewicz, l.c., 30.

329 Drei Beispiele für Dutzende: Meldung der *dpa* vom 23.2.2004; Artikel in *Der Standard* (Wien) vom 23.2.2004; Artikel in *Il Messagero* (Rom) vom 23.2.2004.

330 Friedlaender, l.c., 428.

331 Fini, l.c., 16.

332 Ovid, Amores, I 10, 18.

333 Friedlaender, l.c., 695.

334 Friedlaender, l.c., 696.

335 Ovid jedoch: »Ich will nicht teure Besätze, nicht Wolle, vom Rot tyrischer Schnecken gefärbt. Sei nicht toll und trag all dein Vermögen am Leib!« (Ars amatoria III 170–173).

336 M. A. Levi, L'Impero romano (Milano 1967), 265.

337 Kühner, l.c., 97.

338 Nietzsche, Aus dem Nachlaß der Achtzigerjahre, in: Werke, l.c., VI, 609.

339 Fini, l.c., 29, auch zum folgenden.

340 Gehrke, l.c., 171 f.

341 Friedlaender, l.c., 741.

342 Friedlaender, l.c., 504 f.

343 H. Gollwitzer, Befreiung zur Solidarität. Einführung in die evangelische Theologie (München 1978), 230.

344 Nietzsche, Die fröhliche Wissenschaft I 18, in: Werke, l.c., III, 50.

345 Deschner, l.c., III, 510.

346 Bei: H. Schneider, l.c., 242.

347 Friedlaender, l.c., 250.

348 Deschner, l.c., III, 514 f.

349 Deschner, l.c., III, 519.

350 Vgl. Hatebur, l.c., 82–85.

351 Chevallier, l.c., 334–346.

352 Fini, l.c., 30, auch zum folgenden.

353 Tacitus, Annalen, XIII 2.

354 Friedlaender, l.c., 50.

355 Friedlaender, l.c., 49.

356 Fini, l.c., 31.

357 Fini, l.c., 32.

358 Fini, ebd.

359 So Deschner, l.c., III, 511.

360 Fini, l.c., 32.

361 Tacitus, Annalen, XIV 44.

362 Tacitus, Annalen, XIV 45.

363 Tacitus, Annalen, XIII 32.

364 Fini, l.c., 34.

365 Grant, l.c., 93.

366 Fini, l.c., 49.

367 Levi, L'Impero romano, 270.

368 Fini, l.c., 48.

369 Fini, l.c., 50.

370 Levi, L'Impero romano, 271 f.

371 Papirowski, l.c. 191 f., auch zum folgenden.

372 Vgl. Tacitus, Annalen, XIII 51.

373 Fini, l.c., 52.

374 Ranke-Graves, l.c., 451.

375 Fini, l.c., 113.

376 Heldmann, l.c., 415.

377 Tacitus, Annalen, XIII 21.

378 Tacitus, Annalen, XIII 16, auch im folgenden.

379 v. Uthmann, l.c., 105 Anm. 46.

380 Friedlaender, l.c., 230.

381 E. Paratore, Tacito (Milano 1951), 83 f. und 792.

382 Friedlaender, l.c., 575.

383 Friedlaender, ebda.

384 Fini, l.c., 117, zum Ganzen.

385 Vgl. Papirowski, l.c., 190 zu den Forschungen des Düsseldorfer Medizinhistorikers H. Schadewaldt.

386 Zyankali, auch Kaliumcyanid (chemische Formel: KCN), ist das Salz des Atmungsgiftes Blausäure (HCN). Durch die Einwirkung von Säuren auf Zyankali, z. B. der Magensäure beim Menschen, wird Blausäure gebildet. Die tödliche Dosis beim Menschen beträgt ungefähr 1mg/kg.

387 Fini, l.c., 118.

388 Fini, l.c., 81 f.

389 Fini, l.c., 82.

390 Friedlaender, l.c., 520 f.

391 Fini, l.c., 80 f., auch zum folgenden.

392 Fini, l.c., 119.

393 So auch der Berliner Medizinhistoriker A. Esser. Vgl. Papirowski, l.c., 190.

394 Das MSD Manual der Diagnostik und Therapie (München-Jena 2000), 2155 f.

395 MSD Manual, l.c., 1698.

396 Fini, l.c., 113.

397 So Ranke-Graves, l.c., 452.

398 Vgl. Sueton, Tiberius, L.

399 C. T. Lanham, bei: B. Kert, Die Frauen Hemingways (Frankfurt/M.–Berlin 1987), 14.

400 Kert, l.c., 14.

401 Fini, l.c., 126.

402 Tacitus, Annalen, XIV 3.

403 Ranke-Graves, l.c., 403 hat diese Deutung übernommen.

404 Horaz, Serm. Lib. II 7, 86 f., bei: Hatebur, l.c., 35.

405 O. Weininger, Geschlecht und Charakter (Wien-Leipzig 1913), 296.

406 Zum Begriff: H. Welzel, Das Deutsche Strafrecht (Berlin 1969), 88 f.

407 Sueton, Nero, XXXIV, 2.

408 Sueton, ebd. Vgl. Grant, l.c., 63.

409 Friedlaender, l.c., 345.

410 Guittard, l.c., 283.

411 Deschner, l.c., III, 110.

412 Vgl. auch Hort, l.c., 253.

413 Friedlaender, l.c., 351.

414 Ovid, Ars amatoria, I 255 f.

415 Friedlaender, l.c., 24 und 344.

416 Friedlaender, l.c., 352.

417 Friedlaender, l.c., 353.

418 Tacitus, Annalen, XIV 5.

419 Tacitus, Annalen, XIV 8.

420 Sueton, Nero, XXXIV, 3.

421 Tacitus, Annalen XIV 8. Vgl. Fini, l.c., 239 f. Anm. 35.

422 Tacitus, Annalen XIV 9.

423 Sueton, Nero, XXXIV, 4.

424 Friedlaender, l.c., 258.

425 Tacitus, Annalen, XIV 10. Vgl. auch Sueton, Nero, XXXIV, 4.

426 Fini, l.c., 129.

427 Fini, l.c., 130 f.

428 Friedlaender, l.c., 350.

429 Sueton, Nero XXXIV.

430 Vgl. Roth, l.c., 120.

431 Grant, l.c., 125 f.

432 Meret Oppenheim, bei: Hatebur, l.c., 141.

433 Fini, l.c., 83.

434 Papirowski, l.c., 191.

435 Zum Ganzen: E. Cizek, Néron (Paris 1982), 121–172.

436 Vgl. Guittard, l.c., 268.

437 Guittard, l.c., 260.

438 Guittard, l.c., 268.

439 Hatebur, l.c., 64.

440 Hatebur, ebd.

441 Friedlaender, l.c., 315; vgl. Flaig, l.c., 129 f.

442 Gehrke, l.c., 185.

443 Nietzsche, Die fröhliche Wissenschaft I 21, in: Werke, l.c., III, 52.

444 Gehrke, l.c., 181.

445 Kühner, l.c., 91.

446 H. Schelsky, Soziologie der Sexualität (Reinbek 1977), 95.

447 García Márquez, l.c., 223.

448 Tacitus, Annalen XIV 20.

449 Friedlaender, l.c., 573.

450 Sueton, Nero, XXIII, 3.

451 Friedlaender, l.c., 536.

452 Fini, l.c., 84.

453 Nietzsche, Menschliches, Allzumenschliches. Der Wanderer und sein Schatten, II 226, in: Werke, l.c., III, 968.

454 Friedlaender, l.c., 543 f.

455 Friedlaender, l.c., 547.

456 Bei: Friedlaender, l.c., 550.

457 Plinius d. J., bei: Friedlaender, l.c., 550.

458 Bei: Friedlaender, l.c., 553.

459 M. A. Levi, Nerone e i suoi tempi (Milano-Varese 1949), 125 f.

460 Friedlaender, l.c., 259.

461 Sienkiewicz, l.c., 178.

462 Nietzsche, Morgenröte I 18, in: Werke, l.c., III, 1026.

463 Friedlaender, l.c., 428.

464 H. Neumann, Sittenspiegel. Eine Kultur- und Sittengeschichte der Liebe (Wiesbaden 1959), 337.

465 K. Millett, Sexus und Herrschaft. Die Tyrannei des Mannes in unserer Gesellschaft (Köln 1982), 69.

466 Fini, l.c., 89.

467 Juvenal, Satiren VII 222 ff.

468 Nietzsche, Also sprach Zarathustra. Vorrede 4, in: Werke, l.c., III, 282.

469 Friedlaender, l.c., 606.

470 Die folgenden Hinweise zu Musiktheorie, Musik- und Instrumentengeschichte verdanke ich C. Vendries (Université de Bretagne Sud), U. Michels, W. Knapp und W. Peschl.

471 Friedlaender, l.c., 559.

472 Friedlaender, l.c., 236.

473 Friedlaender, l.c., 560.

474 Friedlaender, l.c., 572.

475 Sueton, Nero, XX, 3.

476 Fini, l.c., 86, zum ganzen Abschnitt.

477 Papirowski, l.c., 191.

478 Carpiceci, l.c., 122.

479 Friedlaender, l.c., 501.

480 Friedlaender, l.c., 252.

481 Lucentini, l.c., 380.

482 Tacitus, Annalen, XIV 15.
483 Friedlaender, l.c., 505.
484 Grant, l.c., 93.
485 Sueton, Nero, XVIII, 1.
486 Grant, l.c., 97.
487 Papirowski, l.c., 198.
488 Tacitus, Historien, IV 54.
489 Bei: Fini, l.c., 62.
490 Fini, ebd., zu Cassius Dio 52, 2,1.
491 Friedländer, l.c., 42.
492 Levi, Nerone, 190 f.
493 Fini, l.c., 39. Ich stütze mich im ganzen Kapitel auf diesen Autor.
494 Fini, l.c., 35.
495 B. H. Warmington, Nerone. Realtà e leggenda (Bari 1973), 38 f.
496 Tacitus, Annalen, XVI 27.
497 Fini, l.c., 35 f.
498 Warmington, l.c., 38.
499 Fini, l.c., 36, auch zum folgenden.
500 Friedlaender, l.c., 68.
501 Friedlaender, l.c., 272.
502 Nach Carpiceci, l.c., 68, könnte ihr sogar ein Haus in Pompeji gehört haben, die *casa degli amorini dorati*.
503 Friedlaender, l.c., 59 und 253 f.
504 Friedlaender, l.c., 89.
505 Sienkiewicz, l.c., 38.
506 Tacitus, Annalen, XIII 46.
507 Fini, l.c., 132.
508 Fini, l.c., 132.
509 Bei: Fini, l.c., 133.
510 Fini, l.c., 141 f.
511 Fini, l.c., 142, auch zum folgenden.
512 Vgl. auch Friedlaender, l.c., 226 und Hatebur, l.c., 110 zur kaiserlichen »Geheimpolizei«.
513 Fini, l.c., 143.
514 Fini, l.c., 145, auch zum folgenden.
515 Tacitus, Annalen, XIV 22.
516 Vgl. Friedlaender, l.c., 45.
517 Fini, l.c., 146.

518 Fini, l.c., 147, auch zum folgenden.

519 Tacitus, Historien., IV 42.

520 Friedlaender, l.c., 1002.

521 Hatebur, l.c., 92-94.

522 Ovid, Ars amatoria, III 83.

523 Tacitus, Annalen, XIV 60.

524 Hatebur, l.c., 90 ff.

525 Friedlaender, l.c., 242.

526 Friedlaender, l.c., 172.

527 Friedlaender, l.c., 72.

528 Friedlaender, l.c., 223.

529 Friedlaender, l.c., 743.

530 Tacitus, Annalen, XIV 61.

531 So E. Popescu; vgl. Papirowski, l.c., 195 f.

532 Papirowski, l.c., 196.

533 Tacitus, Annalen, XIV 63.

534 Friedlaender, l.c., 802.

535 Pflaum, l.c., 341.

536 Fini, l.c., 135, auch zum folgenden.

537 Friedlaender, l.c. 607.

538 Fini, l.c., 135.

539 Friedlaender, l.c., 80.

540 Fini, l.c., 136.

541 Sueton, Nero XXXV.

542 Friedlaender, l.c., 732.

543 Sueton, Nero, XXI, 3, spricht freilich von Masken der Mätressen des Kaisers, die Nero bei seinen Auftritten anlegte.

544 Opern- und Operettenführer. Musicals (Wilhelmshaven 1986), 37.

545 C. Braun, Rezension einer Einspielung, in: Rondomagazin vom 26.7.2001.

546 Braun, ebd.

547 Opernführer, l.c., 38.

548 Fini, l.c., 137.

549 Friedlaender, l.c., 734.

550 Friedlaender, l.c., 81.

551 Fini, l.c., 43. Ich stütze mich hier durchgängig auf diesen Autor.

552 Sueton, Nero, XV.

553 Warmington, l.c., 84.

554 Tacitus, Annalen, XIII 31.

555 Cassius Dio 61, 4, 1.

556 Fini, l.c., 46.

557 M. Griffin, Seneca. A Philosopher in Politics (Oxford 1976), 87.

558 Fini, l.c., 48.

559 Fini, ebd, auch zum folgenden.

560 Flaig, l.c., 119.

561 Hatebur, l.c., 97.

562 Hatebur, l.c., 96.

563 K. D. White, Latifundia, in: H. Schneider (Hg.), Zur Sozial- und Wirtschaftsgeschichte der späten römischen Republik (Darmstadt 1977), 344.

564 Hildebrandt, l.c., 240.

565 Friedlaender, l.c., 141.

566 Friedlaender, ebda.

567 Cizek, l.c., 281 und 299.

568 Fini, l.c., 52, auch zum folgenden.

569 Guittard, l.c., 285.

570 Sueton, Nero, X.

571 G. Bataille, Gespräch über Erotik, Lachen, Ekstase, in: Merkur 7/1985, 548.

572 Friedlaender, l.c., 438.

573 Die Angaben verdanke ich M. Vogt.

574 Vgl.: Ovid. Werke in zwei Bänden, Bd. II (Berlin-Weimar 1992), 566.

575 Bei: J. Brambach: Kleopatra und ihre Zeit. Legende und Wirklichkeit (München 1991), 138.

576 Grant, l.c., 86.

577 Tacitus, Annalen, XIV 21.

578 Nietzsche, Aus dem Nachlaß der Achtzigerjahre, in: Werke, l.c., VI, 807.

579 Vgl. Mt 23, 24.

580 Nietzsche, Aus dem Nachlaß der Achtzigerjahre, in: Werke, l.c., VI, 779.

581 Sueton, Nero, XXII, 3.

582 Sueton, Nero, XXI, 1.

583 Tacitus, Annalen, XIV 20.

584 Cizek, l.c., 361.

585 Sueton, Nero, XX, 1.

586 Vgl. Lukian bei: Papirowski, l.c., 214.

587 Papirowski, l.c., 183.

588 Sueton, Nero, XXI, 1, spottet über diese *»vox caelestis«*.

589 Sueton, Nero, XX, 1.

590 Grant, l.c., 81.

591 Friedlaender, l.c., 607.

592 Friedlaender, l.c., 606.

593 Tacitus, Annalen, XIV 16.

594 Sueton, Nero, LII.

595 Fini, l.c., 93, auch zum folgenden.

596 Fini, ebd.

597 Martial, Epigramme, VIII 70.

598 Grant, l.c., 76.

599 Sueton, Nero, XXI, 3.

600 Friedlaender, l.c., 536.

601 Friedlaender, l.c., 529.

602 Friedlaender, l.c., 540.

603 Sueton, Nero, XXII, 1.

604 Friedlaender, l.c., 463 f.

605 Papirowski, l.c., 217.

606 Friedlaender, l.c., 452.

607 Tacitus, Annalen, XVI 4.

608 Friedlaender, l.c., 71 und 75 f.

609 Sueton, Nero, XXIII, 2.

610 Vgl. auch Papirowski, l.c., 215.

611 Sueton, Nero, XX, 2.

612 Jean Paul, l.c., § 57.

613 Fini, l.c., 97.

614 Fini, l.c., 98.

615 Tacitus, Annalen, XV 52.

616 Friedlaender, l.c., 25.

617 Vgl. Sueton, Nero, XXVI, 1.

618 Carpiceci, l.c., 9 und 54.

619 Vgl. Carpiceci, l.c., 71 zur sogenannten *Bisca Lusoria* in Pompeji.

620 Vgl. zu diesen Lupanaren mit ihren Zimmern *(cellae meretriciae)*:
    Carpiceci, l.c., 80.

621 Hildebrandt, l.c., 272.

622 Vgl. García Márquez, l.c., 412.

623 Tacitus, Annalen, XIII 25.

624 Fini, l.c., 100.

625 Sueton, Nero, XXVI.

626 Friedlaender, l.c., 20.

627 Widmer, Römische Welt, 103.

628 Vgl. Hort, l.c., 247.

629 Hort, l.c., 246.

630 Vgl. Hort, l.c., 246 f.

631 Lucentini, l.c., 237.

632 Martial, Epigramme, VII, 34.

633 Petronius, Satirikon, 132.

634 Fini, l.c., 103.

635 Friedlaender, l.c., 241.

636 Tacitus, Annalen, XIV 47.

637 Fini, l.c., 103 f.

638 Martial, Epigramme, VIII, 70.

639 Friedlaender, l.c., 626.

640 Friedlaender, l.c., 167.

641 Nietzsche, Die fröhliche Wissenschaft I 21, in: Werke, l.c., III, 53.

642 Sueton, Nero, XXX.

643 Friedlaender, l.c., 723.

644 Friedlaender, ebd.

645 Friedlaender, l.c., 729.

646 Plutarch, Galba und Otho, 9, bei: Fini, l.c., 105.

647 Friedlaender, l.c., 664.

648 Friedlaender, l.c., 669.

649 Friedlaender, l.c., 664.

650 Friedlaender, l.c., 662.

651 Friedlaender, l.c., 660 f.

652 Beispiele bei: Friedlaender, l.c., 675 ff.

653 Friedlaender, l.c., 659.

654 Friedlaender, l.c., 658.

655 Fini, l.c., 105.

656 Friedlaender, l.c., 19. Vgl. auch Carpiceci, l.c., 62 zu den Putti im Haus der Vettier (Pompeji), die Tätigkeiten und Handwerke nachahmen: Blumenhändler, Apotheker, Parfümeure, Goldschmiede,

Wäscher und Färber *(fullones)*. Dazu kommen beispielsweise noch Bäcker, Schuster *(sutores)*, Hausmeister *(ostiarii)*, Verfertiger von Haushaltsgegenständen aus Bronze *(faber aerarius)*, Obsthändler in einer *taberna pomaria*.

657 Sienkiewicz, l.c., 128 f.

658 Papirowski, l.c., 203.

659 Vgl. Friedlaender, l.c., 25: Solche *vigiles* hatten auch polizeiliche Aufgaben zu erfüllen.

660 E. Radius, L'Incendio di Roma (Milano 1962), 152.

661 Vgl. zu den sogenannten Hauptstraßenlinien *cardo maximus* und *decumanus maximus*: Carpiceci, l.c., 70 und 84.

662 Vgl. Friedlaender, l.c., 775.

663 Friedlaender, l.c., 26 f.

664 Ein Beispiel für viele: Sienkiewicz, l.c., 127 f.

665 Wiederum für viele: Sienkiewicz, l.c., 136.

666 Papirowski, l.c., 183.

667 Bei: Papirowski, l.c., 203.

668 Nochmals: Sienkiewicz, l.c., 160. Dieser Romancier macht sich zum Sprachrohr der unterschwelligen Ansichten und Wünsche bestimmter Kreise.

Teil III

669 Fini, l.c., 9.

670 Hildebrandt, l.c., 173.

671 Schneider, l.c., 446.

672 Schneider, l.c., 446.

673 Fini, l.c., 9.

674 Lucentini, l.c., 41.

675 Lucentini, l.c., 46; Grant, l.c., 214.

676 Lucentini, l.c., 47.

677 Fini, l.c., 10.

678 Tacitus, Annalen, XV 44.

679 Sienkiewicz, l.c., 226.

680 Zeitschrift *Italia*, bei: B. Pollmann, Nachwort, in: Sienkiewicz, l.c., 231.

681 A. France, die maßgebliche literarische Autorität im Frankreich der Jahrhundertwende, zitiert bei: Pollmann, l.c., 231.

682 Fini, l.c., 12. Vgl. auch Anhang, 259.

683 Roth, l.c., 195.

684 Roth, l.c., 208.

685 Papirowski, l.c., 182.

686 Fini, l.c., 12 und 227 Anm. 9.

687 Fini, l.c., 13, auch zum folgenden.

688 Vgl. Warmington, l.c.,166.

689 Cizek, l.c., 307 f.

690 Fini, l.c., 151.

691 Fini, ebd.

692 Sueton, Nero, XXXVIII.

693 Cassius Dio, bei: Fini, l.c., 151. Zur steten Eskalation der Beschuldigungen: P. Vandenberg, Nerone (Milano 1984), 191.

694 Im Englischen bedeutet »firebrand« Unruhestifter, Zündler.

695 Fini, l.c., 152.

696 Fini, ebd.

697 Sulpicius Severus, bei: Fini, l.c., 152.

698 Fini, l.c., 153.

699 Fini, ebd.

700 Fini, l.c., 154, auch zum folgenden.

701 Sueton, Nero, XXXVIII.

702 Lucentini, l.c., 175 f.

703 Tacitus, Annalen, XV 50.

704 Fini, l.c., 155.

705 Papirowski, l.c., 206.

706 Levi, L'Impero romano, 278 f.

707 Warmington, l.c., 167.

708 Tacitus, Annalen, XV 38.

709 Fini, l.c., 162 zum Ganzen.

710 Zitiert bei: Deschner, l.c., III, 36.

711 Vgl. zum Ganzen: Deschner, l.c., III, 70 ff.

712 Nietzsche, Die fröhliche Wissenschaft. V Wir Furchtlosen 147,
in: Werke, l.c., III, 213.

713 Roth, l.c., 49.

714 Nietzsche, Der Antichrist 44, in: Werke, l.c., IV, 1207.

715 Nietzsche, Aus dem Nachlaß der Achtzigerjahre, in: Werke, l.c.,
VI, 565.

716 Fini, l.c., 163 zu Tacitus, Annalen, XV 44.

717 Tacitus, XV 44.
718 Fini, l.c., 163. Vgl. Warmington, l.c., 169.
719 Tacitus, Annalen, XV 38.
720 Fini, l.c., 164.
721 Fini, l.c., 165, auch zum folgenden.
722 Friedlaender, l.c., 500. Vgl. H. Herrmann, Die Folter. Eine Enzyklopädie des Grauens (Frankfurt a. M. 2004), 326.
723 Lucentini, l.c., 293, ein Beispiel für viele.
724 Grant, l.c., 139.
725 Schneider, l.c., 478.
726 Vgl. Nietzsche, Aus dem Nachlaß der Achtzigerjahre, in: Werke, l.c., VI, 568: »Die Kleine-Leute-Moralität als Maß der Dinge: das ist die ekelhafteste Entartung, welche die Kultur bisher aufzuweisen hat.«
727 M. Clévenot, bei: Deschner, l.c., III, 156.
728 A. Ehrhard, Die Kirche der Märtyrer (1932), 21, bei: Deschner, l.c., III, 156.
729 L. Hertling – E. Kirschbaum, Die römischen Katakomben und ihre Märtyrer (Wien 1950), 125.
730 Vgl. auch Apg 7, 57 f. und 8, 1.
731 Tertullian, Ad nationes I 7, bei: Fini, l.c., 168.
732 Plinius d. J., Briefe 10, 96; vgl. Hertling–Kirschbaum, l.c., 125.
733 Friedlaender, l.c., 973.
734 B. Rubin, Das römische Reich im Osten, in: Propyläen Weltgeschichte (Hg. G. Mann – A. Heuss – A. Nitschke), Bd. IV 2 Rom. Die römische Welt (Frankfurt/M.–Berlin–Wien 1976), 641.
735 Deschner, l.c., III, 157.
736 Deschner, l.c., III, 158.
737 B. Kötting, bei: Deschner, l.c., III, 158.
738 Deschner, l.c., III, 163.
739 Deschner, l.c., III, 155.
740 Fricke, l.c., 50.
741 R.-P. Martin, Von Pontius zu Pilatus, in: R. Niemann (Hg.), Von Pontius zu Pilatus (Stuttgart 1996), 44 f.
742 Lactantius, bei: Deschner, l.c., I, 203.
743 Lactantius, bei: Deschner, l.c., I, 206.
744 Deschner, l.c., III, 165.

745 K. Deschner, Opus diaboli. Fünfzehn unversöhnliche Essays über die Arbeit im Weinberg des Herrn (Reinbek 1988), 41 f.

746 Friedlaender, l.c., 947.

747 Hertling-Kirschbaum, l.c., 131.

748 Origenes, bei: Deschner, l.c., III, 165.

749 Seneca, Über den Aberglauben. Fragment 42. Vgl. Fini, l.c., 245 Anm. 64: »Die Aversion des Philosophen gegen die Juden war nicht zuletzt der Grund für die Sympathie der christlichen, katholischen Autoren, die alles daransetzten, seine moralische Integrität zu retten (auch auf Kosten Neros ...).«

750 Hildebrandt, l.c., 211.

751 Seneca, bei: Friedlaender, l.c., 939.

752 Schneider, l.c., 437.

753 Vgl. G. Baudler, Gott zwischen staatlicher Exekutionsgewalt und archaischer Tötungswut, in: R. Niemann (Hg.), Von Pontius zu Pilatus (Stuttgart 1996), 17.

754 Friedlaender, l.c., 946.

755 G. Spitzing, Auch sie haben ihm die Hände gewaschen ..., in: R. Niemann (Hg.), Von Pontius zu Pilatus (Stuttgart 1996), 63.

756 Friedlaender, l.c., 941.

757 Friedlaender, l.c., 963.

758 Vgl. Nietzsche, Aus dem Nachlaß der Achtzigerjahre, in: Werke, l.c., VI, 826: »Solange man nicht die Moral des Christentums als Kapitalverbrechen am Leben empfindet, haben dessen Verteidiger gutes Spiel.«

759 Fini, l.c., 170.

760 Schneider, l.c., 477.

761 Friedlaender, l.c., 857.

762 Friedlaender, l.c., 880. Vgl. auch dens., l.c., 262 f.

763 Sueton, Nero, LVI, 1.

764 v. Uthmann, l.c., 100 Anm. 31.

765 Friedlaender, l.c., 861.

766 Hildebrandt, l.c., 100.

767 Roth, l.c., 184.

768 Roth, l.c., 186.

769 »Damaskus« braucht nicht für die bekannte syrische Stadt zu stehen. Es kann sich auch um einen Decknamen gehandelt haben:

A. Bahr, Religion als Machtmittel, in: Aufklärung und Kritik 11(2004), 240.

770 Hildebrandt, l.c., 103.

771 H. Zahrnt, Der Prozeß, in: R. Niemann (Hg.), Von Pontius zu Pilatus (Stuttgart 1996), 9.

772 Fini, l.c., 171.

773 Gehrke, l.c., 168.

774 Vgl. Fini, l.c., 172f.

775 Hildebrandt, l.c., 417.

776 Hildebrandt, l.c., 418.

777 Hildebrandt, l.c., 386f.

778 Hieronymus, bei: Deschner, l.c., I, 174.

779 M. v. Faulhaber, bei: Deschner, l.c., I, 105.

780 C. Marchi, Große Sünder, große Kathedralen (Wien 1989), 205.

781 Vgl. v. Uthmann, l.c., 97 Anm. 16.

782 Hertling-Kirschbaum, l.c., 99.

783 Hertling-Kirschbaum, l.c., 100.

784 Deschner, l.c., II, 58.

785 Hertling-Kirschbaum, l.c., 49.

786 Fini, l.c., 174, auch zum folgenden.

787 Tacitus, Annalen, XV 43.

788 Friedlaender, l.c., 19.

789 Chevallier, l.c., 342.

790 v. Uthmann, l.c., 95 Anm. 7.

791 K. Grewe, Wasser für die Römerstadt, in: G. Graichen – H.H. Hinrichs (Hg.), C 14 – Vorstoß in die Vergangenheit. Archäologische Entdeckungen in Deutschland (München 1999), 206f. Die gewaltige Anlage des »Römerkanals« wurde freilich geplündert: »Aquäduktmarmor« aus der Eifeler Wasserleitung findet sich in der Pfalzkapelle Karls d. Gr. zu Aachen, außerdem in den Domen von Soest, Paderborn, Hildesheim.Canterbury, Roskilde und auf der Wartburg (Grewe, l.c., 232).

792 De Aequaeductu Urbis Romanae XVI, bei: Grewe, l.c., 217.

793 Plinius, bei: Friedlaender, l.c., 16.

794 Fini, l.c., 175.

795 Plinius, bei: Friedlaender, l.c., 705.

796 Fini, l.c., 175.

797 Hatebur, l.c., 101.

798 Seneca, Dialog IX, 9, 6, bei: Hatebur, l.c., 49.

799 Cizek, l.c., 305 f.

800 Tacitus, Annalen, XV 42.

801 Sueton, Nero, XXXII.

802 Nietzsche, Menschliches, Allzumenschliches, II Vermischte Meinungen und Sprüche 365, in: Werke, l.c., II, 862.

803 Fini, l.c., 179.

804 Fini, ebda.

805 Grant, l.c., 160.

806 Diese Hinweise verdanke ich F. Stini.

807 Friedlaender, l.c., 707.

808 Friedlaender, l.c., 708.

809 Friedlaender, l.c., 719.

810 Friedlaender, l.c., 720.

811 Vandenberg, l.c., 202.

812 Hildebrandt, l.c., 261.

813 B. Brecht, Fragen eines lesenden Arbeiters, Werkausgabe Bd. IX, 656, bei: Hildebrandt, l.c., 261.

814 Chevallier, l.c., 346 f. Vgl. Grewe, l.c., 212 f.

815 Friedlaender, l.c., 709.

816 Vgl. Carl Wilhelm Weber: Panem et circenses – Massenunterhaltung im antiken Rom (Düsseldorf und Wien 1983), 229, zu Klagen Senecas.

817 Friedlaender, l.c., 404.

818 Kühner, l.c., 120.

819 Papirowski, l.c., 208.

820 Seneca, bei: Friedlaender, l.c., 406.

821 Grant, l.c., 147. Zum Ganzen vor allem: A. C. Gampp (NZZ vom 30.6.1999).

822 Friedlaender, l.c., 781.

823 Lucentini, l.c., 193.

824 Lucentini, l.c., 193.

825 Lucentini, l.c., 193.

826 Lucentini, l.c., 193.

827 Sueton, Nero, XXXI.

828 Vgl. Roth, l.c., 166.

829 Grant, l.c., 157.

830 Grant, l.c., 165.

831 Tacitus, Annalen, XV 55.

832 Zum Ganzen: Fini, l.c., 182 f.

833 Lucentini, l.c., 406.

834 Vgl. Carpiceci, l.c., 95 zu den Brettspielern in Räumen der *via dell'abbondanza* in Pompeji.

835 Friedlaender, l.c., 577 und 628.

836 Fini, l.c., 184, auch zum folgenden.

837 Tacitus, Annalen, XV 51.

838 Sueton, Nero, XXII, 1.

839 Tacitus, Annalen, XV 54.

840 Tacitus, Annalen, XV 57.

841 Friedlaender, l.c., 971.

842 Tacitus, Annalen, XV 65.

843 Fini, l.c., 188.

844 Vgl. Papirowski, l.c., 213.

845 Tacitus, Annalen, XV 67.

846 Fini, l.c., 193, auch zum folgenden.

847 Tacitus, Annalen, XV 69.

848 Tacitus, Annalen, XV 73.

849 A. Szczypiorski, Pilatus, in: R. Niemann (Hg.), Von Pontius zu Pilatus (Stuttgart 1996), 86.

850 Fini, l.c., 194, auch zum folgenden.

851 Friedlaender, l.c., 475.

852 Tacitus, Annalen, XV 72.

853 Sienkiewicz, l.c., 222.

854 Sueton, Nero, XXXV.

855 Tacitus, Annalen, XVI 18.

856 Diese Bücher enthielten Weissagungen, der Sage nach Prophetien, die Tarquinius, letzter König Roms (bis 509 v.u.Z.), einer Sybille abgekauft hatte. Sie wurden im Tempel des Jupiter auf dem Kapitol aufbewahrt. Dort verbrannten sie 83 v.u.Z. und mußten mühsam rekonstruiert werden.

857 Fini, l.c. 198.

858 Kühner, l.c., 190. Reste einer Villa des Corbulo sind in Casape (Latium) erhalten, sein Name lebt im Ort Casa Corbulo fort.

859 Fini, l.c., 201 f.

860 Grant, l.c., 24.

861 Friedlaender, l.c., 73.

862 Fini, l.c., 138, auch zum folgenden.
863 Tacitus, Annalen, XIV 54.
864 Tacitus, Annalen, XIV 55.
865 Tacitus, Annalen, XV 60.
866 Fini, l.c., 189.
867 Tacitus, Annalen, XV 61.
868 Grant, l.c., 175.
869 Papirowski, l.c., 213.
870 Tacitus, Annalen, XV 62.
871 Tacitus, Annalen, XV 64.
872 Friedlaender, l.c., 269.
873 So die Frau des Tarquinius Collatinus im Jahr 509 v. u. Z., eine »erste Heroin altrömischer Tugend« (Kühner, l.c., 22).
874 Tacitus, ebd.
875 Ranke-Graves, l.c., 403.
876 Fini, l.c., 59, auch zum folgenden.
877 Tacitus, Annalen, XIII 51.
878 Fini, l.c., 65, auch zum folgenden.
879 Tacitus, Annalen, XV 3.
880 Tacitus, Annalen, XV 25.
881 Zur Legendenhaftigkeit biblischer Szenen und Berichte grundsätzlich: I. Finkelstein – A.N. Silbermann, Keine Posaunen vor Jericho. Die archäologische Wahrheit über die Bibel (München 2003) sowie G. Lüdemann, Der große Betrug. Und was Jesus wirklich sagte und tat (Lüneburg 1998).
882 Fini, l.c., 71, auch zum folgenden.
883 Fini, l.c., 72 zu Cassius Dio 63, 5.
884 Fini, l.c., 72.
885 Papirowski, l.c., 199.
886 Friedlaender, l.c., 1035 f., auch zum folgenden.
887 Widmer, Römische Welt, 152.
888 So wenigstens bei: Ranke-Graves, l.c., 372.
889 Friedlaender, l.c., 470.
890 Widmer, Römische Welt, 153.
891 Fini, l.c., 72.
892 Fini, l.c., 73, auch zum folgenden.
893 Pflaum, l.c., 383.
894 Cizek, l.c., 329.

895 Pflaum, l.c., 360.

896 Grant, l.c., 115; Warmington, l.c., 42.

897 Fini, l.c., 74.

898 Friedlaender, l.c., 341.

899 Grant, l.c., 113.

900 Friedlaender, l.c., 341.

901 Grant, l.c., 9.

902 Friedlaender, l.c., 441.

903 Flaig, l.c., 119.

904 Friedlaender, l.c., 427.

905 Flaig, l.c., 122.

906 Friedlaender, l.c., 466.

907 Friedlaender, l.c., 502.

908 Friedlaender, l.c., 474 und 486.

909 Flaig, l.c., 122.

910 Friedlaender, l.c., 471.

911 Friedlaender, l.c., 468.

912 Ovid, Tristia, II 282. Vgl. Friedlaender, l.c., 486.

913 Friedlaender, l.c., 469.

914 Friedlaender, l.c., 505.

915 Friedlaender, l.c., 481.

916 Friedlaender, l.c., 473.

917 Vgl. Flaig, l.c., 119 f.

918 Fini, l.c., 77.

919 Friedlaender, l.c., 493.

920 Flaig, l.c., 120.

921 Friedlaender, l.c., 488.

922 Friedlaender, l.c., 497.

923 Fini, l.c., 77.

924 Friedlaender, l.c., 467.

925 Sueton, Nero XXII.

926 Fini, l.c., 79.

927 Fini, ebd., auch zum folgenden.

928 Fini, l.c., 80.

929 Fini, l.c., 202.

930 Fini, l.c., 109.

931 Vgl. Tacitus, Annalen, XVI 20.

932 Friedlaender, l.c., 33 und 37.

Anmerkung 895–932

933 Friedlaender, l.c., 64.

934 Friedlaender, ebd.

935 Friedlaender, l.c., 34 und 37.

936 Sueton, Nero, XXIX.

937 Fini, l.c., 109.

938 Properz, bei: Friedlaender, l.c., 229.

939 Sueton, Nero, XXIX.

940 Tacitus, Annalen, XV, 37.

941 Sueton, Nero, XXIX.

942 Zu Eunuchen: Hopfner, l.c., 395.

943 Sueton, ebd.

944 Sueton, Nero, XXVIII.

945 Cizek, l.c., 34.

946 Fini, l.c., 110.

947 Fini, ebd.

948 Cassius Dio, 61, 10, 1-5.

949 Fini, l.c., 111.

950 Hatebur, l.c., 21.

951 Hatebur, ebda., Anm. 42.

952 Friedlaender, l.c., 71 und 75 f.

953 Friedlaender, l.c., 37.

954 Friedlaender, l.c., 31 f.

955 Papirowski, l.c., 216.

956 Sueton, Nero, XIX, 1.

957 Tacitus, Annalen, XV 36.

958 Friedlaender, l.c., 354.

959 Friedlaender, l.c., 391.

960 Vgl. Sueton, Nero, XXX, 3.

961 Friedlaender, l.c., 47.

962 Friedlaender, l.c., 84.

963 Friedlaender, ebd.

964 Hildebrandt, l.c., 138.

965 Zum Ganzen: Friedlaender, l.c., 287 f.

966 Friedlaender, l.c., 335.

967 Friedlaender, l.c., 298.

968 Widmer, Römische Welt, 43 f.

969 Friedlaender, l.c., 297.

970 Friedlaender, ebd.

971 Widmer, Römische Welt., 43 ff.

972 Friedlaender, l.c., 300 f.

973 Friedlaender, l.c., 292.

974 Friedlaender, l.c., 369.

975 Friedlaender, l.c., 339.

976 Friedlaender, ebd.

977 Sueton, Nero, XXII, 3.

978 Hildebrandt, l.c., 197.

979 P. Weiss, Die Stadt im Imperium Romanum, in: J. Martin (Hg.), Das Alte Rom. Geschichte und Kultur des Imperium Romanum (München 1994), 204 f.

980 Hildebrandt, l.c., 200–202.

981 Sueton, Nero, XX, 1.

982 Sueton, Nero, XXIV, 1.

983 Zitiert bei: García Márquez, l.c., 314.

984 Fini, l.c., 207.

985 Hildebrandt, l.c., 197.

986 Hildebrandt, l.c., 199.

987 Sueton, Nero, XIX, 2.

988 Cassius Dio, 63, 16, 1.

989 Sueton, Nero, XIX, 3.

990 Plinius d. Ä., Historia naturalis, 4, 10.

991 Pflaum, l.c., 343.

992 Hildebrandt, l.c., 200.

993 Fini, l.c., 209.

994 Bei: Fini, l.c., 209.

995 Vgl. Fini, l.c., 210 und Cizek, l.c., 155 f. zu Plutarch und Pausanias.

996 Warmington, l.c., 159.

997 Sueton, Nero, XXIV, 2.

998 Friedlaender, l.c., 30 und 549 f.

999 Friedlaender, l.c., 379.

1000 Friedlaender, l.c., 378.

1001 Cizek, l.c., 157.

1002 Sueton, Nero, XXV, 1.

1003 Nietzsche, Morgenröte IV 365, in: Werke, l.c., II, 1206.

1004 Sueton, Nero, XXV, 3.

1005 Grant, l.c., 195.

1006 Papirowski, l.c., 198.

1007 Roth, l.c., 119.

1008 Vgl. Nietzsche, Morgenröte V538, in: Werke, l.c., II, 1259.

1009 Vgl. MSD Manual, l.c. , 3000 f. Weitere Hinweise verdanke ich H.-M. Sobetzko (Hamburg).

1010 Sueton, Nero, XXI, 2.

1011 Grant, l.c., 197.

1012 Seneca, Briefe an Lucilius, 94.

1013 Lucanus, Pharsalia, Verse 26–28.

1014 Friedlaender, l.c., 578.

1015 Sueton, Nero, XLI.

1016 Friedlaender, l.c., 577.

1017 Sueton, Galba, IX.

1018 Friedlaender, l.c., 795.

1019 Sienkiewicz, l.c., 218.

1020 Flaig, l.c., 118, auch zum folgenden.

1021 Flaig, l.c., 118 f., auch zum folgenden.

1022 Flaig, l.c., 119 f.

1023 Flaig, l.c., 120.

1024 Flaig, l.c., 119.

1025 Fini, l.c., 216 zu Levi, L'Impero romano, 304.

1026 Exemplarisch: Tacitus, Historien, I 16.

1027 Vgl. Warmington, l.c., 217.

1028 Fini, l.c., 217. Vgl. zur Erziehung im hellenistischen Sinn: M. Oliphant, Atlas der Alten Welt (München 1995), 131.

1029 Roth, l.c., 163 f., auch zum folgenden.

1030 Friedlaender, l.c., 423.

1031 Friedlaender, l.c., 423.

1032 Kühner, l.c., 278.

1033 Tacitus, bei: Friedlaender, l.c., 423.

1034 Vgl. Warmington, l.c., 216.

1035 Sueton, Nero, XLIII.

1036 Vgl. MSD Manual, l.c., 3000 f. sowie G. Schmid – S. Przybilla, Das Burn-out-Syndrom (Idstein 1995), 5-11 und A. Koch – S. Kühn, Ausgepowert? Hilfen bei Burnouts, Streß, innerer Kündigung (Offenbach 2000), passim. Hinweise auf dieses Chronic Fatigue Syndrom (CFS), für das noch Forschungsbedarf besteht, auch in der Sendung des WDR vom 13.7.2002.

1037 Papirowski, l.c., 214.

1038 Fini, l.c., 221.
1039 Vgl. Nietzsche, Menschliches, Allzumenschliches. II Vermischte Meinungen und Sprüche 320, in: Werke, l.c., II, 851.
1040 Warmington, l.c., 219.
1041 Warmington, l.c., 216.
1042 Tacitus, Historien, I 89.
1043 Papirowski, l.c., 224 zu H. Schadewaldt.
1044 Tacitus, Historien, I 41. Vgl. dens., l.c., auch zu den Umständen des schrecklichen Todes Galbas.
1045 Nach Fini, l.c., 252 Anm. 39 gehörte sie freilich noch unter Domitian (81–96) zu den »Königinnen des Salons«.
1046 Fini, l.c., 223.
1047 Fini, l.c., 252 Anm. 36 und 40 zu Sueton, Galba, XX und Sueton, Vitellius XVI und XVII.
1048 Sueton, Nero, XLVII.
1049 Sueton, Nero, XLIII, 1. Die Übersetzung dieses berühmten Satzes ist umstritten: *artifex* kann auch »Künstler« oder »Schauspieler« heißen. Selbst »Schöpfer« (Reformer?) ist möglich, doch auch »Betrüger«.
1050 Nietzsche, Die fröhliche Wissenschaft I 36, in: Werke, l.c., III, 63.
1051 Vergil, Äneis, X, 467.
1052 Homer, Ilias, X 535.
1053 Nietzsche, Morgenröte IV 349, in: Werke, l.c., II, 1203.

Anmerkung 1038–1053

Literaturhinweise

A. Alföldi, Die monarchische Repräsentation im römischen Kaiserreich (Darmstadt 1980).

G. Alföldy, Römische Sozialgeschichte (Wiesbaden 1984).

D. Balsdon, Die Frau in der römischen Antike (München 1979).

H. Bengtson, Kaiser Augustus. Sein Leben und seine Zeit (München 1981).

M. Bettini, Familie und Verwandtschaft im antiken Rom (Frankfurt a.M. 1992).

G. Binder (Hg.), Saeculum Augustum, 5 Bde. (Darmstadt 1987–1991).

J. Bishop, Nero. The Man and the Legend (London 1964).

K.R. Bradley, Svetonius' Life of Nero (Brüssel 1978).

E. Brödner, Die Thermen und das antike Badewesen (Darmstadt 1992).

K. Büchner, Römische Literaturgeschichte (Stuttgart 1980).

G. Caiati, L'incendio di Roma e la congiura di Pisone (Roma 1969).

J. Carcopino, Rom. Leben und Kultur in der Kaiserstadt (Stuttgart 1986).

K. Christ, Geschichte der römischen Kaiserzeit von Augustus bis zu Konstantin (München 1988).

Ders., Die Römer. Eine Einführung in ihre Geschichte und Zivilisation (München 1979).

E. Cizek, Néron (Paris 1982).

Ders., L'époque de Néron et ses controverses idéologiques (Leiden 1972).

W. Dahlheim, Geschichte der Römischen Kaiserzeit (München 1989).

H. Drexler (Hg.), Politische Grundbegriffe der Römer (Darmstadt 1988).

W. Eck, Agrippina, die Stadtgründerin Kölns (Köln 1993).

A. Esser, Cäsar und die julisch-claudischen Kaiser im biologisch-ärztlichen Blickfeld (Leiden 1958).

M. Fini, Nero. Zweitausend Jahre Verleumdung (München 1994).

U. de Franco, L'incertezza di Tacito e le ipotesi recenziori sull'incendio neroniano (Bari 1946).

L. Friedlaender, Sittengeschichte Roms (viele Ausgaben, hier: Wien 1934).

Frontinus-Gesellschaft (Hg.), Geschichte der Wasserversorgung. Bd. I Wasserversorgung im antiken Rom (München 1982).

M. Fuhrmann, Seneca und Kaiser Nero (Berlin 1997).

Ders., Römische Welt (Frankfurt a. M. 1997).

Ders. (Hg.), Römische Literatur (Wiesbaden 1974).

P. Galvez, Ich, Kaiser Nero (Berlin 1998).

R. Gervaso, Nerone (Milano 1990).

M. Grant, Nero (München 1978).

Ders., Die Gladiatoren (Stuttgart 1970).

K. Grewe, Wasser für die Römerstadt, in: G. Graichen – H. H. Hinrichs (Hg.), C 14 – Vorstoß in die Vergangenheit. Archäologische Entdeckungen in Deutschland (München 1999), 203–233.

M. T. Griffin, Nero: The End of a Dynasty (London 2000).

H. Halfmann, Itinera principum. Geschichte und Typologie der Kaiserreisen im Römischen Reich (Stuttgart 1986).

N. Hatebur, Antikes Patriarchat und Frauenfeindlichkeit. Entwurf einer nicht-patriarchalen Kultursoziologie (Münster 1987).

M. Heil, Die orientalische Außenpolitik des Kaisers Nero (München 1997).

K. Heldmann, Antike Theorien über Entwicklung und Verfall der Redekunst (München 1982).

D. Hildebrandt, Saulus/Paulus. Ein Doppelleben (München-Wien 1989).

O. Höckmann, Antike Seefahrt (München 1985).

H. Höhl u. a., Die Welt der Römer (Münster 1991).

R. Holland, Nero. The Man Behind the Myth (Stoud 2001).

T. Hopfner, Das Sexualleben der Griechen und Römer von den Anfängen bis ins 6. Jahrhundert nach Christus, Bd. I (Prag 1938).

W. Jacob-Sonnabend, Untersuchungen zum Nero-Bild der Spätantike (Hildesheim 1990).

M. Kaser, Römische Rechtsgeschichte (Göttingen1967).

O. Kiefer, Kulturgeschichte Roms. Unter besonderer Berücksichtigung der römischen Sitten (Berlin 1933).

R. Klein (Hg.), Prinzipat und Freiheit (Darmstadt 1969).

H. Kloft, Liberalitas Principis (Köln 1970).

H. Kühner, Latium. Land im Schatten Roms (Köln 1967).

E. Künzl, Der römische Triumph. Siegesfeiern im antiken Rom (München 1988).

K. Latte, Römische Religionsgeschichte (München 1979).

M. A. Levi, L'Impero romano (Milano 1967).

Ders., Nerone e i suoi tempi (Milano-Varese 1949).

I. Lissner, So lebten die römischen Kaiser (Olten 1969).

M. Lucentini et al., Rom. Wege in die Stadt (Augsburg 1995).

J. Malitz, Nero (München 1999)

H. I. Marrou, Geschichte der Erziehung im klassischen Altertum (München 1977).

J. Martin (Hg.), Das alte Rom. Geschichte und Kultur des Imperium Romanum (München 1994).

G. Maurach, Seneca. Leben und Werk (Darmstadt 1991).

E. Meyer, Römischer Staat und Staatsgedanke (Zürich 1975).

T. Mommsen, Römische Geschichte, 8 Bde. (Nachdruck München 1976).

M. Oliphant, Atlas der Alten Welt (München 1995).

U. E. Paoli, Das Leben im Alten Rom (Bern 1961).

M. Papirowski, Nero. Plädoyer für eine Bestie, in: H.-C. Huf (Hg.) Sphinx 3. Geheimnisse der Geschichte (Bergisch Gladbach 1999), 180–227.

E. Paratore, Tacito (Milano 1951).

G. C. Picard, Auguste et Néron (Paris 1962).

Propyläen Weltgeschichte (Hg. G. Mann – A. Heuss – A. Nitschke), Bd. IV 2 Rom. Die römische Welt (Frankfurt/M.–Berlin–Wien 1976).

F. Reutti, Die römische Villa (Darmstadt 1990).

J. Robichon, Nero. Die Komödie der Macht (Gernsbach 1986).

G. Roux, Néron (Paris 1962).

H. Schneider (Hg.), Wirtschafts- und Sozialgeschichte der römischen Kaiserzeit (Darmstadt 1981).

C. Schubert, Studien zum Nerobild in der lateinischen Dichtung (Stuttgart u. a. 1998).

G. Schumann, Hellenistische und griechische Elemente in der Regierung Neros (Leipzig 1930).

D. Schotter, Nero (London 1996).

E. Simon, Die Götter der Römer (München 1990).

R. Syme, Ten studies on Tacitus (Oxford 1970).

L. Thuri, Römische Städte (Darmstadt 1987).

J. Tresch, Die Nerobücher in den Annalen des Tacitus (Heidelberg 1965).

M. Vogt-Lüerssen, Neros Mutter. Agrippina die Jüngere und ihre Zeit (Maiz-Kostheim 2002).

G. Walter, Néron (Paris 1955).

B. H. Warmington, Nerone. Realtà e leggenda (Bari 1973).

C. W. Weber, Panem et circenses – Massenunterhaltung im antiken Rom, (Düsseldorf und Wien 1983).

M. Weber, Die sozialen Gründe des Untergangs der antiken Kultur, in: Ders., Soziologie – Universalgeschichte, Analysen, Politik (Hg. J. Winckelmann, Stuttgart 1973).

H. Widmer, Römische Welt (Biberstein 1994).

Ders., Lebendige Antike (Biberstein 1994).

K. H. Ziegler, Die Beziehungen zwischen Rom und dem Partherreich (Wiesbaden 1964).

»Man muß sich die Kunden des Aufbau-Verlages als glückliche Menschen vorstellen.«

Süddeutsche Zeitung

Streifzüge mit Büchern und Autoren:
Das Kundenmagazin der Aufbau Verlagsgruppe erhalten Sie kostenlos in Ihrer Buchhandlung und als Download unter www.aufbau-verlag.de.

Biographien von Frauen über Frauen

SABINE KEBIR
Helene Weigel
Abstieg in den Ruhm
Als »lärmendste Schauspielerin
Berlins« machte sich Helene
Weigel in den zwanziger Jahren
einen Namen, als Bertolts Brechts
»Primadonna im proletarischen
Gewand« erlangte sie Weltruhm.
Sabine Kebir, bekannt durch
provokante Studien über Brecht
und seine Mitarbeiterinnen, re-
konstruiert das Bild einer unge-
wöhnlichen Frau, die sich in der
Kunst und in ihrem Leben als
couragierte Avantgardistin weib-
licher Emanzipation behauptete.
»Eine erstklassige Biographie.«
TAGESSPIEGEL
Biographie. 425 Seiten.
28 Abbildungen. AtV 1820

GEORGIA VAN DER ROHE
La donna è mobile
Mein bedingungsloses Leben
Genug war nie genug in diesem
Leben voller Extravaganz: Georgia
van der Rohe, als Tochter des be-
deutenden Architekten Mies van
der Rohe 1914 in Berlin geboren,
machte als Tänzerin, Schauspielerin
und Filmregisseurin international
Karriere. Ihre Memoiren zeugen
vom Leben einer Frau, die ihren
Leidenschaften bedingungslos folgte und dennoch immer autonom
blieb. »Die Geschichte einer leidenschaftlichen und klugen Frau.«
ELLE
381 Seiten. 34 Abbildungen.
AtV 1876

KATJA BEHLING
Martha Freud
Die Frau des Genies
Eine bemerkenswerte Frau (1861
bis 1951), die durch ihre Treue und
Standfestigkeit zum Gelingen des-
sen beitrug, was unter dem Namen
»Psychoanalyse« von Wien ausging.
A. W. Freud erinnert sich seiner
Großmutter als einer Persönlich-
keit, die mit Umsicht und Tatkraft
das Unternehmen Berggasse 19
steuerte.
Mit einem Vorwort von A. W. Freud.
266 Seiten. Mit 26 Abbildungen.
AtV 1858

DOROTHEA VON TÖRNE
Brigitte Reimann
Einfach wirklich leben
Brigitte Reimann ist zur Symbol-
figur eines unangepaßten, leiden-
schaftlichen Lebensstils geworden.
Wie war sie wirklich? Dorothea
von Törne geht in ihrer anschauli-
chen Biographie den wichtigsten
Stationen dieses kurzen Lebens
nach.
»Sie hat exzessiv gelebt, voller
Unrast und Verlangen nach Liebe,
ihre Lebenskerze war an beiden
Enden angezündet – wer leuchten
will, muß brennen.«
BERLINER ZEITUNG
Biographie. Mit 23 Fotos. 300 Seiten.
AtV 1652

Leben, um zu schreiben.
Biographien bei AtV

**JAN-CHRISTOPH
HAUSCHILD**
Heiner Müller
oder
Das Prinzip Zweifel
Heiner Müller ist einer der bedeutendsten deutschen Dramatiker
und gleichzeitig einer der umstrit-
tensten. Jan-Christoph Hauschild
skizziert Herkunft und Werdegang
des Autors, dokumentiert die Ent-
stehung der Stücke, zeigt Interpre-
tationslinien auf und berücksichtigt
auch die verwickelte Aufführungs-
geschichte.
»Keiner, der sich mit diesem
Theater-Riesen beschäftigt, kommt
an Hauschilds Biographie vorbei.«
Jürgen Verdofsky, NDR
*Biographie. 619 Seiten. Mit 40 Abbil-
dungen. AtV 1908*

**WILHELM VON
STERNBURG**
Carl von Ossietzky
**Es ist eine unheimliche
Stimmung in Deutschland**
Ein biographischer Bericht
Wilhelm von Sternburg schildert
Leben und Denken dieses außer-
gewöhnlichen Intellektuellen,
der mit republikanischer Zivil-
courage für Vernunft und Demo-
kratie stritt.
»Eine lebhafte Darstellung der
Glanzzeit deutscher Publizistik in
der Weimarer Republik...Stark
bewegend sind die Passagen über
das komplizierte Verhältnis zwi-
schen Ossietzky und Tucholsky.«
Süddeutsche Zeitung
*Biographie. 336 Seiten.
AtV 1658*

PETER JACOBS
Victor Klemperer
Im Kern ein deutsches Gewächs
Victor Klemperer: ein bizarres
Schicksal und ein dramatisches
Leben in vier deutschen Epochen.
Erstmals bietet diese Biographie
eine Gesamtschau auf die Vita
des Dresdner Professors, dessen
Tagebücher über die alltägliche
deutsche Judenverfolgung zur
literarischen Sensation wurden.
»Ein glänzender Beobachter seiner
Umgebung und der Epoche.«
Marcel Reich-Ranicki
*Biographie. 381 Seiten. Mit 32 Fotos.
AtV 1655*

GÜNTHER DROMMER
Erwin Strittmatter
Des Lebens Spiel
In dieser kenntnisreichen, ein-
fühlsamen Biographie wird den
Berührungspunkten zwischen
Strittmatters Leben und seinem
Schreiben nachgegangen, den
Spannungen zwischen beiden
Polen und ihren Konflikten. Gün-
ther Drommer beschreibt viele
bislang unbekannte Einzelheiten
aus dem eindrucksvollen Jahrhun-
dertleben des »Laden«-Autors.
*Biographie. 245 Seiten.
Mit 30 Abbildungen. AtV 1654*

*Mehr Informationen erhalten Sie unter
www.aufbau-verlag.de oder bei Ihrem
Buchhändler*

Lion Feuchtwanger:
Der Meister des historischen
Romans

SÜDDEUTSCHE ZEITUNG

Die Josephus-Trilogie
Der jüdische Krieg. Die Söhne.
Der Tag wird kommen.
Mit den Freiheiten eines histo-
rischen Romans erzählt Lion
Feuchtwanger das Leben des jüdi-
schen Geschichtsschreibers Flavius
Josephus (37–100 u. Z.). Im Hin-
tergrund die Verhältnisse im dama-
ligen Palästina und am römischen
Hofe. Im Zentrum Fragen der
Gegenwart: Nationalismus oder
Weltbürgertum.
1429 Seiten. 3 Bände in Kassette.
AtV 5601

Narrenweisheit oder Tod und
Verklärung des Jean-Jacques
Rousseau
Der berühmte französische Philo-
soph Jean-Jacques Rousseau ist tot.
Hartnäckig hält sich das Gerücht,
der Geliebte von Rousseaus Frau
sei der Mörder. Es beginnt ein
Kampf um das Erbe des toten Phi-
losophen, und auch um das Ver-
mächtnis seiner Lehre tobt der
Streit, der Freunde und Feinde
Rousseaus in Befürworter und
Gegner der Gewalt spaltet.
Roman. 463 Seiten. AtV 5029

Die Füchse im Weinberg
Mitten in der heiteren Untergangs-
stimmung am Hofe von Versailles
treffen zwei Rivalen aufeinander,
die gegensätzlicher nicht sein
könnten: der französische Komödiendichter und Lebemann Beau-
marchais und Benjamin Franklin,
der Abgesandte des amerikani-
schen Kongresses. In einem opu-
lenten Szenario mit üppig besetzter

Personage werden Intrigen aus-
gefochten, Ränke geschmiedet,
Leidenschaften ausgelebt.
Roman. Mit einem Nachwort des
Autors von 1952. 992 Seiten.
AtV 5612

Jefta und seine Tochter
Jefta, der voll Zorn seine Familie
verlassen hatte, wird von den Brü-
dern zurückgerufen, als Feinde das
Land bedrohen. Er, nur er allein,
will den Sieg erkämpfen, und so
läßt er sich hinreißen zu dem un-
seligen Schwur, Jahwe denjenigen
zu opfern, der ihm nach siegrei-
chem Feldzug zu Hause als erster
entgegenkommt. Das aber ist seine
schöne, von ihm so sehr geliebte
Tochter.
Roman. 4300 Seiten. AtV 5616

Mehr Informationen über die Bücher
von Lion Feuchtwanger erhalten Sie
unter www.aufbau-verlag.de oder bei
Ihrem Buchhändler

Hexen, Seher und ein deutscher Robin Hood: Manfred Böckl bei AtV

Agnes Bernauer
Hexe, Hure, Herzogin

Eine große Liebe – eine große Tragödie. Augsburg im Jahre 1428: Im Badehaus ihres Vaters muß Agnes den Männern zu Diensten sein. Sie verliebt sich in einen seltsamen Gast, den Thronfolger des Herzogtums Bayern, Albrecht von Wittelsbach. Mutig bekennt sich das ungleiche Paar zu seiner Liebe und besiegelt damit Agnes' Schicksal: Albrechts Vater schmiedet ein grausames Komplott, um die Erbfolge des Reiches nicht zu gefährden.
Roman. 278 Seiten. AtV 1290

Jennerwein

Bayern 1848: Inmitten politischer Unruhen bringt ein junges Mädchen einen unehelichen Sohn zur Welt: Georg Jennerwein. Fasziniert von der Jagd, die nur den Reichen gestattet ist, beginnt er, als Vierzehnjähriger in den bayerischen Wäldern zu wildern und das Fleisch an die hungernde Bevölkerung zu verteilen. Ein spannender Roman über das zur Legende gewordene Leben des »deutschen Robin Hood«.
Roman. 173 Seiten. AtV 1291

Mühlhiasl
Die Weissagungen des Sehers vom Rabenstein

Der Mühlhiasl von Apoig ist bis heute für seine Prophezeiungen bekannt: Im ausgehenden 18. Jahrhundert sagte er den Ausbruch der beiden Weltkriege auf den Tag genau voraus und warnte eindringlich vor einem dritten und letzten weltweiten Krieg. Außerdem prophezeite er das Aufkommen von Autos, Flugzeugen, Eisenbahnen und Dampfschiffen sowie den Untergang der Feudalherrschaft ebenso wie den der Kirche ... Manfred Böckl erzählt das spannende Leben des »Sehers vom Rabenstein«. In einem Anhang sind seine Prophezeiungen abgedruckt.
Roman. 301 Seiten. AtV 1292

Die Bischöfin von Rom

Branwyn, eine keltische Seherin im Britannien des 4. Jahrhunderts, soll eine Brücke schlagen zwischen dem alten Wissen der Druiden und den jungen christlichen Gemeinden des Westens. Sie begibt sich nach Rom und wird alsbald sogar zur Bischöfin gewählt. Doch sie hat nicht mit dem erbitterten Widerstand der römischen Priesterschaft gerechnet. Ein Roman im Spannungsfeld zwischen »Die Nebel von Avalon« und »Die Päpstin«.
Roman. 504 Seiten. AtV 1293

Mehr Informationen über Manfred Böckl erhalten Sie unter www.aufbau-verlag.de oder bei Ihrem Buchhändler

Neue Literatur
bei Rotbuch

Bas Böttcher
Megaherz
Roman
158 Seiten
Gebunden mit SU
ISBN 3-434-53132-7

www.rapoetry.de

Linus und Ariane sind Vielflieger im siebten Himmel,
erwischt von der großen Liebe …

»Megaherz« – eine Geschichte über die Erotik der Sprache
im Computer-Zeitalter und die elementare Kraft der
Gefühle – erzählt von Deutschlands Rap-Poet Nr. 1

Rotbuch Verlag | Bei den Mühren 70 | 20457 Hamburg
www.rotbuch.de